Aldo Naouri

Das Drama der perfekten Mutter

Aldo Naouri

Das Drama der perfekten Mutter

Walter Verlag
Zürich und Düsseldorf

Titel der französichen Originalausgabe:
Les filles et leurs mères
Erschienen bei Editions Odile Jacob, Paris

Aus dem Französischen übersetzt von Maria Buchwald
und Theresia Übelhör

Die Deutsche Bibliothek – CIP-Einheitsaufnahme

Naouri, Aldo:
Das Drama der perfekten Mutter / Aldo Naouri.
[Aus dem Franz. übers. von Maria Buchwald und Theresia Übelhör]. –
Zürich; Düsseldorf: Walter, 1999
Einheitssacht.: Les filles et leurs mères <dt.>
ISBN 3-530-40066-1

Satz: Josefine Urban – KompetenzCenter, Düsseldorf
Druck und Bindearbeiten: Wiener Verlag, Himberg
ISBN 3-530-40066-1

Inhaltsverzeichnis

«... ich bin eine Tochter ohne Mutter ... äh, ich wollte sagen: eine Mutter ohne Tochter.»
(in der Sprechstunde gehört)

Vorbemerkung

Es könnte sein, daß mancher Leser bei der Lektüre dieses Buches über die Verweise auf meine früheren Publikationen erstaunt, ja sogar irritiert ist. Ich bin deshalb so verfahren, weil ich mich seit mehr als zwanzig Jahren mit familiären Beziehungen beschäftige und mich nicht gerne wiederhole. Da ich nicht vermeiden kann, Begriffe zu nennen, deren Mechanismen ich bereits dargelegt habe und die ich an anderer Stelle ausführlich analysiert habe, können die Folgen, die ich daraus ableite, willkürlich oder zu kategorisch wirken; daher bitte ich den Leser, gegebenenfalls die Richtigkeit meiner Behauptungen zu überprüfen.

Ich hoffe, daß man mir diesen Schwachpunkt nicht als Eitelkeit auslegen wird.

Eine Begegnung

Es ist nun schon lange her. Ein Spätvormittag wie viele andere. Das Telefon klingelt in dem Augenblick, wo ich zu meiner zweiten Besuchsrunde aufbrechen will. Ich hebe ab. Schluchzen dringt an mein Ohr. Laut, heftig, unkontrollierbar. Ich höre es sekundenlang, bevor ich verstehe, daß hier ein Mann weint – ohne darum auch nur zu ahnen, um wen es sich handeln könnte. Ich versuche es mit einem neuerlichen zögernden und vorsichtigen «Hallo!» Das Schluchzen wird daraufhin noch heftiger, aber einmal wird fragend mein Name gestammelt. Da erkenne ich die Stimme. Und den Akzent. Auch wenn kein weiteres Wort fiel, habe ich doch jetzt eine Vermutung, um wen – und vor allem um was – es sich handeln könnte. In rasender Eile stelle ich mir vor, was ich nun hören werde. Und ich fühle, wie eine mutlose Gereiztheit in mir hochsteigt angesichts der nichtssagenden Formulierungen, die uns unter solchen Umständen stets in den Sinn kommen. Denn nun meine ich den Grund des Anrufs zu kennen – es kann gar nichts anderes sein, sie ist ganz sicher tot. Vielleicht ist sie soeben gestorben. Das kam sicher etwas schnell. Denn nichts an ihrem Zustand während der vergangenen Wochen hätte es voraussagen lassen. Aber es wäre nicht das erste Mal, daß die Entwicklung einer solchen Krankheit anders als erwartet verliefe.

Ich bewahre noch einen Moment lang Stillschweigen. Dann, da nichts kommt, wage ich ein weiteres, fast hingehauchtes «Hallo». Das Schluchzen wird daraufhin wieder viel stärker, und der Mann stößt nun ganz verzweifelt hervor: «Mein Sohn, Herr Doktor... mein Sohn Raoul, gestern abend...»

Ehe ich mir noch versuche vorzustellen, was mit diesem Sohn, den ich praktisch überhaupt nicht kenne, geschehen sein könnte, lausche ich in dieses Weinen, das den Wortschwall unterbricht, hinein, um herauszufinden, um welchen der Söhne es eigentlich geht. Aber dazu bleibt mir keine Zeit, denn er spricht gleich weiter: «Er hat heimlich mein Auto genommen ... und ein Gewehr ... Und ist weggefahren, einfach so, ohne Führerschein, ohne irgend etwas, mitten in der Nacht. Er ist in Richtung des Hauses meiner Eltern gefahren ...» Ich bin schon darauf gefaßt, zu hören, daß er einen Unfall hatte, und fühle ein unsägliches Grauen in mir, wenn ich mir die unbegreifliche Anhäufung von Unglücksfällen vergegenwärtige, mit denen diese Familie geschlagen ist, als er hervorstößt: «Er hat am Straßenrand angehalten ... hundertfünfzig Kilometer von Paris entfernt ... und hat sich eine Kugel in den Kopf geschossen.»

Es verschlägt mir die Sprache. Ich bin am Boden zerstört.

In mein Schweigen hinein wiederholt er mehrere Male hintereinander diesen letzten Satz, bis er nicht mehr weinen kann. Ich unterbreche ihn nicht – hätte es wohl auch gar nicht vermocht. Nach ein, zwei Minuten ist er dennoch imstande, sich wieder ein wenig zu fassen. Und mit abgehackter, fast tonloser Stimme fährt er fort: «Meine Frau ... sie weiß noch nichts ... sie ist nicht da ... sie ist seit gestern im Krankenhaus, wegen ihrer Chemotherapie ... ich weiß nicht, wie ... ich weiß nicht, wie man ihr das beibringen soll. Ich habe Angst, daß sie es nicht verkraftet ... ich habe Angst, daß sie das umbringt. Ich besitze nicht die Kraft, es ihr zu sagen. Deshalb habe ich gedacht, daß Sie ... Sie müssen zu ihr gehen. Sie müssen hingehen und ihr alles sagen ... Sie kennen sie, Sie wissen, wie man so etwas macht ... es ist Ihr Beruf ... ich kann es nicht.» Und dann, als ich zu einem «aber» ansetze, wiederholt er, wobei er aufs neue losweint: «Ich flehe Sie an, Herr Doktor, tun Sie es für uns ...»

Sein Schluchzen, das wieder anhebt, macht ihn taub für alles, was ich ihm zu sagen versuche. So sehr, daß ich mehrere Minuten lang damit zubringe, ihn zu beruhigen, sehr sanft und in möglichst einfachen Worten auf ihn einrede, ihm sage, wie groß mein eigenes Entsetzen ist, wie sehr ich mit ihm fühle und wieviel Schmerz ich über diesen grauenhaften Vorfall empfinde. Ich spreche immer weiter, lasse mich hinreißen. Das tut mir gut. Und wahrscheinlich auch ihm. Können wir in einer solchen Situation etwas anderes tun als miteinander reden oder es zumindest versuchen?

Nach einer Weile weint er nicht mehr, und ich höre ihn nicht mehr die Luft einziehen. Nun versuche ich, ihm zu erklären, daß ihm und nur ihm allein der Gang obliegt, um den er mich gebeten hat, auch wenn mir klar ist, wie unendlich schwer er ihm fallen muß. Ich habe die größte Mühe, ihn davon zu überzeugen, und mehr noch, ihn zur Einsicht zu bringen, daß meine Weigerung, seinem Wunsch nachzukommen, nicht Ausdruck einer feigen Ausflucht, sondern einzig und allein Achtung vor der ungeheueren Tragweite des Ereignisses ist. Ich sage ihm, daß es sich hier um seinen Sohn handelt, um ihrer beider Sohn, den sie beide zusammen zeugten, den sie zusammen aufgezogen haben, den sie nun beide verloren haben und den sie beide betrauern müssen – gemeinsam und zur selben Zeit. Er läßt sich nicht von seinem Standpunkt abbringen und weist immer wieder auf die Vorsichtsmaßnahmen hin, die die niederschmetternden Umstände ihm aufzuzwingen scheinen. So verspreche ich ihm dann doch, in der Station des Krankenhauses, wo seine Frau derzeit liegt, vorbeizugehen, um das Pflegepersonal zu informieren und mit den Leuten abzusprechen, wie sie sich verhalten sollen. Ich füge hinzu, daß dieser Besuch zwar ebenso wichtig ist wie die Besuche, die ich seiner Frau zu anderen Gelegenheiten abgestattet habe, daß ich jedoch über das, was vorgefallen ist, sicher nicht mit ihr sprechen werde. Um das Gespräch zu beenden, ermutige ich ihn, sie aufzusuchen, sobald er sich dazu imstande fühlt, und bitte ihn, sich auf das, was ihn erwartet, seelisch vorzubereiten. Meine Festigkeit – zusammen mit dem Zugeständnis, das ich gemacht habe – scheint ihn zu überzeugen.

Dennoch braucht er dann achtundvierzig Stunden, ehe er den schweren Gang auf sich nehmen kann.

Was mich betrifft, so erfülle ich unverzüglich meine Aufgabe bei dem Pflegepersonal und den Ärzten; alle sind fassungslos, wie man sich leicht vorstellen kann. Dann begebe ich mich in das Zimmer dieser Frau, in dem Wissen, daß es mir, ganz gleich, was ich tue, und ganz gleich, wie groß mein Mitgefühl für sie ist, in keiner Weise gelingen wird, die Grauenhaftigkeit dessen, was sie durchmachen wird, zu lindern. Dies ist ganz sicher die unerträglichste Katastrophe, die ein Mensch überhaupt erleben kann.

Sie empfängt mich mit einem leicht überraschten Blick, der das Lächeln begleitet, das ich seit jeher von ihr kenne, und halb-erfreut, halbbesorgt fragt sie mich: «Ist etwas zu Hause passiert?» und fügt sogleich hinzu: «Woher sollten Sie sonst wissen, daß ich hier bin?» Ich weiche aus und entgegne, daß ich es in all den Monaten, in denen sie immer wieder zu bestimmten Zeiten im Krankenhaus behandelt wurde, niemals versäumt habe, sie zu besuchen. Ich behaupte, daß ich in meinem Kalender ein paar Termine durcheinandergebracht hätte und, da ich ohnehin in der Gegend gewesen sei, auf gut Glück ins Krankenhaus gekommen sei, um mich nach ihrer möglichen Aufnahme zu erkundigen.

Ich glaube nicht, daß meine fromme Lüge sie überzeugte. Aber aus gutem Grund wollte ich es dabei belassen. Sie ihrerseits ging darauf ein und erzählte mir von ihrer Krankheit und der Behandlung. Sie wollte mir sogar zeigen, daß es ihr gelungen war, die Konturen ihrer Figur wiederherzustellen, indem sie sich ein kleines Kissen aus Schwamm genäht und es auf der Innenseite ihres Morgenmantels angebracht hatte. Darauf sprachen wir ein paar Minuten lang von diesem und jenem; dann verabschiedete ich mich von ihr. Konnte ich mehr tun?

Ich brauchte mehrere Tage, um aus dem Zustand einer Art Fassungslosigkeit wieder herauszufinden. Und ich befand mich noch in diesem Zustand, als die Leiterin der Station mich am übernächsten Tag – der auf meinen Besuch folgte – in meiner Praxis anrief. «Sie hatten mir mitgeteilt, daß sie ein außergewöhnlicher Mensch ist», sagte sie, «das kann ich nur bestätigen.

Ich hielt mich während der ganzen Zeit, in der ihr Mann ihr erzählte, was geschehen ist, in der Nähe der Zimmertüre auf. Er konnte kaum sprechen, so sehr mußte er weinen. Bei ihr dagegen floß keine Träne. Sie blieb lange völlig reglos auf ihrem Bettrand sitzen. Ihr Blick schaute ins Leere. Dann stand sie, ohne ein Wort zu sagen, auf und begann sich anzukleiden. Fast hat sie sich bei mir dafür entschuldigt. Sie sagte zu mir, sie müsse gehen, um an der Trauerfeier für ihren Sohn teilzunehmen. Ich habe sie begleitet. Auf der Türschwelle drehte sie sich um, sah mir direkt in die Augen und sagte mit fester Stimme und in fast trockenem Tonfall: «Wann muß ich wiederkommen? Ich muß so schnell wie möglich gesund werden. Jetzt schneller als je zuvor!»

Vier Jahre zuvor hatte ich sie kennengelernt. Und ich erinnere mich daran, als sei es gestern gewesen. Es war an einem Donnerstagnachmittag.

Sie kam in mein Sprechzimmer – klein und blaß, die Stirn groß, das Kinn spitz, die Haare schwarz und glatt, was ihre riesigen braunen Augen hervorhob. Sie trug Hosen und Reitstiefel – eine ungewohnte, wenn nicht sogar überraschende Aufmachung in diesem Stadtviertel. Sie hielt ihr sieben Monate altes Baby in den Armen. Es wirkte sehr groß und dick und war ebenso blond wie sie braunhaarig war, mit Kräuselhaar und ganz kleinen blaßblauen Augen. Ein kontrastreicher Anblick, der von ihrem sehr sanften Lächeln unterstrichen wurde. Ein reizender Anblick.

Dann machte ich meine Routinearbeit, eine Erstuntersuchung, die sich von so vielen anderen in keiner Weise unterschied. Eine Kontaktnahme, bei der sich jeder ein Urteil über seinen Gesprächspartner bildet und einzuschätzen versucht, ob sich Möglichkeiten für eine Zusammenarbeit ergeben könnte.

Gwenael war ihr viertes Kind, ihr vierter Sohn. Ich fand, daß die drei ersten, die viel älter waren, Namen trugen, die zu ihrem spanischen Familiennamen besser paßten: Angel (15 Jahre), Carlos (13 Jahre) und Raoul (11 Jahre). Weshalb hatte sie den

Namen Gwenael gewählt? Hatte sie eine bestimmte Vorliebe dafür gehabt? Oder war es das Zeichen einer – schlußendlich – gelungenen Integration in diesem Land? Denn es sprang einem geradezu ins Auge, daß sie Spanierin war. Alles in ihrem Aussehen und ihrer Haltung wies darauf hin. Gewiß, sie sprach völlig akzentfrei. Aber konnte sie nicht zur zweiten Generation gehören?

Auch ihre Stimme war sanft, doch in den Obertönen mit einem erstaunlichen und kaum merklichen Vibrato, das verriet, wie lange sie an ihrer Sprechweise gearbeitet hatte. An der Art, wie sie ihre Sätze voneinander abhob und sie mit lebhaften Handbewegungen unterstrich, hätte man sie für autoritär halten können. Doch dem war nicht so. Man hatte eher das Gefühl, daß sie im Grund sehr schüchtern war, und daß es sie viel Mühe gekostet hatte, diesen Charakterzug zu überwinden.

Sie kam aus einem banalen Grund, einer Erkältung. Sie hatte sie als Vorwand benutzt, um eine bessere medizinische Betreuung zu erbitten, als die, die sie in der nächstgelegenen Ambulanz bekommen hätte. Ich wies sie darauf hin, daß ihr Kind noch keinerlei Impfungen erhalten habe. Sie entschuldigte sich dafür mit der Begründung, daß sie selbst oft krank gewesen sei und daß sie sich von vielen Dingen einfach überrollt gefühlt habe. Sie fügte hinzu, sie erwarte ohnehin von mir, daß ich diesbezügliche Anweisungen träfe.

Die Untersuchung war schnell getan. Sie setzte sich auf die Couch, um ihr Kind wieder anzuziehen, während ich das Rezept ausschrieb. Plötzlich stieß sie einen kleinen Schrei aus. Gwenael hatte etwas flüssigen Stuhl von sich gelassen, von dem ein wenig aus der Windel herausgeflossen war. Einen Augenblick lang waren wir beide damit beschäftigt, die Spuren zu beseitigen, und ich hielt es für gut, ihr zusammen mit meinem Rezept einige Ratschläge für die Ernährung Gwenaels zu geben.

Dann ging sie. Ich nahm den nächsten Patienten dran, dann den übernächsten und so fort. Doch es gelang mir nicht, aus der Stimmung herauszukommen, in die sie mich versetzt hatte. Und was mich am meisten irritierte war, daß ich nicht verstand, was eigentlich vorgefallen war.

Aus der heutigen Distanz heraus bekommt jede Einzelheit, die ich erzähle, für mich eine ganz besondere Bedeutung. Aber damals hatte ich nicht jene Flexibilität des Denkens, die der zeitliche Abstand, das Alter und die Berufserfahrung mit sich bringen. Ich war damals noch ein sehr junger Arzt, dessen Ausbildung sich allein auf die Zuordnung und Behandlung der kindlichen Krankheitssymptome bezogen hatte, und da ich wahrscheinlich nur über eine schwach ausgeprägte Introspektionsfähigkeit verfügte, konnte ich nur schwer erfassen, was bei einer Begegnung wirklich vor sich ging. Ich war zwar imstande, die Anzeichen einer Verwirrung an mir wahrzunehmen, ja sogar ihren Tenor oder ihren Auslöser zu erkennen, zog jedoch keinerlei Schlüsse aus diesen Feststellungen; ich empfand lediglich ein dumpfes und beharrliches Schuldgefühl.

Das Ganze hätte nur einen ganz kurzen Augenblick im Leben ausmachen können – schnell verdrängt von einem anderen und rasch wieder vergessen. Ich hätte vielleicht noch ein- oder zweimal daran gedacht, ohne mich länger damit aufzuhalten. Aber ich wußte, daß daran gar nicht zu denken war, als ich am nächsten Morgen ihre Stimme am Telefon erkannte, noch bevor sie ihren Namen genannt hatte. Gwenael hatte begonnen, stärker zu husten. Und sie wußte, was er hatte. Sie drückte sich sehr präzise aus. Sie hatte diese schwere Krankheit auch mit ihren drei ersten Kindern durchgemacht. Es war ganz sicher Keuchhusten. Die Symptome waren dieselben, einschließlich der Hustenanfälle und des Keuchens.

Ich ging zu ihr. Und wiederum fühlte ich mich hineingezogen in diesen beunruhigenden Strudel aus Zerbrechlickeit und Energie, Sanftheit und Festigkeit. An die Wohnungseinrichtung erinnere ich mich nicht mehr, doch ich weiß noch, daß sie dieselbe Kleidung wie am Vortag trug. Wiederum teilte sie mir mit, um welche Krankheit es sich ihrer Meinung nach handeln mußte. Ich hätte mich von ihren medizinischen Kenntnissen beeindrukken lassen, wenn ich nicht immer noch den Anflug des merkwürdigen Unbehagens verspürt hätte. Es gelang mir, einen kühlen Kopf zu bewahren, und nach meiner Untersuchung sagte ich zu ihr, ich könne mich anhand der wenigen Indizien, die ich gesammelt hätte, ihrer Diagnose nicht ohne weiteres anschließen. Trotz meiner Untersuchung und trotz der Stichhaltigkeit der Anzeichen, die sie beschrieb, beharrte ich auf einer Bestätigung durch nähere Untersuchungen. Ich sagte, ich würde Blutwerte benötigen, die eine Anzahl der Lymphozyten von circa 12 000 oder darüber aufweisen. Das waren die Kriterien, die im vorliegenden Fall für mich zählten. Noch kaum einen Monat zuvor hatte ich gehört, wie der cholerische Chef der Abteilung – in der ich noch immer regelmäßig vorbeischaute, denn ich hatte, wie alle jungen Ärzte, Mühe, mich von meiner Ausbildungsstätte abzunabeln – sie nachdrücklich gefordert hatte. Ich tat meine Arbeit und setzte gewissenhaft die Kenntnisse ein, die ich mir während meiner Ausbildungsjahre angeeignet hatte. Und ohne recht zu wissen, warum, war ich erleichtert darüber, eine objektive Barriere zwischen dem, was ich vage empfand, und der Aufgabe, mit der ich beauftragt war, errichten zu können.

Keuchhusten, der heute ziemlich selten vorkommt, ist eine scheußliche Krankheit. Unangenehm, furchterregend und bei ganz kleinen Kindern zuweilen tödlich verlaufend, ist er auch für größere Kinder nicht ungefährlich. Bis vor kurzer Zeit gab es in großen Kinderkrankenhäusern ganze Pavillons, die einzig seiner Behandlung vorbehalten waren. Ich muß hinzufügen, daß man als Keuchhusten allzugerne auch die meisten anderen schweren oder chronischen Hustenarten bezeichnete – dieses Symptom, das noch heute bei allen Eltern tiefe Beunruhigung hervorruft, war noch nicht genügend erforscht. Die Fortschritte, die im Kampf gegen Infektionen errungen wurden, haben sein Krankheitsbild kaum verändert. Antibiotika nützen hier nicht viel, denn der abgetötete Krankheitserreger läßt in großer Menge jenes Toxin frei, das für das gefährliche Krankheitsbild verantwortlich ist.

Mir waren schon während meiner Studienzeit zahlreiche Fälle untergekommen, und ich erinnerte mich noch an einen, der ziemlich dramatisch verlief und den ich außerhalb meines Krankenhausdienstes übernommen hatte. Es handelte sich um ein ganz kleines Mädchen von vier Monaten. Sie war todkrank. Ihre Eltern hatten – ohne allzugroßen Widerstand der behandelnden Ärzte – den Entschluß gefaßt, sie aus der Station des Krankenhauses C., das auf die Behandlung ansteckender Krankheiten spezialisiert war und in der sie seit zwei oder drei Wochen lag, nach Hause zu holen. Es war ein sehr junges Paar, das man heute als «am Rande der Gesellschaft lebend» bezeichnen würde. Sie führten zusammen ein winziges Lebensmittelgeschäft in einer der alten Straßen von Ivry, die es heute nicht mehr gibt. Der Vater des Kindes hatte mir erklärt, seine Tochter erhielte im Krankenhaus keine spezielle Behandlung, und der Aufenthalt wäre für sie zu teuer, da sie nicht krankenversichert seien. So nahmen sie meine Dienste auch aus wirtschaftlichen Gründen in Anspruch, und es verstand sich von selbst, daß man nichts Unmögliches von mir erwartete; doch wenn die Kleine sterben müßte, dann sollte sie es wenigstens zu Hause tun. Sein Ansuchen hatte etwas Ergreifendes, und was er sagte, hatte seine Richtigkeit, denn diese Einstellung konnte man zu jener Zeit in den Krankenhäusern häufig antreffen. Ich weiß noch, daß ich mich mit allen mir zur Verfügung stehenden Mitteln wochenlang um die Kleine kümmerte und daß ich alle Arten von Behandlungen improvisierte. Ich hatte den Eltern gezeigt, wie sie sich beim Auftreten der Hustenanfälle verhalten sollten, um das Erbrechen zu verhindern. Ich hatte eine bestimmte Milchsäure verschrieben, die dazu beitragen sollte, die Nahrungsaufnahme zu verbessern. Ich hatte eine ganz genaue Kurve des Verlaufs der Hustenanfälle erstellt, sowohl was ihre Anzahl als auch was ihre Intensität betraf. Und um den wichtigsten Punkt, das Körpergewicht zu überwachen, hatte ich die alte Roberval-Waage aus dem Laden benutzt: Der Vater holte sie mir aus dem Hinterzimmer zusammen mit einigen Ein-Kilo-Zuckerpaketen, die als Gewichtsstükke fungierten. Es dauerte eine ganze Weile, bis die Kleine ihr skeletthaftes Aussehen überwand. Doch dann bekam sie Oberwasser. Und als ich sah, daß der positive Verlauf nicht mehr gefährdet war, konnte ich den Eltern mitteilen, daß ihre Tochter geheilt sei und daß die Genesung einzig und allein auf ihre gute Pflege und ihre Aufopferung zurückzuführen sei. Das entsprach umso mehr der Wahrheit, als ich immer wieder am glücklichen Ausgang des Krankheitsverlaufs gezweifelt hatte.

Die Blutsenkung ergab, daß Gwenael mehr als 18 000 Lymphozyten im Blut hatte.

Noch an jenem Freitagnachmittag besuchte ich ihn ein zweites Mal. Seine Mutter hatte ihren bescheidenen Triumph. Sie hielt sich nichts darauf zugute. Angel, Carlos und Raoul hatten ungefähr im selben – oder nur geringfügig späteren – Alter dieselbe Krankheit durchgemacht. Es hätte sie beinahe erstaunt, wenn Gwenael von dem verschont geblieben wäre, was sie eine «gräßliche Plage» nannte. Ich leitete sofort eine Behandlung in die Wege und erstellte ein Programm für die nächste Zeit, zu dem auch mein nächster Besuch am darauffolgenden Montag gehören sollte.

Ich bereitete mich auf einige schwierige Wochen vor. Aber ich war nicht über Gebühr beunruhigt, denn die Palette der Krankheiten war damals vielfältiger und oft besorgniserregender als heutzutage.

War es meine Erleichterung, die mit der Diagnosestellung der Krankheit einherging, oder die Tatsache, daß ich dazu neige, meine Energie jeweils immer auf eine ganz bestimmte Situation zu konzentrieren – jedenfalls dachte ich in den folgenden zwei Tagen nicht mehr an den Fall. Ich war ganz einfach zu meinen alltäglichen Beschäftigungen zurückgekehrt, die im übrigen am Sonntagnachmittag von einem grausigen Ereignis überschattet wurden: Als ich von einem Spaziergang, den ich mit meinen Kindern unternommen hatte, zurückkehrte, erfuhr ich, daß das junge bretonische Mädchen, das uns als Haushaltshilfe diente, von einer Bande von Jungen vergewaltigt worden war, mit denen sie sich trotz unserer Warnungen herumgetrieben hatte. Sie war zur Beobachtung ins nächstgelegene Krankenhaus gebracht worden. Und meine – alles in allem ziemlich egoistische – Sorge war, daß man sie mehrere Tage lang dabehalten könnte, obwohl wir ihre Mithilfe am folgenden Tag dringend benötigen würden. Auch als ich heuchlerisch meine Kompetenz als Arzt in die Waagschale warf, gelang es mir nicht, bei meinen Kollegen, die sich um sie kümmerten, ihre sofortige Entlassung zu erwirken. Das Hindernis lag im medizinisch-legalen Bereich, und alles, was ich erreichen konnte, war das Versprechen, sie dürfe das Krankenhaus am folgenden Tag zum frühestmöglichen Zeitpunkt verlassen.

Bei meiner Rückkehr zu Hause überfielen mich augenblicklich wieder die Sorgen, von denen ich mich ein wenig ablenken wollte. Gwenael ging es nicht gut: Er hatte natürlich nicht nur ununterbrochen gehustet und gespuckt, sondern er hatte auch seit dem frühen Nachmittag begonnen, auf eine anormale Weise zu weinen und zu wimmern, ohne daß es jemals gelungen wäre, ihn zu beruhigen oder zu trösten. Sein Vater hatte angerufen, um dies mitzuteilen und mich zu bitten, früher als geplant bei der Familie vorbeizukommen.

Es ist natürlich bedeutsam, daß ich mich auch nach Jahrzehnten an jede Einzelheit dieser Tage so deutlich erinnern kann.

Ich sprach mit meiner Frau über das vorübergehende Fehlen unserer Hausangestellten, und wir überlegten, welche Maßnahmen deswegen zu treffen wären. Ich überließ es ihr, sie in die Wege zu leiten, und verließ das Haus.

Gwenaels Vater öffnete mir die Tür. Sein Sohn schlug ihm nach – doch nur, was die Korpulenz betraf. Denn was seinen Teint anging, so war dieser noch dunkler als der seiner Frau. Er hatte einen ganz leichten spanischen Akzent und sprach mit leiser Stimme, was ich – zu Unrecht, wie ich später bemerkte – auf sein Bemühen schob, sein krankes Kind zu schonen. Er wiederholte noch einmal die Einzelheiten, die er bereits am Telefon mitgeteilt hatte, dann führte er mich in das Zimmer. Gwenael lag in den Armen seiner Mutter, die einen Morgenmantel trug und nicht anders als sonst wirkte. Sobald das Kind ausgezogen war, begriff ich augenblicklich den Grund seines Weinen: Es hatte einen riesigen beidseitigen, abgeschnürten Leistenbruch, und seine Hoden waren zum Zerreißen gespannt. Das ist eine Komplikation, die sehr häufig beim Keuchhusten auftritt. Das heftige Husten führt zu einem so großen Druck im Unterleib, daß die dadurch stark zusammengedrückten Eingeweide die Bauchdekke überdehnen, gegen die schwachen Punkte – die Bruchhöhlungen – drücken und sich, gemäß den anatomischen Gegebenheiten, zwischen die Muskeln und die Haut schieben. Ein Stück Darm hatte sich also seinen Weg nach außen gebahnt und verformte die gesamte Schamregion. Nun ist in diesen Fällen der Umfang des herausgetretenen Organs so groß, daß sein Ansatz fest in die – nicht dehnbare – Öffnung eingezwängt ist, wodurch die Blutzirkulation behindert wird. Daher kam der unerträgliche Schmerz, der ein Alarmsignal war, und das Weinen des Kindes.

Ich erklärte den Eltern all das und machte mich daran, die Leistenbrüche provisorisch zu beheben, das heißt, den Darm in die Bauchhöhle zurückzuschieben. Ich ging so vor, wie man es damals tat: Man verabreichte dem kleinen Patienten zuerst eine intramuskuläre Phenobarbital-Injektion, die das Kind entspannen sollte, dann manipulierte man in einem warmen Wasserbad vorsichtig die herausgetretenen Darmstücke, um sie behutsam ihres Inhalts zu entleeren und dann wieder in die richtige Richtung zu schieben. Ich hatte mir zu diesem Zweck ein Becken mit warmem Wasser bringen lassen und begann dann mit der Arbeit, wobei ich den Vater bat, mir zu helfen.

Es wurde ein wahrer Alptraum.

Für etwas, was ich zuvor dutzendemale innerhalb weniger Minuten erledigt hatte, brauchte ich nun zwei Stunden. Das Phenobarbital zeigte keinerlei Wirkung, und Gwenael spannte sich wie ein Flitzebogen und wehrte sich wie verrückt. Aber das Schlimmste war, daß er hin und wieder von Hustenanfällen gequält wurde, die so heftig waren, daß immer, wenn es mir gelungen war, ein Stück Darm hineinzuschieben, ein noch größeres Stück wieder austrat. Einen Augenblick glaubte ich, es sei mir zumindest auf einer Seite gelungen. Und ich bat den Vater, mit den Fingern fest auf die Öffnung zu drücken, um sie zu verschließen. Doch beim nächsten Hustenanfall mußten wir wieder von vorne beginnen. Bald war überall auf dem Bett und auf dem Boden Wasser.

Plötzlich war ich dieses Kampfes, dieser ständig mißlingenden Versuche, ja selbst des spärlichen Lichtes überdrüssig, das die ganze Szene irreal und alle beteiligten Personen geisterhaft wirken ließ. Ich hatte das Gefühl, ich würde es niemals schaffen und deutete an, es wäre vielleicht besser, das Kind in ein Krankenhaus einzuweisen. Aber ich fing einen Blick seiner Mutter auf und verstand, daß dies keine gute Lösung für sie wäre. Sie schlug vor, das Kind selbst zu halten, und daraufhin ging es sofort besser. Da, wo die männliche Kraft versagt hatte, erzeugten sanfte Zärtlichkeiten und beruhigende Worte die gewünschte Wirkung. Dennoch brauchte ich noch länger als eine halbe Stunde, um mein Ziel zu erreichen. Mit Hilfe einiger zusammengeknoteter Taschentücher bastelte ich eine Art Notverband. Ich vergewisserte mich, daß er hielt, und machte mich schon zum Aufbruch bereit, als seine Mutter mich darauf aufmerksam machte, daß Gwenael den ganzen Tag lang seine Windeln nicht naß gemacht habe. War das die Folge der Einklemmung durch den Bruch? Hatte er in das Becken uriniert oder nicht? Ich konnte es nicht wissen, und ich konnte es nicht nachprüfen, ohne das Risiko auf mich zu nehmen, den Verband wieder zu lösen und mit allem wieder von vorne zu beginnen. Ich bat sie, dem Kind eine saubere Windel anzuziehen, und sagte ihr, ich käme am nächsten Tag so früh wie möglich wieder, um zu sehen, wie die Sache stehe.

Jedesmal, wenn ich an diesen Vorfall zurückdachte – und ich tat es oft, wie man sehr wohl verstehen wird –, war ich sprachlos, wie richtig der Ausdruck «Zusammentreffen mehrerer Umstände» diesen Fall skizzierte. Ist es nur eine bequeme Entschuldigung, die jeder Mensch vorbringen kann? Ist es nur eine feige Art und Weise, uns eines Problems zu entledigen oder unsere Unkenntnis zu verschleiern? Ist es ein Zeichen für den Schmerz, den wir verspüren angesichts der zynischen Gewalt der Zeit, die vergeht? Oder ein rätselhafter Hinweis des Schicksals? Denn am nächsten Tag mußte ich, wie vereinbart worden war, zuerst unsere Hausangestellte aus dem Krankenhaus abholen und zu uns bringen, ehe ich zu Gwenael fahren konnte.

Als ich dort ankam, empfing mich seine Mutter mit den Worten, er schliefe noch und habe eine Nacht verbracht, die weit besser als die vorigen Nächte verlaufen sei. Ich trat an sein Bett. Er öffnete die Augen, blickte mich an – und wurde plötzlich von einem Krampf geschüttelt!

Das Krankheitsbild nahm eine äußerst merkwürdige Wendung.

Krämpfe – wie Leistenbrüche – können tatsächlich im Laufe eines Keuchhustens auftreten. Sie signalisieren im allgemeinen das Auftreten einer Gehirnentzündung (Enzephalitis), einer eher seltenen – doch ebenso bekannten wie gefährlichen – Komplikation dieser Krankheit. Wenn sie hier zutraf, war das die zweite Komplikation innerhalb sehr kurzer Zeit. Ich konnte sie weder ignorieren noch durfte ich die möglichen Konsequenzen außer acht lassen. Meine Behandlungsmöglichkeiten und vor allem meine Kompetenzen waren beschränkt, und wie am vorangegangenen Freitag hatte ich das Gefühl, daß eingehende medizinische Untersuchungen dringend nötig wären; eine Einweisung ins Krankenhaus schien mir nun unumgänglich geworden. In der damaligen Zeit existierten weder ein ärztlicher Bereitschaftsdienst noch Notärzte noch Intensivstationen. Und manchmal mußte man sogar ein oder zwei Stunden warten, um auch nur einen Krankenwagen zu bekommen. Also versuchte ich gar nicht erst, einen herbeizurufen. Wir wickelten das Kind, dem ich zuvor noch eine weitere Phenobarbital-Injektion verabreicht hatte, in eine Decke und fuhren mit meinem Auto zu einem Taxistand, um dort einen Wagen zu suchen. Ich gab der

Mutter einen Brief mit, den ich in aller Eile an meine Kollegen geschrieben hatte, und bat den Chauffeur, so schnell wie möglich zum Krankenhaus C. zu fahren.

Dann setzte ich meine Besuchsrunde fort wie ein Automat und verfluchte die ganze Zeit über, daß sich meine häuslichen Probleme mit denen meiner Arbeit überschnitten hatten. Ich hatte Schuldgefühle und warf mir vor, nicht eine Stunde früher bei Gwenael eingetroffen zu sein. Aber ich sagte mir, daß die Entwicklung der Krankheit auch dann nicht viel anders verlaufen wäre. Allerhöchstens hätte seine Mutter mich eben ein zweites Mal hergerufen. Und dann wäre ich in derselben Situation gewesen. Aber hätte ich dann nicht auf der Stelle den Entschluß gefaßt, das Kind ins Krankenhaus einzuweisen? Auch das hätte nicht viel geändert, da der Krampf ohnehin erfolgt wäre – im Krankenhaus. Doch dann wäre das Taxi nicht mitten im Pariser Montagmorgenverkehr steckengeblieben. Angstvoll versuchte ich, die Dauer der Fahrt einzuschätzen: Fünfzig Minuten, eine Stunde, fünfundsiebzig Minuten oder noch länger? Ohne mir dessen recht bewußt zu werden, versank ich in immer deprimierenderen Überlegungen über das Unbegreifliche des Unglücks und über die Einsamkeit, in das es die Menschen treibt, die ihm begegnen.

Das «Zusammentreffen mehrerer Umstände». Ich hatte schon andere erlebt. Aber niemals hatten sie mich in einen solchen Zustand versetzt. Im Geist ließ ich die vergangenen Tage Revue passieren – mit den Ereignissen und den Gesprächen – und versuchte, wenn ich schon nicht den genauen Grund für diese mir fremde Verwirrung finden konnte, doch wenigstens einen Anhaltspunkt zu entdecken. Da fiel mir ein, daß ich in meiner Hast nicht nachgeprüft hatte, ob mein Verband gehalten hatte und ob Gwenaels Windel naß geworden war oder nicht – und das trug nicht gerade dazu bei, meine Sorgen zu verringern.

Nach meinem letzten Hausbesuch fuhr ich ins Krankenhaus. Ich traf den Stationsarzt. Er hatte Gwenael bereits untersucht und kümmerte sich nach Kräften um ihn. Er hatte eine Röntgenaufnahme der Lungen machen lassen: Alles stimmte mit der Diagnose überein, und glücklicherweise schien der Krampf keine Spuren hinterlassen zu haben. Dennoch nahm er eine vorsichtige und begreiflicherweise abwartende Haltung ein; er konnte nicht sagen, ob er im Zusammenhang mit einer beginnenden Gehirnentzündung stand oder nicht.

Als ich den Flur zum Ausgang entlanglief, kam mir Gwenaels Mutter entgegen. Sie lächelte mich ein wenig müde an und wartete begierig auf Neuigkeiten. Ich gab das an sie weiter, was ich soeben erst erfahren hatte. Sie hörte mir kommentarlos und wie abwesend zu. Einen Moment lang glaubte ich, sie sei «betäubt», wie ein Boxer im Ring. Aber sofort darauf war sie wieder ganz die Alte, als sie meinte, mir für das, was ich getan hatte, danken zu müssen, und vor allem dafür, daß sie mich «zu einer solchen Stunde» hatte «stören dürfen». Ich fragte sie, ob sie mit mir in meinem Auto nach Hause zurückfahren wolle. Sie nahm mein Angebot an, und kurz danach befanden wir uns in einem Verkehrsstau.

Ich fragte sie, wie die Fahrt am Morgen verlaufen sei, denn ich dachte, es würde ihr guttun, mir ihre Emotionen und Gedanken mitzuteilen. Sie antwortete, sie habe keine Zeit gehabt, auch nur an irgend etwas zu denken, denn ihr Sohn sei währenddessen zweimal – gestorben!

Einen Augenblick lang war mir zumute, als hätte ich einen Schlag bekommen, und ich drückte meinen Fuß automatisch auf das Bremspedal, ehe ich mich zu ihr umwandte. Sie war ebenso ruhig, wie sie mir immer erschienen war. In ihren großen Augen spiegelte sich die Gelassenheit, die ich schon an ihr kannte; sie waren nicht einmal von geweinten oder unterdrückten Tränen gerötet. Und keine Falte veränderte ihren Gesichtsausdruck oder verriet eine Anstrengung, die Situation zu bewältigen. Ein winziges, liebevolles Lächeln spielte ständig um ihre Lippen. Und es fiel mir jetzt erst auf, wie schön sie eigentlich war. Nicht schön wie die Frauen, die alles tun, um schön zu sein, und denen das manchmal auch gelingt. Sie war ganz einfach schön. Wie das helle und warme Licht dieses Herbsttages. Meine Reaktion verwirrte sie keineswegs. Sie wiederholte noch einmal, was ich ganz offensichtlich nicht hören wollte. Und um mich davon zu überzeugen, erklärte sie mir, daß ihr Sohn zweimal vollkommen in sich zusammengefallen sei und keinerlei Reaktion mehr gezeigt habe, daß er aufgehört habe zu atmen, daß sie jedesmal ihr Ohr an seine Brust gelegt habe und sein Herz nicht mehr habe schlagen hören. Es war ihr angesichts dieser Lage nichts anderes eingefallen als ihn Mund-zu-Mund zu beatmen. «Was hätte es geholfen, wenn ich meinen kühlen Kopf verloren und angefangen hätte zu weinen?» fügte sie noch hinzu. Nur der Taxichauffeur war entsetzt gewesen, als er sie dabei beobachtete. Doch das hatte letzten Endes sein Gutes gehabt, denn er begann daraufhin, alle anderen Autos zu überholen und dabei heftig zu hupen. Er brachte es sogar fertig, motorisierte Polizisten heranzuwinken, die zufällig vorbeifuhren und die ihm den Weg freihielten. Jedenfalls war es ihr beide Male – nach einer Zeit, die ihr natürlich unendlich lang erschien, – gelungen, Gwenael wieder ins Bewußtsein zurückzuholen.

Nun war ich derjenige, der «betäubt» war. Nicht einen Augenblick lang zweifelte ich an ihren Worten. Ich war buchstäblich in ihren Bann gezogen, war gefangen von ihrem Bericht – und vielleicht auch von ihrem Blick. Ich fühlte mich schuldiger und inkompetenter als je zuvor. Später habe ich mich manchmal gefragt, ob die beiden Vorfälle, die sie mir geschildert hatte, nicht ähnliche krampfartige Erscheinungen – wie schon zuvor – gewesen waren, die zu einer gewöhnlichen Ohnmacht geführt hatten, aus der das Kind in jedem Fall wieder erwacht wäre. Und langezeit konnte ich zu keinem wirklichen Schluß kommen. Doch zum damaligen Zeitpunkt war ich zu solchen Überlegungen nicht in der Lage, da meine ganze Aufmerksamkeit davon in Anspruch genommen war, wie außergewöhnlich gut sie ihre Gesten und Emotionen beherrschte. War es das, was ich bei unserer allerersten Begegnung gespürt und geahnt hatte? War es das, was mir auf der Stelle dieses sonderbare Unbehagen eingeflößt hatte? Mein Berufsleben hatte mich oft mit Grenzsituationen konfrontiert, die verzweifelte Initiativen erforderten. Aber nie war es mir möglich gewesen, ohne innere Erregung und ohne Hektik an sie heranzugehen. Und dabei hatte es sich noch niemals um Menschen gehandelt, die mir nahegestanden waren, und schon gar nicht um meine Kinder!

Saß ich neben einer psychisch Gestörten, die dem Tod vollkommen gefühllos und gleichgültig gegenüberstand? Oder war sie einfach eine Person, die ein beispielloses Vertrauen in sich selbst und in das Leben, das sie geschenkt hatte, besaß? Wachte sie eifersüchtig über dieses Leben, und war sie zu allem entschlossen, um jeden Schaden von ihm abzuwenden? Ich erinnerte mich an die Handbewegungen, die sie gemacht hatte, als ich mich mit den Leistenbrüchen abgemüht hatte. Ihr tatkräftiger Wille hatte mich stark beeindruckt, aber ich hatte keinen Augenblick das Gefühl gehabt, ihr seien Zärtlichkeit, Zuneigung und Fürsorge fremd. Ich war ganz nahe daran, zu denken – ohne daß ich es klar und deutlich in Worte hätte fassen können –, daß sie nicht nur eine Mutter, sondern DIE Mutter schlechthin war. Die Mutter, die ganz selbstverständlich alle ihre Vorrechte in Anspruch nahm. Die vollkommene Mutter, die Mutter, die in jeder Hinsicht perfekt war. Die paradigmatische Mutter. Aber konnte mein Gefühl aus etwas anderem entstehen als aus der Übereinstimmung zwischen dem, was ich soeben erlebte, und den Dingen, die ich zu einem früheren Zeitpunkt selbst erlebt hatte und von denen etwas in mir zurückgeblieben war – etwas, was mich erschreckte und was mich noch immer entzückte, aber auch schmerzlich berührte? Und so trat an die Stelle meines merkwürdigen Unbehagens eine grenzenlose Faszination, von der ich mich nicht mehr lösen konnte und auf deren Konto eine Vielzahl kleiner Begebenheiten geht, die mir im Laufe dieses Abenteuers widerfuhren.

Der Leser wird verstanden haben, was ich selbst natürlich erst nach und nach begriff (weil ich nicht umhin konnte, gewisse Parallelen festzustellen): Ich selbst hatte eine Mutter, deren absolute

Verfügbarkeit, deren ungeheuere Tüchtigkeit und – mit einem Wort – deren Allmacht ich im Laufe ihres gesamten Lebens immer wieder, im positiven wie im negativen Sinne, zu spüren bekommen hatte.

... mit einer Mutter

Habe ich etwa, ohne es zu wollen und oder es mir selbst einzugestehen, dieses Buch wegen seiner kathartischen Wirkung in Angriff genommen? Habe ich darauf gehofft, damit die allzu persönlichen Bindungen zu lösen, die zu lange bestanden hatten oder zu schmerzlich gewesen waren?

Wenn es der Fall wäre, so wüßte ich nicht, warum ich mich schämen sollte, dies einzugestehen – zumal es im vorliegenden Fall keinen Widerspruch zwischen dem Vorhaben selbst und seinen eventuellen unbewußten Auswirkungen gibt. Es ist kein Zufall, daß ich meine emotionale Verwicklung in die Geschichte, die ich hier erzähle, so dezidiert aufzeige. Und ich tue es nicht etwa, um diesen Bericht aufwühlender und ergreifender zu gestalten. Nein, ich habe diese Entscheidung ganz bewußt getroffen. Ich habe nichts von einem kühlen Technokraten an mir, der ständig von der Sorge beherrscht ist, eine respektable Distanz zwischen sich selbst und den Dingen, mit denen er sich beschäftigt, zu halten. Zu einer solchen Rolle habe ich weder Lust noch Neigung. Und ich sehe auch keinen Grund, weswegen ich gegen meine übergroße Schwerfälligkeit ankämpfen sollte, mit der ich mich von bestimmten Ereignissen löse, oder gegen meine absolute Unfähigkeit, mich einer Situation innerlich zu entziehen, um statt dessen eine gekünstelte neutrale Haltung an den Tag zu legen. Ich glaube nicht, daß mir das die Befugnis nehmen kann, über die Tatsachen, die mich beschäftigen, nachzudenken oder sie dialektisch zu betrachten. Und ich bin der festen Überzeugung, daß man nur dann über etwas urteilen, sprechen, schreiben, eine Äußerung machen oder eine Meinung abgeben kann, wenn man sich persönlich ganz einbringt. Logischerweise ziehe ich daraus meine Konsequenzen. Weder werde ich mich also hinter den Dingen verstecken, die ich anführe, noch werde ich hinter den Überlegungen zurücktreten, die sie in mir wecken. Und wenn mein Vorgehen zuweilen wie eine selbstgefällige oder sogar schamlose Zurschaustellung aussehen mag, so meine ich dennoch, daß ich so jedem Leser die Möglichkeit gebe, seine eigene Meinung zu bilden, ohne ihm den Zugang zu seinen Emotionen zu verbieten.

Jetzt will ich aber zurückkehren zum äußeren Stadtring, zu meinem Auto inmitten der Staus und – insbesondere – zu meiner momentanen Beifahrerin.

Sie hatte mich soeben aus meinem Kokon gerissen und mich in eine Welt geschleudert, deren grelles Licht mir nun direkt ins Gesicht schien. Und ich ahnte damals noch nichts von der immensen Bedeutung dessen, was ich soeben erlebt hatte. Der Schock war nachhaltig. Er riß mich aus einer Lethargie, in der ich versunken war, ohne daß ich mir ihr Ausmaß und ihre Dauer bisher hatte vorstellen können. Die erstaunlichsten Ereignisse und Tatsachen hatten sich ereignet und ereigneten sich weiterhin in einem solchen Tempo, daß die gelebte Zeit eine merkwürdige Intensität bekam. Was sich in mir in kaum vier Tagen abgespielt hatte, glich einer wahrhaften «Häutung». Ich fühlte, wie ich mich mit großer Mühe von der Kruste und den Vorurteilen löste, die bislang mein ganzes Denken bestimmt hatten. Plötzlich entdeckte ich, wie sehr und wie lange dieses Universum der emotionalen Kommunikation, in das diese Mutter mich zog, mein eigenes gewesen war. Aber man möge mich nicht mißverstehen: Daß ich hier mit geschliffenen Worten über all das spreche, ist nur möglich dank des Abstandes, den die Zeit ermöglichte. Denn damals fehlte mir noch jegliches Unterscheidungsvermögen. Es war sozusagen Wahrnehmung im Reinzustand: Unfaßbar, unsagbar, unmöglich zu verstehen, zu bewältigen oder zu analysieren – und aus gutem Grund! Das einzige, was ich ganz deutlich spürte, war, daß ich mich etwas Beunruhigendem gegenübersah, das ich vage wiedererkannte, das ich bejahte, ja das mich vorbehaltlos begeisterte. Ich bedauerte nur, davon ausgeschlossen zu sein.

Wie man sich vorstellen kann, war ich Lichtjahre davon entfernt, mit dem umgehen zu können, was man «Gegenübertragung» nennt und womit man die Methode bezeichnet, die im allgemeinen von Psychotherapeuten und insbesondere von Psychoanalytikern angewandt wird. Mit ihrer Hilfe versuchen sie, so genau wie möglich zu verstehen, was die Situation, mit der sie konfrontiert sind, in ihnen auslöst. Ich war einfach nur erschüttert, fassungslos, überfordert, verunsichert, befand mich in einer unbeschreiblichen Befangenheit und hatte tiefgehende Schuldgefühle. Ich war der festen Meinung, ich sei hier meiner Aufgabe nicht gewachsen gewesen und spürte, daß ich von der Furcht gequält wurde, ich könnte mit meinem Versagen nicht fertig werden, das sich abzuzeichnen schien und das mich die schwindelerregenden Schwachstellen der medizinischen Ausbildung, die ich erhalten hatte, erahnen ließ.

Auch wenn dies zur Genüge aufgezeigt, analysiert, erörtert, bedauert, wieder und wieder gesagt, ja bis zum Überdruß wiederholt worden ist, leider ohne die geringste Konsequenz: Das Medizinstudium hat kein anderes Ziel als sogenannte «wandelnde Lexika» hervorzubringen, die im Prinzip fähig sind, alle Krankheiten, auch die allerseltensten, zu erkennen. Daher dauert das Studium auch so lange und erfordert vor allem ein ausgeprägtes Gedächtnis. Und doch bringt es nach all den vielen Lehrjahren nur junge Ärzte hervor, die überfordert sind von dem, was sie – zu Unrecht – als ihre zukünftige Aufgabe ansehen; die verängstigt von dem erdrückenden Umfang ihrer Verantwortung sind und vollkommen entfremdet von allem, was sie von den Beschäftigungen ablenken könnte, von deren Priorität man sie überzeugt hat.

Das Medizinstudium vermittelt den Studenten auch nicht die allergeringsten Grundkenntnisse darüber, wie ihre spätere

Beziehung zu ihren Patienten aussehen wird, und belehrt sie noch weniger darüber, welche Beziehung die Patienten zu ihnen haben werden – ganz zu schweigen davon, daß die Beziehung der Menschen zu Leben und Tod niemals thematisiert wird. Es ist nur vom Körper (frz. corps) die Rede, immer wieder nur vom Körper, beinahe im englischen Sinne des Wortes *«corpse»* (Leiche), mit dem es so große Ähnlichkeit hat: Dieser ist ein Leichnam, der durch einen wundersamen Umstand lebendig ist und dessen Rückkehr zum unausweichlichen Ende man mit allen Kräften aufhalten muß. Das Leben selbst mit all dem, was es an inneren Bewegungen, Begierden, Konflikten und Ausdrucksgebungen mit sich bringt, gehört nicht zu den Beschäftigungen der Medizin – was die Kinderärzte zum Beispiel zu einer fast «tierarztmäßigen» Ausübung ihres Berufes zwingt. Tatsächlich ist man der Ansicht, daß es jedem einzelnen Arzt obliegt, wie er mit diesem Aspekt der Dinge umgeht, und hofft darauf, daß er die Fähigkeiten hat, die damit verbundenen Probleme zu sehen und zu lösen. Man vertraut also blindlings auf seine – notgedrungen – unterschiedlichen Fähigkeiten zur Improvisation, ohne der Schwere seiner Aufgabe oder der beängstigenden Herausforderung, die diese an ihn stellt, Rechnung zu tragen. Doch wenn unsere Kandidaten, die doch so voll guten Willens sind, durch ein oder zwei Erlebnisse ein wenig stärker aufgewühlt werden als es ihnen erträglich scheint, stellen sie sofort ihre Verteidigungsmechanismen in Bereitschaft, verschanzen sich hinter ihrem Fachwissen und berufen sich auf den Status eines rein ausführenden Organs. Und das angesichts des Leidens, das doch immer einmalig und immer vielschichtig ist! Nachdem die jungen Ärzte lange Studienjahre[1] durchlaufen haben, die einzig und allein der Betreuung und Behandlung des kindlichen Körpers gewidmet sind, beenden sie ihre Lehrjahre, ohne je etwas darüber zu wissen, was sich bei einer Zeugung, bei einer Lebensplanung oder in der Konfrontation eines Menschen mit seiner Geschichte abspielt.

Warum hätte meine eigene berufliche Vorgehensweise anders

sein sollen als die, welche ich hier schildere? Ich hatte genau diese Schule durchlaufen. Ich hatte genau diese Ausbildung erhalten; ich hatte mir nie das Recht zugestanden, sie zu kritisieren oder zu denken, sie könnte auch ganz anders aussehen. Vielmehr hatte ich ihr Tag für Tag in meinem Bemühen um Loyalität und in einem eher naiven als lobenswerten Enthusiasmus meine eigenen Meinungen, Überzeugungen und meinen gesamten – auf meinen kindlichen Erlebnissen beruhenden – reichen Erfahrungsschatz geopfert. Ich hatte mich ohne das geringste Aufbäumen «bekehren» lassen und war vollkommen davon überzeugt, daß ich auf dem besten aller möglichen Wege sei. Ich erhob keinen Anspruch auf ein anderes Denken. Ich hatte kritiklos alles Wissen aufgenommen, das man mir vorgesetzt hatte. Und ist jede Ausbildung im übrigen nicht immer – per definitionem und prinzipiell – eine Form einer mehr oder weniger ausgeprägten Gehirnwäsche?

An diesem Punkt befand ich mich damals, und ein solcher Mensch war ich, als diese Mutter mir sagte, sie habe um ihres Kindes willen zweimal den Tod besiegt.

Doch ihre Äußerungen sollten für mich, ohne daß ich mir dessen bewußt war, einen enormen Deutungswert bekommen – im psychoanalytischen Sinne des Wortes. Sie sollten mich aus der Fassung bringen, mich aufwühlen und mich zwingen, aus meiner Verdrängung Dinge hervorzuholen, von denen ich geglaubt hatte, ich hätte sie sorgfältig «weggeräumt», um sicher sein zu können, daß ich sie nie mehr «versehentlich» wiederfände. Denn ich wollte unbedingt das Ziel erreichen, das ich mir gesteckt hatte – in aller geistigen Unabhängigkeit, wie ich damals glaubte. Die berühmte freie Wahl, die berühmte Freiheit! Ohne daß ich gewußt hätte, warum, entdeckte ich plötzlich durch diese Mutter, in welch sinnwidrige Lebenshaltung ich mich hatte drängen lassen. Hier nun schien ich den Beweis zu haben, daß die Eltern nicht nur eine begrenzte «verwaltende» Funktion hatten, auf die – so hatte man es mir beigebracht – ihre Rolle sich zu beschränken hatte. Sie übten auf das Schicksal ihrer Kinder einen durchaus determinierenden Einfluß aus, und zudem trugen manche den unaufgeschlüsselten Text einer undurchsichtigen Geschichte in sich, die durch sie unbewußt weitergegeben wurde (was mir in allen Vorlesungen, die man mir aufgezwungen hatte, geflissentlich vorenthalten worden war).

Ich war ganz einfach aufgefordert, das Offensichtliche anzuerkennen[2], mir die allerunangenehmsten, aber auch häufigsten Fragen zu stellen, mich dadurch wieder der Herde meiner Mitmenschen anzuschließen, von denen ich mich durch meinen bisherigen Weg und durch das «Geschütz» meiner Diplome und Kenntnisse, die ich angehäuft hatte, distanziert zu haben glaubte. Ich hatte aus Wissensdrang – oder vielleicht auch, um solche unvorhergesehenen Situationen meistern zu können – einen winzigen Rest von dem in Erinnerung behalten, was das Leben mich in dieser Hinsicht selbst gelehrt hatte. Aber hätte ich das Recht gehabt, mir anhand meiner wenigen Erfahrungen die geringste verallgemeinernde Schlußfolgerung zuzubilligen? Denn der Fundus an persönlichen Erlebnissen, über den ich verfügte, war eher dürftig.

Die einzige «Elternerfahrung», auf die ich mich hätte berufen können, um meine Unzulänglichkeiten auszugleichen, hätte keine wesentliche Hilfe dargestellt, denn ich hatte sie, wie jeder Mensch, bei der Beobachtung meiner eigenen Eltern gemacht. Meine Erfahrung mit Müttern beruhte prinzipiell auf der, die ich mit meiner eigenen Mutter gemacht hatte, auch wenn sie seit kurzem um die Erfahrung, die ich mit der Mutter meiner eigenen Kinder machte, bereichert wurde. Doch daraus konnte ich keinerlei Lehre ziehen. Von den milde ausgedrückt: fremd und «exotisch» zu nennenden Merkmalen, die ich in meiner Kindheit beobachtet hatte, schienen mir manche mit dem Lebenskontext, in dem ich mich nun bewegte, so unvereinbar zu sein, daß mein einziges Ziel darin bestanden hatte, sie so gut wie möglich zu verdrängen. Was die Mütter betraf, mit denen ich seit einiger Zeit in meinem Berufsleben verkehrte, so wahrten sie im allgemeinen Zurückhaltung und Distanz, was, wie ich erst viel später begriff, durch meine eigene Zurückhaltung und Distanz bedingt war.

Anders ausgedrückt: Ich setzte eine Menge Abwehrmechanismen ein, die mir den Einsatz meiner Sensibilität und meiner eigenen Erlebnisse unmöglich machten. Und das war recht bedauerlich. Denn ich war als Kind oft krank gewesen, mußte häufig Ärzte aufsuchen, hatte gehört, wie sie meine Krankheiten kommentierten, wußte, welcher Kontext sie bedingte und in welchem Klima sie auftraten. All das waren Dinge, aus denen ich nun einen gewissen Nutzen hätte ziehen können. Doch dazu hätte ich mir eingestehen müssen, daß diese Geschichte mich irgendwie an meine eigene erinnerte.

Und dazu hätte ich mir das Bild oder die Gestalt meiner Mutter vergegenwärtigen müssen. Und das wäre mir absolut unmöglich gewesen. Nicht etwa aus Befangenheit, sondern weil ich felsenfest davon überzeugt war, daß jede Art von Parallele zwischen meiner eigenen Geschichte und anderen Situationen zwecklos, ja sogar albern wäre.

Ich habe meine Mutter immer als ganz und gar außergewöhnlich und grundsätzlich anders als alle Mütter erlebt, die ich gekannt hatte. Diese Äußerung mag fast lächerlich klingen, da sie so banal wirkt und fast naiv zu sein scheint, denn schließlich könnte das jeder Mensch behaupten. Doch trotz allem bleibe ich bei meiner Feststellung, daß meine Mutter einzigartig und – in jeder Hinsicht – tatsächlich wie keine andere war. Ich liebte sie natürlich sehr, aber ich habe mich oft gefragt, ob die Liebe, die ich ihr entgegenbrachte, nicht größtenteils aus Sympathie und Mitleid bestand.

Sie war immer alt, sehr alt, ich habe sie nie anders gekannt. Sie war verbraucht, niedergedrückt von einem Leben, das ihr nichts erspart hatte. Sie sprach eine andere Sprache, kam aus einer anderen Kultur, einer anderen Zivilisation, ja sie war – schlimmer noch – «nicht zivilisiert». (Die verächtlichen Worte, die ich allzuoft über sie gehört hatte, hatten mich fast davon überzeugt.)

Sie trug langezeit die Tracht ihres Herkunftslandes, was ihr, wie man sich leicht vorstellen kann, viele abschätzige Blicke einbrachte. Sie war Analphabetin. Sie starb, ohne daß sie jemals die Sprache ihrer Wahlheimat – Frankreich – gesprochen hätte. Ich war ihr letztes Kind, und ich klammerte mich lange Zeit buchstäblich so sehr an ihr fest, wie sie sich an mir. In unserem notgedrungen fremdartigen Umfeld hatten wir ein Beziehungsleben von einer seltenen Intensität, in dem sehr bald ein für die Mutter-Sohn-Beziehung vollkommen unübliches Gefühl vorherrschte: eine wahrhafte und sehr große gegenseitige Hochachtung. Ich war das einzige ihrer Kinder, das ein langes Studium absolviert hatte, und ich hätte ganz sicher viel früher Nutzen aus dieser Weisheit ziehen können, die sie mir, zusammen mit all den anderen vielen Dingen, noch beibrachte. Aber dazu hätte ich aus der Sphäre ausbrechen müssen, in die unsere Gespräche und unser Austausch uns einschlossen, und ich hätte die verheerenden Folgen der kulturellen Andersartigkeit überwinden müssen, deren ungeheuer entfremdende Kraft man selbst heutzutage nicht ermißt.

Man kann sich leicht vorstellen, wie ich in einem solchen Kontext zu einem willigen Opfer des Unterrichts werden konnte, den ich erhielt. Ich war allzuschnell bereit gewesen, mich meiner «alten Hüllen» zu entledigen, ohne auch nur die Wärme anzuerkennen, die sie mir lange gegeben hatten. Ich war der Ansicht, ich hätte bereits eine ungeheuere Chance gehabt, als es mir gelungen war, das Universum zu verlassen, das – davon war ich überzeugt – für den neuen Wirkungsrahmen, den es zu erobern galt, in keiner Weise Gültigkeit haben konnte. Ich pflichtete daher mit Entschiedenheit und mit ungetrübter Begeisterung den einfachen und leicht zugänglichen Schlagworten bei. Genügte es denn nicht, auf die Vernunft und die Wissenschaft zu vertrauen, um schwierige Situationen jeglicher Art zu meistern? Und wenn eine Situation sich zufällig einmal als unlösbar erweisen würde, genügte es da etwa nicht, sich über sie hinwegzusetzen, indem man sie mit Geringschätzigkeit bedachte – ein Verhalten, das in meiner Ausbildung so oft an die Stelle einer echten Unterweisung getreten war?

Was tue ich da? Rechtfertige ich mich? Plädiere ich auf mildernde Umstände? Oder hege ich eine eitle und unangebrachte Nostalgie?

Aber ich glaube nicht, daß es nur das ist. Vielmehr versuche ich die Entstehung einer Regung nachzuzeichnen, die in diesem Auto ihren Anfang nahm – neben dieser Mutter – und die den Großteil meiner späteren Überlegungen einnehmen sollte, so sehr, daß ich mich mehr als Arzt der ganzen Familie als nur der des einen Kindes betrachten sollte. Denn daß ich in meinem späteren Berufsleben all meine Energie darauf verwandte, die verschiedenen Elterntypen zu erkennen, verdanke ich diesem Donnerschlag in mein Leben hinein, das ohne dieses Ereignis ganz gewiß in einer stumpfsinnigen Bequemlichkeit dahingeflossen wäre.

Tatsächlich habe ich mir erst viele Jahre später im Laufe meiner eigenen Psychoanalyse und in einer assoziativen Eingebung ein Ereignis ins Gedächtnis zurückgerufen, das dem ähnelte, welches mir von dieser Mutter geschildert worden war.

Das Bild einer Wolldecke mit bunten Streifen war mir wiederholt im Traum erschienen. Und meine Assoziationen führten mich zu jenem Augenblick, wo ich gerade darin eingewickelt wurde. Ich muß damals etwa drei oder vier Jahre alt gewesen sein und befand mich auf der Schulter meiner Mutter. Ganz sicher brachte sie mich eben ins Haus zurück. Wir wohnten einige Kilometer außerhalb der Stadt in einer kleinen Ortschaft, die den merkwürdigen Namen Elitheme trug, dessen genaue Übersetzung – das Wort bedeutet: die Waisen – ich jetzt in dem Augenblick, wo ich ihn niederschreibe, zum ersten Mal entdecke. Ein Beweis – wenn er noch nötig wäre – daß eine Psychoanalyse glücklicherweise nie zuende ist und daß das, was man manchmal vorschnell dem Zufall zuschreibt, oft nichts anderes ist als das Schicksal, das einem eine «lange Nase macht»: Denn wir hatten tatsächlich unseren Vater verloren, und als wir versuchten, uns vor den unablässigen Bombardements, die auf die Stadt niedergingen, in Sicherheit zu bringen, suchten wir ausgerechnet diesen Ort als Zufluchtsstätte aus. Wir? Ich selbst weiß nichts darüber – außer, daß ich an der Entscheidung nicht beteiligt war. Aber war ich darum auch gegen die damit verbundenen Auswirkungen einer solchen Ortswahl gefeit? Meine Mutter brachte mich also – ihre späteren Schilderungen sollten meine Erinnerung immer wieder auffrischen – von einem Arztbesuch nach Hause. Sie war außer Atem, wütend und brummelte ohne Unterlaß vor sich hin. Der Mediziner hatte ihr angedeutet, daß er mich aufgebe und daß mein Fall außerhalb jeder therapeutischen Behandlungsmöglichkeit sei. *«E peccato, signora, un tanto bello ragazzo»*, hatte er noch hinzugefügt, um ihr sein betrübtes Mitgefühl zu versichern. Später sollte sie mir erzählen, daß sie seine Worte keine Sekunde lang ernstgenommen hätte, auch wenn sie sie einen Augenblick lang betäubt und entsetzt hätten. Sie reagierte mit einer Art Wut und beschloß, den unannehmbaren Worten dieses nichtswürdigen Ignoranten keinerlei Glauben zu schenken und auf der Stelle seinen gefährlichsten Konkurrenten aufzusuchen: den arabischen Heiler an der Ecke! Und genau das tat sie auch.

Ich sehe sie im Geist vor mir, wie sie diese staubige Straße entlangläuft, auf die die Sonne niederbrennt, sehe, wie sie vergeblich versucht, eines der deutschen Militärfahrzeuge anzuhalten, um sich ein Stück mitnehmen zu lassen. Ich fühlte mich schwer und ebenso schuldig für meinen Zustand wie für meine Abhängigkeit. Der Heiler hatte sie sehr ernst genommen. Er hatte sie mit eindrucksvollen Worten des Trostes und der Hoffnung aufgemuntert. Auch hatte er mir eine Behandlung verschrieben, die sie ebensowenig wie ich jemals vergessen würde: Sie sollte sich die Milz eines Schafes besorgen, diese an einem Läusekamm aufspießen und mit einem Faden über meinem Bett aufhängen. Mein Leiden, so hatte er prophezeit, würde in dem Maß verschwinden, wie die Milz in der Luft vertrocknen würde. Ich sehe vor meinem inneren Auge, wie ich stundenlang dieses ekelerregende Stück Fleisch über meinem Kopf anstarrte. Denn sie hatte die Anweisungen, die der Mann ihr gegeben hatte, ganz genau befolgt und ebenso auch seine zusätzlich ausgesprochenen Empfehlungen: Er hatte ihr nämlich geraten, mir auf Lebenszeit den Genuß von jeglicher Milz – ganz gleich von welchem Tier – zu untersagen. Sie wachte sorgsam darüber, daß ich nicht das übertrat, was sie zu einem Tabu gemacht hatte. Mit dem erinnerte sie mich unablässig an meine moralische Schuld für das Leben, das ich einzig und allein ihrer Beharrlichkeit verdankte. Der Leser kann sich leicht vorstellen, wie oft man mir diese Episode erzählt hat, und welche Frustration – gemischt mit Entzücken – jede Mahlzeit in mir auslöste, die Milz enthielt.

Natürlich hatte ich in jenem Augenblick, wo ich die Schilderung von Gwenaels Mutter hörte, nichts von alledem im Kopf. Aber die Tatsache, daß sie mir nicht deutlich im Bewußtsein war, hinderte nicht, daß sie in mir eingraviert war und daß sie das bewundernde Staunen auslöste, das ich angesichts der Beharrlichkeit, der wilden Entschlossenheit und auch angesichts der Effizienz ihrer Handlungen fühlte, denen ich sogar die Macht, Tote aufzuerwecken, zuzugestehen bereit war.

Das, was meine Mutter getan hatte, hatte de facto nichts mit dem zu tun, was in dem Taxi geschehen war. Aber genauso wie diese Mutter sich geweigert hatte, sich dem Unausweichlichen zu beugen und ihr Kind als verloren anzusehen, hatte auch meine Mutter beschlossen, das unheilvolle Urteil des Arztes in den Wind zu schlagen. Was mein Überleben sicherte, war wahrscheinlich die Heftigkeit, mit der sie den Worten des Heilers beigepflichtet hatte, und die Botschaft fürs Leben, die sie daraus für mich abgeleitet hatte. Man kann natürlich über diesen Vorgang spotten, er wird niemals etwas anderes gewesen sein als eine bestimmte Art und Weise, eine besonders starke Beziehung zu den Kräften des Lebens symbolhaft darzustellen.

Es scheint, als würde die Schilderung dieser mütterlichen Leistungen die nun folgende Abhandlung einleiten, die ich über die

Gestalt und die Rolle der Mütter im allgemeinen und über die speziellen wechselseitigen Bindungen, die sie zu ihren Töchtern haben, schreiben will. Sie erklärt aber nicht, warum ich mich entschlossen habe, den Fall einer Mutter und eines ihrer Söhne zu erzählen und dabei so sehr auf mein eigenes Abenteuer – das eines Sohnes mit seiner Mutter – Bezug nehme.

Ebenso wie ich meine persönliche Verwicklung in den Fall eingestanden habe, möchte ich behaupten, daß mir bei dem Thema dieses Buches weder die geringste Nachlässigkeit noch eine methodologische Annäherung angebracht zu sein scheint. Doch muß ich schließlich irgendwo anfangen. Und da ich beschlossen habe, eine Geschichte zu erzählen, die – wie man sehen wird – vollständig im Einklang mit meinen Tätigkeiten steht, und da ich ferner beschlossen habe, die Art und Weise, wie ich sie erlebt habe, aufzuzeigen (denn ich muß bis zum Ende meiner Assoziationen gehen), darf ich der Botschaft nicht ausweichen, die mir meine Rolle als Mann und als Sohn angesichts einer selten intensiven Mutter-Sohn-Beziehung vermittelt. Viele verschiedene Möglichkeiten, die ich bei der Planung dieses Buches ins Auge gefaßt habe, sind nach und nach hinter der Wahl dieser Geschichte und dieser Form der Aufbereitung verblaßt. Ich mußte dazu in meiner Arbeit ziemlich weit vorankommen, um zugeben zu können, daß das Unbewußte der beherrschende Faktor ist und daß es einem seine Wege immer auf überzeugende Weise aufzwingt. Ich mußte also zur Kenntnis nehmen – und dann aufzeigen –, daß, wenn es in den Beziehungen von Müttern zu ihren Töchtern unlösbare Probleme gibt, es so gut wie sicher ist, daß ein Sohn der folgenden Generation den Preis dafür zu bezahlen hat. Das soll nicht heißen, daß die Töchter immer von dieser Art gefährlichem Erbe verschont werden können. Auch bei ihnen kommt es natürlich vor, daß sie «die Zeche bezahlen müssen», wenn es ihnen nicht gelingt, sich von der Last zu befreien, die von der vorigen Generation auf sie fällt. Aber sie tun es im allgemeinen später und auf eine weniger heftige und weniger dramatische Weise. Diese Schlußfolgerung, die übereilt und ein wenig verfrüht wirken mag, stellt – wenn auch die Debatte damit keineswegs erschöpft ist – insofern eine interessante Prämisse dar, als sie den beteiligten Personen nicht alles ersparen kann, was dahin führt.

Und dann: Muß ich daran erinnern, daß die Mutter eines Sohnes und die Mutter einer Tochter – wenn sie sich auch in dem Beziehungsmodus, den sie erstellen und dessen Besonderheit ich aufzeigen werde, unterscheiden – dennoch eine Vielzahl von Dingen gemeinsam haben? Da wäre zuerst einmal die äußere Erscheinung und die Allmacht, die von ihr ausgeht und die eine nähere Beschäftigung verdient. Denn auf dieser gemeinsamen Grundlage werden sich die Unterschiede, deren Aufzählung ich an späterer Stelle vornehmen werde, besser abheben.

Zudem darf man nicht vergessen, daß zwar nicht jede Frau unbedingt eine Tochter hat, jedoch notgedrungen eine Mutter hat, deren Tochter sie ist. Und daß den Tatsachen auf dieser Basis der gemeinsamen Erfahrung der Mutterschaft zwangsläufig noch mehr Bedeutung zukommt.

Und ist die Zuteilung des jeweiligen Geschlechts der Kinder nicht schon allein ein erstaunliches Mysterium? Es gibt Mütter, die nur Söhne gebären, andere wiederum, die nur Töchter bekommen und wieder andere, die Kinder beiderlei Geschlechts zur Welt bringen. Kann man das einzig dem immer willkommenen Zufall zuschreiben? Oder folgen solche Vorgänge einer heimlichen Logik, die sich einer bequemen und oberflächlichen Auffassung des Problems entzieht? Auf welche(n) Faktor(en) ist die Festlegung des Geschlechtes also zurückzuführen? Alle Gesellschaften haben zu allen Zeiten versucht, sie herauszufinden und zu beherrschen. Und auch unsere moderne Medizin hat versucht, eine Antwort darauf zu geben. Gibt es nicht überall auf der Welt Berater, die bestimmte strenge Ernährungsweisen vorschreiben, welche die natürliche Zuteilung des Geschlechts im gewünschten Sinne beeinflussen sollen? Damit soll die Brutalität mancher Vorgehensweisen vermieden werden, die in einigen Regionen der Welt zur Anwendung kommen: In manchen

Gegenden Indiens beispielsweise führt die Früherkennung des embryonalen Geschlechts zur Selektion des erwünschten männlichen Geschlechts, wohingegen bestimmte feministische Bewegungen in England das Zeugen von Mädchen fördern wollen und dementsprechend – gegenteilig – handeln.

Die Frage läßt niemanden kalt, und dennoch geht man ihr aus dem Wege, indem man sich hinter der Tatsache versteckt, daß die Männer, die allein Träger des Chromosoms X sind, aus diesem Grund auch für die Zeugung von Jungen verantwortlich seien. Als wenn das Ejakulat mit seiner exakt gleichen Menge an X und y-Chromosomen, die es enthält, in irgendeiner Weise diskriminierend wirken könnte! Die selbst von gut informierten und intelligenten Menschen häufig vorgenommene Verschleierung einer offensichtlich elementaren Tatsache kann sich nur aus der Schwierigkeit oder der Furcht heraus erklären, die vielen der Gedanke bereitet, daß die Wahl des embryonalen Geschlechts einzig und allein dem weiblichen Körper überlassen ist. Und das ist nicht nur so, weil der geheime Mechanismus dieses Prozesses bis zum heutigen Tage noch recht unerforscht ist. Zumindest theoretisch könnte man dem weiblichen Genital, dessen Komplexität und Leistungsfähigkeit dank der Forschung immer mehr zutage treten, dieses Potential zuschreiben. Was uns die Physiopathologie der Sterilität von Paaren in dieser Hinsicht lehrt, ist sehr aufschlußreich: Ovulationsblockade, Gefäßverschluß, Zervikalschleim, der Spermatozoide abtötet, Eklampsie usw... Es scheint, daß das Schweigen und das Fehlen einer Analyse, die diese Phänomene umgeben, eine Form der Hemmung darstellen, die jede Enthüllung verhindert.

Und dann – Vorsicht und Political Correctness verpflichten uns dazu – sollte man, wenn man die Dinge unter diesem Blickwinkel betrachtet, nicht in Sichtweisen verfallen, die die Frauen beschuldigen, denn sie haben aufgrund ihrer Stellung in der Gesellschaft ohnehin schon mit zahllosen Schwierigkeiten zu kämpfen.

Ich möchte hier nicht eine Konfrontation von entgegengesetzten oder radikal unterschiedlichen Weltsichten vornehmen.

Ganz im Gegenteil: Es ist mir wichtig, zu betonen, daß alles, was ich hier vorbringe, daß alle Fragen, die ich aufwerfe, daß alle Hypothesen, die ich bilde, alle Antworten, die ich andeute, daß alles, was ich von den Müttern weiß, *sie* selbst mir – ohne es mir explizit mitzuteilen – im Laufe der Jahre beigebracht haben.

Und was habe ich in allererster Linie gelernt?

Daß es zunächst einmal besser wäre, sie nicht zu behandeln, als seien sie begriffsstutzige, ewige kleine Mädchen, die man hätscheln, beschützen oder schonen muß. Es hieße, sie in ihrer Würde zu verletzen, ja sie ganz offen zu beleidigen, wenn man in diesem gezierten und allgemein so gebräuchlichen Ton an sie heranträte, der von einer gewissen Presse gepflegt wird, die damit nur darauf abzielt, sie in einem Zustand der Abhängigkeit zu halten. Und noch scheinheiliger ist es, diese Art des Verhaltens mit einer Form törichter Anstiftung zu einem extrem sexistischen Anspruch zu verstärken, der oft jeglicher Grundlage entbehrt. All das ist sehr bedauerlich, aber zugleich so alltäglich, daß es einem in kürzester Zeit den Ruf eines Frauenfeindes einbringt, wenn man sich entschließt, die Frauen als verantwortliche Erwachsene zu behandeln. Wenn ich mir also hier die Mühe gemacht habe, ausführlich meine eigene Befangenheit, meine Ungeschicklichkeit, meine Inkompetenz, die Naivität und die Verblendung zu schildern, die mir zu Beginn meines Berufslebens eigen waren, dann, um diese Art Mißverständnis zu vermeiden. Ich habe es vor allem deshalb getan, um den Müttern zu ermöglichen, sich ohne – unberechtigte – Scham ihren eigenen Fragen zu stellen und aufzuhören, sich der entfremdenden Sprache zu bedienen, die sie ebenso verwenden wie die Ärzte, an die sie sich in der Hoffnung auf Hilfe wenden (obwohl diese doch durch die Mängel ihrer Ausbildung selbst oft nicht in der Lage sind, die wirklichen Fragen, die das Leben an sie stellt, zu formulieren, zu hören oder wahrzunehmen).

Ich sage hier nicht gegen die Mütter aus, sondern für sie. Und ich werde nie aufhören, es zu tun. Denn durch die Beobachtung ihrer unzähligen Leistungen habe ich am meisten über sie wie über mich selbst gelernt. Sie, die viel öfter aus sich herausgehen und sich anvertrauen, als sie selbst glauben, haben mich dazu gebracht, mich eingehend mit ihrer Rolle zu beschäftigen und beispielsweise jenen unfeinen – und für manche vielleicht etwas schwülstigen – Begriff der «paradigmatischen Mutter» zu prägen.

Tatsächlich bin ich in meiner Berufspraxis Hunderten von Müttern begegnet, ohne daß meine Faszination für sie je nachgelassen hätte. Sie kamen aus allen Altersgruppen, aus allen Schichten, waren von unterschiedlichstem Äußerem, hatten alle nur möglichen Hautfarben, Gestalten und befanden sich in sehr verschiedenen Stimmungen. Ich sah ihre Gemeinsamkeiten, ihre spezifischen Eigenarten, ihre Besonderheiten und ihre Unterschiede. Ich sah sie mit ihrer eigenen Geschichte und den immer überraschenden Beziehungen zu ihren Partnern, ganz gleich, ob diese anwesend oder abwesend oder sogar schon gestorben waren. Sie haben gelacht, sie haben geweint, sie haben zuweilen geschwiegen, aber oft haben sie geredet. Und nie bin ich einer Mutter begegnet, die zu ihrem Kind – sei es eine Tochter oder ein Sohn – nicht unter allen Umständen und zu allen Zeiten ihres Lebens ein höchst emotionales und zugleich von Schuldgefühlen geprägtes Verhältnis gehabt hätte.

Woher kommt diese Kraft – und wie ist sie zu erklären? Woher kommen diese Überzeugungen und worauf beruhen sie? Woher diese triumphierenden Gewißheiten, und was wollen sie damit beweisen oder bewirken? Woher diese bohrenden Zweifel, und was bringen sie ans Licht? Woher diese Untertöne der Wahrheit in dem, was gemeinhin als essentielle Erfahrung des Lebens verstanden wird? Ist es nicht genau das, was die unglaubliche Energie erklärt, die unfreiwillig unfruchtbare Frauen in dem aufreibenden Lauf durch die vielen Hindernisse entwickeln, die sich ihnen oft in den Weg stellen? Oder auch das, was wiederum andere Frauen – und ihre Anzahl hat in den vergangenen zwei Jahrzehnten in ungewöhnlicher und beunruhigender Weise zugenommen – dazu treibt, den Status einer alleinerziehenden Mutter zu wählen oder in Kauf zu nehmen?

Halte ich mich zu sehr mit Banalem auf, wenn ich immer wieder verwundert und entzückt ihr buchstäbliches «Hängen» an ihrer Nachkommenschaft erforsche? Denn dergestalt ist die Bindung tatsächlich immer, und jeder Mensch kennt mehr oder weniger aus seiner eigenen Erfahrung ihre außergewöhnliche Dauerhaftigkeit: Es ist unmöglich, sie zu ignorieren, unmöglich sie auszulöschen so wie sie ist, ja sie erfordert eine ständige Veränderung, weil es schwer ist, mit ihr umzugehen. Sie können die Frauen foltern, quälen, ihnen ein Glied abschneiden, ja ihnen das Leben nehmen – aber krümmen Sie ihren Kindern kein Haar! Es ist, sieht man von einigen Ausnahmen ab, ihr Wichtigstes, ihre größte Sorge, das Wesentliche ihres Lebens – wenn nicht überhaupt ihr Leben. Übrigens geben die Mütter dies ohne weiteres zu. Und wenn es zuweilen vorkommt, daß sie bedauern, ihr Kind in die Welt gesetzt zu haben, dann beeilen sie sich, hinzuzufügen, daß sie sich momentan einfach überfordert fühlen, daß das alles «stärker ist» als sie.

Ist das Kind ihr Folterknecht, ihr Peiniger, ein Herr, den sie gefördert haben und mit dem sie in einem stillschweigenden, nie endenden Abhängigkeitsverhältnis stehen? Hinter dieser Hypothese würde man zurecht die klassischen und trügerischen Opferbeteuerungen wittern. Doch in Wirklichkeit es verhält sich gerade andersherum: durch dieses Kind vor allem machen sie die dauerhafteste und mit der größten Gewißheit verbundene Erfahrung des Lebens. Es ist vor allem das, wodurch sie endlich – strahlend und erleichtert – zur vollen Entfaltung ihrer Weiblichkeit gelangen. Und haben sie als Wesen, die eine Höhlung im Leib haben, als Wesen, die mit bestimmten Geschlechtsorganen versehen sind, eine andere Wahl gehabt, als sich genauso zu verhalten? Sind sie nicht als eifrige Dienerinnen des Lebens, das sie weitergeben, letztendlich in jeder Hinsicht «animalische» Mütter? Und ihre Haltung – kümmern sie sich nicht in erster Linie und auf jede erdenkliche Weise um die Sicherheit und Bequemlichkeit ihrer Nachkommenschaft und erst in zweiter Linie um ihre eigenen Bedürfnisse?

Seit sie überhaupt denken können, haben sie auf diesen höchsten Augenblick gehofft, wo sie spüren, wie das Leben in ihnen keimt. Sie haben – endlich! – dieses Wesen in sich, für das sie sich immer gemacht wußten und auf dessen Erhaltung sie jene unglaubliche Energie verschwenden können. Sie spüren, daß sie zum ersten Mal in ihrem Leben eine Beziehung halten, die frei von jeder Widersprüchlichkeit ist und daß die Lebensform, die sie dadurch erreichen, von so vollkommener Logik ist, daß sie sie zum Vorbild für jede Lebenslage machen. Diese Verhaltenslogik, die ich «Schwangerschaftslogik» nenne, wird für alle Zeit praktisch jede ihrer Entscheidungen, jeden ihrer Gedanken und jede ihrer Einstellungen bestimmen. Denn dieses Leben, das geschützt vor Blicken in ihnen heranwächst, ist ihnen Belohnung genug, indem es sie in jeder Sekunde die Macht spüren läßt, Leben zu geben.

Und niemals haben sie das Bedürfnis – und werden es auch nie haben – all das in Bilder oder in Worte zu «zerlegen». Was liegt ihnen an diesem sinnlosen Zerpflücken, diesen spitzfindigen Erklärungen oder diesen aufdringlichen Schlußfolgerungen? Was liegt ihnen daran, in aller Deutlichkeit zu wissen, daß dieses Wesen, das sie in sich tragen, per definitionem ein Wesen ist, das vor allem Bedürfnisse hat? Sind sie nicht gelassen in ihrer Gewißheit, daß ihr Körper es mühelos nähren und sättigen wird? Und lesen sie nicht in jedem fürsorglichen und gerührten Blick, den sie in ihrem Umfeld auffangen, einmütige Anerkennung? Sie tragen ihren Sieg zur Schau und legen dabei eine vollkommene Kunst an den Tag, die nur sie beherrschen. Und die Tage vergehen. Und der Körper nimmt Formen an. Nichts kann ihre Laune verderben oder ihnen die Gewißheit nehmen, daß sie endlich ihr Versprechen eingelöst haben.

Dann kommt der Tag der großen Trennung. Der gefürchtete und doch so lang erwartete Tag. Bekanntlich ist das Schreckgespenst des Todes endgültig aus den Kreißsälen verbannt worden – die Versicherungsträger, deren Raffgier man kennt, sind so sehr davon überzeugt, daß sie den Tod im Kindbett als «Kunstfehler» in ihr Angebot aufgenommen haben. Was die Angst vor dem Schmerz betrifft, so ist auch er durch die Epiduralanästhesie definitiv ausgeschaltet worden, der sich heutzutage (in Frankreich) kaum eine Gebärende mehr entziehen kann. Doch all das kann nicht die dumpfe Angst lindern, die in diesen Augenblicken immer gegenwärtig ist. Die Ärzte können noch so felsenfest behaupten, der ganze Geburtsvorgang werde problemlos vonstatten gehen und das erwartete Kind werde so gut wie sicher «keine Behinderungen» aufweisen – nie wird es ihnen gelingen, die angehenden Mütter voll und ganz zu beruhigen.

Denn was diese vor allem anderen fürchten, ist, daß sie sich dem Augenblick der Wahrheit stellen müssen, wo sie diesem Wesen begegnen, dem ihre Phantasie so unendlich viel Zeit gewidmet hat. Und es ist nicht etwa so, daß sie es «sehen müssen, um glauben zu können, daß es wirklich da ist». Diese Annahme wäre falsch und ungerechtfertigt. Weder machen sie sich etwas vor, noch sind sie dumm. In ihrem Innersten wissen sie ganz genau, daß es darum überhaupt nicht geht. Sie haben immer ein ganz konkrete Vorstellung davon gehabt, was mit ihnen geschieht, und sie wissen im voraus, wie dieser kleine Neuankömmling sein wird. Sie haben ihn sich sogar zuweilen genau so, wie er nun ist, gedanklich vergegenwärtigt.

Was sie beschäftigt, ist etwas ganz anderes. Etwas, worüber es schwierig ist, zu berichten, und was zu enthüllen im Grunde unziemlich ist. Es verändert ihr Leben von Grund auf, das bis dato geschützt war und einzig im Zeichen des erfüllten Versprechens stand. Dieses Andere steht im Gegensatz zu diesem Leben. Es steht im Gegensatz zum Leben, weil es aus dem Leben das macht, was es für jeden Menschen ist: eine begrenzte Zeitspanne, die ihm gegeben wurde und die notwendigerweise auch einmal zu Ende ist, eine Zeit, die bei dieser Gelegenheit ganz schonungslos daran erinnert, daß sie nur gestundet ist. Die Zeit. Diese Zeit, die ganz nüchtern zu verstehen gibt, daß eine tiefgreifende Veränderung stattgefunden hat, und daß die Wunschbilder stets irgendwann in den Hintergrund treten und angesichts der unerbittlichen Wirklichkeit verschwinden. Und das – das wissen die Mütter. Sie wissen sogar, daß nur sie es wissen. Sie wissen es nicht im Kopf, im Bewußtsein oder in ihren Gedanken. Sie wissen es mit Gewißheit, weil sie es in ihren Innersten fühlen, weil sie keine Distanz dazu haben. Sie wissen es «im Bauch». Hat ihr Körper, dieser erstaunliche Urheber der vollbrachten Meisterleistung, es nicht schon seit langer Zeit auf prägende Weise erfahren? Hat er sie nicht, seit sie zur Frau wurden, gelehrt, daß die Zeit unaufhörlich verrinnt? Alle achtundzwanzig Tage haben sie Blut verloren. Und wenn es wieder geschah, dann wußten sie – ohne es sich eigens sagen zu müssen – daß das Leben, das nichts anderes ersehnte, als in ihnen keimen zu dürfen, sich auch diesmal nicht eingenistet hat, daß das Versprechen auf Leben nach einem jedem solchen «Endpunkt» wiederkehrt, daß Leben und Tod in ihrem Körper vereint sind, und das seit ewigen Zeiten, wie die zwei Seiten einer Medaille und in einem merkwürdig engen Raum eben dieser Zeit, deren Ausmaß oder Dauer sie nicht erfassen können. Sie, die Hüterinnen dieses Lebens, das sie zu schenken vermögen, wissen, daß sie, ohne dies je kontrollieren zu können, still und leise einen Tod hervorbringen können – was sie stets aufs neue deprimiert. Das Extrem, bis zu dem sie die lebensspendende Seite ihrer Funktion treiben, entspricht in seiner Intensität dem, was sie daran an Tödlichem wahrnehmen. Es ist, als wenn ihr Bewußtsein unablässig mit dem kämpfen würde, was sie beherrscht, und von dem sie wissen, daß es nicht zu kontrollieren ist. So sehr vergöttern sie das Leben, das sie in sich tragen, daß ihre Angst sich auf alles konzentriert, was einen Schatten darauf werfen könnte. Alles Dunkle ist von dem Schönen, von dem sie träumen, ausgeschlossen. Und sie hätten am liebsten, daß Helligkeit und Licht sie unaufhörlich umgeben würden. Und was können sie anfangen mit ihrem Wissen um die Unentrinnbarkeit ihres Schicksals? Was können sie mit ihrem unbeugsamen Wunsch anfangen, außer ihn umzusetzen und das Übrige, das Abgelehnte, das Unbeschreibliche diesem Reservoir der Schuldgefühle zuzuteilen, die jeder, der sich in ihrem Umfeld befindet, ihnen ihr ganzes Leben lang zu nehmen versucht? Daher bekommt diese Zeit, in der ihr Körper sich quält und sie im Feuer dieser Konfrontationen quält, für sie eine so große Bedeutung, daß sie das wesentliche Element in ihrer Auseinandersetzung ausmachen wird.

Und nun läßt dieser Körper mit einemmal los. Er entleert sich. Er entleert sich, wie er sich zuvor zwar auf andere Art, aber doch schon so oft geleert hat. Er entleert sich, wobei er Leben schenkt, aber letztlich auf die gleiche Weise, wie er es so viele Male schon tat, wenn er anzeigte, daß sich wieder einmal kein Leben in ihm eingenistet hatte. Doch der Körper geht mit diesem Wesen, das die Frauen mit eben diesem Blut genährt haben, das sie all die langen Monate dank des beruhigenden Automatismus seiner Eigenschaften in sich behalten haben, anders um. Das Versprechen hat urplötzlich aufgehört, nur ein Versprechen zu sein. Selbst wenn dies erwartet wurde, selbst wenn dies nichts anderes als das implizite Los eines jeden Versprechens ist – ist daran nicht etwas, was an Verrat denken läßt? Und ist dies eigentlich so positiv? Denn das Leben, das wirkliche, Fleisch gewordene Leben, das Leben, das nicht nur ein Versprechen auf Leben ist, ist es nicht per definitionem jenem Unakzeptablen geweiht, das die langen Monate der Schwangerschaft fast vergessen ließen? Wäre es nicht besser, davon zu träumen, daß diese glückliche Zeit, in der der Körper das Wunder hervorgebracht hat, niemals enden würde? Die Versuchung ist groß, in der Illusion zu verharren und dabei die vielfältigen und zahllosen Hilfeleistungen herabzuwürdigen, die von nun an notwendig sein werden, um die Bedürfnisse dieses kleinen Menschen zu befriedigen. Es ist so einfach und erleichtert so sehr die Last des Unerträglichen. Aber es ist auch der Anfang eines unerforschlichen und doch alltäglichen Wahnsinns.

Und dann beruhigt die Brust das erste Weinen. Und der Tod scheint sich damit entfernen zu wollen. Die Brustwarze nimmt beim Säugling jede Nuance des Saugens wahr und reagiert so vorbildlich darauf, daß es an ein Wunder grenzt! . . .

Nun habe ich wieder Vertrauen in meine Fähigkeiten, halte mir noch einmal meine noch nicht lange zurückliegenden Leistungen vor Augen, von denen ich – Sie werden mir verzeihen – eine wundervolle Erinnerung bewahre. Weißt du, mein wundervoller Lausbub/mein reizendes Täubchen, daß meine Brust nun an die Stelle meines Bauches getreten ist, und daß sie dir genau das geben kann, was dein Körper in dem Augenblick, wo du es verlangst, braucht? Du kannst dein stummes Verlangen fortsetzen, solange du willst – stets wirst du von ihr die Reaktion erhalten, die deinem Wunsch entspricht. Und du hast meinen Körper verlassen wollen, hast deine angebliche Vollendung als Vorwand genommen, um dich – unbedacht und leichtfertig – an die Eroberung einer Welt zu machen, von der du nicht ahnst, wie feindlich sie ist. Aber vorläufig nehme ich dich wieder an mich. Du bist da für mich, bist mir ganz nah, wie zu der Zeit, als du noch in mir warst. Und du bist sehr zufrieden. Ich spüre das und ich weiß das. Selbst wenn du es nicht eingestehen kannst und auszudrücken vermagst. Erkennst du diesen Geruch nicht wieder? Aber gewiß doch! Er ist noch immer in deiner Nase, seit der Zeit, wo du ihn genießt. Und meine Stimme? Kennst du sie nicht in- und auswendig, da sie dich doch so oft in deinen embryonalen Schlaf gewiegt hat? Und meine Lebenslust, und meine Arme, und meine Art, dich zu halten, meine Art, dich zu tragen? All das kennst du nun schon seit so langer Zeit. Und niemals mehr – ganz gleich, wie deine Zukunft aussehen wird, und ganz gleich, welche Erfahrungen du machen wirst und wie lange du leben wirst – wirst du es vergessen oder auslöschen noch dich davon lösen können.

Weil es das elementare und unerläßliche ABC ist, das mein Körper in großzügiger Weise deiner beginnenden Wahrnehmung gewährt hat. Weil es der unzerstörbare Kern ist, um den herum du alles gruppieren und organisieren wirst, was die Welt an dich heranträgt. Du wirst deinen Vorrat an Millionen und Abermillionen Kombinationen und an neuen Assoziationen ständig erweitern können. Das, was ich in dich gesetzt habe, wird für immer das Wesentlichste an dir sein. Man kann das vergleichen mit den – relativ wenigen – Musiknoten, mit denen man ganze Symphonien schreibt. Du wirst all das nach deinem Gutdünken gestalten, du wirst ihm deinen Stempel aufdrücken und glauben, es sei definitiv das Deine geworden. Aber das wird nur durch das Wunder dieses ursprünglichen «Vorrats» möglich sein, der für alle Zeiten meine Prägung tragen wird, selbst wenn ich (in einem kaum vorstellbaren Verzicht) beschließen würde, nichts davon wiederzuerkennen, oder wenn du nach einer wahren Titanenarbeit glauben würdest, du habest dich davon befreit. Gewissermaßen werde ich für immer in dir «drinstecken». Alles, was du im Laufe deines Lebens – und ganz gleich, auf welchem Gebiet – von der großen, weiten Welt wahrnehmen wirst, alles, was du über sie denken wirst, alles, was du davon begreifen wirst, wird, ob du es willst oder nicht, ob du es einräumst oder nicht, ob du es weißt oder nicht, von diesem «Vorrat» beeinflußt, den ich in dich gesetzt, den ich dir mitgegeben habe. Dies wird deine wichtigste Wahrheit sein. Und da sie von mir kommt und ich wie keine andere bin, wirst du eine Wahrheit haben, die allein dir eigen sein wird, an der du hängen wirst, die du verteidigen wirst und die du sogar anderen aufzwingen wirst, weil sie dich mehr als alles andere bestimmen wird. Im übrigen wird niemand Zugang dazu haben, noch wirst du einem anderen Menschen Zugang dazu verschaffen können oder Zugang zu seiner Wahrheit haben. Eigenartigkeit, Besonderheit, Persönlichkeit. Ablehnung der Andersheit des anderen, Anspruch auf deine eigene Andersheit. Unbehagen? Verwirrung? Mißverständnis? Einsamkeit? Doch vor allem das Wahrnehmen deiner selbst, als lebendiges Wesen. Warum glaubst du, haben adoptierte Kinder so oft den Wunsch, ihre wahre Erzeugerin aufzuspüren und ihr wieder zu begegnen? Glaubst du, das habe mit einem eventuellen Versagen ihrer Adoptivmutter zu tun? Ganz sicher nicht – im Gegenteil. Denn sie tun es häufig erst dann, wenn sie sich des ganzen Ausmaßes an Zärtlichkeit und Fürsorge bewußt werden, das ihnen zuteil wurde; erst jetzt können sie sich dieses bißchen Nostalgie erlauben. Dann wollen sie sich mit dem konfrontieren, was sie auf der Grundlage dieses «ursprünglichen Vorrats» anhäufen konnten, von dessen Existenz sie immer ahnten.

Verstehst du nun, warum unsere Bindung ewig ist? Verstehst du, warum ich behaupte, daß ich und nur ich allein alles für dich sein und tun kann? Verstehst du es? Dann will ich dir etwas Wichtiges sagen; aber du mußt mir versprechen, daß du es ganz für dich behältst: Weißt du, wir beide sind nicht zwei, wir sind eines, wir sind ein- und dasselbe. Und wenn nichts unsere gegenseitige Gegenwart stört, gelingt es uns vielleicht, auf ewig eins zu bleiben. Durch mich bist du zum Leben gekommen. Ich werde dafür sorgen, daß du das für alle Zeiten spüren wirst, dich daran freuen wirst, darüber stolz sein wirst, es ohne Scham und ohne Beschränkung genießen wirst. Durch dich habe ich die Gewißheit, daß ich weiterleben werde, für immer – da das, was ich tue, eine Herausforderung an die Zeit darstellt und auch an diesen vermaledeiten Tod, an den zu glauben ich mich weigere, selbst wenn ich weiß, daß er jeden Menschen erwartet, und obwohl man mir überall sagt, daß er auch mich eines Tages ereilen wird. Ja, mein Fleisch, ja, mein Blut, wir sind ewig und wir werden es immer sein und ewig einander gehören. Du kannst ruhig sein; ich werde es so einzurichten wissen, daß nichts und niemand uns mehr trennen kann.

Nimm, sieh, schau. Wenn ich dir meine Brust gebe, dann tue ich es, um den Kontakt zu verlängern, der zwischen uns besteht und der viel zu früh unterbrochen wurde, und um mich dir noch intensiver zu geben. Ich verstehe mich so sehr als Gebende, daß du es nicht einmal bemerken kannst. Und nichts wird dir ermöglichen, den Gewinn, den du davon hast, bewußt auf meine Person und meine Betreuung und Zuwendung zurückzuführen. Doch das weißt du nicht. Ich hingegen weiß es. Ich weiß sogar, mit wieviel Undankbarkeit du dir eines Tages in den Kopf setzen wirst, mir meine Aufopferung zurückzuzahlen. Traurige Wendung der Dinge. Muß ich mich wirklich darauf vorbereiten? Welchen Sinn hätte es, schon jetzt daran zu denken? Besser, sich keine Gedanken darum zu machen. Denn im Augenblick – und noch einige Zeit danach – bewegen wir uns gemeinsam in diesem Automatismus, der lange Zeit der unsrige war und dessen Vollkommenheit bei jedem Menschen, und so auch bei dir, für immer diesen merkwürdigen und besonderen Geschmack hinterlassen wird, an den du dich mit Sehnsucht erinnern wirst. Genieße diesen Augenblick daher in vollen Zügen, und laß meinen Körper sich berauschen an dem Vergnügen, das mich so sehr erfüllt; das reicht bis an jene Stelle des Körpers, die nun wieder leer ist, an der ich dich aber so liebevoll getragen habe, daß er eine unaussprechliche Form der Erinnerung daran bewahren wird. Und wenn man bedenkt, daß ich glaubte, endlich Frau geworden zu sein, weil ich die geschlechtliche Lust kennenlernte und weil ich fühlte, wie mein Körper meiner Kontrolle entglitt und sich mir in einer ganz neuen Erschütterung offenbarte! War es das, was sich still und heimlich in mir einnistete? Dieses befruchtungsfähige Gut, dessen Bedeutung ein Teil von mir hartnäkkig ignorieren wollte, während ein anderer Teil – der von allen Seiten vergraben, verdrängt, verboten und ausgegrenzt wurde – jedesmal alle Hoffnungen darauf setzte? Selbst der Anti-Baby-Pille gelang es nicht ernsthaft, meinem Geschlecht die wahnsinnige, unterdrückte Hoffnung auf eine neue Schwangerschaft zu nehmen. Ich mußte dich erst empfangen, um Vollendung zu erfahren. Ich mußte dich empfangen, um zu wissen, was Erfüllung ist. Ich verstehe jetzt, daß man von all dem sagt, es sei eine Sache der Frauen, und daß dieses Geheimnis schon seit Urzeiten zwischen Frauen weitergetragen wird.

Du, mein armer kleiner Junge, wirst nie etwas von all dem verstehen. Du wirst vollkommen davon ausgeschlossen sein, und du wirst dich später, wenn es an dir selbst ist, Kinder zu zeugen, fragen, was das Geheimnis der Schöpfung ist. Und du wirst dich an diese glücklichen Momente erinnern, die wir gemeinsam teilten, und dich fragen, warum die Natur dich so sehr davon entfernt hat. Dein Los als Mann sieht einen anderen Weg für dich vor. Und davon werde ich ausgeschlossen sein. Und das werde ich mir eingestehen müssen. Weil die Mutter deiner Kinder sich dann hilfesuchend an *ihre* Mutter wenden wird...

Waren wir nicht übereingekommen, daß es eine Sache der Frauen ist? Durch deine Geburt, die doch im eigentlichen Sinne keine Wiederholung darstellt, habe ich ermessen können, inwieweit ich zu meiner eigenen Mutter zurückgekehrt bin. Selbst wenn ich durch dich von nun an das besitze, was ich zuvor noch nie gehabt hatte (und furchtbar unter diesem Mangel litt). Ich ermesse nun die Intensität des grenzenlosen Einflusses, den sie immer auf mich behalten wollte und gegen den ich – dumme Undankbare! – mich mit großer Mühe gewehrt habe. Wie ungerecht war ich! Und wie sehr führst du mich zu ihr zurück – auch wenn du so ganz anders bist als ich! Und ich weiß schon jetzt, daß auch ich dich nie von mir fortlassen werde. Und ich weiß, daß ich eifersüchtig auf jeden Augenblick sein werde, den du außerhalb der Luft, die ich atme, zubringen wirst. Und ich weiß, daß ich mit Argusaugen jeden deiner Fortschritte registrieren werde; jede deiner Initiativen werde ich registrieren – immer darauf bedacht, zu prüfen, ob ich genügend gegenwärtig in dir bin, damit ich dich mit der Gewißheit fortgehen lassen kann, daß ich niemals ganz von dir getrennt sein werde. Ich werde stolz auf deine Leistungen sein, und wenn ich beobachte, daß andere Frauen dich zärtlich oder begehrlich ansehen, werde ich, um nicht daran zu sterben, mir sagen müssen, daß keine von ihnen mich je ausstechen wird, daß keine mich verdrängen wird und daß – ganz gleich, wieviele du in deinem Leben haben wirst – eine jede von ihnen in deinem Leben immer nur den zweiten Platz einnehmen wird. Und wenn deine Wahl dann doch einmal auf eine fallen muß, dann weiß ich schon im voraus, daß ihr Geruch, ihre Stimme, ihre Mimik oder ihre Gesten nur dazu da sein werden, um dir mich in Erinnerung zu rufen, um die Zeit in Erinnerung zu rufen, die wir jetzt, in eben diesem Augenblick, zusammen verbringen, und auch die unauslöschliche Prägung, die du – ob du es willst oder nicht – auf immer davon behalten wirst und die ich, ich allein, dir mitgegeben habe. Diese Frau und ich, wir werden gewissermaßen ein wenig miteinander «verwandt» sein. Und dann wird sich das Problem, die schwierige Frage erheben, ob du uns beide auseinanderhalten kannst oder nicht, ob es dir gelingt, deinen Platz zwischen der Sehnsucht nach einer Leidenschaft, die nie erlischt, und dem Drang eines Lebens zu finden, das dich ruft und das du gestalten mußt.

Es ist immer und sogar bis dahin eine Sache der Frauen. Eine Sache der Frauen, die sich Männer produzieren, die für ihre Erfüllung bestimmt sind. Eine Angelegenheit von Frauen, die sich dieser Notwendigkeit hingeben – eine, die ihn gemacht hat, der anderen, die ihn braucht –, ohne die die Geschichte nicht fortbestehen würde. Nur die Männer, die Armen, haben es nicht bemerkt. Sagen die Weisen nicht, wenn ein Mann in einer Versammlung eine gute Idee verkünde, dann habe sie ihm stets seine Frau des Nachts eingeflüstert? Kann guter Rat denn auf andere Weise als «über Nacht» kommen? Müssen wir nicht über all dem wachen, müssen wir nicht hier sein und bleiben, ewig und unzerstörbar, als närrische Hüterinnen des Guten, Priesterinnen des Materiell-Konkreten, Trägerinnen aller Gewißheiten?

Ja, meine Tochter! Konkret bist du, und konkret wirst du bleiben! Weil du wie ich diesen köstlichen, einzigartigen und überwältigenden Augenblick kennenlernen wirst, wo du Zugang zur Fortpflanzung haben wirst. Und dann wirst du spüren können, was ich gespürt habe, so wie ich gespürt habe, was meine Mutter spürte ... und so fort; das reicht zurück bis zur allerersten Frau. Willkommen meine Tochter in der Linie, die das Wissen um Handlungen und Prägungen stützt. Willkommen in dieser Geschichte der Frauen. Nimm deinen Platz darin ein, löse dich nicht mehr davon und verrate ihn niemals. Ich werde immer an deiner Seite sein, bereit, dich an sie zu erinnern, bereit, sie dir zu schenken, sie dir zu erklären, sie an dich weiterzugeben. Du wirst sehen, wie gut es uns dabei gehen wird. Ich werde so mit dir verfahren, wie meine Mutter mit mir verfahren ist. Ganz genau so. Nein – noch besser! Aber das ist auch ganz unwichtig. Sie ist da. Sie wird immer da sein – so wie ich immer für dich da sein werde –, um uns zu sagen, ob ich, ob wir richtig handeln oder nicht. Sie wird – wenn du willst, und sag mir bitte, daß du es willst! – unser oberster Maßstab sein. Mache dir klar, daß sie die oberste Repräsentantin, das lebende Gedächtnis dieser weiblichen Linie ist, von der wir herkommen. Was für eine Chance für uns, sie zu haben und zu wissen, daß sie so verfügbar ist! Denke an das ungetrübte Glück, das sie uns dank ihrer priviligierten Stellung in dieser ununterbrochenen Stammeslinie bringt; sie ist da, um uns in das Wissen einzuführen, das das unsrige ist und das nur wir weiterzugeben vermögen. Ich werde dich in jedem Augenblick unseres gemeinsamen Lebens nach meinem Bild gestalten. Ich werde dir meine Puppen schenken. Ich habe sie alle für dich aufgehoben. Und auch meine anderen Spielsachen. Und zur gegebenen Zeit werde ich dir die Fotos aus meiner eigenen Kindheit zeigen. Ich werde dir sorgfältig den Weg weisen, dir jeden Schritt zeigen, den ich dir vorgezeichnet habe. Ich werde dich vor all dem beschützen, was du glaubst, fürchten zu müssen, und ich werde dich auf den Gipfel aller Ambitionen erheben, die ich für dich hege. Ich werde dir zeigen, wie es dir gelingt, den Blick auf dich zu lenken, der einst auf deiner haarlosen Scham ruhte.

Du wirst deine Revanche für dieses «Epsilon» erhalten, das du nicht mitbekommen hast und das den kleinen Unterschied ausmacht. Ich werde dich lehren, Begierde in allen Blicken zu wecken, und ich werde dir zeigen, sie auf dir ruhen zu lassen, ohne daß du dich jemals von ihnen belästigt fühlst. Ich werde es einzurichten verstehen, daß deine Schönheit immer auffallen wird und daß sie niemanden gleichgültig läßt. Und du wirst schön sein, so schön, daß ich selbst mich bei deinem Anblick besser, erfüllter und endlich erfolgreich fühlen werde. Du wirst meine bitterste Genugtuung sein.

Und dann werde ich zusehen, wie du heranwächst und jene Formen bekommst, die die unsrigen sind. Eines Tages wirst du sehen, daß ich von dem Blut, das von deiner Geschlechtsreife zeugt, bewegt und aufgewühlt bin. Ich werde dich in die Geheimnisse unseres Geschlechts einführen, in seine Beziehung zum Leben und zu dem Tod, den nur wir Frauen «auszutricksen» vermögen. Ich werde an dich weitergeben, was ich selbst bekommen habe, und es durch die Erkenntnisse ergänzen, die mir meine eigene Erfahrung eröffnet haben. Ich werde dich auf die Allmacht vorbereiten, die dir eines Tages zufallen wird und deren Ausmaß so riesig sein muß, daß man selbst deine Launen und deine Fehler für Entscheidungen halten wird, die von gesundem Menschenverstand zeugen. Ich werde unablässig darauf achten, daß kein Bruch entsteht zwischen dem, was wir in diesem Augenblick spüren und dem, was wir im Laufe unseres gemeinsamen Lebens spüren werden.

Darum, mein kleiner Junge/mein süßes Mädchen, laß mich diese Minuten genießen, wie du es auch tust. Ich will mich mit dir vereinigen, mit dir verschmelzen, das Gefühl von allem vergessen, was mich umgibt und mich quält, weil es mich so sehr in Anspruch nimmt. Gib, daß ich mich sicher fühle, daß ich mich gebraucht fühle, daß ich mich für ein anderes Wesen ganz und gar unerläßlich fühle. Ich will mich endlich, endlich mächtig fühlen! Mächtig mit dir. Mächtig durch dich. Mächtig für dich. Allmächtig. Ausgestattet mit einer Macht, deren einziger Beweis das sein soll, was wir künftig einer für den anderen sein werden. Du wirst das Instrument sein, mit dessen Hilfe dies möglich ist. Ich werde die Hüterin unserer Bindung sein. Wir werden ein so harmonisches Paar bilden, daß du dich über nichts je wirst beklagen müssen. Verlieren wir also keine Zeit! Laß uns eine Gemeinschaft bilden, die nie zu Ende sein soll, und die in uns gemeinsame Gedanken von Harmonie, Schönheit, Vollkommenheit und Gerechtigkeit aufkommen läßt. Und du hattest mich verlassen wollen, du Unbesonnene/r! Doch ich halte dich zurück. Und ich allein werde entscheiden, wann ich dich von mir entwöhne und wann ich eines Tages dieses absolute Einverständnis beenden werde, das unser Umfeld ohne Vorbehalt begrüßt. Du kannst tun, was du willst – niemals werde ich auf das verzichten, was ich geworden bin, auf das, was du aus mir gemacht hast, auf das, was ich durch dich endlich voll und ganz sein kann!

Ein merkwürdiger Diskurs, dieses stumme Zwiegespräch ohne Anführungsstriche, das unzählige – bewußte oder unbewußte, gehörte, abgeleitete oder hie und da angedeutete – Äußerungen enthält, die bei einer vertraulichen Mitteilung oder einer überraschenden und überschwenglichen Emotion zum Ausdruck kamen. Welche Mutter könnte behaupten, sie erkenne sich darin wieder? Wahrscheinlich keine. Was für eine sonderbare Idee, sich darauf zu versteifen, das in Worte zu fassen, ordnen zu wollen und ihm damit einen Sinn geben zu wollen, was sich in Wirklichkeit auf Monate und Jahre verteilt – als rasch vergessene Gedankenfetzen, plötzliche und verschwommene Wahrnehmungen, veränderliche und schwankende Stimmungen, sonderbare und flüchtige Empfindungen und vorübergehende Gemütszustände, auf deren feine Unterschiede und Nuancen es vor allem ankommt und deren Gründe nie begreiflich sind. Was für eine sonderbare Idee, den vielschichtigen «Vorrat», der tief im Unbewußten einer jeden Mutter liegt, ans Tageslicht zerren zu wollen. Man muß wirklich ein Mann sein, um die Absicht zu haben, es zu begreifen, es sich zu eigen zu machen und das Risiko einzugehen, ihm eine Form geben zu wollen – ein mühevolles, sinnloses und sicher kritikwürdiges Unterfangen!

Und dennoch! So konstruiert und rekonstruiert diese stumme Zwiesprache auch sein mag – sie ist nur bruchstückhaft, eine Art Baumstamm einer Rede, nur aus dem zusammengestellt, was sozusagen die Basis dieser Beziehung bildet. Viele andere Aspekte dieses komplexen Verhältnisses wurden hier absichtlich beiseite gelassen. Die Mitwirkung der notgedrungen sehr vielfältigen Wurzeln lasse ich außer acht, obwohl ich weiß, daß sie ihm ein Fundament gegeben haben und mit dem Saft einer Geschichte nähren, der unaufhörlich darin strömt. Ich habe mich für diese Vorgehensweise entschieden, um die unveränderlichen Bestandteile, die dem Prozeß vornehmlich zugrundeliegen und die man ausnahmslos in jedem Mutter-Kind-Austausch findet, besser herauszukristallisieren.

Ein Austausch, der jede und jeden betrifft, der etwas über diese unerklärliche und noch schmerzliche Prägung mitteilt, die im tiefsten Unbekannten seines Wesens vergraben ist und an jene in Nebel gehüllte Landschaft erinnert, wo in einer weit zurückliegenden Vergangenheit die erste von all den langen Schlachten um das Erringen der eigenen Identität stattfand.

Wer tröstet hier eigentlich wen? Wer stärkt wen? Wer trägt wen? Wer hat die Macht über wen? Ist das Kind in der Macht seiner Mutter? Ganz unbestreitbar – und das für lange Zeit. Ist die Mutter in der Macht ihres Kindes? Unbestreitbar und – nach eigenem Bekunden – für noch längere Zeit. Man könnte diese merkwürdige Aufrechnung für paradox halten. Sie ist es nicht. Denn wenn auch das Kind – gleich welchen Geschlechts – unter dem Einfluß bestimmter Bedingungen sich ein Stück weit von seiner Mutter löst, wird sie dagegen auf die eine oder andere Weise bis zu ihrem eigenen Tod an ihm hängen. Wie also ist eine so problematische und so emotionale Beziehung zu handhaben, aus der beide Protagonisten lange – sehr lange sogar, wenn man das ganze Leben betrachtet – soviel Kraft schöpfen und soviele Vorteile ziehen?

Die Gesellschaft hat sich – erfolglos – mit der Aufgabe abgemüht, die Gewalt, die darin liegt, zu mäßigen. Der Anspruch, der mit der Rolle und Stellung der Mutter verbunden ist, läßt niemanden kalt; das bestätigt, daß niemand sich der Emotion entziehen kann, die ihre lauten oder stummen Töne in uns wecken. Vergeblich versuchen wir, uns davon zu distanzieren. Wir wünschen uns sehnlichst, es möge uns gelingen. Doch all die Klarsicht, die wir dafür aufwenden – unsere ach so untadelige Logik, an die wir appellieren –, kollidiert mit dem, was die Situation in uns aufwühlt und wozu wir keinen unmittelbaren Zugang mehr haben.

Warum betrifft uns diese Situation so sehr, ganz gleich, welchen Geschlechts oder Alters wir sind und in welcher Stellung wir uns befinden?

Weil wir alle – ohne Ausnahme – wissen, daß wir selbst zu einer gewissen Zeit darauf «hereingefallen» sind. Und das aus dem einfachen und guten Grund: weil wir keine andere Wahl hatten. Daher würde ich es niemals wagen, die Erlebnisse des Kindes durch einen Prozeß auszudrücken, der dem ähnelt, mit dem ich gerade die Emotion und die innere Isolation der Mutter aufgezeigt habe. Jeder Mensch weiß, daß er einmal ein Kind war, und daß er in gewisser Weise nie aufgehört hat, eines zu sein. Sollten wir nicht zumindest eine Ahnung vom eigenen fundamentalen Gefangensein haben? Beleidigt man einen Menschen, wenn man ihn auf seinen eigenen Zustand verweist?

Weiß er nicht – auch wenn er keinerlei Erinnerung mehr daran hat – daß er lange Zeit und nachhaltig von den Vorstellungen von Leben und Tod gequält wurde, die bei dem Austausch zwischen Mutter und Kind eine so große Rolle spielen? Weiß er nicht, daß es ihm – ganz gleich, wieviel Entschlossenheit er an den Tag gelegt hat und welche Anstrengungen er unternommen hat oder noch unternimmt – nicht gelungen ist, sich an die Schlußfolgerungen zu erinnern, die er daraus gezogen hatte, noch an die Gründe für den Weg, den er dann in seinem Leben eingeschlagen hat? Er kann eine gewisse Irritation deswegen empfunden haben (oder noch immer empfinden). Nichtsdestotrotz wird er zugeben müssen, daß er – ganz gleich, wieviel Überlegungen er über seine derzeitige Verfassung und seine eigene Geschichte angestellt hat – für alle Zeit von der Art und der Intensität dieser ersten Bindung geprägt sein wird. Er kann einen Teil seines Lebens, ja sein ganzes Leben damit zubringen, darüber nachzudenken und zu versuchen, die schmerzlichen Prägungen auszulöschen, die ihm seine einstige Unreife als kleines Kind aufzwang – es wird verlorene Mühe sein. Er würde damit einzig erreichen, daß er seine Geschichte mehr oder weniger wahrheitsgemäß noch einmal aus der Erinnerung hervorholt und – soweit sein Gedächtnis es ihm erlaubt – die Augenblicke des Terrors und die Wunschbilder, die sie in ihm geweckt haben, wiederzuerkennen. Es würde ihm dabei vielleicht gelingen, das Wesen und die Intensität der Konflikte, die er durchlebt hatte, zu verstehen, *a posteriori* seinen Weg nachzuzeichnen und die Schutzmechanismen zu sehen, die er errichtet hat. Ich räume ein, daß seine Mühe keinesfalls gänzlich sinnlos wäre; aber letzten Endes wäre er doch immer gezwungen, sich mit einer gewissen Anzahl von Dingen abzufinden – angefangen mit der irrigen Idee von der Vollkommenheit, an die er zu Beginn seines Lebens (und auch lange danach noch) glaubte.

Das Vorgehen, das ich hier andeute, ist dennoch äußerst verdienstvoll. Es ist leider nicht die Regel – weit gefehlt. Denn es ist unendlich viel bequemer, in Selbstachtung und in der Überzeugung von der eigenen Autarkie, der Unabhängigkeit des eigenen Urteils und in dem Glauben an eine unveräußerliche Freiheit dahinzuvegetieren. Diese Einstellung trifft man sehr häufig an, und sie ist im allgemeinen die Ursache für vielerlei Unglück. Bis zu dem Augenblick, wo ein Kind es sich in den Kopf setzt, Fragen zu stellen – in der Hoffnung, in aller Unschuld und im Namen der Liebesbeteuerungen, mit denen man es benommen macht, ihrer destruktiven Macht entgehen zu können. Also treten bestimmte Symptome auf und dauern hartnäckig an, in der Hoffnung auf die Begegnung mit einem Menschen, der darauf verzichtet, diese Symptome mit Medikamenten zum Schweigen zu bringen, der sie respektiert, der ehrlich versucht, sie aus dem schüchternen Gestammel, das sie darstellen, herauszulösen und der ihnen zu ihrem Recht verhilft.

Das muß geschehen – früher oder später.

Und es ist immer dasselbe Abenteuer.

Und wen findet man dabei an erster Stelle?

Die Mutter. Immer und immer wieder die Mutter. Trotz all ihrer Aufopferung und ihren Liebesbeteuerungen ist sie immer in einem Malstrom von Geschichten gefangen, die sie erbt, die sie weitergeben muß und in die sie – ob sie es will oder nicht, ob sie es anerkennt oder nicht – immer ganz und gar verwickelt ist.

... mit einer anderen

Ich bin nicht sicher, ob es mir gelungen ist, verständlich zu machen, weshalb ich angesichts dieser Mutter verblüfft, ja sprachlos war. Doch wird man verstanden haben, daß sie für mich die erstaunlichste Mutter war (und bleibt), der ich je begegnet bin –, die in ihrer Person sämtliche Eigenschaften vereinigt, die jeder anzutreffen erhofft, und die er in einem Anfall schmerzlicher Nostalgie im Grunde von jeder Mutter verlangt. Hatte sie mir nicht erklärt, es sei ihr zweimal gelungen, ihr totes Kind zum Leben zu erwecken? Und verbot nicht die Ruhe, mit der sie mir diese Tatsache mitteilte, den geringsten Zweifel an der Tragweite ihrer Gesten oder das geringste Erstaunen über ihr Ergebnis? Aus einem noch unbekannten Grunde hatte ihr Kind das Leben, das sie ihm eines Tages geschenkt hatte, nicht gewollt und ganz plötzlich beschlossen, es ihr zurückzugeben. Doch davon wollte sie nichts wissen. Sie lehnte die Entscheidung ihres Kindes ab. Sie lehnte die vollendete Tatsache ab. Und sie brachte es fertig, ihre Mißbilligung seines Willens in die Tat umzusetzen. Zweimal hatte sie ihm buchstäblich ihren eigenen Atem eingehaucht. Offenbar kam das mehr einem Befehl als einer flehentlichen Bitte gleich. Und zweimal fügte es sich ihrem Willen. Als habe es verstanden, daß es keine andere Wahl hatte.

Ich kann noch so in meinem Gedächtnis kramen, ich finde nichts, was das, was mir ihre Schilderung im wesentlichen vermittelte, in seiner Intensität hätte mildern können. Und das Erstaunlichste ist, daß ich, der Arzt, der eigentlich genau wissen sollte, was der Tod ist – denn immerhin hatte ich mich prinzipiell dafür entschieden, mein Leben seiner Bekämpfung zu widmen –, keine Sekunde lang an ihren Äußerungen zweifelte. Ich glaubte ihrem Bericht. Ich nahm jedes ihrer Worte für bare Münze. Und ich hörte daraus weder eine verbale Übertreibung noch das Zeugnis eines unbegreiflichen Wunders. Vielmehr schien sich hier das Ringen zwischen zwei unterschiedlichen Willensbekundungen zu offenbaren. Selbstverständlich hatte ich keinerlei Verbindung zwischen dem hergestellt, was ich hörte, und jenem ähnlichen Ereignis, das ich später in einer schwer zugänglichen Zone meines Unterbewußtseins wiederfand. Wie hätte mir das damals auch möglich sein sollen? Ich fühlte mich lediglich von einem merkwürdigen Unbehagen überrollt, das zu meiner vorangegangenen Mißstimmung hinzukam und das mich während des ganzen Nachmittags in meiner Sprechstunde nicht verließ.

In dieser Verfassung war ich, als ich einen Anruf vom Krankenhaus C. bekam.

Bei der weiteren Untersuchung des Falles wurde die Diagnose berichtigt. Man hatte eine ausgeprägte Anämie festgestellt, die nur neueren Datums sein konnte, da sie bei der Blutabnahme vom vorangegangenen Freitag noch nicht bestanden hatte. Die Anzahl der roten Blutkörperchen war auf alarmierende Weise gesunken. Aber das war noch nicht alles. Der Harnstoffgehalt im Blut war besonders stark erhöht, was für eine bereits fortgeschrittene Niereninsuffizienz sprach. Die elektrolytischen Störungen waren erheblich, und allein schon durch den Kaliumgehalt war das Leben des Kindes in unmittelbarer Gefahr. All das war unvereinbar mit der anfänglichen Diagnose, die von dem – angesichts der Untersuchungen – nun unwiderlegbaren Befund abgelöst wurde: Man hatte es mit dem Moschcowitz-Syndrom zu tun – dem damaligen Begriff für das heutige hämolytisch-urämische Syndrom, das sogenannte HUS (Gefäßveränderungen in der Niere mit akutem Nierenversagen). Man teilte mir den Tatbestand mit und informierte mich gleichzeitig, daß Gwenael sofort ins Krankenhaus E., in die nephrologische Abteilung verlegt würde – in der ich ohnehin häufig vorbeischaute.

Damals wußte man nur sehr wenig über dieses viel zitierte Syndrom. Nichtsdestotrotz konnte man es feststellen; ich selbst hatte einige Monate zuvor einen Fall diagnostiziert. Die klinische Beschreibung umfaßte in ihrer Anfangsphase alle Symptome, die Gwenael aufgewiesen hatte – vom Durchfall bis zum Husten über die Krämpfe (mit Ausnahme der Leistenbrüche). Das heißt, daß ich ebenso von der Diagnose getäuscht worden war – obwohl ich versucht hatte, mir nichts einreden zu lassen – wie auch von den Ergebnissen einer Blutsenkung, die keine Anämie verraten hatte und lediglich die wenig aussagekräftigen Kriterien des momentanen Keuchhustens ans Licht gebracht hatte. Man wird ahnen, daß dies die innere Unruhe steigerte, mit der ich die Folge dieser Geschichte erlebte und meine Gewissensbisse vergrößerte, die ich bis zum Ende meines Lebens deswegen haben werde. Diese Niereninsuffizienz war Urheberin der elektrolytischen Störungen sowie des Bluthochdrucks, der das Krankheitsbild vervollkommnete und im allgemeinen erst später auftrat.

Man wußte um die besondere Schwere der Krankheit und ihren oft tödlichen Ausgang. Man hatte festgestellt, daß sie, wenn auch selten, in kleinen epidemischen Wellen auftrat, die durch nichts zu erklären waren und deren genaue Ursache man natürlich nicht kannte. Daher behandelte man sie, wie man es eben vermochte – ohne klares Konzept gewissermaßen, denn die Intensivmedizin steckte damals erst in den Anfängen und verfügte nur über so dürftige Mittel, wie man es sich heute überhaupt nicht mehr vorstellen kann. Man wendete die Peritonealdialyse an, die darin bestand, daß man in regelmäßigen Abständen in den Unterleib eine Lösung spritzte – das Bauchfell übernahm dabei die Funktion der blockierten Niere –, die unter anderem dazu diente, die Ödeme zu eliminieren (wodurch man das Gehirn schützte) und auch den Harnstoff und das Kreatinin. Man verabreichte einen Ionenaustauscher, um den Potassiumgehalt im Blut zu senken. Man unterwarf den Patienten einer drakonischen Diät, bei der alles genau gewogen und berechnet wurde, insbesondere, was die Flüssigkeitszufuhr betraf. Man achtete streng auf Gewichtsveränderungen, die auf eine Verhaltung oder eine exzessive Ausscheidung von Flüssigkeit hindeuten konnten, und hoffte darauf, daß die Niere wieder zu ihrer normalen Funktion zurückkehrte und der Urin in Behältern ausgeschieden werden konnte, die am Körper angebracht wurden und deren Inhalt man sorgfältig überwachte.

Heute weiß man, daß diese Krankheit in ihrer geläufigsten Form meist auf eine Lebensmittelvergiftung durch Mikroben zurückzuführen ist, vor allem auf eine spezielle Sorte des Kolibakteriums.

Das Kolibakterium (dessen Name darauf hindeutet, daß es das am häufigsten vorkommende Bakterium des Grimmdarms, des Kolons, ist) gehört zu den gewöhnlichen Residenten des Darms. Es ist nützlich für den Organismus, denn es versorgt ihn mit bestimmten Vitaminen; zudem trägt es zu verschiedenen Phasen der Verdauung bei. Es ist noch nützlicher geworden, seit es gelungen ist, es zu domestizieren, in großem Umfang zu kultivieren und mit ihm eine ganze Anzahl von wichtigen Medikamenten herzustellen (Insulin, Wachstumshormone usw). Es gibt eine große Anzahl von Sorten, und nur sehr wenige unter ihnen sind schädlich. Jedenfalls sind diejenigen, die für schädlich gehalten werden, seit langem in einem Verzeichnis aufgenommen. Beispielsweise wußte man sehr bald, daß die Sorten 55:B5, 126:B6, 26:B6, 75:B12 oder 157:B7 zuweilen furchtbare Magen-Darm-Entzündungen bei Kindern hervorriefen. Man hat Seren entwikkelt, um sie zu erkennen, und man hat schnell verstanden, sie zu bekämpfen. Aber bis vor relativ kurzer Zeit wußte man noch nichts von der Sorte, die für das Auftreten des HUS verantwortlich ist. Das Kolibakterium, das die Nummer 0157:H7 trägt, war immer ein normaler Resident des Rinderdarms – was seine mögliche Übertragung durch halbrohes Fleisch oder durch unzureichend sterilisierte Milchprodukte erklärt. Seit kurzem erst weiß man, daß er ein Toxin absondert – das sogenannte Verotoxin, von dem es zwei Arten gibt – das sich im gesamten Blutkreislauf ausbreitet und die Wände der Blutgefäße nachhaltig verändert, da es die Blutblättchen aufzehrt und die Flut von Störungen hervorruft, die bei dieser Krankheit beobachtet werden. Es bilden sich

Fibrinbrücken in den kleinen Gefäßen, an denen die roten Blutkörperchen zerbrechen und eingehen, wodurch dann das Hämoglobin frei wird, dessen Ausscheidung Aufgabe der Niere ist. Man begreift, daß wenn die auszuscheidenden Mengen zu groß sind, die Nierenkanäle verstopfen und die Niere ihre Funktionen dann nicht mehr erfüllen kann. Oberhalb des Organs kommt es dann zu einer Anhäufung der anderen Abfallstoffe, was eine ganze Reihe von Störungen verursacht, die in Verbindung mit dem Bluthochdruck – der mit der Verhaltung der Flüssigkeit einhergeht – zum Tode führen können. Die Krämpfe, deren Schwere und Konsequenzen nicht vorhergesehen werden können, sind, falls sie nicht von einem Gehirnödem herrühren, die Folgen mangelnder Durchblutung und damit einer unzureichenden Sauerstoffzufuhr des Gehirns, die sich aufgrund der verstreuten Gerinnung einstellt. Was den Husten angeht – der immer dem Keuchhusten ähnelt und den man in keinem Krankheitsbild findet –, so scheint er die Folge einer direkten Reizung des Gehirnzentrums zu sein, die durch das Toxin ausgelöst wird.

Wenn die Prognose für diese Krankheit heutzutage nicht unbedingt die allerschlimmste sein muß, so war sie doch zur damaligen Zeit äußerst schlecht. Man kann sich also denken, welche Wirkung der Anruf meines Krankenhauskollegen auf mich hatte.

Am selben Abend, nach Ende einer Sprechstunde, die mich sehr lange in Anspruch genommen hatte, begab ich mich in die Abteilung, wo Gwenael lag. Ich traf dort meinen Freund Pierre-Marie, der Nachtdienst hatte, und der Gwenael aufgenommen hatte. Wir hatten einige Jahre zuvor in derselben Station sechs Monate lang zusammen als Assistenzärzte gearbeitet. Ich mochte ihn sehr gerne und schätzte an ihm sowohl seine Genauigkeit wie seine Kompetenz, seine Ruhe, sein Durchhaltevermögen und seine Souveränität in allen – auch den schwierigsten – Situationen.

Er führte mich zum Bett unseres – künftig – gemeinsamen Patienten.

Sie war da.

Sie saß in dem abgeteilten Raum des Krankensaales, mit demselben aufrichtigen und immer überraschenden Blick. Wir begrüßten uns, und in ihrem ganz gewöhnlichen Stimmausdruck dankte sie mir sofort dafür, daß ich gekommen war. Sie hatte genaue Kenntnis der Sachlage, aber sie schien nicht übermäßig beeindruckt davon zu sein. Ich machte die Ereignisse des Tages dafür verantwortlich. Und ich machte keinerlei Kommentar dazu. Statt dessen gab ich ihr zu verstehen, welch gutes kollegiales Verhältnis ich zu Pierre-Marie hatte. Da ich ihr in keiner Weise irgendwelche Hoffnungen machen konnte, bot ich ihr, was ich konnte: die Aussicht, daß die Behandlung ihres Kindes in einer warmherzigen und einfühlsamen Atmosphäre vonstatten gehen würde. All das scheint heute selbstverständlich zu sein. Aber damals war es das ganz und gar nicht. Denn die drakonischen Vorschriften der Kinderstationen untersagten den Eltern – unter dem Vorwand der notwendigen Wundinfektionsverhütung – damals strengstens, sich außerhalb der knapp bemessenen Besuchsstunden am Bett ihrer Kinder aufzuhalten. Nicht einen Augenblick lang dachte ich, daß die Begünstigung, die ihr gewährt wurde, eine Verbindung mit der Gefahr haben könnte, daß ihr Kind bald sterben müsse; die getroffenen Maßnahmen wären darum nicht geändert worden. Ich sagte mir – so wie es allmählich zu Selbstverständlichkeit wurde –, daß es allein ihre Haltung sein müsse, die ihr diese bevorzugte Behandlung eingebracht habe. Und dies überraschte mich keineswegs.

Einmal mehr brachte ich sie nach Hause, so wie ich es dann während des gesamten Krankenhausaufenthaltes fast jeden Abend tun sollte.

Einige Tage später, auf einer unserer Rückfahrten, hatte sie das Bedürfnis, mir etwas zu erzählen.

Sie begann damit, daß sie mir berichtete, vor der Schwangerschaft mit Gwenael habe sie fünfmal abgetrieben. Ihr Mann und sie waren mit ihren drei Jungen, die sie bereits hatten, voll und ganz zufrieden, und sie wollten keine weiteren Kinder mehr (auch das muß man im Kontext der Zeit sehen, denn man war damals noch sehr weit von der Geburtenkontrolle entfernt). Als sie feststellte, daß sie wieder schwanger war, hatte sie auch diesmal wieder die Absicht gehabt, abzutreiben. Doch der Gynäkologe hatte ihr erklärt, daß eine weitere Abtreibung ihr das Leben kosten könne (und auch das Grauen und das Gefährliche heimlicher Abtreibungen waren mitnichten eine Bagatelle). Das Baby kam also zur Welt, und alle waren letztendlich recht zufrieden darüber gewesen. Nachdem sie mir das ganz ruhig erklärt hatte, fügte sie nach einer Pause hinzu: «Seit Gwenael geboren wurde, habe ich jede Nacht einen bestimmten Traum. Er spielt sich auf einem Friedhof ab. Ich stehe da und betrachte seinen Sarg, der von seinem Vater und seinen drei Brüdern in ein Grab hinuntergelassen wird; alle vier sind in violette Kleider gehüllt. Doch seit er im Krankenhaus liegt, kommt der Traum nicht mehr wieder.»

Ich erkannte sofort – wie jeder es an meiner Stelle getan haben würde – daß diese Äußerung eine erhebliche Bedeutung haben mußte. Aber ich war nicht imstande, sie zu entschlüsseln. Einmal mehr machte sie mich sprachlos und gab mir das Gefühl, ihr nicht folgen zu können. Sie benutzte mich tatsächlich, wie es ihr in den Sinn kam und ohne daß ich es wußte – oder besser ausgedrückt: eben weil ich so unwissend und ahnungslos war – und ohne daß ich hätte wissen können, wie ich mich angesichts der Anforderungen, die sie an mich richtete, verhalten sollte. Vergeblich versuchte ich in aller Eile das, was ich vermochte, aus dieser erstaunlichen Äußerung herauslesen; mir zu sagen, daß dieses «violett» sicherlich etwas mit «violée» (dt.: die Vergewaltigte) zu tun hatte, mit anderen Worten mit einer Form der «Vergewaltigung», die für sie das Machtwort des Gynäkologen vielleicht dargestellt hatte. Ich lenkte diese Gedanken auf die Frage nach der Bedeutung der Worte «gehüllt», «Kleider», «violett» (die Farbe des Bischofs) und dergleichen mehr. Insbesondere erschreckten mich die Hinweise, die einen Konflikt zwischen Leben und Tod zu verraten schienen, jenen Konflikt) dem wohl ihre Einstellung zugrunde lag, die sie im Taxi gezeigt hatte und die besagte: «Wenn du leben mußtest, damit ich nicht sterbe, dann mußt du weiterleben, damit ich nicht sterbe und damit du mir nicht zu verstehen gibst, daß ich das alles umsonst auf mich genommen habe.» Natürlich hatte sie all dies nicht im geringsten in Worte oder Gedanken formuliert, ja es war nicht einmal in ihrem Bewußtsein. Aber lief es nicht auf etwas Ähnliches hinaus? Oder handelte es sich hier um einen wirklichen Todeswunsch, der monatelang jeden Tag wiederholt wurde? Hatte in diesem Fall die Einlieferung des Kindes ins Krankenhaus seine Wirkkraft aufgehoben? Oder war dieser Akt effizient und erschreckend genug, um diesen unbewußten Wunsch zum Schweigen zu bringen?

Dann fügte sie noch hinzu, sie habe das Verschwinden dieses Traumes als «ein Zeichen der Vorsehung» gedeutet, das ankündige, «daß die Unglücksfälle endlich aufhören würden». Und da ich vor Verblüffung außerstande war, etwas zu sagen, erzählte sie mir ganz ausführlich, daß sie im selben Jahr ihren Vater verloren hatte, der an Magenkrebs gestorben war, und danach einen ihrer Brüder, der an Kehlkopfkrebs gelitten hatte, und wie sie beide bis zu ihrem Tode begleitet hatte.

Ich muß gedacht haben, daß diese Anhäufung von Leid und Elend nun wirklich jedes Maß überstieg, und war daher überhaupt nicht mehr in der Lage, auch nur ein Wort hervorzubringen. Ich verschloß meine Lippen. Aber sicher habe ich gleichzeitig auch meine Ohren verschlossen. Diesen Vorwurf mache ich mir noch heute. Ich habe mir diese Szene im Laufe der darauffolgenden Jahrzehnte so oft wieder ins Gedächtnis gerufen, daß ich mich noch jetzt frage, ob ich es fatalerweise verpaßt habe, eine äußerst wichtige Begegnung zu nutzen, zu der uns diese Geschichte geführt hatte. Natürlich ist es nun zu spät, diesen Vorfall rückgängig zu machen und sich lang und breit über die Wendung auszulassen, die die Dinge vielleicht genommen hätten, wenn ich der Situation damals gewachsen gewesen wäre. Genauso wie es danach zu spät war, denn meine Ausbildung hielt mich davon ab, diese Art von Äußerungen genauer zu analysieren. Nur diese Mutter, nur sie allein hätte durch ihre Assoziationen den Inhalt der drängenden, immer wiederkehrenden Traumbotschaft erhellen können. Selbst das, was ich heute anhand des erinnerten Materials rekonstruieren könnte, wäre mit Vorsicht zu nehmen und könnte eine notgedrungen suspekte Verzerrung nicht vermeiden.

Dennoch vermute ich, daß mir eine ganze Reihe erschreckender und wahrscheinlich unangebrachter Überlegungen durch den Kopf schossen.

Ich muß mich gefragt haben, wie die Gelassenheit, die ich an dieser Frau unablässig beobachtet hatte, mit dieser unvermeidlichen Belastung durch die noch nicht weit zurückliegenden Unglücksfälle vereinbar war. Ich hatte selbst mehrere Todesfälle erlebt. Und ich erinnerte mich gut daran, auch wenn ich zu dem Zeitpunkt, wo sie sich ereignet hatten, noch sehr jung gewesen war. Da war nicht nur das Gefühl gewesen, von einer Traurigkeit überschwemmt zu werden. Es lag auch etwas Bedrohliches und Lähmendes in der Luft. Man vermied selbst ein gelegentliches Erwähnen des Unglücks, das Ursache unseres Zustands war. Man schwieg darüber. Entsetzt verkroch man sich irgendwo. Man rückte eng zusammen. Man machte sich tunlichst nicht bemerkbar. Man schaute sich kaum an. Man versuchte, sich so wenig wie möglich zu bewegen, auch bei den alltäglichsten Gesten. Und das alles taten wir nicht so sehr, um die Ruhe des jeweiligen Verstorbenen zu pflegen und zu respektieren. Wir hatten vielmehr das Gefühl, wir dürften möglichst nicht zeigen, daß wir lebten, aus Furcht, uns dadurch dem Tod, dessen vage Gegenwart wir spürten, als allzu leicht erkennbare Zielscheibe darzubieten. Man ließ sich so wenig wie möglich mit der gewöhnlichen Welt der Lebenden ein, als fürchte man, ihnen unweigerlich Unglück zu bringen. Überdies unternahm man nichts Neues oder Sichtbares, denn man war überzeugt, daß es nur zum Mißerfolg führen könnte. Man beschränkte sich darauf zu überleben – und zwar so lange, bis das Leben nach einer gewissen Zeit wieder seine Rechte geltend machte. Ich behaupte nicht, daß das, was ich erlebt hatte, die Norm darstellte oder gar darzustellen hatte. Ein Aphorismus meiner Herkunftssprache hatte mir seit langem schon die Veränderbarkeit von Situationen vor Augen geführt; er lautete «Wenn man sich für ein Land entscheidet, muß man sich seine Bestattungsbräuche zu eigen machen». Doch während ich erwartet hätte, daß diese Mutter am Ende ihres Berichts vor Angst wie gelähmt und reaktiv auf das Übermaß dieser mannigfaltigen Schicksalsschläge gewesen wäre, blieb sie unerschütterlich und gelassen. Wo nahm sie die Energie her, insbesondere die, um diesen neuerlichen Unglücksfall zu ertragen, der sie nun getroffen hatte?

Trotz meines bedauerlichen damaligen Kenntnismangels hatte ich natürlich von jenen suspekten Menschen gehört, die in ihrem Unglück schwelgen und das geringste Anzeichen dafür hegen und pflegen. Und einige Male hatte ich in meinem Leben auch den Eindruck, einen solchen Menschen vor mir zu haben. Die Genugtuung, die solche Menschen an den Tag legen, ist jedoch so widerwärtig offenkundig, daß man nicht umhin kann, davon automatisch abgestoßen zu sein. Doch das war bei ihr keineswegs der Fall. Was ich bei ihr registrierte, war unglaublich, es war unvorstellbar und einfach bewunderungswürdig zugleich! An einem gewissen Zeitpunkt fragte ich mich sogar, ob meine Einschätzung nicht übereilt und irrig sei und ob ich mich nicht einer Niedergeschlagenheit gegenübersah, die so groß war, daß sie – eingebettet in eine seltene und den Umständen entsprechende Zurückhaltung – alles andere überlagerte. Dennoch glaube ich nicht, daß ich mich so sehr hätte täuschen können, auch wenn ich damals noch sehr jung und unerfahren war. Da ich nicht verstehen konnte, wie sich das alles zusammenfügte, zog ich den Schluß, daß ich mich einmal mehr in einer Kommunikation befand, deren Schwierigkeit und Komplikation wahrscheinlich mit der Kultur meines eigenen Herkunftslandes zusammenhing. Und das bewirkte, daß ich mich noch ein wenig tiefer in mein Schweigen verkroch.

Ein Tag folgte auf den anderen, ein Vorkommnis auf das andere – sie waren flüchtig oder schmerzlich, bemerkenswert oder erstaunlich. Und doch immer ergreifend. Wenn ich morgens aufstand, fragte ich mich bereits, was mein vormittäglicher Abstecher im Krankenhaus mir für Neuigkeiten bringen würde, und bei meinen Alltagsverrichtungen mußte ich immer wieder an das denken, was mich bei meiner Abendvisite wohl erwarten würde. War das einzig und allein so, weil es sich um einen meiner kleinen Patienten handelte, der krank war und in Todesgefahr schwebte? War es so, weil es das Kind dieser Frau war, die mich so sehr beeindruckte? Oder hatte es mit der Frau selbst und meiner persönlichen Bindung an sie zu tun? Ich wußte – da ich mir die Frage ehrlich gestellt hatte –, daß ich absolut nicht «verliebt» in sie war und daß sie mich nicht durch Eigenschaften rührte, die ich bei vielen anderen Frauen antreffen konnte, die imstande waren, mich im höchsten Maße zu erregen. War ich dann selbst dieses Kind? Entsprach diese Frau wirklich so sehr dem Bild meiner eigenen Mutter? In welches Geheimnis ließ ich mich da von ihr einführen, indem ich mich ohne das geringste Zögern von dem leiten ließ, was sie ausstrahlte?

Doch ich war nicht der einzige, der sich in diesem Zustand befand. Niemand in ihrem Umfeld konnte sich dieser Faszination entziehen. Daß mein Freund Pierre-Marie ihr gegenüber sehr aufmerksam war, erstaunte mich nicht, denn er behandelte alle um sich herum mit außergewöhnlicher Freundlichkeit und großer natürlicher Güte. Aber auch die anderen Kollegen, die Krankenschwestern der Tag- und Nachtschichten, die Stationsleiterinnen und die Laborantinnen – alle waren in derselben Stimmung. Und an dem Tag, an dem ich meine Zurückhaltung und Schüchternheit überwand und den Stationsarzt fragte, welche Prognose er für diesen Fall stelle, wich er meiner Frage aus, als sei sie dumm gewesen oder als könne auch er mir nichts anderes sagen als das, was ich bereits wußte. Aber er nahm unser Gespräch als Vorwand, um zu einem völlig unerwarteten und ergreifenden Monolog anzusetzen. Sich auf seinen ganzen Mitarbeiterstab berufend, erklärte er mir ganz offen, daß diese Mutter ihn bis zu einem Grade rühre, der ihn selbst an ihm überrasche, und daß ihn noch nie zuvor eine Mutter so sehr beeindruckt habe. Für jemanden, der ihn und seine Heftigkeit und seine unglaublichen Wutanfälle kannte, die er wegen irgendeiner Lappalie haben konnte, war klar, daß er selbst der Initiator eines großen erstmaligen Ereignisses auf dieser Kinderstation war: Er erlaubte einem kleinen Patienten – wenn nötig, Tag und Nacht –, einen Elternteil an seinem Bett zu haben. Übrigens war es diese Mitteilung, die mir einige Tage später, als Gwenaels Fall dem Mitarbeiterstab dargelegt wurde, erlaubte, nicht auf den heftigen Angriff zu reagieren, den er indirekt an mich richtete. Als nämlich ein Kollege ihn fragte, was man mit der anfänglichen Diagnose «Keuchhusten» anfangen sollte, die doch genau gemäß seinen eigenen Kriterien erstellt worden war, anwortete er: «Mit einem inkompetenten Arzt und einem gefälligen Labor kann man immer die Diagnose erstellen, die man will.» Ich hätte das Wort ergreifen, mich verteidigen, protestieren oder mich empören können. Doch ich sagte nichts. Nicht etwa, weil ich mich getroffen gefühlt oder über Gebühr schuldig gewähnt hätte, sondern aus Berechnung. Ich wollte das Beziehungsumfeld nicht vergiften, denn das hätte sich letztlich nachteilig auf die Pflege ausgewirkt, die mein Patient benötigte. Und ich tat recht daran. Denn die Atmosphäre, die um ihn herum herrschte, war meines Erachtens so, wie man sie sich unter allen Umständen wünschen könnte.

Gwenael war DER Patient der ganzen Station geworden. Jeder wußte über seinen Zustand Bescheid und hielt sich darüber auf dem laufenden. Die Fieberkurven, die Nomogramme und alle wesentlichen Fakten wurden vom gesamtem Personal zur Kenntnis genommen und kommentiert; einer nach dem anderen schaute immer wieder im Krankensaal vorbei, um ein paar Worte mit der Mutter zu wechseln oder ihr ein Lächeln zuzuwerfen. Sympathie, Lebensbotschaften, Lebenswünsche, von allen Seiten, vielfältig und ganz unterschiedlich – und ich sagte mir, daß es ihnen vielleicht gelingen würde, diesem Todeswunsch Widerstand zu leisten, den ich aus der Schilderung des Traums herauszulesen geglaubt hatte. Die ersten Tropfen Urin in dem Sammelbehälter wurden buchstäblich gefeiert. Und über das relativ schnelle Wiedereinsetzen der Harnausscheidung war man gar nicht übermäßig erstaunt. Man sagte sich, daß man es nun bald geschafft habe und daß das Ende des Alptraums sicherlich nahe sei. Der Jubel schien einfach nicht aufzuhalten zu sein. Und ich stellte fest, wie ansteckend er sein konnte: Die Ärzte stehen, ganz gleich, was man über sie denken mag, dem Schicksal ihrer Patienten keinesfalls gleichgültig gegenüber – und das sollte man vielleicht wirklich einmal betonen in diesen Zeiten, wo unsere kühlen Technokraten sie in inhumaner Weise einer niedrigen, berechenbaren Logik unterwerfen wollen. Wenn sie versuchen, ihre Emotion angesichts einer Katastrophe zu kontrollieren, so geben sie doch angesichts eines Erfolges ihrer Freude uneingeschränkt Ausdruck und das umso mehr, wenn die Risiken sehr groß gewesen sind. Und dabei ist es unerheblich, wie lange sie ihren Beruf schon ausüben, denn es gibt keine Immunität gegen diese Begeisterung. Als bestärke jede Vereitelung des Ablebens eines Patienten sie in ihrer Illusion, auch ihren eigenen Tod vereiteln zu können.

Ein merkwürdiges Geheimnis rankte sich also um diese einmütige Mobilisierung, diese Übereinstimmung in der Wahrnehmung der Ereignisse, diesen Lobeshymnus. Wenn ich mittlerweile so weit war, daß ich mir über all das eine Menge Fragen stellte, so erlebten andere Leute – das heißt ausnahmslos alle an dieser Geschichte Beteiligten – sie mit einem bewegenden Enthusiasmus und schienen in einer rührenden, wenn auch schwer verständlichen Erwartung darauf zu hoffen, ein wenig an dem Glück teilhaben zu dürfen.

Wenn ich aus der zeitlichen Distanz heraus etwas von diesem Phänomen erfassen wollte, dann müßte ich ganz bestimmte Mechanismen genauer betrachten, die eng mit der Identifizierung und der Projektion verbunden sind. Aber ich müßte dazu auch ihrer Vielfalt und Verschiedenheit Rechnung tragen. Beispielsweise gab es keinen Grund zu glauben, daß bei alldem nur Gwenael allein im Mittelpunkt stand. Es gab noch viele andere kleine Patienten in der Station, die ebenfalls krank, ja manchmal sogar noch kränker waren. War es also seine Mutter, die alle Sympathien auf sich zog? Ganz sicher war davon etwas mit im Spiel; und diese Hypothese würde es zudem ermöglichen, zu verstehen, wie es zu der denkwürdigen Entscheidung des Stationsarztes hatte kommen können. Aber war das eine ausreichende Erklärung dafür, warum das gesamte Pflegepersonal sich betroffen fühlte, von dem jeder einzelne in der Beziehung zum Kind an die Stelle der Mutter hätte treten können – wie dies im Krankenhaus im allgemeinen auch üblich ist – und für den Jungen genau das hätte tun können, was sie selbst getan hätte? Man kann also nicht nur diese Erklärung in Betracht ziehen und wird noch nach weiteren suchen müssen. Es stimmt allerdings, daß Kinderärzte in mancher Hinsicht eine Besonderheit aufweisen; sie sind praktisch die einzigen, die imstande sind, ohne ihr Wissen vielfache Identifizierungen und Projektionen zu bewirken. Sie können einmal das Kind und einmal ein Elternteil sein, ohne je die geringste Verlegenheit oder den leisesten Überdruß über dieses «Wechselspiel» zu empfinden, das sie gewissermaßen ganz selbstverständlich vollziehen.

Man könnte meinen, daß es hier genau darum ging und daß die Projektionen und die Identifizierungen sich nicht *nur* auf Gwenael oder *nur* auf seine Mutter bezogen, sondern auf beide zugleich. Doch diese Hypothese – mag sie noch so verführerisch sein - erklärt weder die Besonderheit der Wahl, die ausgerechnet auf dieses Mutter-Kind-Paar fiel, und auch nicht das emotionale Engagement des übrigen Pflegepersonals, das sogar von den anderen Jungen und Mädchen im Krankensaal geteilt wurde. Man kann sich daher nur eine einzige Lösung vorstellen: Es war nicht das Kind allein, noch sein Fall, der diese Sympathien auf sich zog, es war auch nicht allein die Mutter und ihr Verhalten, es war ebensowenig nur das Mutter-Kind-Paar als solches – es war *dieses* Mutter-Kind-Paar, speziell dieses und kein anderes. Und es war vor allem das, was sich innerhalb dieses Paares abspielte – etwas, was zwar niemand bewußt verstehen konnte, in das sich aber jeder hineinziehen ließ, weil er sich heftig davon angesprochen fühlte, ohne recht zu wissen, warum. Als sei das, was von diesem Paar ausging, für jeden Menschen in eindeutiger Weise wiederzuerkennen gewesen. Nicht so, daß jeder es mit Sicherheit wiedererkennen konnte, wie es zuweilen mit einem Ereignis geschieht, an das man sich noch genau erinnert. Vielmehr erkannte es jeder mit einem unsagbaren Glücksgefühl wieder, weil er mit ebensogroßer Sicherheit wußte, daß er es nie zuvor erlebt hatte, obwohl er immer davon geträumt hatte, so etwas zu erleben.

Ein alte, eine sehr alte Geschichte war das alles!

Man findet sich dabei nicht etwa in die frühe oder spätere Kindheit zurückversetzt oder ins frühkindliche Alter mit seinen Schrecken. Man findet sich in das «noch viel Frühere» zurückversetzt. In das Vorvorige. In jene Zeit, die noch vor der Sprache und weit vor jeder Strukturierung der Wahrnehmung ist. In jene Zeit, wo die Tatsachen – die man noch nicht entschlüsseln oder wiedererkennen kann – sich mit einer erstaunlichen Schärfe tief in das Wesen eingraben, reinen und unverfälschten Empfindungen gleich, deren Prägung für alle Zeiten unauslöschlich bestehen bleibt. Es ist die Zeit der archaischen Ängste und jener herzzerreißenden Schreie, die jeden von uns – denn wir alle haben diese Etappe durchlaufen – auf sofortige Hilfe hoffen ließ, welche jedoch niemals in der gewünschten Schnelligkeit erfolgte. Aus unserem tiefsten Inneren kam unser gellender Ruf, in dem sich unsere ganze Hoffnung vereinigte. Und immer, wenn wir gewartet haben, hofften wir, gehört und verstanden zu werden. All die Male, wo wir gewartet haben, hofften wir aufs neue mit aller Kraft auf die ersehnte Reaktion. Und wie oft mußten wir erleben, daß sie nicht kam! Wir glaubten uns so oft am äußersten Rande des Todes, daß wir lernen mußten, uns mit den dürftigen Mitteln, die uns zur Verfügung standen, über unsere Furcht hinwegzutäuschen, indem wir uns die Gegenwart des Wesens, das uns fehlte, im Geist vorstellten. Das geschah dann mit Hilfe des Daumens oder des Teddybären oder auch durch den unaussprechlichen Geschmack der Tränen im Mund. Alles was eine gewünschte Zerstreuung bildete, was einen von der schmerzlichen Situation ablenken konnte, war willkommen – es konnte jedoch niemals die Bedrohung vertreiben oder eine Hoffnung zum Schweigen bringen, die immer bereit war, erneut aufzuflammen.

Das war es, was wir alle als Kinder erlebt haben.

Was wir aber niemals erlebt haben, was wir aber dennoch wiedererkennen können – weil sich in uns die Enttäuschung über sein Nichtvorhandensein für immer eingegraben hat, ist eine vollkommene, selbstverständliche und unfehlbare Verfügbarkeit, die imstande ist, uns vor dem Leiden zu schützen. Eine immense Liebe, die alle Grenzen sprengt und uns ganz einhüllt. Eine Liebe, die keine Trennung kennt. Eine reine, gleichbleibende Liebe, die eine gemeinsame Zukunft verspricht. Eine ruhige, selbstlose, bedingungslose und stärkende Liebe – so wie sie in den allerersten Augenblicken unseres eben erst begonnenen Lebens bestand.

Von dem Paar, das Gwenael und seine Mutter bildeten, ging all das aus. Und es war undenkbar, daß irgend jemand diesem Anblick gegenüber gleichgültig blieb; jeder suchte den Kontakt zu den beiden; es war eine Art und Weise, noch einmal unbewußt die Wege der eigenen Entfremdung nachzugehen, die Schäden zu ermessen, die man erlitten hatte, und aus der durch einen flüchtigen Blick gewonnenen Emotion die Gewißheit von der eigenen Unschuld sowie ein wenig Mitgefühl für das eigene Schicksal zu schöpfen.

Also wollte sich jeder – ohne sein Wissen – an diesem so seltenen Glanzstück berauschen, an dieser Verkörperung einer universellen Wunschvorstellung, die jedem Menschen innewohnt, und deren Natur jeder kennt. War es da so erstaunlich, daß man an das Wunder glauben wollte und daß man es so sehr herbeiwünschte, daß man sich einredete, es müsse sich notgedrungen auch ereignen?

Der einzige Schatten, der auf das Bild fiel, kam von der kruden Wirklichkeit, die sich den einhelligen Genesungswünschen hartnäckig widersetzte: Es kam immer wieder zu Durchfällen, die jene Begeisterung dämpften, die sich doch so gerne voll entfacht hätte. Man wußte, daß diese Durchfälle das Zeichen waren, daß die Krankheit noch immer nicht überwunden war und zu Recht ein Wiederaufflackern befürchten ließ – das dann auch bald eintrat, und zwar in Form von Krämpfen. Die Krämpfe traten mehrere Tage hintereinander auf, ohne daß man sich ihr Auftreten erklären konnte. Diese Tatsache war umso erstaunlicher, als alle anderen Symptome sich stetig verbesserten. Die häufigen Elektroenzephalogramme, mit denen man hektisch begonnen hatte, schienen keinen anderen Sinn zu haben als den, den Aktivismus der völlig ohnmächtigen Ärzte in Gang zu halten, die noch immer hofften, durch Zufall ein Indiz zu finden.

Da das Fernsehen heutzutage jedem Menschen Einblicke in die Intensivstationen gibt, ist es nicht schwer, sich das Bild, das sich bot, vorzustellen. In dem Abschnitt des Raumes, in dem Gwenaels Bett stand, befanden sich immer zwei oder drei Personen, die mit irgendeiner pflegerischen Aufgabe beschäftigt waren. Gwenael war die meiste Zeit über mehr oder weniger ruhiggestellt. Ein Urinauffangbehälter war an seinem Körper befestigt, und die obligatorische Infusion steckte ihm in Arm oder Bein; zudem war er ständig an eine ganze Reihe von Elektroden angeschlossen, die für die elektrokardiographischen und enzephalographischen Aufzeichnungen notwendig waren. Er glich einem Versuchstier. Und seine Mutter war immer bei ihm. Gleichgültig gegenüber den Apparaten, die jeden anderen Elternteil beeindruckt oder verschreckt hätten, und vollkommen in das Pflegepersonal integriert, das ihr zahlreiche Aufgaben anvertraute und sie in vieler Hinsicht um ihre Meinung bat.

So standen die Dinge noch am Vortag des Heiligen Abends.

Am Morgen des 25. Dezember, der ein Sonntag war, begab ich mich ein wenig später als gewöhnlich ins Krankenhaus.

Ich stieg die Treppe hoch, die zu der Station führte, als ich auf halbem Wege auf dem menschenleeren Treppenabsatz im Profil die Eltern von Gwenael erblickte; sie standen eng aneinandergepreßt da. Ich blieb einen Augenblick lang stehen, um das nicht zu stören, was ich für einen Augenblick der Intimität hielt. Aber dann ging ich langsam weiter, weil ich das erstickte Schluchzen des Vaters und das Flüstern der Mutter hörte. Bedächtig schritt ich vorwärts. Sie, die sehr klein war, hatte sich auf die Zehenspitzen gestellt und schmiegte sich in einer fast erotischen Haltung buchstäblich an den Körper ihres hochgewachsenen Ehemannes; sie hatte ihren Arm unter seine Achseln gelegt, und ich sah, wie sie mit ihren Händen behutsam über seine braune Lederjakke strich. Er stand tief vorgebeugt da, den Kopf in ihren langen schwarzen Haaren vergraben, und wurde von Schluchzen geschüttelt. Sie sprach ungefähr so auf ihn ein: «Hab' keine Angst, du kannst sicher sein, daß unser Kind leben wird. Es wird leben, glaub' mir. Ich fühle es, ich weiß es. Hab' keine Angst. Beruhige dich. Wir haben nicht das Recht, so kurz vor dem Ziel aufzugeben. Du wirst sehen, daß ich recht habe. Und ich hab' recht. Es kann gar nicht anders sein.»

Mir war die Kehle wie zugeschnürt. Ich blieb einige Treppenstufen vor dem Absatz stehen, ohne zu wagen, weiterzugehen, ohne zu wagen, mich zu zeigen oder etwas zu sagen, denn ich merkte, wie unpassend meine Einmischung gewesen wäre; und die ganze Zeit fragte ich mich fieberhaft, was wohl geschehen sein könnte. Die beiden sahen mich nicht. Sie wiederholte immer wieder dieselben Dinge. Er weinte weiter. Lange Minuten verstrichen so. Dann öffnete sich die Tür des einzigen Raumes, der sich an dieser Stelle des Stockwerks befand. Pierre-Marie kam zusammen mit dem Chefarzt, den ich kannte, heraus. Gwenaels Eltern wichen auseinander, um ihnen entgegenzugehen. Ich erklomm die letzten Stufen und trat zu ihnen. Pierre-Marie erklärte ihnen ganz erschüttert: «Er ist tot.» Dann fügte er mit tränenfeuchtem Blick hinzu: «Sein Herz kam nicht wieder in Gang, und das Elektroenzephalogramm zeigte keine Kurven mehr. Wir haben alles unternommen, was in unserer Macht stand – aber vergeblich. Wir konnten nichts machen. Es tut mir leid, furchtbar leid.»

Nur mit großer Mühe gelang es mir, das Schluchzen zu unterdrücken, das in mir hochstieg. Der Vater weinte nun umso heftiger und machte den Eindruck, als würde er gleich umfallen, weswegen wir zu ihm hinstürzten, um ihn zu stützen. Sie hingegen blieb aufrecht stehen. Sie schaute zuerst Pierre-Marie und dann den Chefarzt an, und mit dem unbestimmbaren Lächeln, das ihr eigen war, sagte sie, indem sie jedes Wort betonte, zu ihnen: «Nein, mein Kind ist nicht tot. Nein. Ich weiß es. Es ist nicht tot. Gehen Sie wieder zu ihm. Beginnen Sie noch einmal aufs neue mit dem, was Sie eben getan haben. Sie werden sehen, es wird leben. Ich bin sicher. Ich weiß es.» Pierre-Marie sagte kein Wort darauf. Es warf mir einen Blick zu, der sein ganzes Mitgefühl und seine Verwirrung ausdrückte. Dann schaute er auf seinen Kollegen und machte dabei eine Bewegung in Richtung der Tür, die halboffen geblieben war. Sie gingen durch die Tür und schlossen sich aufs neue ein.

Ich war am Boden zerstört. Stumm. Fühlte mich nutzlos. Wußte nicht, was ich sagen sollte. Wußte nicht, wie ich mich verhalten sollte. Der Vater, der mit dem Rücken an die Wand gelehnt dastand, den Kopf zurückgeworfen, weinte weiterhin bitterlich. Sie nahm ihn wieder in die Arme. Sie schmiegte sich wieder an ihn und sagte ihm dieselben Dinge wie zuvor in einem fast singenden Tonfall; es klang wie ein Wiegenlied. Ich fragte mich, was hier wohl vor sich ging. Jeder anderen Mutter hätte man zu verstehen gegeben, daß ihr Schmerz sie blind mache und daß sie sich mit der Wirklichkeit abfinden müsse. Ich war schon öfter zugegen gewesen, wenn Todesfälle angekündigt wurden, und ich selbst habe einige ankündigen müssen – Todesfälle, die bereits erfolgt waren oder solche, die bald eintreten würden. Doch noch nie hatte ich etwas Derartiges erlebt. Und ich fühlte, wie mich eine immense Zärtlichkeit für den wunderbaren Pierre-Marie überkam. Was für ein unglaubliches Feingefühl besaß dieser Mann: Er hatte verstanden, daß diese Mutter sehr lange brauchen würde, um sich mit dem Allerschlimmsten abzufinden, daß er ihrer Aufforderung gehorchen mußte, damit sie eine Haltung aufgeben konnte, die man bei jeder anderen Mutter für schlicht wahnsinnig gehalten hätte. Auf die Sanftheit, die sie an den Tag gelegt hatte, hatte er mit derselben Sanftheit reagiert.

Lange, lange Minuten verstrichen. Zehn, fünfzehn? Vielleicht sogar zwanzig. Jeder Gedanke, jede Emotion bekommt in solchen Situationen eine ungeheure Intensität. Es ist der «Wahrheitseffekt», der stets mit der Todesnähe einhergeht. Man macht sich nichts mehr vor. Man fühlt sich beschwert von seinem eigenen Leben und spürt seine Vergänglichkeit.

Sie rührten sich nicht von der Stelle. Sie wiegten sich nur ganz sachte hin und her. Sie muß mit dieser Bewegung begonnen haben, um die einlullende Wirkung ihrer Worte zu verstärken. Ihr Mann schluchzte nun mit derselben monotonen Heftigkeit wie bei meiner Ankunft auf der Treppe.

Dann wurde die Tür geöffnet.

Pierre-Marie erschien und bot uns ein Lächeln, das sein von Freude verwandeltes Gesicht erstrahlen ließ. Wir drei schauten ihn an und wagten nicht, es zu glauben. Selbst sie sagte kein Wort, stand aufs äußerste gespannt da, in der irrsinnigen Hoffnung auf ein Wort, das imstande wäre, das furchtbare vorige Urteil aufzuheben. Und es kam: Pierre-Marie teilte uns mit, daß sein Kollege und er die Reanimation mittels Herzmassage und Mund-zu-Mund-Beatmung wiederaufgenommen hätten und daß sie nach einigen Minuten festgestellt hätten, wie zuerst das Herz wieder zu arbeiten begonnen habe und darauf auch die elektrische Tätigkeit des Gehirns in Gang gekommen sei. Gwenael hatte die Augen geöffnet. Er hatte das Bewußtsein wiedererlangt, und seither war sein Zustand stabil und zufriedenstellend.

Eine Auferstehung.

Die dritte, dachte ich.

«Ein wahrhaftiges Weihnachtswunder», sollte mir Pierre-Marie am nächsten Tag in einem Brief schreiben, in dem er mir versicherte, daß Gwenael keinerlei Schäden – insbesondere keine neurologischen – von diesem «vereitelten Tod» zurückbehalten habe. Das bestärkte mich in meiner Gewißheit, daß er nichts von den beiden Vorfällen im Taxi wußte: Ich hatte sie ihm nicht weitererzählt, und auch sie hatte keine Mitteilung davon gemacht.

Wie oft habe ich im Laufe der Jahre diesen Brief gelesen! Als müsse ich mich immer wieder anhand dieses Beweisstücks versichern, daß ich das wirklich erlebt habe, daß ich es nicht erfunden, nicht geträumt, nicht phantasiert habe. Zudem muß ich mich wohl irgendwie dafür geschämt haben, denn ich habe dieses Ereignis nie jemandem erzählt. Erst nach der Lektüre einer Ausgabe der Tageszeitung *Le Monde* im Herbst 1996 – während ich bei der Erstellung dieses Buches war – war ich imstande, mein Schweigen zu brechen. Darin wurde berichtet, daß die neue Gesetzesdefinition für den Tod vorschreibe, daß je zwei Elektrokardiogramme und zwei Elektroenzephalogramme – in einem Abstand von vier Stunden vorgenommen – kurvenlos verlaufen müßten, damit man vom «Tod» sprechen dürfe. Wenn der Vorfall von jenem Weihnachtstag tatsächlich an ein «Wunder» grenzte, dann war ich nun nicht mehr durch jene Befangenheit beeinträchtigt, die ihn, obwohl ich ihn erlebt hatte, mehr oder weniger in den Bereich der Illusion verwiesen hatte.

Aber kann man sich einfach so mit dem Begriff «Wunder» begnügen, ohne dieses Ereignis zu hinterfragen? Denn, ob man es will oder nicht, dieses «Wunder» konnte sich nur ereignen, weil Pierre-Marie der Bitte der Mutter nachgekommen war und zwar mit der unglaublichen Gewissenhaftigkeit und Effizienz, die ihm eigen war. Hätten sich die Dinge auch so abgespielt, wenn die Mutter nicht genau jene Haltung gezeigt hätte? So kann man ihr – und wiederum ihr – diese dritte Auferstehung zugutehalten, die lediglich durch einen Mittelsmann erfolgte. Wenn ihre Allmacht ihre Wirkung dieses Mal durch einen Dritten bekundete, dann war es dennoch sie, die diesen Dritten zurück in das Krankenzimmer schickte und die genügend Autorität haben mußte, um sich mit ihrem Urteil durchzusetzen und über das Los ihres Kindes zu bestimmen. Sie blieb unbestreitbar die Beherrscherin des Spiels, was bei ihren Gesprächspartnern jenes mächtige wie unmöglich zu beschreibende Gefühl erzeugte, das ausnahmslos jeden aufwühlte, der ihr begegnete.

Eine Mutter gegen den Tod.

Das war sie.

Mit anderen Worten: Sie tat das, wovon jede Mutter träumt, obwohl sie doch im voraus weiß, daß es ihr nie gelingen kann. Du wirst nicht sterben, weil ich deine Mutter bin und weil ich dir ein solches Ende untersage. Sprich mir nach: «Ich werde nicht sterben, weil ich meine Mutter habe ... Ich habe sie. Sie hat mich. Ich werde nicht sterben, weil wir beide, sie und ich, unsere Kräfte vereinen: Solange wir miteinander und füreinander da sein werden, kann uns nichts geschehen. Weder ihr noch mir.»

Es gibt keine Mutter, die nicht all das wüßte und die aus diesem unbequemen Wissen über den Tod, den sie zur selben Zeit wie das Leben «schenkt», nicht den Vorwand für den Wahnsinn nähme, der von nun an der ihre sein wird und dem sie sich – ganz gleich, was sie tut oder will – niemals mehr entziehen können wird.

Übrigens ist es dieser Wahnsinn, der sie, ohne daß sie sich seiner bewußt wäre, dazu treibt, der Wirklichkeit zu entfliehen und das Phantasma zu nähren, ihr Kind habe ihren Körper nie verlassen. Indem sie sich der Verhaltenslogik anpaßt, die die Schwangerschaft ihr aufoktroyiert hat, wird sie sich fieberhaft bemühen, dieses Kind in derselben Illusion zu halten und auf seine geringsten Bedürfnisse lauern, um beim leisesten Schrei hinzustürzen und es unverzüglich zufriedenzustellen. Sie wird versuchen, seine Bedürfnisse zu erraten und es wunschlos glücklich zu machen, um ihm die geringste Unannehmlichkeit zu ersparen und zu vermeiden, daß es jemals auf irgend etwas warten muß; denn das würde für beide bedeuten, daß sie – leider – nicht mehr in der wundervollen Symbiose leben, die so viele Monate bestand und die nun unseligerweise zu Ende geht. Ist es da noch nötig, explizit zu sagen, daß diese heftigen und vor allem völlig natürlichen inzestuösen Impulse jedes Kind (ohne Geschlechtsunterschied) betreffen? Es ist also letztendlich etwas durchaus Lobenswertes! Das lateinische Wort *incestus* bedeutet «nicht mangelnd». Und ist es nicht wichtig – unser gesellschaftliches Umfeld, das das Flüchtige preist, ermutigt uns unaufhörlich dazu – dafür zu sorgen, daß einem Kind nichts fehlt? Dem Phantasma kommt heutzutage sogar noch mehr Bedeutung zu, wo die mittlerweile allgemein angewandte Eperiduralanästhesie im Gedächtnis einer Frau jene Spur von Schmerz auslöscht, durch den eine Mutter ehemals gezwungen war, die durchaus vorteilhaften Folgen der realen Trennung zu akzeptieren.

Doch das darf nicht zu der Schlußfolgerung verleiten, diese inzestuöse Wunschvorstellung sei gefährlich oder extrem schädlich. Denn sie ist in Wirklichkeit notwendig. Und solange sie in vernünftigen Grenzen bleibt, solange sie als Phantasma verstanden und nicht mit einer folgenschweren Überzeugung verwechselt wird, hat sie die unbestreitbar gute Eigenschaft, die der Stärkung der Lebenskräfte dient.

Die Gewißheit, von einer wirklich «bemutternden» Mutter geliebt worden zu sein, verleiht einem Mann oder einer Frau für das ganze Leben ein stabiles Gefühl der Sicherheit. Das strikte Zügeln dieser Wunschvorstellung und ebenso auch ihr gänzliches Nichtvorhandensein – beides Dinge, die durch die Geschichte der Mutter bedingt sind und keinesfalls wünschenswert oder beruhigend sind – schaden dagegen auf nachhaltige Weise. Der radikale, irrsinnige, schreiende und bis zum Exzeß starke Lebenswunsch läßt dann den Todeskräften den Vortritt, die direkt zum körperlichen Verschwinden der Mutter oder des Kindes – oder zu schweren psychischen Schäden beim einen und/oder anderen – führen können.

Wenn eine Mutter sich, wie betäubt von dem, was das Abenteuer der Mutterschaft ihr abverlangt, mechanisch und mit einer Art gefühllosem und formellem Automatismus ihren Aufgaben widmet, wird sie ihrem Kind nichts weiter vermitteln als gewisse Elemente der Wirklichkeit; diese trägt sie ihm zwar oft mit großer Aufmerksamkeit zu, jedoch immer ohne Emotionen und auf eine im Grunde unpersönliche Weise. Das Kind wird nur mit großer Mühe in die Welt der Sprache eingeführt werden. Und nichts von dem Abenteuer, das zu seiner Empfängnis oder seinem Auf-die-Welt-Kommen führte, wird die geringste Bedeutung bekommen, noch auf irgendeine Art und Weise weitergegeben werden. Forderte man eine solche Mutter auf, ihr Verhalten zu ändern, würde sie es nicht etwa ablehnen oder als unsinnig verwerfen – sie wurde es ganz einfach nicht verstehen. Es ist, als wenn dem Kind, das einzig auf seinen biologischen Körper reduziert – im übrigen aber korrekt, ja gewissenhaft betreut – wird, der Zugang zu jeglichen Elementen verwehrt wird, die für seine psychische Menschwerdung notwendig sind: Seine Mutter, die kaum in ihrem eigenen Leben «vorhanden» ist, wird keinerlei Bedürfnis haben, ja es sogar für sinnlos, dumm und unangebracht halten – ihr Kind irgendeiner anderen Person anzuvertrauen, die damit den Status eines unterstützenden Dritten erhielte.

Nicht nur von seinem Vater wird das Kind ferngehalten werden, sondern auch von jedem anderen Menschen, der die Mutter ersetzen oder an ihre Stelle treten könnte. Und dieser Mangel wird es sein Leben lang begleiten. Das wird so weit gehen, daß es sich, sobald die Umstände ihm diesen Mangel offenbaren und es zwingen, sich damit auseinanderzusetzen, in eine Halluzination oder einen Wahn flüchten wird. Falls ein solcher Mensch unter gewissen Umständen sein drohendes Verschwinden wahrzunehmen glaubt, wird er sich in die Homosexualität stürzen, da er meint, sich somit an jemanden klammern zu können, der ihm seine eigene Person nahe bringt.

Er wird sich tatsächlich immer wie jemand fühlen, der von einem baldigen Tod bedroht ist, weswegen er sein Überleben auf bestimmte psychische und geistige Automatismen beschränkt, die imstande sind, ihn zumindest in seinem Zustand zu halten. Man wird ihn nicht oft fiebrig oder krank sehen. Tatsächlich ist ganz ausgeschlossen, daß ein solcher Mensch seinen Körper unvorsichtigerweise mit einer Krankheit «flirten» läßt, die – ganz gleich, um welche es sich handelt – immer in den Bereich der Sprache und damit des subjektiven Ausdrucks gehört, der ihm grundlegend fehlt. Deshalb sind die Psychoanalytiker, die sich seiner schwierigen Behandlung annehmen, auch immer ungemein froh, wenn er somatische Beschwerden zeigt, die er sich während der Behandlung und dank der Behandlung endlich selbst zugesteht.

Es ist nicht immer leicht, hinter bestimmten Haltungen, die auch einen Arzt lange in die Irre führen können, schon bei einem Patienten im Kleinstkindalter solche Krankheitsbilder zu erkennen. Und noch seltener, ja ganz außergewöhnlich ist es, daß es einem Arzt gelingt, ein wenig auf ihre Entwicklung einzuwirken. Doch war mir das einmal vergönnt. Aber ich bin nicht stolz darauf, denn der Leser wird sehen, daß die günstige Wandlung, die ich erleben durfte, mehr einer Kette von Fügungen zu verdanken war als einer ausdrücklich vorgeschriebenen Behandlung von meiner Seite.

Ich sah Léa zum ersten Mal, als sie gerade drei Wochen alt war, und mir fielen sofort ihre völlige Teilnahmslosigkeit und ihre Hypotonie (verminderter Muskeltonus) auf. Sie war schlaff und energielos und ebenso reaktiv wie eine Stoffpuppe, obwohl sie an keiner erkennbaren Krankheit litt. Sie blieb auch in den folgenden Wochen so, und man kann sich leicht vorstellen, mit welcher Sorge ich auf eine Reaktion ihrerseits wartete, die einfach nicht kommen wollte. Sie war das zweite Kind einer Mutter, deren erste Tochter ich seit drei Jahren als Arzt betreute. Diese Mutter fiel mir dadurch auf, daß sie stets äußerst wortkarg war. Tatsächlich hatte ich niemals auch nur ansatzweise ein Gespräch mit ihr führen können. Sie antwortete auf meine Fragen, Äußerungen oder Kommentare nie anders als einsilbig. Das ging so weit, daß ich oft darüber rätselte, was für eine Frau sie wohl sein mochte, und insbesondere, weshalb sie mir als Arzt trotz ihrer ungeheueren Reserviertheit die Treue hielt.

Nach dieser zweiten Geburt fand ich sie ein wenig apathischer als gewöhnlich. Ich nahm an, daß dies mit einer möglichen Erschöpfung zu tun hatte, die durch die Entbindung verursacht worden war, und mit der unerwarteten Mehrbelastung, die immer mit der Geburt eines Kindes einhergeht. Doch als Léa dann zweieinhalb Monate alt war und weiterhin eine vollkommene Teilnahmslosigkeit an den Tag legte, konnte sie diesen Zustand nicht weiter ertragen. In meiner Hilflosigkeit kam mir in den Sinn, er könne vielleicht etwas mit einer angeborenen Taubheit zu tun haben und wollte dies abklären, weswegen ich die Mutter an eine entsprechende medizinische Einrichtung verwies. Durch einen äußerst merkwürdigen Zufall bekam ich eines Tages einen Anruf von einer Logopädin, die mir mitteilte, sie habe Léa und ihre Mutter in ihrer Sprechstunde empfangen und habe nicht die geringste Ahnung, womit sie ihnen nützen könne. Es ist richtig, daß man einem Säugling dieses Alters noch nicht mit logopädischen Behandlungsmöglichkeiten helfen kann. Anstatt dies einzuräumen oder dieses halb geplante falsche Manöver aufzudecken, fragte ich diese Frau unter der Einwirkung einer plötzlichen Intuition, wie sich die Mutter im Kontakt mit ihr verhalte. Sie erklärte mir, daß sie beide ein gutes Verhältnis zueinander hätten und daß ihre Gespräche angenehm, entspannt und sehr sachlich verliefen. Daraufhin vertraute ich ihr mit wenigen Worten die Ursache meines Unbehagens an und bat sie, auch weiterhin diese Mutter und ihr Kind zu empfangen; ich schlug ihr vor, ihr deswegen eine Verordnung für dreißig «Retrainingsitzungen» zu schicken. Und so geschah es. Auch danach konnte ich nicht feststellen, daß sich das Verhalten von Léas Mutter mir gegenüber entscheidend veränderte. Dagegen sah ich, wie die Kleine buchstäblich aufblühte, nach und nach aus ihrer Teilnahmslosigkeit herausfand und ziemlich schnell die für ihr Alter typischen Verhaltensweisen an den Tag zu legen begann.

Das Amüsanteste und wohl auch das Aufschlußreichste an dieser Geschichte ist, daß einige Monate später die Krankenversicherung, die gebeten worden war, die Kosten für die Behandlung der Logopädin zurückzuerstatten, sich weigerte, für diese Kosten aufzukommen, da sie mir – völlig zu Recht, natürlich – zu verstehen gab, daß meine Anordnung, gelinde gesagt, unsinnig gewesen sei. Daraufhin machte ich mir die Mühe, bei der zuständigen Stelle den Fall minutiös zu erklären und aufzuzeigen, daß die besagte Behandlung – wenn sie auch ungewöhnlich war – dennoch das Verdienst gehabt hatte, dem Kind eine fast sichere psychotische Orientierung zu ersparen und daß der Preis, angesichts dieses anderenfalls drohenden Resultats nicht allzu hoch sei. Ausnahmsweise wurde meine Argumentation von dieser sonst sehr pedantischen Behörde akzeptiert.

Erst elf Jahre später, als Léa zu einem vollkommen gesunden Mädchen in der Präadoleszenz herangewachsen war, gelang es mir, etwas von dem zu verstehen, was sich damals zugetragen hatte. Ihre Mutter rief mich eines Tages an, um mich nach der Adresse eines Psychiaters für ihren eigenen Vater zu fragen, der einige Tage zuvor einen Selbstmordversuch unternommen hatte. Bei dieser Gelegenheit führten wir am Telefon das längste Gespräch seit unserer Bekanntschaft. Sie erzählte mir, daß sie, als sie im dritten Monat mit Léa schwanger gewesen war, im Laufe eines heftigen und dramatischen Zwischenfalls von ihrer Mutter erfahren hatte – deren zweite Tochter sie war, so wie Léa ihre zweite Tochter war –, daß ihr Vater nicht ihr wirklicher Erzeuger war. Man kann sich leicht vorstellen, daß der Vorfall sie so sehr aufgewühlt hatte, daß sie urplötzlich keinerlei Gedanken mehr auf ihre Schwangerschaft verwendete und sich gewissermaßen von der bevorstehenden Geburt und der Entwicklung ihres Kindes «geistig entfernte›. Léas ausgeprägte Teilnahmslosigkeit war letztlich nur das Abbild ihrer eigenen gewesen. Von all dem hatte sie mir natürlich kein Wort sagen können. Ich war ein Mann, und das genügte, um mich zu disqualifizieren. Es ist also ein glücklicher Umstand, daß sie dieser Logopädin begegnet war, was ihr ermöglicht hatte, diese Frau an die Stelle ihrer Mutter zu setzen, die ihr zudem wohlwollender gegenübertrat als es ihre eigene Mutter in jener wichtigen Etappe ihres Lebens (und des Lebens des Kindes, das sie in sich getragen hatte) getan hatte. In der Tat konnte sie dank der Beziehung, die sich zu der – wie vom Schicksal gesandten – Logopädin geknüpft hatte, aus ihrer Apathie herausfinden, aufs Neue vom Leben Besitz nehmen und an Léa die Botschaften weitergeben, die das Kind so dringend brauchte.

Diesem Fallbeispiel entgegengesetzt finden wir eine Mutter, die wesentlich engagierter ist, die sich jedoch schon seit langer Zeit der Tragik des Lebens und noch mehr der Tragik einer jeden Zeugung bewußt ist. Im übrigen hat sie das so entsetzt, daß sie lange Zeit zögerte, sich auf die Fortpflanzung einzulassen; sie hat sich oft erst unter dem Druck der «biologischen Uhr» dazu entschlossen – was einem verstehen hilft, wie und warum das Alter der Erstgebärenden in unseren auf Sicherheit bedachten Gesellschaften immer höher wird. Diese Mutter wird den Schritt erst wagen, nachdem sie einen sorgfältigen Plan zum Schutz gegen die große Umwälzung ausgearbeitet hat, deren Ausmaß sie ahnt. Tatsächlich hat sie sich in ihren Überlegungen ganz und gar von ihrer persönlichen Lebenserfahrung leiten lassen. Sie wird – aufgrund ihrer zwanghaften Angst vor dem Tod – zu vermeiden versuchen, daß sie mit dem Unausweichlichen konfrontiert wird, und sie wird glauben, sie könne es umgehen, indem sie die Schutzmaßnahmen für ihr Kind verdoppelt. Im Gegensatz zu der vorigen Mutter wird sie ihrer inzestuösen Neigung vorbehaltlos und mit äußerster Intensität frönen.

Man wird sehen, daß sie sämtliche zugänglichen Informationsquellen ausschöpft, um sicherzugehen, daß sie alles versteht, alles unter Kontrolle hat, immer das Richtige tut und sich stets angemessen verhält. Sie wird stets versuchen, in allen Bereichen herauszufinden, was das Beste für ihr Kind ist, und sie wird sich bemühen, es in jeder Hinsicht, in jedem Augenblick und auf alle nur möglichen Arten zufriedenzustellen. Sie ist keine Frau, die die Aufgaben der Mutterschaft mechanisch ausführt. Ganz im

Gegenteil, sie wird sie in einer Art fieberhafter Betriebsamkeit und mit einem gewissen Glücksgefühl erledigen, das positiv, ja ideal wäre, wenn es nicht ständig mit einer stummen, aber unkontrollierbaren und deutlich spürbaren Verzweiflung vermischt wäre. Es ist, als mache sie sich in Wirklichkeit keinerlei Illusion über die Tragweite der Äußerungen, die ihre Umgebung in bezug auf Mutter, Mutterschaft und Kind macht (obwohl deren Förmlichkeit vermuten lassen könnte, daß sie mit ihnen übereinstimmt). Und es scheint, als sei sie – jenseits der perfekten Bewältigung ihrer Aufgabe – innerlich von einem Gefühl der Sinnlosigkeit durchdrungen hinsichtlich dessen, was sie tut, was sie bewirkt oder gibt. Da sie ihrem eigenen Vater niemals die geringste Bedeutung für ihr Schicksal zugemessen hat, kann sie sich auch nicht entschließen, ihrem Partner eine dauerhafte Bedeutung für ihr gemeinsames Kind zuzusprechen. Nichtsdestotrotz ist sie sich über das Leiden, das dieses Manko ihr selbst zugefügt hat, soweit im klaren, daß sie es nicht ablehnt, eine zweite Bezugsperson für ihr eigenes Kind zuzulassen. Da sie wie jeder Mensch nur die Möglichkeit hat, sich an dem Modell zu orientieren, das sie kennengelernt hat, und da sie dennoch darauf bedacht ist – unter dem Druck ihrer Umgebung und in Namen der echten Liebe, die sie für ihr Kind empfindet – sich zumindest ein wenig von diesem Modell zu distanzieren, wird sie glauben, sie könne ihr Dilemma lösen, indem sie eine dritte Person in ihre Umgebung einbringt, an die sie ihr Kind gewissermaßen «überträgt». Das kann ihre Mutter sein, das können aber auch ihr Vater, ihr Schwiegervater, ein Onkel, eine Tante, eine Freundin, auch ein Beichtvater oder ihr Psychoanalytiker sein, ja es kann sich dabei sogar um den Arzt handeln, den sie wegen ihres Kindes aufsucht. Es ist dann so, als ob diese Personen nur dazu da wären, um die Funktion eines Partners zu übernehmen, von dem sie meint, er sei der Tragödie, die sie durchmacht – obwohl sie lobenswerte Anstrengungen unternimmt, um nicht daran zu denken – nicht gewachsen. Da sie so große Schuldgefühle hat und nur damit beschäftigt ist, deren Last zu lindern, wird sie ihrem Kind das intensive Gefühl einer Bedrohung vermitteln, indem sie es auffordert, sich vor dieser Bedrohung in acht zu nehmen, sich ihr zu entziehen, sich ihr aber gleichzeitig wie einem unfehlbaren Gebieter zu unterwerfen. Es ist vor allem diese Obsession der Mutter, die jene Mechanismen in dem Kind verankern wird, welche ihm verbieten werden, einen Platz als lebendiger Mensch einzunehmen. Denn sie bringen es ja dazu, sich zu verkriechen, um einem allgegenwärtigen Tod zu entgehen, dessen Vorstellung allein es schon mit Entsetzen erfüllt und lähmt. Und es ist jene Obsession, die es ständig dazu antreiben wird, in den Augen seiner Mutter zu brillieren, sie auf jede nur mögliche Weise und bei jeder Gelegenheit zu beruhigen und alles zu tun, um sie – leider vergeblich – zufriedenzustellen und sie von ihrer Faszination für das Schreckgespenst Tod, das sie andauernd quält, abzulenken.

Man kann sich leicht vorstellen, daß sich die Energie auf einem derart «verminten Feld» nur in der ausschließlichen Beschäftigung mit sich selbst und in einer ständigen «Rückversicherung» seiner selbst entfalten kann. Das wiederum zwingt den Betreffenden, vor der geringsten Entscheidung lange zu zögern und ständige Zweifel zu entwickeln, gegen die er anzugehen versucht, indem er seine Vorsichtsmaßnahmen vermehrt, peinliche Genauigkeit bei jedem Unterfangen anwendet und in der Gesamtheit des Verhaltens eine äußerste Rigidität an den Tag legt, alles, um sich dank dieser scheinbaren Genauigkeit von jenem Denken reinzuwaschen.

Eine andere Mutter – gewissermaßen zur dritten Kategorie gehörend – hat schon sehr früh den Entschluß gefaßt, die Realität der Zeugung der Prognose über ihre Folgen vorzuziehen. Sie wird daher mit Unbändigkeit und Entschlossenheit beschließen, sich niemals etwas vormachen zu lassen, und das Problem so anpakken, wie es ihrer Ansicht nach angepackt werden muß: nämlich beherzt. Da sie allein das unausweichliche Schuldgefühl auf sich nimmt, das dieses Unterfangen ihr aufbürdet, macht sie sich ohne Zögern daran, auf ihre Weise das anzunehmen, was sie als unerträgliche Herausforderung auffaßt. Ohne die objektiven und subjektiven Gegebenheiten eines Vorhabens zu leugnen, das sie – bewußt und aus vielerlei verschiedenen Gründen – mit unglaublichen Erwartungen befrachtet, ja überfrachtet, wird sie ihren inneren Konflikt lösen, indem sie sich für alle Zeiten als die einzige für die Entwicklung ihres Kindes Verantwortliche betrachtet. Niemand anders genießt ihr Vertrauen – auf welchem Gebiet auch immer –, und sie wird immer eine Reihe Argumente auf Lager haben, um die Kritiker auszuschalten, die etwas an ihrem Verhalten oder ihrer Vorgehensweise auszusetzen haben. Kein Einwand kann sie dazu überreden, ihren Alltag auf andere Weise oder ein wenig entspannter zu leben. Denn sie wird jede mögliche Einmischung bezüglich ihres – von Angst geprägten – Verhaltens ablehnen, und sie wird auf Ratschläge und auf Kommentare mit einer Form von Überzeugung reagieren, die man als unerträglich empfinden wird, weil man die phobische Seite daran nicht begreift.

Denn in der Tat hat sie in jeder Hinsicht ein phobisches Verhalten, doch kann ihre Phobie nicht konkret «eingeordnet» und noch weniger angeprangert werden. Man lächelt vielleicht über einen Menschen, der nicht mit einem Fahrstuhl fahren kann, der das Haus nicht verläßt, der Angst vor Hunden hat. Man nimmt seine Zwänge hin und bringt ihm Verständnis entgegen; das geht zuweilen so weit, daß man die herablassende Haltung aufgibt, mit der man sein Verhalten gewöhnlich registriert, und ihn wegen seines Schicksals bedauert. Seine Ängste sind unseren eigenen Wahrnehmungen so sehr fremd, daß wir uns in keiner Weise damit identifizieren können. Aber wer wäre so verrückt, daß ihm der Tod völlig gleichgültig wäre, oder auch so verrückt, daß er behaupten wollte, er fühle sich nicht davon betroffen? Das ist der Grund, weshalb niemand gegenüber der Haltung dieser Mutter gleichgültig bleiben und einfach zulassen kann, daß sie ihn in jeder Situation an den gemeinsamen Todfeind erinnert und sich obendrein den Luxus leistet, ihm eine unerträgliche

Lektion in Sachen Unerschrockenheit zu verpassen. Denn all dies wird die Gesamtheit ihrer Entscheidungen bestimmen. Der Vater des Kindes kann zwar seine Meinung abgeben, doch sie wird nur selten berücksichtigt werden. Nicht, daß sie ihn ignorieren würde oder keine Gefühle für ihn hätte. Aber was kann er, der Mann, schon von einem inneren Konflikt wissen oder verstehen, der ihm per definitionem vollkommen fremd ist?

Wenn es auch zuweilen geschieht, daß sie die Äußerungen von dritten Personen – hauptsächlich weiblichen Personen übrigens – anhört, ja sogar gutheißt, dann nur, sofern sie ihre prinzipielle Haltung bestärken. Hat sie Entscheidungen zu fällen – ganz gleich, auf welchem Gebiet –, so wird sie dabei immer eine ganz bestimmte Hierarchie einhalten. Beispielsweise wird sie die Beaufsichtigung ihres Kindes nur sehr ungern jemandem überlassen, selbst wenn die Umstände es erfordern. Im Gegensatz zu der vorigen Mutter, die bereit ist, Aufsicht und Erziehung ihres Kindes an jeden zu delegieren, der sie übernehmen will, ist sie der Überzeugung, daß nur ihr allein dies obliegt. Und sie ist deswegen auch bereit, auf vieles zu verzichten. Ist sie nicht imstande, diesem selbstauferlegten Anspruch nachzukommen, so wird sie – nach Möglichkeit – eine Hausangestellte damit beauftragen; ansonsten wird sie eine Tagesmutter einem Privatkindergarten vorziehen und wiederum einen Privatkindergarten einem staatlichen Kindergarten. Zudem wird sie ihr Kind niemals leichten Herzens oder ohne sich zu sorgen der Obhut einer anderen Person anvertrauen – ganz gleich, wer dieser andere Mensch ist. Wenn sie dennoch einmal dazu gezwungen sein sollte, dann tut sie es äußerst ungern und indem sie allem, was möglicherweise passieren könnte, vorzubeugen versucht. Ihren «Vertreterinnen» wird sie eine lange Liste mit Anweisungen übergeben und sie bitten, das geringste Ereignis, das sich in ihrer Abwesenheit zutragen könnte, zu notieren. Alle Personen, die unmittelbar mit dem Kind zu tun haben, werden ausführliche und sehr übersichtliche Angaben darüber erhalten, wo und wie sie zu erreichen ist. Ferner wird sie ihnen eine ganze Reihe von Telefonnummern übergeben, auf denen in erster Linie die einzigen Menschen stehen, die sie als Instrumente ihrer Vorrechte und ihrer Macht anzuerkennen bereit ist: Dies sind der ärztliche Bereitschaftsdienst und die Spezialklinik für Vergiftungen und manchmal auch – in dieser Reihenfolge – der Notarzt, der Kinderarzt (vorzugsweise eine Frau) und der Allgemeinarzt. Erst dann – und im allgemeinen in noch kleineren Buchstaben und in ebenso präziser Reihenfolge – kommen die Nummern des Vaters des Kindes und die der Großeltern (gewöhnlich mütterlicherseits).

Unter dem Vorwand, wissen zu wollen, ob alles glatt läuft, wird sie drei- oder viermal im Laufe eines Abends zu Hause den Babysitter anrufen, dessen Anwesenheit ihr im Prinzip jedes vernünftige Argument gegen einen auswärts verbrachten Abend genommen hat – obwohl sie gern bereit gewesen wäre, auf das Ausgehen zu verzichten. Mehrmals am Tag wird sie ihre Eltern oder ihren Partner anrufen, wenn sie zufällig einmal, (mit schlechtestem Gewissen!) ein oder mehrere Tage verreisen muß. Auch die gesundheitliche Betreuung ist eine Angelegenheit von höchster Wichtigkeit für sie. Sie möchte am liebsten alles wissen, alles kontrollieren, alles selbst in die Hand nehmen: Von der Ernährung bis zu den medizinischen Behandlungen – alles muß von ihr mitentschieden werden, und sie wird nicht ruhen, bis sie den Arzt gefunden hat, der ihren Vorstellungen ganz genau entspricht. Daher wird man sie oft in den Wartezimmern von Homöopathen sehen. Denn das sind sensible und kompetente Praktiker, die ihr die gewünschte Bestätigung geben und ihrem Narzißmus entgegenkommen, indem sie ihr eine Menge Fragen auch über die belanglosesten Symptome und über das Verhalten ihres Kindes stellen, sie somit im sorgfältigen Beobachten dieser Anzeichen bestärken und ihr gleichzeitig einen Bonus für ihre Wachsamkeit geben. Und ist es nicht offenkundig, daß die Medikamente, die sie verschreiben, sehr sanft wirken und dem Körper ihres Kindes die besten Verteidigungsmittel zuführen, indem sie sein Immunsystem – seine eigenen Waffen – «stärken», wohingehen alle anderen Arzneien allzu rigoros wirken und nur auf die *eine* Krankheit einwirken, die sie bekämpfen sollen?

Der Anspruch auf eine solche Kontrolle wird nur dann deutlich oder wirkt überzogen, wenn er im Vergleich mit anderen Verhaltensweisen gesehen wird, und auch nur für den Betrachter, der die Situation von außen sieht. Aber niemals wird sie von dem Kind angezweifelt werden – weder, was seine Richtigkeit noch was seine Effizienz und noch weniger, was seine Notwendigkeit betrifft; es wird sie im Laufe der Zeit verinnerlichen und für sein ganzes Leben in unauslöschlicher Weise davon geprägt sein. Alle Beziehungen, die es eingehen wird, werden davon beeinflußt sein, und es wird sich solche Menschen zum «Herren» wählen, die imstande zu sein scheinen, mit ihm einen wahrhaften Haß auf den Tod zu teilen, der jede seiner Handlungen bestimmt, weil die Stellung, die er nach dem Wunsch seiner Mutter annahm, es diesen Haß empfinden ließ. Hat das Kind diese «Herren» gefunden, so wird es versuchen, mit ihnen dieselbe – beruhigende – Beziehung wiederzuerschaffen, die es mit seiner Mutter hatte; alles an dieser Beziehung – und insbesondere auch die zahllosen Aufmerksamkeiten, die ihm zuteil wurden – hatte das Kind in dem Glauben gehalten, daß es selbst sie beherrsche.

Wenn ich hier diese drei großen Müttermodelle zusammengefaßt habe, dann weil ihnen – abgesehen von ihrer statistischen Verteilung, die je nach Kultur unterschiedlich ist – gemeinsam ist, daß sie bei dem Kind Folgen hervorrufen, die bei beiden Geschlechtern ziemlich ähnlich sind. Léa, deren Fall ich berichtet habe, war zwar ein kleines Mädchen; aber ich hätte auch die Geschichte irgendeines Jungen berichten können, der demselben Schicksal geweiht gewesen wäre. Im übrigen weiß man, daß die Männer nicht die einzigen sind, die unter Ängsten der Ungewißheit leiden und sich, um gegen sie anzukämpfen, in Ritualisierungen, Sammelwut, zwanghaften Kontrollen und anderen Verschleierungstaktiken ergehen. Was Leute betrifft, die anderen

Menschen zu ihrem Glück verhelfen und die Menschheit retten wollen (die ihnen dann dankbar sein soll), so findet man ihren Aktivismus bei beiden Geschlechtern.

Die Besonderheit des vierten großen Modells, vom dem hier die Rede sein soll, besteht darin, daß es erkennbar und offenkundig nur für die männliche Nachkommenschaft Folgen hat. Es ist die bis zum Äußersten getriebene Veranschaulichung dessen, was ich bereits zum Ausdruck brachte, ohne es jedoch auch aufgezeigt zu haben – nämlich daß immer dann, wenn die Beziehung der Mütter zu ihren Töchtern große Mängel aufweist – immer ein Junge der folgenden Generation die «Zeche» dafür «bezahlen» muß. Nach Aussagen von Fachleuten, die viele Fälle dieser Art erlebt haben, kommt dieses Modell, statistisch gesehen, nicht seltener vor als die vorangegangenen. Ich für meinen Teil gestehe, daß ich darüber nicht urteilen und es noch weniger bezeugen kann. Denn selbst wenn die theoretischen Schriften, die mir zugänglich waren, oder auch die spärlichen Berichte von Patienten mich über die konkrete Darstellung dieses Modells aufklärten, habe ich diesbezüglich keine direkte und beweiskräftige Erfahrung. Das ist übrigens leicht erklärbar. Der Ruf, den ich als Arzt genieße und der auf «Mund-zu-Mund-Propaganda» beruht, hat Mütter, die diesem Modell angehören, nicht in meine Praxis führen können. Und wenn es je geschah, daß ein paar von ihnen zufällig den Weg dorthin fanden, dann kamen sie – aufgrund der Inhalte, die durch den Kontakt mit mir vermittelt wurden – sicherlich nicht ein zweites Mal wieder. Was mich zu meinem Bedauern natürlich daran hinderte, meine diesbezüglichen Einblicke und Kenntnisse zu vertiefen. Indessen hatte ich einige Male die Möglichkeit, anhand der Schilderungen, die mir ihre Töchter gaben – die ihrerseits wieder Mütter geworden waren, ihre Eigenarten zu erahnen.

Diese Mütter sind in der Tat imposant, aber innerlich im unreinen mit sich; sie sind Gefangene ihrer selbst und gleichsam «aus vielen Elementen zusammengesetzt», weil sie Trägerinnen der ganzen Bürde und der unauslöschbaren Präsenz von ganzen

Generationen weiblicher Vorfahren sind, die vor ihnen lebten und an die sie sich mit fast abgöttischer Verehrung erinnern. Diese Ahnenfolge, die sehr häufig aus Müttern besteht, die einem dieser drei Modelle angehörten, hat die Eigenart, daß sie sich nach und nach einer Art rein weiblichem Kult geweiht hat, und zwar nicht nur in ihrem Verhältnis zum Körper, sondern auch in den Formen und der Wahrnehmung, in der Art des Denkens und des Fühlens, bis hin zu der Art, die Welt zu begreifen und zu erfassen. Dieses Denken ist völlig außerstande, das andere Geschlecht zu berücksichtigen und ihm einen Platz im eigenen Leben einzuräumen, da das Männliche für diese Frauen nie einen anderen Status hatte als den eines – leider – unumgänglichen Samenspenders. Den extremen Fall dieser Denkweise lieferte vor einigen Jahren eine junge, sexuell unberührte Engländerin, die von sich reden machte, als sie mit viel Aufsehen und mit Hilfe des Gerichts das Recht beanspruchte, sich auf künstlichem Wege befruchten zu lassen. Ein solches Resultat ist nicht das Ergebnis einer plötzlichen oder willkürlichen Mutation. Es ist der Endpunkt eines allmählichen, aber unvermeidbaren Prozesses. Denn tatsächlich hat sich im Laufe der Generationen ein vorübergehendes, durchaus gewöhnliches Hirngespinst herausgebildet.

Wenn jede Mutter, wie man gesehen hat, in ganz natürlicher (und im übrigen heilsamer) Weise den Gedanken der Unsterblichkeit ihres Kindes (und in der Folge auch ihrer eigenen) hegt, so wird sie ihn doch früher oder später als das erkennen, was er ist, sich davon lösen und von seinem Inhalt distanzieren. Doch im vorliegenden Fall hat sich diese Vorstellung durch wahnhafte Summation und Radikalisierung mit jeder Generation soweit verstärkt, daß sie nicht mehr als solche erkannt werden kann. Irgendwann beginnt eine erste Tochter damit, einen unerschütterlichen Glauben an der Allmacht ihrer Mutter beizubehalten. Ihre Tochter wird dasselbe Gefühl «erben» und es noch ein wenig mehr verstärken – so weit, daß sie diese Macht, Leben und Tod zu schenken, gar nicht mehr hinterfragt. Bei der darauffolgenden

Generation wird es noch weiter gehen und bei der nächsten noch weiter – bis eine Tochter auf den Plan tritt, die in ihrem Inneren dem Wunsch nach Unsterblichkeit, den ihre Mutter für sie hegte, beistimmt, und überdies auch davon überzeugt ist, ihre Mutter sei unsterblich. Der Tod wird dann im Laufe der Generationen keinen Platz im gemeinsamen Leben von Müttern und Töchtern mehr haben. Seine Realität, seine Existenz – die natürlich nicht geleugnet werden kann, denn wir haben es ja nicht mit «Geistesgestörten» zu tun – ist den anderen vorbestimmt, allen anderen, aber nur den anderen. Eine gewisse Anzahl von Generationen folgte so aufeinander, ohne daß jemals die Trauerarbeit geleistet wurde, die der wirkliche Tod verlangt. Am Ende einer (nicht vorbestimmtem) Entwicklung wird die abwegige Vorstellung von jener zweifachen Unsterblichkeit zu einer so unumstößlichen Tatsache geworden sein, daß jeder aufgefordert wird, ihr beizupflichten – wenn er sich nicht die Blöße geben will, so dumm zu sein, und sie abstreiten zu wollen. Es handelt sich hierbei auch nicht – wie man glauben könnte – um eine irrsinnige Überzeugung, die durch den Kult der Nachkommenschaft zwangsläufig bestimmt wird. Diese Tatsache wird einfach also solche in den Raum gestellt. Sie ist, per definitionem, unantastbar und wird nicht diskutiert.

Die Mutter eines kleinen, wenige Monate alten Mädchens vertraute mir eines Tages an, daß die Mutterschaft ihr ungeheure Glücksgefühle beschere, und fügte dann hinzu, sie wünsche, später genau dieselbe Beziehung zu ihrer Tochter zu haben wie sie sie selbst zu ihrer eigenen Mutter unterhalte, die in der Provinz wohne und ihr sehr fehle – trotz ihrer täglichen drei Telefonanrufe und den mehrseitigen Briefen, die sich beide zudem täglich schrieben. Als ich mir nicht verkneifen konnte, erstaunt die Augenbrauen zu heben, fühlte sie sich von meinem Erstaunen verletzt und fragte mich, was ich an einer freundschaftlichen Beziehung auszusetzen haben könne, die letztendlich die zuverlässigste sei, die es überhaupt gebe.

Das Negieren des Todes – die Grundlage aller anderen Negationen, insbesondere der des Unterschiedes der Geschlechter ist –, das damit vorherrscht und sich im Laufe der Geschichte noch verstärkt, macht aus dem Leben eine Art engstirniges und von Anspruchsdenken geprägtes Überleben. Es erzeugt weder Depression noch Passivität, sondern eine Form der Kälte, der Härte und eine außergewöhnliche herrische Art – was es zuweilen für Ideologien anfällig macht, bei denen das Ideal von der Abtötung der Begierden und der Glauben an ein ewiges Leben Hand in Hand gehen. Der Körper wird dann als etwas Schamgebietendes, wenn nicht sogar Haßgebietendes erlebt. Aufgrund der damit verbundenen seelischen Rigidität besteht die Gefahr, daß sich eine ausgeprägte Homophilie (gleichgeschlechtliche Vorliebe) herausbildet – was hier einer anderen Weise gleichkommt, ausschließlich einzig und allein die weiblichen Werte zu würdigen –, die zu Unrecht für verdrängte Homosexualität gehalten wird. Denn die Wirklichkeit ist, daß eine solche Frau niemals ihre «Hosen» auszieht. Sie «hat» unablässig «die Hosen an», überall und in jeder Lage. Und das ist keine gewöhnliche Hose! Es ist eine Hose aus unverwüstlichem Stahl, die gleichzeitig Machtinstrument, Keuschheitsgürtel und Sinnbild des Vorwurfes ist und die das vollkommene Fehlen jeglichen Miteinbeziehens des Partners signalisiert. Der Vater des Kindes ist nicht nur inexistent. Da er aus dem Pantheon der Unsterblichen ausgeschlossen ist, ist er ganz einfach tot, wirklich tot oder trotz seiner Lebendigkeit tot – was keinen großen Unterschied macht. Man versteht in diesem Kontext das Ausmaß der affektiven Ödnis, in der die Ankunft des Kindes eine flüchtige Ablenkung bewirkt, die nichtsdestotrotz fundamental sein wird, da dann eine weitere Generation vorhanden ist, die dem Kult des Vorrechts geweiht sein wird.

Wenn das Kind ein Mädchen ist, muß es sich höchstwahrscheinlich das Kredo der Mutter zueigen machen, dem beizupflichten es gedrängt wird. Wenn es ein Junge ist, wird er die größten Schwierigkeiten haben, sich auch nur einen Platz als lebendiger Mensch zu schaffen. Denn da er sehr bald begreift, daß sein vornehmlicher Gegenstand der Liebe, seine Mutter, sich verhält, als sei sie unsterblich, ist er versucht, sich sehr stark mit ihr zu identifizieren – eine Wahlmöglichkeit, die immerhin attraktiver ist als diejenige, den Weg des Vaters einzuschlagen. Aber er weiß auch, daß er ein Junge ist, daß er so gemacht ist wie alle Jungen, wie alle Männer, wie sein Vater und – leider – nun einmal nicht wie seine Mutter. Der Widerspruch, mit dem er sich konfrontiert sieht, wird ihm lange Zeit unüberwindbar erscheinen. Doch wird er letztendlich einen Ausweg, eine Art Trick finden, der ihm ermöglicht, diesen Widerspruch zu überwinden – warum sollte er sich eine solche Mogelei auch nicht erlauben, wo man doch über ihm die Mogelei in den Status einer Lebensphilosophie erhoben hat? Er wird von dem Augenblick an die Möglichkeit haben, zu leben und sogar seiner Mutter zu entgehen, wo er sie ganz einfach als Bezugsperson akzeptiert, ohne sich durch ihren geschlechtlichen Unterschied irritieren zu lassen. Da ihn offenbar alles darauf hinweist, daß er nicht gemacht ist wie sie, und er sogar bereit ist, es einzuräumen, genügt es ihm, um das Dilemma zu lösen, gleichzeitig zu beschließen, daß sie – *nur sie allein* – genauso gemacht ist wie er. Er ist von nun an bereit zu bekunden, daß sie die einzige Frau der ganzen Schöpfung ist, die mit einem Penis ausgestattet ist. Die Gewißheit, die er sich damit erfindet, beruhigt ihn und läßt ihn eine gewisse Zeit den schmerzlichen inneren Konflikt ertragen. Aber wenn er sich der Verblendung, der Absurdität stellen muß, deren einfallsreicher, unschuldiger und ferngesteuerter Urheber er war – um nicht sehen zu müssen, was sich unter der viel zitierten «Hose» verbirgt –, wird er einen hilfreichen Fetisch einsetzen, der in seiner Reich- oder Sichtweite liegt, wenn er sich nicht sogar resigniert für eine Homosexualität entscheiden wird, die dazu bestimmt ist, ihn vor der Vernichtung zu bewahren.

Nun, wo diese Aufzählung beendet ist, wollen wir sofort hinzufügen, daß diese Müttermodelle, die klar voneinander abgegrenzt und fast karikaturhaft dargestellt worden sind, nicht die einzigen sind, die existieren. Es gibt natürlich viele Nuancen und Varianten mit ebensovielen Verhaltensnuancen und -varianten der Kinder, zumal die anfänglichen Gegebenheiten, die die Entwicklung dieser Kinder beeinflussen können, durch eine ganze Reihe von familiären, beziehungsbedingten, historischen oder umweltabhängigen Faktoren gemildert oder verstärkt werden. Aber vor allem muß man betonen, daß solche Modelle sich nicht gegenseitig ausschließen und daß sie bei einer Mutter von mehreren Kindern nebeneinander bestehen können, ohne daß sie deswegen das geringste Unbehagen empfinden oder den geringsten Widerspruch in ihren manchmal sehr unterschiedlichen Verhaltensweisen sehen müßte. Und das bestätigt sich nicht nur durch die Beobachtung. Alle Schilderungen, die man zu hören bekommt, bezeugen in der Tat, daß solche Unterschiede bestehen. Und jeder Mensch, der zusammen mit Geschwistern aufwächst, kann mit einer immer wieder verblüffenden Genauigkeit beschreiben, daß die Beziehung seiner Mutter zu seinen anderen Geschwistern anders war als die, die sie zu ihm hatte, und über die er sich beklagt. Zuweilen kommt es vor, daß man aus manchen Schilderungen berechtigte Gefühle der Eifersucht heraushört. Es ist daher nicht falsch – ja es ist sogar gut, einem Kind zu sagen, daß es eine Mutter hat (oder hatte), die nur die seine ist (bzw. war), selbst wenn ihr Körper auch seinen Geschwistern gehörte.

Zumindest stellt sich so und nicht anders die Szenerie dar, in der sich unsere Mitmenschen bewegen. Niemand kann dem Schicksal entgehen, das seine Mutter aufgrund der subtilen Beziehung, die sie zu den Lebens- und Todeskräften unterhält, für ihn geprägt hat. Denn in diesem frühen Alter und durch eine subtile Art des Austausches entsteht die Basis dessen, was man seine Struktur nennt, von der man im allgemeinen vermutet, daß sie dem Betreffenden durch Zufall oder durch eine Unmenge von Faktoren zugefallen ist, die man mit «Geschichte» bezeichnet. Wenn die Geschichte eingreift – und ich leugne nicht, daß sie es tut! – dann immer vor dieser Phase, das heißt indem sie auf die Beziehung Einfluß nimmt, die die Mutter zu ihrer Mutterschaft hat.

Somit kann man verstehen, daß die Struktur, die einem Menschen mitgegeben wird – ganz gleich, welchen Weg sein Leben nimmt oder wie lange es dauert – niemals verändert oder tiefgehend modifiziert werden kann. Sie kann höchstens aufgelockert oder umgestaltet werden, was die Wirkungen dieser nackten Tatsachen immerhin einigermaßen verbessern und den Alltag für den Betreffenden selbst und für seine Umgebung erträglicher machen kann. Nichtsdestotrotz ist es notwendig, daß dies klar zum Ausdruck gebracht wird, und zwar ohne die geringste Mehrdeutigkeit. Das Säuglingsalter mit seinen unzähligen Möglichkeiten, dem Fehlen von diskriminierender Macht und der Heftigkeit seiner Reaktionsfähigkeit, bildet einige Brücken zwischen den verschiedenen Strukturmöglichkeiten, ehe es die wählt, die die wiederholten Botschaften seiner Mutter ihm aufzwingen werden; gleichzeitig gibt es ihnen auch ihre endgültige Form und ihren endgültigen Status. Nur weil die Psyche eines jeden Menschen einen psychotischen Kern birgt oder weil manche Zwangsneurotiker hysterische Züge annehmen – und umgekehrt – darf man noch lange nicht glauben, man könne die Struktur eines Menschen durch irgendeine Therapie ändern. Denn die Struktur ist nichts anderes als ein System mit präzisen Merkmalen – die in einem sehr frühen Alter geprägt werden –, das der Psyche ermöglicht, jede Information in bezug auf Leben und Tod, die der Beziehung zur Mutter entnommen wurden, herauszufiltern und zu kodieren – gemäß der «Eichung» dieser Beziehung. Die grundlegenden organisatorischen Elemente, die dazu beigetragen haben, haben dies sehr tiefgehend getan, zumal die «Unterlage», die sie aufnahm, noch ziemlich unbeschrieben und ungeheuer aufnahmefähig war. Die Sammlung von Informationen, von Anweisungen oder Befehlen, die Sammlung all der Vorkehrungen, die die Mutter bei jedem Ereignis trifft, prägen das in der Entwicklung begriffene Gehirn, das den unbewußten und unausgesprochenen – weil nicht formulierbaren –

Diskurs seiner Mutter (auf eine später nicht mehr zugängliche Weise) aufnimmt und speichert – die ihn im übrigen auch durch jede ihrer Gesten übermittelt.[3]

Nun ist die Intensität dieser Kommunikationsmechanismen und der Prägung, die damit verbunden ist, nur vorstellbar, wenn wir uns vor Augen halten, daß der unreife und unfertige Mensch sich im Säuglingsalter unablässig vervollkommnet, indem er sein Wahrnehmungssystem ausbildet, und zwar auf radikale Weise und ohne jemals die geringste Nuancierung dabei vorzunehmen. Die Art der Mitteilung, derer er sich bedient ist tatsächlich eindeutig; überall und in allen nur möglichen Situationen wird das Kind, solange, bis es sich sprachlich äußern kann, nur durch sein Weinen seine Verwirrung oder sein Bedürfnis ausdrücken. Es obliegt den Eltern – um genauer zu sein, meistens der Mutter – dieses Weinen zu hören und so richtig wie möglich zu deuten – und sei es nur, um es zum Schweigen zu bringen. Und das ist nicht immer leicht! Ein persönliches Zeugnis soll dies veranschaulichen:

Ich verbrachte einmal ein paar nachmittägliche Stunden zusammen mit einem meiner Kinder und dessen dreizehnmonatigem Kleinkind, das plötzlich zu weinen anfing. Es handelte sich also nicht um einen Säugling, sondern um ein Kind, das schon allein laufen konnte, das imstande war, mit manchen Gegenständen umzugehen und das über eine ganze Reihe von Zeichen und Gebärden verfügte, um zu kommunizieren und seine Abneigungen und seine Vorlieben auszudrücken. Doch sein Weinen dauerte fast eine halbe Stunde lang an und ließ sich durch keine der bewährten und von seinen Eltern so häufig erprobten Maßnahmen besänftigen. Es half nichts, das Kind in den Arm zu nehmen, ebenso wurde das Fläschchen zurückgewiesen, und auch ein kurzer Spaziergang draußen führte nicht zum gewünschten Erfolg; weder die beruhigenden Worte seiner Mutter noch der etwas schärfere Tonfall seines Vaters konnten den Kleinen zum Schweigen bringen. (Selbstverständlich war auch nachgesehen worden, ob er nicht etwa die Windel naßgemacht hatte.) Und da nichts half, wiegte man ihn hin und her und brachte ihn versuchsweise zu Bett. Doch all das war vergeblich – bis zu dem Augenblick, wo die Schritte des Elternteils, der ihn gerade trug, ihn zufällig in die Nähe des Nußkuchens brachten, den man kurz vorher auf die Anrichte gestellt hatte und an dem er sich buchstäblich überfressen hatte, und zwar so sehr, daß er ihn von sich aus zuvor weggeschoben hatte. Das Weinen hörte augenblicklich auf – an seine Stelle trat eine frohe und triumphierende Miene, und das Kind deutete mit dem Finger fordernd auf den begehrten Gegenstand. Es gab für dieses Kind keinen «Übergangsausdruck» zwischen dem Schreien und den Tränen einerseits und dem glücklichen Jubeln andererseits. Es kann und konnte ihn im übrigen auch gar nicht haben.

Dieses hektische Agieren, das von einem Extrem zum anderen schwankt, war schon immer und wird noch lange Zeit das einzige sein, das in der Wahrnehmung und in den Ausdrucksweisen dieses Alters existiert. Das Baby, das mit der Verwirrung konfrontiert ist, überträgt an die Person, die seine Bedürfnisse zufriedenstellt, bereitwillig eine so große Macht, daß es später sehr lange brauchen wird, um sich davon zu lösen. Aber es schenkt ihr sein Vertrauen nicht vergeblich, da ihm die wiederholten Erfahrungen ermöglichen werden, sich seine Vision von der Welt und von dem zu bilden, was – ohne daß ihm dies bewußt wäre – wie ein mehr oder weniger gut angepaßtes Sicherheitssystem funktionieren wird. Wenn man auf die vielfachen Bedürfnisse des Kindes in aufmerksamer, intelligenter und ausgeglichener Art und Weise reagiert, wird es sich bei der Person oder dem Umfeld, die es betreuen, in beruhigender Sicherheit fühlen. Somit wird verständlich, welcher Erfolg oder Mißerfolg einer Erziehung der Kinder durch außerhäusliche Betreuung beschieden sein kann. Und man versteht noch besser, daß ein ganz kleines Kind, das den größten Teil seiner Zeit mit einer Tagesmutter zubringt, seiner leiblichen Mutter dennoch immer wieder mit Freude begegnet, obwohl es mit ihr am Abend jeweils nur wenige Stunden zusammen ist. Wenn die Betreuung seitens der Tagesmutter ihm ausreichend Sicherheit bietet, dann nur auf dem Hintergrund jener «Sicherheitseichung», die ihm die Mutter vermittelt und von der es eine körperliche Prägung behält, die nie mehr verschwinden wird.

Nichts ist daher leichter vorstellbar als das Wunderbare, Aufregende des Universums, in dem ein Baby sich bewegt. Alles darin ist so lebendig, attraktiv und aufregend, daß es jeden Augenblick mit großer Intensität erlebt. Die Verlockungen sind so zahlreich, daß es immer neue findet, denen es sich hingibt. Es drückt dann seinen Wunsch auf seine Weise aus und zwingt die Person, die es betreut – so wie mein Enkel es mit seinen Eltern tat –, durch Herumtasten und Ausprobieren die Reaktion zu finden, die sein Bedürfnis befriedigt. Man kann diesbezüglich sagen, daß es selbst eine Art Macht ausübt – öfter als die jungen Eltern es sich vorstellen oder es ihnen lieb ist –, die der Tyrannei gleichkommt. Die meisten Mütter akzeptieren im allgemeinen diese Logik des Herumtastens. Selbstverständlich gibt es auch welche, die anders reagieren; diejenigen, die ich der «dritten Kategorie» zugeordnet habe, geraten beim geringsten Zögern oder beim geringsten Mißerfolg in eine Depression oder Selbstabwertung, als hätten sie nicht das Recht zum Mißerfolg oder als müßten sie ihrer Umgebung ständig den offenkundigsten Beweis für ihre Vortrefflichkeit geben. Dagegen überkommt die Mütter der «vierten Kategorie» kalter Zorn oder sie verhalten sich heftig und autoritär, wenn sie nicht sogar Strafen anwenden, die exemplarisch wirken sollen.

Man begreift unschwer, daß die unterschiedlichen Einstellungen, denen man bei der Vielzahl von kleinen Problemen und deren Lösung begegnet, in ganz eigener Art wirken können und die Struktur, die sich bei dem Kind herausbildet, in einer ganz bestimmten Weise beeinflussen werden.

In jeder gewöhnlichen Beziehung einer normalen Mutter – die als Mutter weder übermäßig noch zu wenig talentiert ist zu ihrem Kind – sieht man, daß es bei dem, was sich abspielt, um die Konfrontation zweier unterschiedlicher Machtformen geht, die jedoch in ihrer Stärke und ihrer Stellung gleichwertig sind. Das Weinen und das Schreien, dessen sich das Kind bei jeder Gelegenheit ohne Unterscheidung bedient, sind so unerträglich für die Mutter, daß sie sie zwingen, öfter als sie selbst will, darauf zu reagieren und zu versuchen, ihr Kind, so gut sie kann, zu beruhigen. Man kann also sagen, daß das Baby in gewisser Weise eine schrankenlose Macht über seine Mutter ausübt, indem es ihren vollen Einsatz für sich beansprucht. Im Gegenzug ist es bereit – und damit «belohnt» es sie und entfremdet sich, ohne es zu wissen, von ihr – ihr aufgrund der zahlreichen Bedürfnisbefriedigungen eine unbestreitbare und beeindruckende Macht zuzugestehen, die es durch ein immer tyrannischer werdendes Verhalten abschätzt, ja herausfordert, was die Liebesbeziehung – die Grundlage jeder späteren Liebesbeziehung, einschließlich der sexuellen –, die noch hinzukommt, komplizieren wird. Jedenfalls erzeugt dies eine duale Beziehung, eine Form des unerbittlichen Sich-Gegenüberstehens, das durch das Ausprobieren hervorgehoben wird.

Durch ihr Ausprobieren hat eine normale Mutter demnach die Freiheit, in heilsamer Weise eine elementare Wahrnehmung von Zeit aufzubauen, die ihre Mißerfolge – mehr als ihre Erfolge – immer wieder hervorheben. Die wenigen Sekunden, die zuweilen zwischen der Äußerung des Bedürfnisses und seiner Befriedigung vergehen, vermitteln also dem Kind nach und nach das Bewußtsein von seinem Platz im Leben – außerhalb des mütterlichen Bauches, wo eine Verzögerung nicht existierte. Die Gewohnheit an diese Wartezeiten soll in ihm das Bewußtsein von einer Trennung und von der Unterscheidung der Körper und der Menschen herausbilden. Das Kind lernt dann allmählich – wozu sein Wachstum und seine körperliche Reife beitragen –, daß es selbst und nicht seine Mutter (oder ein Teil von ihr) ist. Damit sind der Fortschritt und der Erwerb von Erfahrungen verbunden, die umso positiver erlebt werden und umso nutzbringender sind, als die Mutter gelassen und ohne besondere Gewissensbisse ihre Unbeholfenheit und Unzulänglichkeit erleben kann. Nur auf diese Weise kann sie dem Kind zu verstehen geben, daß es nicht die Gesamtheit ihres Universums ausmacht, daß sie auch noch andere Interessen im Leben hat, daß sie die Tatsache, es in die Welt gesetzt zu haben, akzeptiert und dazu steht. Kurz gesagt, sie wird eine Verlusterfahrung machen: Verlust ihrer allmächtigen Stellung, Verlust ihrer alleinigen Macht, Verlust ihrer befriedigenden Macht – alles Verluste, die sie keinesfalls daran hindern zu leben, sondern die ihrem Leben eine unendlich befriedigendere Intensität und Kraft verleihen. All das ermöglicht ihrem Kind, ihren Fußstapfen zu folgen und seinen eigenen Platz im Leben einzunehmen, ohne sich in jedem Augenblick vom Tode bedroht zu fühlen.

Vor dem Hintergrund einer verhängnisvollen Forderung nach einem Musterverhalten – das durch die Diskussion in unserer Gesellschaft vorgegeben wird –, geschieht es häufiger als man sich vorstellt, daß eine Mutter es kaum schafft, sich mit ihren unzulänglichen Fähigkeiten abzufinden und daß sie ihr eigenes Verhalten ständig herabwürdigt. Ihre Beziehung zu ihrem Kind wird notgedrungen davon beeinflußt sein, und das Kind wird keine andere Wahl haben, als seine Forderungen zu steigern, damit es eine eindeutige Botschaft erhält. Das besagte Akzeptieren des Verlustes wird dann unablässig aufgeschoben werden, trotz der ermüdenden Launen, die gerade dies doch eigentlich dringend erforderlich machen würden. Damit sind allen nur erdenklichen Erziehungsschwierigkeiten, allen Verhaltensstörungen des Kindes und vielen Problemen in der Beziehung des Paares Tor und Tür geöffnet. Denn der Mensch ist nun einmal so: Er kann nur dann das Gefühl haben, wirklich mitten im Leben zu stehen, wenn er sich seines Schicksals als Sterblicher bewußt wird und es akzeptiert. Sigmund Freud gestand in einem seiner Briefe, daß der Tod seiner Mutter ihm zwar Kummer bereitet habe, daß er ihn aber auch merkwürdig erleichtert habe, da er ihm ermöglichte, noch intensiver zu leben; denn bis dahin hatte er es sich nicht zugestanden, sich gedanklich mit seinem eigenen Tod zu beschäftigen.

Auf der anderen Seite kann wiederum eine andere Mutter eine unwandelbare, ständige und zur Schau gestellte Allmacht über ein Kind ausüben, das zu einem Statusobjekt reduziert wird – eine Situation, mit der sie im Prinzip in jeder Hinsicht höchstzufrieden ist. Die Zeit, die durch das Auszuprobieren geschaffen wird, existiert dann in der Beziehung nicht mehr, nicht einmal mehr in Ansätzen. Sie ist undenkbar, grundlos, verboten. Damit gibt es keine Notwendigkeit für eine Steuerung von außen mehr, da die Protagonisten keinen Grund für eine Reibung oder einen Konflikt haben. Das Ganze funktioniert gemäß der Beziehung, die zwischen den beiden Körpern während der Schwangerschaft entstanden ist, vor allem, wenn diese Beziehung der Mutter das Bewußtsein von einer Art «Glorienschein» verliehen hat. Es ist eine Verhaltenslogik, die während der Schwangerschaft vom Verhalten des mütterlichen Körpers geprägt wurde und die ohne Veränderung weiterbesteht, so als hätte diese Schwangerschaft nie geendet, als wäre sie dazu bestimmt gewesen, auf unbegrenzte Zeit fortzubestehen, ohne daß die körperliche Geburt des Kindes je konkret in Erwägung gezogen worden wäre. Jede Verlusterfahrung ist davon ausgeschlossen. Und das Kind, das in jeder Hinsicht befriedigt ist, dem diese Verlusterfahrung geflissentlich erspart wird, und dem man damit auch die Bewußtwerdung seiner Sterblichkeit untersagt, wird paradoxerweise niemals das Gefühl haben, daß es wirklich lebt.

Im übrigen ist das der Punkt, wo das Geschlecht des Kindes eine entscheidende Bedeutung bekommt. Ethnologen, die beobachteten, wie Mütter sich gegenüber ihren Kindern verhielten, und insbesondere, wie sie den Körper ihres Kindes berührten, haben schon vor langer Zeit gezeigt, daß die Mütter eine größere Freiheit der Gebärden in bezug auf den Körper ihrer Töchter haben als auf den Körper ihrer Söhne, daß sie erstere häufiger berührten als letztere – und zwar, ganz gleich, um das wievielte Kind es sich handelt. Was man im übrigen gut verstehen kann: Denn der Körper des Jungen ist der Erfahrung, die sie durch das

Erleben ihres eigenen Körpers gemacht haben, fremd. Man muß einmal hören und erleben, wie erleichtert sie sind, wenn sie erfahren, daß sie das Glied ihres Sohnes in keiner Weise zu «behandeln» brauchen (man muß sich im übrigen fragen, ob die Ärzte, die noch immer die zwecklose und sogar schädliche gründliche Vorhautsäuberung verordnen, etwas vom Unterschied der Geschlechter verstanden haben). Aus demselben Grund, der sie gegenüber dem Körper ihres kleinen Sohnes befangen, wenn nicht sogar linkisch sein läßt, entwickeln sie dagegen eine vertrauensvollere, entspanntere und intensivere Beziehung zum Körper ihrer kleinen Tochter, was die Zeit des Herumtastens, des Ausprobierens von Interventionen, von denen eben die Rede war, beträchtlich verringert. Alle Mütter und alle Kinderärzte und -betreuer werden betonen, daß Mädchen als Säuglinge ruhiger, weniger anspruchsvoll und seltener krank sind als Jungen derselben Altersstufe – und das aus gutem Grund. Denn die Mädchen werden besser und schneller zufriedengestellt.

Diese Feststellung wäre nicht weiter interessant, wenn die mütterlichen Einstellungen nur die sichtbaren Folgen auf das offenkundige Verhalten der Säuglinge haben würden. Doch was sich in Wirklichkeit abspielt, ist von einer Tragweite und Bedeutung, die man nicht vermuten würde, da es genau das ist, womit sich die entscheidende Vorstellung von Zeit, die vergeht, überlagert. Wenn das Ausprobieren, das Herumtasten bei einem Jungen so wesentlich ist, wird es bei ihm die Grundlage schaffen für eine immer größer werdende Wahrnehmung von Frustration, von Verzögerung, von Zeit, die vergeht, und von Erinnerung, die diese Zeit zu kontrollieren versucht.

Doch da dies bei dem kleinen Mädchen so gut wie nicht vorkommt, werden bei ihm diese Wahrnehmungskategorien nur in dürftiger und oberflächlicher Weise herausgebildet. Dadurch wird die eigenartige Beziehung, die das Mädchen zum Zeitbegriff hat, wenn es im Laufe seines Geschlechtslebens mit den zeitlichen Einschnitten der Pubertät, der Monatsblutung, der Schwangerschaften und der Menopause konfrontiert wird, dieses nicht veranlassen, sie zu kontrollieren; vielmehr wird sie es dazu bringen, einzig den Vorstellungen vom Augenblick und von der Ewigkeit den Vorrang zu geben. Es ist diese Einführung in die wahrscheinlich spezifischste Dimension des weiblichen Universums, die die Verbindung, wenn nicht sogar die Vermengung zwischen Mutter und Tochter nach sich zieht (zwischen Müttern und Töchtern, sollte man wohl besser sagen, da diese duale Beziehung immer und unweigerlich von der Beziehung einer Mutter zu ihrer eigenen Mutter beeinträchtigt ist), in der man nicht mehr wissen wird, wie sich das starke Engagement für das Leben von der ungeheuren Todesangst unterscheidet; und ebensowenig wird man wissen, wo die Mutter anfängt und die Tochter aufhört.

Die Untersuchung der Mutter-Kind-Beziehung unter diesem Blickwinkel, der sich noch einmal von den vorangehenden unterscheidet, behandelt deren Wichtigkeit, Komplexität oder Gehalt keineswegs erschöpfend. Wenn sie ermöglicht, das Streben und die Tragweite ihrer Interventionen ein wenig besser zu begreifen, so betont sie doch auch die fast sichere Unausweichlichkeit des Mißerfolgs, der ihr früher oder später beschieden ist. Und dies ist ein durchaus heilsamer Mißerfolg, denn durch ihn werden die Trennung und die Distanznahme der beiden erst möglich.

In dieser Konstellation (und prinzipiell also in einer Mutter-Sohn-Beziehung) begegnet man dem eigenartigen und seltenen Typus der Mutter, die ich *paradigmatisch* genannt habe. Sie hat die – auf den ersten Blick unbegreifliche – Gabe, immer sofort zu erraten, wann ihr Kind ein Bedürfnis hat und welcher Art es ist. Sie kann es jedesmal erkennen und sofort befriedigen, und dies paradoxerweise, ohne ihr Kind von sich zu entfremden. Ihr Handeln ist nicht von der Art wie das der vorigen Mutter, die ebenfalls dafür sorgt, daß ihr Kind niemals auf irgend etwas warten muß. Wenn erstere ihre Aufgabe erledigt, um vor allem ihre eigene «Glorie» zu begründen oder um ein verstecktes und heftiges Schuldgefühl zu bekämpfen, so ist das Handeln dieser Mutter davon bestimmt, daß sie damit dem Anspruch an eine Aufgabe genügen möchte, die sie sich selbst auferlegt hat und von der sie jedes Element widerspruchslos akzeptiert. Es ist die Aufgabe, ihr Kind zum Leben zu bringen – und zwar um seiner selbst und nicht um ihrer selbst willen; und dabei räumt sie im voraus ein, daß es von ihr getrennt ist, daß es sterblich ist und daß sie dagegen nichts auszurichten vermag. Die Richtigkeit, die Klarsicht und die Unmittelbarkeit ihres Handelns haben also keine andere Ursache als ihr echtes Mitgefühl, und sie haben kein anderes Ziel, als sinnloses Leiden zu verhindern. Mit anderen Worten: Ihre Sicht der Dinge wird durch eine reale oder phantasmagorische Todeserfahrung sonderbar klar, die sie veranlaßt, dem Leben seinen wahren Wert zu geben: dem ihrem wie auch dem, das sie weitergegeben hat. Und das stellt sie jenseits jeder Machtversuchung, die doch gerade in ihr – mehr als in einer anderen Mutter – die Wahrnehmung einer sehr realen, aber auch sehr belebenden und sehr strukturierenden Allmacht erzeugen könnte.

Man kommt nicht umhin, sich der Ausweglosigkeit dessen, was sich hier abspielt, zu stellen, das in vieler Hinsicht den tragischsten Aspekt unserer menschlichen Bedingtheit erkennen läßt. Wer würde nicht davon träumen, in jeder Weise zufriedengestellt zu werden? Hegen wir diesbezüglich nicht alle dieselbe Wunschvorstellung? Haben wir nicht schon oft sowohl gehofft, in unseren Bedürfnissen aufs vollkommenste verstanden zu werden, als auch das Gefühl des Elends gekannt, in dem wir zuweilen versanken, weil es uns eben nicht gelungen war, uns hinreichend verständlich zu machen? Die Prägung, die wir von diesen gegensätzlichen Situationen zurückbehalten haben, bleibt in uns lebendig, selbst wenn sie in unzugänglichen Zonen unseres Gedächtnisses vergraben ist. Und können wir, wenn wir die Prägung unserer Frustrationen wiederfinden oder wenn wir begreifen, welchen Preis wir für eine gewisse mütterliche Hingabe bezahlt haben, etwas anderes empfinden als Enttäuschung und Groll?

Diese Vorstellung von der paradigmatischen Mutter ist also

durchaus problematisch. Sie ist die Mutter, von der man träumt oder von der man einst geträumt hat, weil sie imstande ist, zu Hilfe zu kommen, ohne einen von ihr zu entfremden, und die Bedürfnisse zu erfüllen, ohne eine moralische Verpflichtung einzugehen, die anders als symbolisch ist. Es ist die, die alle in dem Paar zu sehen glaubten, das Gwenael und seine Mutter bildeten. Wir können nicht leugnen, daß sie die Vorstellungskraft aller Mütter beherrscht, die in meiner Sprechstunde über ihre (im Grunde doch so gesunde) Unfähigkeit und über ihre (nicht minder heilsamen) Unzulänglichkeiten klagen. «Geben Sie mir das Rezept, das mir ermöglicht, mich diesem Ideal anzunähern, wenn ich es schon nicht erreichen kann», scheinen sie ihren Arzt zu bitten (und wissen doch in ihrem Inneren, daß auch er von nichts anderem träumt). Doch wenn sie solche Äußerungen machen, dann nicht nur, um die Verwirrung kundzutun, in die ihre Niederkunft sie gestürzt hat, sondern auch, um nicht gegen den Konsens-Diskurs zu verstoßen, der in allen Kulturen diesen Muttertyp zum erstrebenswerten Modell erhebt. Woraus folgt, daß wir ausnahmslos alle davon betroffen sind. Und daß das – was die Erinnerung an sie in uns weckt – die Sackgassen sind, in die uns die Beziehung zu unseren eigenen Eltern gebracht hat, und die ihre zu ihren Eltern und so fort. Alles, was gewissermaßen die Struktur unserer Geschichte bildet und was in unserem Unbewußten in unzugänglichen Bereichen liegt, sendet nichtsdestotrotz unablässig Botschaften aus, denen wir eine noch intensivere Aufmerksamkeit schenken müßten.

... und mit weiteren Müttern

Sie hatte nun all das. Jene Eigenschaften, die keiner von uns hätte nennen oder beschreiben können, die aber jeder sogleich bezeugt hätte mit einer Kenntnis und Beredsamkeit, die ihn sicherlich selbst erstaunt hätten, so als wenn die Huldigung, die er somit dargebracht hätte, ihn von seinen alten Frustrationen trösten und ihn gleichzeitig davon befreien sollte, sich diesen stellen oder sie sich eingestehen zu müssen.

Dies war die Einstellung aller Protagonisten, die an diesem Abenteuer teilnahmen. Man stelle sich daher die Wirkung vor, die durch die Schilderung der Wiederauferstehung Gwenaels hervorgerufen wurde, und den Zustand, in dem sich die ganze Station befand. In den folgenden Tagen kam man in den Gesprächen auf den Fluren und in den Kantinen immer wieder auf die bekannten Einzelheiten zurück und versuchte die Zeitspanne einzuschätzen, in der Gwenaels Leben aufgehört hatte. Doch keine genannte Minutenzahl schien den Tatsachen gerecht zu werden; manche gingen sogar so weit, daß sie behaupteten, die Sache habe sich mehrmals zugetragen. Und man konnte die Urheber des Wunders nicht befragen, die sich – als litten sie an einer schockartigen Nachwirkung – buchstäblich weigerten, darüber zu sprechen. Jedenfalls beglückwünschte man sich aufs herzlichste, zumal die Heilung mehr als je zuvor in greifbarer Nähe zu sein schien und überdies offenkundig nicht die geringsten negativen Folgeerscheinungen bei Gwenael zurückgeblieben waren.

Wer also hat plötzlich aufgehört, daran zu glauben?

Und wie geschah das?

Ich könnte es nicht sagen. Und nicht etwa, weil ich nicht versucht hätte, mich daran zu erinnern oder es unterlassen hätte, immer wieder meine Akte herzunehmen, auf der Suche nach einem Indiz, das mir eine Antwort darauf hätte geben können...

Eine sonderbare Funktion hat diese Amnesie bei mir. Vor welchem Detail soll sie mich schützen? Denn es ist ganz sicher, daß mir irgend etwas bei dem Wachrufen der Ereignisse und ihres genauen Ablaufs entgangen ist. Und die Tatsache, daß ich mich damit abfinde, ändert nicht viel daran, weil ich weiß, daß es mir künftig unmöglich sein wird – selbst mit Hilfe von Assoziationen – eine vielleicht bedeutsame Einzelheit wiederzufinden. Hätte ich es schon seit langem versucht, hätte ich wahrscheinlich auch nicht mehr Erfolg damit gehabt. Jedenfalls habe ich es nicht getan. Und ich hatte während dieser ganzen Zeit auch nicht den Eindruck, daß mir je ein Traum zu Hilfe gekommen wäre – so daß die Schlußfolgerung, zu der ich gelangt bin, mich nicht von meinem Schuldgefühl befreit, das seine Ursache vielleicht gar nicht allein in dieser Geschichte hat.

Denn was habe ich denn eigentlich erlebt, was diese Niederschrift zu rekonstruieren versucht gleich einer schmerzlichen Buße? Eine extreme Todesnähe? Ganz sicher. Aber nicht nur. Schließlich hat mich der Beruf, den ich ausübe und den ich über lange Jahre hinweg gelernt habe, oft damit konfrontiert, und in den Kämpfen mit ihm ging ich manchmal als Sieger hervor und andere Male als Besiegter. Sollte es sich hier also um die Kehrseite von all dem handeln? Das heißt, von diesem unerschöpflichen Entzücken, das die erstaunliche Kraft des Lebens in mir weckt und die Unbändigkeit, mit der sie Menschen und Raum trotz seiner offenkundigen Vergänglichkeit erfüllt? Aber war mir das nicht schon immer bewußt gewesen? Was war es also? Und ich kann nicht behaupten, daß ich davon in erster Linie den Eindruck von Angst, Kummer oder Nostalgie zurückbehalten hätte. Denn von all dem ist das einzige, was sich mit einer eindeutigen Klarheit abzeichnet und dessen Wirkungen ich noch immer zweifellos spüre, die unvergeßliche Lektion, die mir diese Darbietung von Entschlossenheit und Überzeugung gegeben hat, der es wiederholt gelang, den Tod zum Rückzug zu zwingen. Wenn es sich dies eine Mal als möglich erwiesen hatte, wenn ich es erlebt hatte und wenn ich es persönlich zu bezeugen vermochte und auch andere bezeugen lassen konnte, durfte ich dann daraus folgern, daß der Tod eines jungen Menschen – und warum eigentlich nicht jeder Tod? – viel häufiger als man annimmt nichts anderes ist als eine verschleierte Form des Totschlags, ja zuweilen sogar des Mordes? Ich erinnerte mich daran, daß man in der Kultur meines Herkunftslandes jeden Menschen, der an der Einsargung eines Verstorbenen teilgenommen hat, dazu auffordert, den Toten mit lauter Stimme um Verzeihung zu bitten. Ich war daher fast geneigt einzuräumen, daß ein lebendiger Mensch stirbt, wenn er begreift, daß keiner einzigen Person in seinem Umfeld, die für ihn wichtig ist, an seinem Weiterleben liegt. Ein solches Schwinden des Interesses, das die Folge einer vorübergehenden Nichtverfügbarkeit oder Ablenkung sein kann, kommt dann einer fahrlässigen (oder auch einer vorsätzlichen) Tötung gleich und hat etwas von einem aggressiven Akt, der dann mehr oder weniger einer heimtückischen Form des vorsätzlichen Handelns ähnelt, das jeden Mord kennzeichnet.

Sind das irrsinnige Hypothesen und suspekte Schlußfolgerungen? Ist es eine subtile Form der Paranoia? Oder handelt es sich hierbei um fundamentale Wahrheiten, die ich ganz plötzlich entdeckte und deren Einbruch in meinen Alltag mich sprachlos machte? Es war meine ganze persönliche Geschichte, die sich mit diesen Fragen verband und die ich hernach in meiner Psychoanalyse ausführlich durcharbeitete. Dennoch hatte ich gleichzeitig den Eindruck, daß ich – jenseits des Sammelns der Einzelheiten, die ich zusammengetragen hatte und aus denen ich Nutzen zu ziehen hoffte – nicht umhin konnte, die vielfachen Verknüpfungen dieses unerschöpflichen Zusammenspiels von Leben, Liebe und Tod zu analysieren, die darin miteinbezogen waren, auch wenn sie von der bedauerlichen und so häufig gemachten Überlagerung eines vierten Begriffs, dem der Macht, vergiftet waren. Mit anderen Worten, ich würde die Art und Weise untersuchen müssen, in der ein Mensch Beziehung zu einem anderen plant, knüpft und entwickelt.

Das beginnt schon mit der Schwierigkeit, diesen anderen auch nur zu definieren, zu entdecken, zu wissen, wer er ist, was er ist und welche Aufgabe er erfüllt.

Ist es immer der, von dem man üblicherweise sagt – als wolle man das Thema darauf beschränken und sich damit ein für allemal der anderen Aspekte entledigen –, daß ich ihm unablässig in mir selbst begegne und daß er mir mein eigenes Bild zurückwirft? Dann wäre er der, durch den es mir gewissermaßen gelingt, dieses Bild zu erfassen und zu erkennen, der, durch den ich mir selbst begegne, der, dank dessen ich letztendlich die Beschaffenheit meines eigenen Wesens erkenne. Aber ist er das wirklich? Ist er nicht vielmehr und *a contrario* derjenige, von dem ich mich existentiell bedroht fühle, derjenige, den ich mit mehr oder weniger großer Heftigkeit ablehne und vor dem ich fliehe, weil die Fragen, die sich um seine Existenz, seine Stellung oder seine Funktion ranken, mich bedrängen, mich stören und nun wirklich nicht die meinen sind?

Das Problem, das sich somit stellt, ist also vielmehr, wieviel Distanz zwischen zwei Menschen bestehen sollte, da es nur dank ihrer möglich ist, einen gemeinsamen Raum oder eine Beziehung zu teilen, sich gegenseitig zu akzeptieren und sich auszutauschen. Mit anderen Worten: ein Problem, das wesentlich größer ist, als es zu sein scheint. Ein immenses Problem. Die Menschen haben seit Urzeiten immer wieder ohne großen Erfolg versucht, es auf konsequente Weise zu konfrontieren, um darin ein wenig Sinn oder eine Lösung dafür zu finden. So hat beispielsweise die Bibel für unsere unmittelbare Umgebung suggeriert, daß es – neben den Protagonisten – eine dritte Bezugsfigur gibt, die imstande ist, zwischen ihnen zu vermitteln und den Respekt, die Anerkennung der wechselseitigen Identitäten und die Kommuniktionsmöglichkeiten zu erleichtern: Der Mensch ist von Gott nach seinem Bild erschaffen worden (Genesis 1, 26).

Wenn also jeder Mensch nach diesem Bild geschaffen wurde und wenn die Beziehung eines jeden zu diesem im anderen wiedergefundenen Bild die Funktion hat, zu einem untadeligen Benehmen zu verhelfen, dann müßte sich die Beziehung der Menschen zueinander durch innere Flexibilität und Vertrauenswürdigkeit auszeichnen. Doch nur wenige Verse weiter (Genesis 4, 4–16) nimmt der Text Bezug auf das, was gewissermaßen der erste tragische Konflikt der entstehenden Menschheit war und der durch eine irrationale und unkontrollierbare Eifersucht zwischen zwei Brüdern ausgelöst wurde.

Jeder erinnert sich an die Wut und Enttäuschung von CaiN (Kain) angesichts der Ablehnung seiner Opfergaben durch Gott und an den Mord, den er anschließend an ABeL (Abel) verübt. Man kann die Schilderung dieses Vorfalls lesen, der jedoch jede Übersetzung – ganz gleich in welcher Sprache – leider das Wesentlichste vorenthält. Denn nur der Originaltext enthüllt,[4] daß die besagte Episode in der Geschichte der beiden Brüder bereits bei ihrer Geburt in grausamer Weise durch ihre Namensgebung vorbestimmt wurde und erst später durch einen offenkundigen Versuch zur Wiederherstellung des Gleichgewichts der jeweiligen Positionen in die Tat umgesetzt wurde. Der Text läßt CaiN gemäß eines Plans auf die Welt kommen, der in seinen verschiedenen Phasen ganz genau beschrieben wird, und läßt seine Mutter erklären, sie nenne ihn so, weil «CaNiti ...» bedeutet «ich habe ihn» mit Gott «gezeugt» (Genesis 4,1). Die Schilderung von der Zeugung und der Geburt ABeLs, dessen Name Dunst, Nebel, kleine Wolke oder unbedeutende Menge bedeutet, wird dagegen wortwörtlich umgesetzt. Alles ist also bereits im Keim vorhanden.

Es verhält sich so, als könne der bestangelegte und genialste Plan zur Handhabung der Beziehung zum anderen – im vorliegenden Fall zum Bruder – nicht verhindern, daß das zum Tragen kommt, was sich, wie wir gesehen haben, unter der Wirkung der mütterlichen Einstellung als Struktur herausbildet.

Wenn ich mir kaum bewußt bin, daß ich mein eigenes Leben

lebe, wenn ich nicht weiß, wie es mit mir steht, noch, was mit mir geschieht, und noch weniger, was ich tun kann und was nicht, wenn ich zu wenig innere Festigkeit habe, um mir eine wie immer geartete Beziehung vorzustellen, dann ist es mir gleich, ob der andere existiert oder nicht, ob er dies oder jenes tut, ob er lebt oder nicht. Es liegt mir wenig daran, für ihn der andere, sein Bild zu sein, es ist mir gleich, ob er mein anderer und mein Bild ist oder ob sich zwischen uns irgendeine Beziehung entwickelt. Diese inneren Prozesse sind mir völlig fremd. Sie haben keinerlei Sinn für mich, wenn überhaupt irgend etwas einen Sinn für mich hat. Jeder weiß das und gibt das im übrigen auch zu. Denn schlußendlich gibt es in keinem Land der Welt ein Gericht, das mich verurteilen würde, wenn die Umstände mich – zuweilen ohne daß man sagen kann, ob ich es gewollt habe oder nicht – dazu bringen, nach dem Leben jenes anderen zu trachten. Man räumt ohne weiteres ein, daß ich nicht zur Verantwortung gezogen werden kann, daß die Untat, die ich verübt habe, für mich keinerlei Bedeutung hat – zumindest nicht die, die ihr gemeinhin zugewiesen wird. Man wird mich lediglich Therapeuten anvertrauen, die dann versuchen – sehr häufig vergeblich, aber man hütet sich, das allzu laut zu sagen – mir diese Beziehungsfähigkeit zu vermitteln, die mir grundlegend fehlt.

Wenn – in einem anderen Fall – meine Hauptbeschäftigung darin besteht, mich hinter allen möglichen Einstellungen, Automatismen oder ritualisierten Verhaltensweisen zu verstecken, um mir einreden zu können, ich würde einem Tod entgehen, den ich zu meinem Gebieter gemacht habe, der jeden meiner Gedanken und jede meiner Gesten beherrscht und dessen Aussicht allein mich schon erstarren läßt und lähmt – ist der andere dann nicht derjenige, dessen Existenz die Gefahr birgt, auf meine Existenz aufmerksam zu machen, auf mein Vorhandensein hinzuweisen oder, schlimmer noch, mich aufzuscheuchen? In dieser Hinsicht unterscheide ich mich nicht so sehr von einem Tier. Ich habe dieselben Reflexe und dieselbe Verhaltenslogik: An erster Stelle stehe immer ich. Ist es da nicht normal, daß ich möglicherweise wünsche, jener andere habe nie existiert und daß ich – gezwungen, mich mit seiner Körperlichkeit abzufinden – ganz einfach sein Verschwinden wünsche? Ich persönlich würde natürlich niemals etwas tun, um ihn auszulöschen. Ich hätte nicht die Schamlosigkeit, das, was mich beherrscht, auch wirklich auszuführen. Denn ich weiß nur allzu gut, welche Unannehmlichkeiten damit für meine kostbare Person verbunden wären. Und es kommt gar nicht in Frage, daß ich mich unbesonnen aus meinem behaglichen, unauffälligen und Geborgenheit gebenden Schutzraum hervorwage, in dessen Aufbau ich so viel Zeit investiert und auf dessen Erhalt ich den Großteil meiner Energie verwendet habe. Aber ich habe nichts dagegen, daß ein anderer die Tat ausführt oder die Initiative dafür übernimmt. Und ich wäre bereit – natürlich, ohne mich zu kompromittieren –, ihn dabei zu unterstützen, ja ihn zu ermutigen. Zumal jener andere, der beseitigt wird, nicht nur einen Tribut darstellt, der an den Tod bezahlt wird, sondern auch ein Opfer ist, das diesen immerhin einen Augenblick lang beschäftigen, ihn zufriedenstellen und ihn von mir ablenken kann – ganz zu schweigen von den dadurch freigewordenen Gütern, von denen ich berechtigterweise hoffen kann, ganz nebenbei einen Teil zu ergattern. Denn was habe ich schon anderes zu tun, als nach Profit zu streben, Güter anzuhäufen, mir Dinge anzueignen, zu konsumieren, es mir gut gehen zu lassen, für meine Wünsche und meine Pläne zu kämpfen und – als Säer/in des Todes – an mich und immer wieder nur an mich allein zu denken? Was habe ich anderes zu tun, als mich voll und ganz an die monopolistische Ideologie eines endlich triumphierenden Kapitalismus zu halten, der bereit ist, ohne Vorbehalte meinen Neigungen und meiner Einstellung Beifall zu zollen?

Wenn dagegen ein unversöhnlicher Haß auf den Tod jeden meiner Gedanken beschäftigt, kann ich mich nicht damit begnügen, ihn für mich selbst in die Tat umzusetzen, indem ich all seine verhängnisvollen Fallen erkennen lerne, damit ich sie vermeiden kann. Das habe ich seit meiner frühesten Kindheit getan und perfektioniere es jeden Tag, ohne daß es mir je gelungen wäre, in den so oft erhofften Genuß einer Gelassenheit zu kommen, der ich unablässig, doch leider vergeblich, nachjage. Ich muß weiter gehen, immer weiter, muß mich bis auf das Terrain dieses angeprangerten, erklärten Feindes vorwagen, dieses einzig wahren Feindes, den ich anerkenne. In diesem Fall ist der andere ein wahrer Segen für mich. Denn jede seiner Schwächen wird mir die Gelegenheit geben, ein wenig Heldentum an den Tag zu legen, dessen wahre Natur ich verschweige und das herunterzuspielen ich mich bemühe, um meine Strategie und den geheimen Gewinn, den ich aus dieser Situation ziehe, nicht zu verraten. Ich mache mich glaubwürdiger, wenn ich Reden halte, die dazu bestimmt sind, meine Umgebung vom Nutzen und von der Großmut meines gerechten Kampfes zu überzeugen. Ich kann dann die uns umgebende Animalität als Mißstände anprangern, kann geistreiche Verführungsmittel benutzen, ja eine wahrhafte Kunst entwickeln, um das Bewußtsein der Leute aufzurütteln, und mich meiner militanten Haltung im Dienste einer Gerechtigkeit brüsten, von der man allgemein ohne weiteres einräumen wird, daß jeder sie dringend benötigt.

Kann es eine unanfechtbarere Position geben? Niemand wird mir je den Vorwurf machen können, ich würde zuallererst an meine eigenen Interessen denken, da ich sie mit moralischen Eigenschaften schmücke, die über jeden Verdacht erhaben sind. Wer wollte die Unverfrorenheit haben, mich wegen meines materiellen Desinteresses zu kritisieren? Wer wollte meinen Verzicht auf die trügerischen Güter dieser Welt in Frage stellen, meine Opferbereitschaft und mein unzweifelbares Anliegen, den anderen Gutes zu tun? Ich werde immer nur Lob ernten, weil niemand erahnen kann, daß diese Energie, die ich so großzügig dem Gemeinwohl zur Verfügung stelle, im Grunde nur mir, mir allein, dient, da sie mir ermöglicht, jenen Haß zu kühlen, der mich auffrißt und dessen Vorhandensein in meinem Inneren mir das Leben vergällt. Wenn ich nur die Welt von meinen Ansichten überzeugen könnte, würden die Einstellungen, die ich verteidige, interaktiv, und ich wäre der direkte Nutznießer davon. Doch das Ganze ist leider viel schwerer in die Tat umzusetzen als es scheint. Ich habe gedacht – und andere dachten hierin wie ich –, daß ich eines Tages die Waffen sinken lassen und mir ein wenig Ruhe gönnen könnte, weil ich beispielsweise aus dem kommunistischen Ideal einen unantastbaren Kokon machte, der meinem Anspruch entgegenkam. Doch leider war mein Traum von kurzer Dauer. Aber vielleicht war doch nicht alles umsonst, da die karitativen Aktionen sich als Mittel zum Zweck anzubieten scheinen, der mich am Leben erhält. Vielleicht hat der Kampf «auf dem trockenen» trotz allem noch gute Aussichten.

Aber wenn der Tod für mich eine Art vager Mythos und der Unterschied der Geschlechter ein Köder ist, dann kann es keinen anderen Menschen geben, der als solcher wahrnehmbar ist. Was man mir zu zeigen versucht, ist tatsächlich nur ein Ding, das ich als einen Gegenstand ansehe, dank dessen ich – für kurze Zeit und ohne große Mühe – die eine oder andere meiner Launen befriedigen kann. Im übrigen ist es erstaunlich, daß er sich für meine Launen und Einfälle hergibt, als sei er absolut nicht imstande, selbst welche zu haben, und als lasse er sich leicht von dem faszinieren, was er an mir als unglaubliche Mühelosigkeit wahrnimmt. Da ich von meiner Geschichte wie an einer Leine gehalten werde, werde ich mich doch nicht auf das einlassen, was andere Austausch und Kommunikation nennen und auf das ich definitiv verzichtet habe – falls ich dafür überhaupt je eine Neigung hatte. Sie reizen mich zum Lachen, diese Hampelmänner, die wie Insekten herumzappeln, die alle demselben Schicksal geweiht sind, einem Schicksal, das meinen eigenen Sorgen fremd ist. Sie verstehen nicht, daß der Erfindungsgeist, den ich aufbringe, um ihnen zu helfen, ein wenig Nützlichkeit in ihrem Leben zu entdecken, eine milde Gabe ist, die ich ihnen zukommen lasse, denn im Grunde ist nichts an ihnen, was in mir ein wirkliches Interesse wecken würde.

Ganz gleich, ob der andere Gegenstand meiner Ablehnung oder meiner Aufmerksamkeit ist, ob ich vor ihm fliehe oder mich mit ihm verbinde, er bleibt für mich also immer derjenige, durch den ich vor allem etwas über mich selbst lernen kann. Von Ausnahmen abgesehen ermöglicht mir die Wechselseitigkeit dieser Beziehung aus ihm herauszulesen, wie die ewig gültigen Verbindungen, die mich selbst beschäftigen, sich miteinander verknüpfen, und früher oder später zu entdecken, daß die Art, in der sie sich manifestieren, auf merkwürdige Weise jener Art entsprechen, von der ich erahnte, daß sie meine war. Es ist für ihn wie für mich der erste Schritt hin zu dem Verständnis dafür, wie sich all das eines Tages aufgebaut hat, und führt zu der Entdeckung, daß jeder von uns in sich selbst die Anziehungskräfte jenes grundlegenden dualen Austausches erzeugen kann, des ersten dualen Austausches mit der Mutter – mit allem, was an Erwartung, Hoffnung, Liebe und Glück über befriedigte Ansprüche neben dem Haß, den Rachegelüsten, den Eifersüchteleien und Gewaltsamkeiten, die unweigerlich Frustration und Enttäuschung hervorgerufen haben, einhergeht. Ein ungeheuer umfangreiches Programm also.

Auch wenn diese Darstellung der individuellen Einstellungen nur sehr knapp und sicherlich unzureichend ist, so hat sie doch das Verdienst, daß sie – leider – an sich ebenso logisch wie eindeutig differenziert sind. Jedenfalls läßt die Darstellung erahnen, in welcher Weise ein jeder Mensch vom anderen Gebrauch macht, und infolgedessen die starke gegenseitige Abhängigkeit der Menschen, die miteinander verkehren und sich zusammentun. Wir alle – vom primitivsten bis zum kultiviertesten Menschen – haben eine bestimmte Skala von sozialen Modellen zu unserer Verfügung, auf die wir unsere Urteile stützen. So ist der Ausdruck «wilder Kapitalismus», den man heutzutage auf politisch-ökonomischem Gebiet verwendet, dazu bestimmt, uns, ohne daß wir es merken, solche Bilder zu suggerieren, die durch unsere, auf Lob und Tadel beruhende Erziehung, die uns geformt hat, erzeugt wurden. Er gibt auf subtile Weise zu verstehen, daß es einen Kapitalismus geben könnte, der nicht «wild» ist»!

Dazu sollte man sich in Erinnerung rufen, was uns von den Chronisten des 16. Jahrhunderts über die Verhaltensweisen jener menschenfressenden Indianerstämme überliefert wurde, die ihre Gefangenen gut behandelten und ernährten – wobei sie soweit gingen, ihnen sogar Frauen anzubieten und ihnen zu erlauben, Kinder zu zeugen –, bis sie sie dann eines Tages aufaßen. Sie erklärten ihnen ganz offen, wieviel Liebe und Achtung sie für sie empfänden, und gaben ihnen zu verstehen, daß sie sie essen wollten, um die Fähigkeiten, die sie bei ihnen bewunderten, selbst zu erwerben. Auch erinnert es uns an unsere schmerzliche Verwunderung und die genuine Empörung, die wir empfinden, wenn wir in unserer unmittelbaren Umgebung mitansehen müssen, wie die Banken unbarmherzig einen kleinen Gläubiger verfolgen, wohingegen sie einem mächtigen Baulöwen, der sie vielleicht hereingelegt hat, auch noch schöntun. Sie wissen, daß sie von dem ersteren, der keine Mittel hat, nichts zu erwarten haben, während sie hoffen, früher oder später Komplizen des nächsten gelungenen Coups des Baulöwen zu werden. Doch ob man es einräumt oder nicht, die Logik und die Legalität von all dem sind durchaus schlüssig. Und diese Feststellung hat Folgen, denn sie liefert ein weiteres Indiz für die sorgfältig vertuschte Beziehung, die unsere westliche Welt mit den Kräften des Todes unterhält.

Damit befinden wir uns natürlich im äußersten Gegensatz zur hebräischen Morallehre – auf der unsere gesamte jüdisch-christliche Zivilisation beruht –, die dem Individuum keine andere Aufgabe gibt, als die, für den anderen, den Nächsten, die ständige und volle Verantwortung zu übernehmen.[5] Man kennt das Schicksal, das diese verdienstvolle Großzügigkeit erfahren hat, und man weiß auch, was sie mit der Zeit und mit ihrer Verwurzelung in Bevölkerungen mit individuellen Strukturen geworden ist, die die Verfügungen ablehnen, die sie förderte. Ohne hier ins Detail zu gehen oder die vielfach unangenehmen und oft bedauerlichen Reinfälle dieser Hauptbotschaft im einzelnen ansprechen zu wollen, halten wir hier nur fest, daß wir ihre missionarischen oder kolonialen Relikte noch immer nicht hinter uns gelassen haben.

Dieser kleine Abstecher, der das Individuelle und das Gesellschaftliche unbesonnen miteinander vermischt, hat kein anderes Ziel, als zu zeigen, wie sehr die psychische Struktur die Menschen, Männer und Frauen gleichermaßen, – im wortwörtlichen Sinne – «strukturiert» und sie dazu bringt, auf Losungsworte oder Parolen des Gesamtkomplexes zu reagieren, in dem in Form von Zustimmung, Ablehnung, Kampf, Verhandlung, Winkelzug oder Zugeständnis alle Einstellungen zu finden sind, die man beispielsweise in unseren Gesellschaften in Wahlzeiten Blüte treiben sieht.

Natürlich können diese hier nur angedeuteten Erklärungen, kann dieser nur skizzierte und unzureichende Anriß nicht einmal in der Theorie eine Beziehung wiedergeben, die von allen Beziehungen mit am schwierigsten zu realisieren ist – ebenso wegen ihres Schicksals als auch wegen ihres offenkundigen oder idealen Inhalts. Sie stellen lediglich ein (leider) unzureichendes Instrument dar, anhand dessen man ein wenig über die Gesellschaften, die Zivilisationen, die Kriege, die Moral oder die Religionen nachdenken kann. Aber ist das ein Grund, um sich davon fernzuhalten, wo sie doch die wichtigsten Probleme überhaupt betreffen, die an jeden dadurch gestellt werden, daß er eine Mischung von Lebens- und Todeskräften in sich trägt, die er von seiner Mutter geerbt hat?

In meiner Familie gab es keine Tabuthemen, und es wurde viel gesprochen – immer auf eine Weise, die schicklich war und sorgsam die Hierarchie der Bindungen respektierte. Meine Mutter, die eine außergewöhnlich gute Erzählerin war, versuchte ihr ganzes Leben lang, uns die umfangreiche mündlich überlieferte Kultur zu vermitteln, zu deren wenigen letzten Erbinnen sie gehörte (wie ihr sicherlich bewußt war). Es fiel ihr nicht schwer, von sich und ihrer Kindheit zu erzählen. Wenn ich sie hier und an diesem Punkt erwähne, dann natürlich, weil ich damit einer Assoziation folge und weil ich von Leben und Tod spreche. Ich erinnere mich, wie sie uns einmal gestand, daß sie sich als Kind eines Tages mehr als gewöhnlich von dem Gedanken an den Tod und seinen Folgen beherrscht fühlte. Das machte ihr so sehr Angst, daß sie – obwohl sie damals erst wenige Jahre alt war – beschloß, sich dem Weisen der Familie anzuvertrauen, ihrem Großvater mütterlicherseits. Ihren Aussagen zufolge gelang es ihm, sie zu beruhigen, indem er ihr sagte, das alles beschäftige sie deshalb so sehr, weil sie dazu bestimmt sei, sehr lange zu leben. Und es hat den Anschein, als habe diese Therapie bei ihr tatsächlich gut angeschlagen. Ebenso wie die Schilderung, die sie uns davon gab, wahrscheinlich ihre Wirkung auf denjenigen oder diejenige von uns hatte, der (bzw. die) sie zu dem Erzählen dieser kleinen Begebenheit veranlaßt haben muß. Erst viel später, als ich mir über die Wirkungen dieser Worte Gedanken machte, habe ich ihr dazu noch einmal Fragen gestellt. Sie erzählte mir etwas, was ich bei dieser Gelegenheit schriftlich festgehalten habe, wobei ich versuchte – ohne daß es mir, wie ich annehme, ganz gelungen wäre – in der Niederschrift die Kraft und den Schwung zu erhalten, die die ursprüngliche Version besaß:

«Diese Gedanken kamen mir nicht einfach so. Es waren ganz bestimmte Umstände, die sie mir in den Kopf gesetzt haben. Zu Hause hatte jeder von uns eine fest umrissene Aufgabe, jeder war verpflichtet, einer Beschäftigung nachzugehen. Mir oblag es, auf meine jüngste Schwester aufzupassen. Sie war noch ganz klein, sie weinte viel und ich mußte sie immer herumtragen. Und da ich nicht viel anderes zu tun hatte, langweilte ich mich furchtbar dabei, weswegen ich mich so oft wie möglich draußen herumtrieb und auf irgendein Ereignis oder eine kleine Menschenansammlung hoffte, um ein wenig Ablenkung zu haben. Bei diesen Gelegenheiten habe ich mir etwas angewöhnt, was mich noch heute rührt: Ich schloß mich jedem Gefolge, jeder Prozession und insbesondere jedem Trauerzug zum Friedhof an; letztere hatten den Vorteil, daß sie länger als alle anderen dauerten. Auf diese Weise nahm ich an vielen Beerdingungen teil und wurde allmählich mit ihrem langen Zeremoniell vertraut.

Als ich eines Tages vom Friedhof zurückkam, erzählte ich meinem Großvater, wo ich gewesen war. Er lächelte darüber. Das gab mir den Mut, ihn wegen etwas zu befragen, was mir aufgefallen war und was mich sehr beschäftigte, weil ich seinen Sinn nicht verstand. Ich bat ihn, mir zu erklären, warum die Leute, die zuerst lange Zeit, manchmal sogar sehr lange Zeit geduldig gewartet hatten, plötzlich wie auf einen Schlag davonstoben, sobald sie sahen, daß die Totengräber mit ihrer Arbeit begannen. Ich muß dazu sagen, daß ich mittlerweile sehr oft mitangesehen hatte, wie sich Trauergäste mit einer unheimlichen Abruptheit aus dieser Starre lösten. Und ich habe mich immer gefragt, warum sie so schnell in alle Richtungen auseinanderliefen, was mich an einen Schwarm furchtsamer Vögel erinnerte.

Ich habe seine Antwort nie vergessen. Ich habe oft, sehr oft sogar noch daran gedacht! Weißt du, es war die Art von Antwort, die sich jedes Kind auf die Fragen, die es stellt, erträumt. Eine offene Antwort. Eine Antwort, deren Inhalt ein unerschöpfliches Echo in einem weckt. Man kann sie immer wieder hinterfragen und versuchen, Mängel daran zu finden. Doch das ist verlorene Mühe, denn eins ums andere Mal öffnet sie einem immer neue und ungeahnte Möglichkeiten. Du siehst, ich bin sicher, daß ich sogar heute noch etwas daraus lernen kann – und sei es auch nur, weil ich sie dir nun mitteile.

‹Siehst du, mein Kind›, sagte mein Großvater, ‹wenn sich der Tote in seinem Grab plötzlich seines Zustands bewußt wird, so macht ihm das Angst, wie du dir vorstellen kannst, und er ruft sofort nach seiner Mutter. War es nicht immer so zwischen ihnen? Hat er sich nicht wegen jeder seiner Ängste und Sorgen an sie gewandt? Hat er nicht bei ihr stets alle Antworten auf seine Fragen und seine Probleme gefunden? Also ist es nur natürlich, daß er zuerst sie ruft. Er tut etwas, was nie seine Wirkung verfehlte: Er denkt intensiv, sehr intensiv an sie, da er weiß, daß sie immer imstande ist, es durch die Gedanken und, ohne daß auch nur ein Wort dazu nötig wäre, zu erraten. Er konzentriert sich und denkt noch stärker an sie, als er es je getan hat. Aber sie, ganz gleich ob sie tot ist oder noch lebt – und in diesem Fall natürlich von Schmerz überwältigt und ganz mit ihrem furchtbaren Kummer beschäftigt ist –, sie hört ihn nicht. Sie kann ihn nicht hören. Sie hört ihn nicht mehr. Also wendet er sich an seinen Vater, der ebenfalls tot oder lebendig ist, um ihn anzuflehen: Bei ihm bedient er sich des respektvollen und etwas ängstlichen Flüstertons, mit dem er ihn gewöhnlich ansprach. Doch auch der Vater hört ihn nicht: Seine wie zugeschnürte Kehle und die Tränen, die der Mann vergeblich zurückzuhalten versucht, hindern ihn daran, auch den allergeringsten Ton des Verstorbenen wahrzunehmen oder den geringsten Gedanken zu erhaschen, der in seine Richtung gehen könnte. Angetrieben von dem zunehmenden Schrecken, gequält von einer namenlosen, ihm bis dahin unbekannten Verzweiflung hebt er seine Stimme noch etwas mehr: Er wendet sich an seine Brüder, seine Schwestern, seine Freunde, die der Kummer über den Todesfall ebenfalls niederdrückt und dazu gebracht hat, sich in sich zurückziehen. Darum kann ihn keiner von ihnen hören. Er ruft immer wieder, doch ohne Erfolg. Er bietet alle Worte und alle Laute auf, die er kennt, in der Hoffnung, daß zumindest einer Gehör findet – doch vergeblich. Sein Entsetzen erreicht nun den Höhepunkt. Da er fürchtet, er könne sich vielleicht ungeschickt angestellt haben, beginnt er fieberhaft noch einmal ganz von vorne: Er ruft seine Mutter, seinen Vater, seine nahen Angehörigen, seine angeheirateten Verwandten, seine Freunde. Jeder wird noch einmal angefleht. Und da die Trauerzeremonie weitergeht und er keinerlei Resultat erzielt und da nun die erste Schaufel voll Erde auf dem Sargdeckel aufschlägt, konzentriert er seine ganze Energie darauf, einen allerletzten Ruf auszustoßen. Einen Schrei. Einen einzigen Schrei, der an niemanden im besonderen gerichtet ist. Einen Schrei, der nur dazu da ist, um irgend jemanden von der versammelten Trauermenge zu rühren. Einen Schrei, von dem man sagt, er sei markerschütternd, der einem das Blut in den Adern gefrieren läßt, der furchtbar ist.

Nun, mein Kind, mußt du wissen, daß niemand, hörst du, absolut niemand diesen Schrei hören darf! Denn niemand kann oder darf sich diesem Menschen gegenüber zu erkennen geben, der allein das Erdenreich verläßt – so allein, wie er ins Leben getreten ist, so allein, wie er immer gewesen ist und wie er nun fortgehen muß. Er, der nur ein einfacher Träger der Lebens ist, welches ihn gewählt und bewohnt hat und ihn nun verläßt, darf sich nicht an einen anderen Lebensträger klammern.

Das ist der Grund, warum die Leute davonlaufen, sich mit beflissener und eiliger Miene entfernen, so wie du es gesehen hast.

Man kann den Schrei hören, der anzeigt, daß ein Mensch im Leben angekommen ist: Es ist jener offene Laut, jene Linie, in die später die Handlungen und Worte des Lebens eingeschrieben werden. Den Schrei des Endes hingegen darf man nicht hören, weil man sich mit diesem Ende nicht verbünden kann.›»

Undurchlässigkeit.

Demnach wäre es also die Undurchlässigkeit zwischen den Sphären des Lebens und denen des Todes, die die Menschen – wenn man an diese Form des Mythos glaubt – in erster Linie errichten müssen. Es geht dabei darum, das Leben von all dem zu reinigen, womit der Tod es beeinträchtigen könnte. Es geht darum, den Menschen voll und ganz vom Leben Besitz nehmen zu lassen und ihm zu ermöglichen, sich an ihm zu erfreuen, ohne das geringste Zögern und ohne den geringsten Vorbehalt. Ist das eine Wunschvorstellung oder ist es tiefste Weisheit? Denn der Tod – dessen Realität zwar anerkannt, der jedoch an den Platz verwiesen wird, dem man ihm zugesteht – wäre dann für die einen kein furchterregender Gebieter und für die anderen kein verabscheuter Feind mehr. Was den Menschen eine beträchtliche Energieersparnis ermöglichen und ihnen endlich die Möglichkeit geben würde, ihre Zeit und ihren Lebensraum ohne Beschränkung zu nutzen.

Aber es liegt auf der Hand – und um es zu verifizieren, genügt es, einmal mehr auf die Bedingungen zurückzukommen, unter denen die psychische Struktur aufgebaut wird –, daß eine solche Option niemals *ex nihilo* oder aus einer willkürlichen und rein individuellen Disposition kommen kann. Die Beziehungen, die jeder Mensch mit dem Leben und dem Tod unterhält, sind seit jeher viel zu sehr in seinem Inneren miteinander vermengt, als daß es ihm möglich wäre, sie auseinanderzuhalten oder sich eine diesbezügliche Trennung vorzustellen, geschweige denn, sie zu bewerkstelligen.

Diese Erzählung zeigt, daß die Lösung nur von einem Diskurs kommen kann, der vollkommen außerhalb des Individuums steht. Von einem Diskurs, der einen kollektiven Willen ausdrückt, der imstande wäre, eine Leitlinie zu bestimmen, indem er jeden verpflichtet, ja zwingt, sich ihr zu unterwerfen und ihm – je nach Bedarf – dazu eine Ritualisierung zur Verfügung stellt, die bis in die kleinste Handlung seines Lebens reichen kann. Mein Urgroßvater hatte keine inhaltslose psychische Struktur und sein Unbewußtes war sicherlich genauso gelagert wie das eines jeden anderen Menschen. Die Lektion, die er seiner Enkelin gab (und die an mich weitergegeben wurde), drückt im Grund nichts anderes aus als sein – und in der Folge auch unser – Einverständnis mit dem Prinzip des Mythos, von dem er spricht und der aufgrund seiner Basis die Handlungen und auch das Verhalten der Menschen erklärt. Aber ein solches Einverständnis kann man nicht erzwingen. Es kann nur das Ergebnis einer sorgfältigen, vielgestaltigen und konsensuellen Weitergabe sein, die schon lange besteht und die gewöhnlich mit einem gewissen missionarischen Eifer verbunden sein muß.

Das würde implizieren, daß dieses Bemühen, eine Ordnung zu schaffen, dieser Befehl, der an jeden Menschen ergeht und der verlangt, daß er eine absolute Undurchlässigkeit zwischen den Kräften des Lebens und denen des Todes in sich selbst errichtet, in den Verantwortungsbereich der Gesellschaft fällt, auf die sie im Gegenzug wiederum Auswirkungen haben könnte, welche wiederum ihren Fortschritt bedingen. Das ist eine elegante Lösung und ein schönes Ziel, aber auch ein aussichtloses Unterfangen! Denn seit ewigen Zeiten ist diese Gesellschaft Gegenstand der Reglementierungsversuche von Bindungen, die sich darin bilden; und man hätte es natürlich bald gewußt, wenn der eine oder andere Versuch auch nur die geringste Chance auf Erfolg gehabt hätte. Doch es gibt heutzutage nur noch Gurus und Sektengründer, die weiterhin von der Richtigkeit ihrer jeweiligen Behauptungen überzeugt sind und daraus eine lukrative Utopie am Leben erhalten. Denn das Werk des Todes hat nie die Kraft erlangt, die ihm unsere modernen Waffen verleihen. Und alle Diskurse, seien sie negierend oder beruhigend, werden den Auswirkungen dieser Tatsache nicht das geringste anhaben können. Die Zeiten sind vorbei, wo Spaziergänger den Hut zogen und wo die Geschäfte ihre Markisen herunterließen, wenn draußen langsam ein Leichenwagen vorbeizog. Die Zeiten sind vorbei, wo die Lebenden durch konventionelle, aber einhellige Gesten ihr Mitgefühl oder ihr Schuldgefühl bezeugten, das sie gegenüber dem immer wiederkehrenden Triumph des Todes gewöhnlich empfanden. Man trifft sich nur noch an der Friedhofspforte für eine lästige Pflicht, die in die kommerzielle Logik integriert ist und deren Dauer man sich – unter dem Vorwand einer im Grunde unbegreiflichen Zurückhaltung – abzukürzen bemüht.

Wir sind hier nicht lediglich mit einem gewöhnlichen Wandel des Kommunikationscodes konfrontiert. Es hat vielmehr den Anschein, daß man erstaunt, ungläubig und ohnmächtig die Rückkehr von etwas Verdrängtem erlebt, das von so großer Gewalttätigkeit ist, daß man meint, es kann nur in den Zeiten unserer frühesten Erinnerung entstanden sein. Was im übrigen erklären würde, daß niemand imstande wäre, seine Tragweite einzuschätzen oder seine Folgen zu beurteilen. Die Inflation der Kommunikationsmittel hat die geographischen Grenzen abgeschafft, hinter denen sich menschliche Gruppen bislang versteckt hatten, um, jede mit ihren Mitteln und auf ihre Weise, die schwer kontrollierbaren Auswirkungen zu kanalisieren, wenn individuelle Strukturen aufeinanderprallen. Das Fernsehen bietet uns heutzutage – live und in jedem Augenblick – ebenso das Psychodrama des Vertrauten wie die Radikalität des Fremdartigen. Doch all das stellt keine vollkommen neue oder nie dagewesene Heimsuchung dar. Es ist lediglich etwas, was eine andere Tragweite hat oder in einem anderen Rahmen geschieht (oder wieder geschieht). Es ist eine alte Geschichte, eine sehr alte Geschichte sogar, denn sie soll bis zu den Anfängen der Menschheitsgeschichte zurückreichen.

Denn wenn der Mensch in seiner elementarsten Weise als ein Lebewesen definiert werden kann, das seine Toten beerdigt, dann kann man gemäß der Evolutionstheorie daraus schließen, daß er es nicht immer getan hat. Und das aus dem einfachen Grund, weil er wie alle anderen Arten in die Nahrungskette eingegliedert ist, die auch weiterhin im gesamten Tierreich gültig ist: Das Leben ernährt das Leben, und wenn man ißt, wird man auch gegessen. Nun ist der Mensch niemals ausschließlich Pflanzenfresser gewesen – er ist es auch heute nicht und kann es nicht sein. Wenn er Allesfresser ist, dann nicht nur aus Neigung: Sein Junges benötigt auch noch in unseren Tagen für sein Wachstum Aminosäuren tierischer Herkunft. Man muß also zugeben, daß er eines Tages einen radikalen Bruch vollzogen hat, der heute weder zu datieren noch in seinen Motiven zu erklären ist. Nichtsdestotrotz kann man sicher sein, daß man seit diesem Bruch – anders ausgedrückt, seit dem ersten ausgehobenen Grab – die Grundzüge einer Ethik errichtet hat, die sowohl das Verbot des Kannibalismus als auch – in unmittelbarer logischer Folge – das Verbot des Tötens von Menschen umfaßt. Eine Ethik, aufgrund der die Konfrontation der Menschen neuen Regeln des wechselseitigen Verhaltens unterworfen wurde, und welche dieselben Menschen zwang, sich auf Konventionen und Codes zu einigen, die ihr unmittelbares Überleben gewährleisteten. Das Entstehen einer Kultur, die sich unter solchen Vorzeichen gebildet hatte, ließ in jedem Menschen das mehr oder weniger ausgeprägte Bewußtsein für sein eigenes Schicksal aufkommen. Die Struktur, die heute in jedem Kind durch die Beziehung aufgebaut wird, die seine Mutter zum Leben und zum Tod hat, ist nur eine entfernte – gezwungenermaßen unvollkommene und unkontrollierbare – Wandlung dieser allerersten Mutation. Das Ganze ist begrenzt von sozialen Strukturen, deren Konventionen in der Entwicklung der Menschen mehr als Erzeuger von Nuancen denn als Erzeuger radikaler Unterscheidungen zum Tragen kommen.

Im übrigen genügt es, sich einmal irgendein anthropologisches Werk vorzunehmen, um festzustellen, wie ungemein unterschiedlich die einzelnen Gesellschaften in dem Durchdringen und in der Ausformung dieser allerersten Grundlagen gewesen sind.

Wir sind geneigt, wegen der Menschenopfer dieser oder jener früher existierenden oder primitiven Gesellschaft zu schaudern oder uns über die Gewaltsamkeit zu echauffieren, mit der diese Gesellschaft ihre Beziehungen zur übrigen Menschheit unterhält. Doch haben wir angesichts unserer unzähligen subtilen Kriege nicht das Recht, sie anzuprangern. Das Kleinerwerden unseres Planeten und die immer spektakulärere Natur der Informationen, mit denen wir überflutet werden, tragen jeden Tag ein wenig mehr zur Auflösung unserer sozialen Bindungen bei. Es gibt keine Regeln mehr, die bei der Handhabung der zwischenmenschlichen Beziehungen helfen. Jeder Mensch ist seinen eigenen Trieben ausgesetzt und dem unkontrollierbaren Druck seiner psychischen Struktur mit all dem, was sie an nicht zu unterdrückenden Schrecken miteinschließt. Es handelt sich – in kaum veränderter Gestalt – um die Rückkehr dessen, was seinerzeit «Überlebenskampf» genannt wurde und was sich im Wesen kaum geändert hat. Jeder versucht, einen oder mehrere andere zu terrorisieren, zu beherrschen und niederzuhalten. Wir leben – ohne uns dessen immer bewußt zu sein – mitten in einer Kultur der «kleinen Chefs». Und jeder Erfolg, den man mit diesem lächerlichen Gehabe hat, verleiht sogleich Selbstsicherheit, Arroganz und Anmaßung, die die Selbsttäuschung bezeugen, welche das kleinste bißchen Macht weckt, deren Wirklichkeit niemand zu erkennen bereit zu sein scheint: Es ist eine flüchtige, lächerliche und trügerische Gebärde, mit der man glaubt, dem Tod drohen, ihm Widerstand leisten zu können.

Es scheint so, als wenn es inmitten dieses brüsken aber evolutionären Treibens, das die Menschheit immer ausgezeichnet hat, unmöglich wäre, der Strategie das Existenzrecht zu geben, die sich in dem entfaltet, was man Liebe nennt – und das ist vielleicht das, was ihr Mysterium wie ihren Reiz ausmacht.

Es ist wahr, daß die überwiegende Mehrheit der Menschen den Großteil ihrer Zeit damit zubringt, sich voreinander zu schützen und sich gegenseitig zu mißtrauen. Denn keiner kann gleichgültig gegenüber der unterschiedlichen Struktur des anderen bleiben, die seine eigene in Frage stellt, indem sie ihn zwingt, sie zu überdenken, obwohl er doch meinte, sich – unter dem Vorwand, er habe beschlossen, nichts mehr darüber wissen zu müssen – davon befreit zu haben. Im Grunde etwas sehr Gewöhnliches. Denn wenn ich in äußerster Angst vor dem Tod lebe, wird mein Nachbar mit einer ähnlichen Struktur mich immer nur mit seiner eigenen Struktur belasten und mich noch ein wenig mehr in das stoßen, was dann unser gemeinsames Schicksal werden wird.

Und ich spreche noch nicht von demjenigen, der sich eines unverschämten Hasses brüstet, den er pflegt, um mich – verächtlich und fälschlicherweise mit Bekehrungseifer – auf das zu verweisen, was er als das Kümmerliche meiner Existenz ansieht. Erinnert er mich nicht durch jede seiner Haltungen an eine Knechtschaft, die ich einen Augenblick lang glaubte, vergessen zu können?

Wenn ich hingegen in einem ewigen Haß gegenüber dem Tod lebe – welche Sympathie kann dann diese Herde unterwürfiger, furchtsamer und schamhafter Menschen in mir wecken, die jeden Nutzen, den ich aus meinem Handeln ziehen könnte, beeinträchtigen werden? Was diejenigen angeht, deren Auffassungen ich mich verwandt fühlen könnte – was werden sie sich schon von ihrem wirren Treiben erhoffen außer dem Recht, auf ihre klägliche Weise gegen Windmühlen zu kämpfen? Und damit habe ich noch nicht den berücksichtigt, der sich dreist auf seine Gleichgültigkeit beruft und in Sphären herumirrt, die mir so fremd sind, daß ich ihren exotischen Reiz nur für die Augenblikke meiner Verzweiflung vorbehalten will.

Es mag sonderbar wirken, daß ich hier alles einzig auf die Beziehung, die jeder zum Tod hat, zurückführe. Aber man darf nicht vergessen, daß sie für jeden Menschen das Wesentlichste überhaupt darstellt, daß sie sein Verhalten beherrscht, seine gesamten Beziehungen beeinflußt, seine Gewohnheiten prägt und seine Sprache beseelt, indem sie sich zwischen die alltäglichsten Worte schleicht, ja sich sogar in einem einfachen Blickaustausch niederschlägt. Die Thematik des bösen Blickes, die in den Mittelmeerländern so verbreitet ist – wie der gängigere und westlichere Begriff des schlechten oder guten «Feeling» –, bezeugt dies eingehend. Man kann sich daher vorstellen, welche Wirkung ein Umfeld, in dem ausschließlich aggressive Gefühle vorherrschen, auf einen Menschen haben kann, und verstehen, wie ihn dies dazu bringen kann, so sehr das Interesse an seinem Leben zu verlieren, daß er es auslöscht. Hier liegt die mögliche Erklärung für die Hypothese, die ich zu Beginn des Kapitels aufgestellt habe. Der zufolge ist es unmöglich zu leben, wenn man nicht von einem (oder mehreren) Menschen «belebt» wird oder diesen (bzw. diese) Menschen im Gegenzug ebenfalls belebt. Als wenn jede Begegnung, der man irgendeine positive Bedeutung zumißt, immer nur eine Wiederholung des mütterlichen Engagements sei, von dem man sich befreien wollte, ohne daß es einem jemals ganz gelungen wäre, sich davon zu lösen. Und als wenn kein Mensch umhin könnte, dies im Grunde seines Herzens ganz sicher zu wissen – so sehr, daß es ihm untersagt sein sollte, auf seine Unschuld zu pochen, wenn einem Menschen ein Unglück geschieht, mit dem er eine Beziehung geknüpft hat und an dem er nach einer Weile das Interesse verloren hat.

Das wirkt durchaus stichhaltig, wenn man an das erinnert, was bei der Begegnung zweier Verliebter geschieht: Inmitten der obligatorischen, langweiligen, lästigen und uninteressanten Begegnungen des Lebens taucht plötzlich ein Mensch auf, dessen persönliche Gleichung nicht nur mit meiner vorlieb nimmt, sondern der so gut zu ihr paßt, daß er sie nach und nach als unerläßlich für sein Leben ansieht – was mir angenehm ist und mir zusagt und mich im Gegenzug genauso reagieren läßt. Unsere jeweiligen Ressentiments – ganz gleich, gegen wen sie sich richten und welcher Art sie sind – werden auf wundersame Weise zur Ruhe kommen, was uns ermöglicht, uns vorzustellen, daß wir endlich gemeinsam im sicheren Hafen angekommen sind. Wir spüren, daß ein Gefühl in uns entsteht, das wir für neu halten, obwohl es eigentlich das kaum verhüllte Wiederauftreten dessen ist, auf das wir vor langer Zeit meinten, für immer verzichten zu müssen. Denn jede Liebe – ganz gleich, ob man Mann oder Frau ist – beruht auf der ersten Liebe, die man für die Mutter empfand. Jedesmal hofft man, deren Grundtenor wiederzufinden. Doch vergeblich – denn die Struktur, die die gegenwärtige Liebe widerspiegelt, verleiht ihr eine ganz eigene Färbung. Und man sollte wissen, daß es auch gar nicht anders sein kann.

Wenn auch mehr oder weniger diskussionslos anerkannt wird, daß die Liebe, die ein Mann einer Frau gegenüber empfindet, ihren Ursprung in der Liebe hat, die dieser Mann für seine Mutter hatte, so ist viel weniger anerkannt – ja es wird sogar als schockierend empfunden – daß die Liebe, die eine Frau für einen Mann empfindet, denselben Ursprung hat. Hier liegt vor allem das Mißverständnis, und hier entsteht das Drama. Denn wenn eine Reihe von Mechanismen ablaufen, die einen Mann motivieren, endlich seine Mutter zu verlassen, um sich mit einer Frau einzulassen, die sich deutlich von jener unterscheidet (eine Motivation, die so alt ist wie die Welt, schaut man sich den erstaunlichen Vers in der Genesis 2, 24 an, der darauf anspielt), so wird einer Frau keine solche Motivation zugestanden. Damit ist sie ihren ursprünglichen Trieben überlassen, so als habe man bestimmt, daß sie allein fähig sei, gegen ihre archaischen Ängste einen Unterschied der Geschlechter zu errichten, der sich für die möglichen Anpassungen eignen würde, die sie daraus ableiten könnte. Aber trotz allem wird all das sich wiederholen. Sagt man der Liebe nicht nach, sie sei imstande, Berge zu versetzen? Warum sollte man sich da von so finsteren Betrachtungen aufhalten lassen?

Wenn mein Ziel darin besteht, mich zu verstecken, und wenn ich eine vollendete, aber dennoch unzureichende Fähigkeit entwickle, dies zu tun – werde ich dann nicht sehr gern den Beistand eines Menschen genießen, dessen Sorgen und Probleme den meinen ungeheuer ähnlich sind, und der mir seine Hilfe anbietet und im Gegenzug meine erhält? Wir werden zwei «Einzelne» in einem sein, und unsere komplizenhafte Beziehung wird uns erlauben, von jenem lästigen und anonymen Anderen noch weniger Notiz zu nehmen, der uns jedesmal stört, ja uns angreift, wenn er auf die merkwürdige Idee verfällt, uns anzusprechen und um etwas bitten zu wollen. Wir werden unsere Rituale, unsere Vorgehensweisen sorgfältig aufeinander abstimmen, wir werden unsere Interessen pflegen, wir werden uns einen Schutzraum, ein Nest bauen, wir werden unseren Alltag bis in alle Einzelheiten organisieren, weil wir so sehr auf jene Dauer bedacht sind, die wir – einer mit dem anderen, einer durch den anderen, einer für den anderen – kultivieren. Und was macht es schon, wenn unser Streben in den Augen mancher Leute wie ein Akt der Mumifizierung wirken mag! Unser Einvernehmen und unsere Übereinkunft bestärken uns in unseren Einstellungen und machen uns höchstwahrscheinlich gleichgültig gegenüber unserer Umgebung.

Wenn mein Ziel, mich zu verstecken, bei einem anderen Menschen auf eine – unerklärliche und zugleich wundervolle – Form der vollkommenen Unfähigkeit, genau dies zu tun, trifft, kann es sehr wohl sein, daß ich mich davon angezogen fühle. Und ich bin möglicherweise bereit, mich diesem Menschen zu überantworten, dessen Leben und Treiben schon seit langem darauf angelegt ist, sich ganz offen von dem zu lösen, was mich so sehr erschreckt. Wenn ich mich unter den Schutz seiner Entschlossenheit stelle, werde ich noch weniger zu befürchten haben, als wenn ich mich hinter den Mauern eines Wachtturms verstecke. Auf welch wunderbare Weise ergänzen wir beide uns – da ich mich selbst hemmungslos seiner Großzügigkeit als Objekt anbiete und sie ebenso kanalisiere wie ich seinem Wunsch nach Effizienz die Stofflichkeit des höchsten Wohlbefindens bieten kann, zu der mir unser gemeinsamer Umgang Zugang verschafft hat. Ich werde nie aufhören, bedürftig zu sein und meine Begrenztheit auszuschmücken, und ich werde es genießen, mir selbst beim Verbreiten dieser bestärkenden Mitteilungen zuzuhören und ständig die Bestätigungen über unser Zusammenleben zu wiederholen.

Und was wäre über meine Begegnung mit demjenigen zu sagen, für den die Thematik, die mich steuert, vollkommen fremd ist, und der mich damit auffordert, sein ungehemmtes, verneinendes und erfinderisches Universum zu betreten, das immer auch ein etwas erschrecktes Erstaunen in mir auslöst? Selbst wenn ich weiß, was ich für ihn sein kann (oder auch nicht sein kann), weiß ich, daß er für mich eine Form der Flucht nach vorn oder der Schonung ist, und ich denke, daß es mir mit ihm gelingen wird, jenen anderen von dem Platz, auf den er es abgesehen hat, zu verweisen.

Wenn ich kein Ziel habe und wenn ich im Leben umhertreibe, seinen unbegreiflichen Impulsen preisgegeben ...

Wenn die Sorge, die mich – im buchstäblichen Sinne des Wortes – antreibt, darin besteht, die kleinsten Listen und Tricks des Todes anzuprangern, den ich in all seinen Verkleidungen verfolge, werde ich dann nicht finden, daß ...

Man kann die Kombinationsmöglichkeiten ausschöpfen und jeden Fall, den sie ergeben, im einzelnen prüfen; man kann die Protagonisten der jeweiligen Beziehungen nach allen Seiten sexualisieren; und dennoch wird man immer und immer wieder die zugrundeliegende Struktur vorfinden. Und das hat natürlich ganz bestimmte Konsequenzen! Denn jede Verbindung ist der Umgebung ausgesetzt, in der sie sich befindet, wie der zeitlichen Dauer, die auf sie einwirkt, und zudem dem, was an Fremdem und Verunsicherndem hinzukommt. Meine Beziehung zum anderen, die seine zu mir, das, was ich daraus mache und was er daraus macht, kann uns beide mit Stolz erfüllen und uns – da es uns kein präziseres Bewußtsein von unserem Wesen geben kann – die Überzeugung von einem unveräußerlichen Gut verleihen. Von einem Gut, das die Vorstellung von einer größeren Macht in uns verankert und die Rechtmäßigkeit aller Ansprüche, die wir anhand dessen, was wir in uns als Wunsch wahrnehmen, formulieren könnten.

Und dennoch! Eine Enttäuschung, ein Unfall, ein Kummer, der Tod eines Elternteils oder nahen Angehörigen, irgendein Umstand, der das Dahinplätschern unseres Alltags mehr belastet, als wir zu ertragen bereit sind – und gleich sind wir vollkommen erschüttert und geraten in einen Strudel aus Ärger und Unwillen. So sehr, daß wir möglicherweise diese starke und einzigartige Beziehung zu einem Menschen hinterfragen, dem wir doch alle guten Eigenschaften zugeschrieben hatten. Es ist unsere Paarbeziehung, die in Frage gestellt wird, es ist unsere Paarbeziehung, die ins Wanken gerät, es ist unsere Paarbeziehung, die zerbricht, und es ist unsere Paarbeziehung, die untergeht. Und das umso schneller, als wir von einer neuen Begegnung angetrieben werden, deren Verheißungen einen solchen Unterton haben, daß wir sie weder in Zweifel ziehen noch einfach zum Echo anderer, früherer und doch identischer Verheißungen erklären können, die gegeben worden waren und von denen wir glauben, daß sie nicht gehalten wurden – ganz gleich, ob dies wirklich der Fall war oder nicht. Wir sind bereit für eine neue Liebe, ein neues Leben, einen neuen Kampf... Alle Paargeschichten können letztlich auf der Grundlage dieses unauslöschbaren Begehrens der beiden Protagonisten gedeutet werden, mit dem anderen und durch den anderen das zu finden, was er als die geeignete Art und Weise ansieht, im Leben zu stehen.

Diese horizontalen Beziehungen – ob in ihnen beide Partner miteinander verschmelzen oder sich distanziert gegenüberstehen, ob sie in einem Kampf oder einem komplizenhaften Austausch zur Entfaltung kommen, ob sie in die Brüche gehen oder Bestand haben – entwickeln sich dennoch immer in dem mehr oder weniger ausgeprägten Bewußtsein, welches jeder der beiden von ihrer Trennbarkeit, ja ihrer Vergänglichkeit hat.

Etwas anderes ist es, wenn eine Zeugung mit ins Spiel kommt. Die Liebe – die dadurch beginnt, sich im Vertikalen zu entfalten, weil sie das Verrinnen der Zeit auf ihrem eigenen Terrain konfrontiert und weil sie die Wunschvorstellung, dem Tod Schachmatt zu bieten, verwirklicht – löst schwindelerregende Gefühle aus.

Die Beziehung wird nun nicht mehr im Sinne des Andersseins definiert. Das Kind wird niemals nur irgendein anderer sein. Es ist ein Teil von einem selbst. Ein Teil, von dem man sich auf keinen Fall trennen will. Ein Teil, den man sorgsam als Geisel hält und den man nach dem eigenen Bild formen möchte – nach dem eigenen oder nach dem Bild, das man schon seit jeher hegt und das man zum eigenen Bedauern nie erreicht hat. Ein Teil, der dazu bestimmt ist, vollkommen zu sein und einen für alle Enttäuschungen, für alle Mißerfolge und für alle Bitternisse entschädigt.

All das hat natürlich nichts mit der konventionellen Erhabenheit der Kitschbilder zu tun, die unsere unverbesserlichen Diskurse der elterlichen Funktion anhängen wollen. Aber man sollte die Dinge besser so sehen, weil sie in ihrem Kern so sind, und weil jede andere Vision, die man ihnen zu geben versuchen würde und jede Wandlung, die man zu erzeugen versuchte, nur das strukturierende Handeln stören würden, das jedes Kind so nötig braucht. Man sollte eine «Bewegung für die Sache der Eltern» gründen, nach Art jener Vereinigungen, die in den vergangenen Jahrzehnten dadurch eine Menge Anhänger fanden, daß sie sich vielfältige gegensätzliche Kredos zu eigen machten. Das würde erlauben, den Gedanken zu legitimieren und offen anzuerkennen, daß es keine Generation gibt, die sich anders als auf der Grundlage einer Entfremdung von jener Natur behauptet und die, um sich davon zu befreien, keine andere Wahl hat, als sich an die Zeugung eigener Nachkommen zu machen, indem sie sich ihrerseits als entfremdend akzeptiert. Denn es ist allein dieser Mechanismus, der die Übertragung des Lebens antreibt.

Es ist der Fehler, den meine Eltern – die so inkompetent waren, daß sie mich zwangen, meine kindliche Liebe durch späteres Mitleid zu überlagern – bei meiner Erziehung machten, der meinen Groll nährt und all meine Unvollkommenheiten erklärt, die ich an mir wahrnehme. Es ist dieser Fehler, der meine «Unzulänglichkeit zu sein» (eine andere Art und Weise, meine «Unfähigkeit zu siegen» zu bezeichnen?!) ausmacht. Er erklärt und legitimiert vor allem die Absicht, die ich seit jeher hegte: mir die Mittel für meine eigene Genugtuung zu geben. Es ist bedauerlich, daß dies durch eine Form der Rache erfolgen muß. Aber habe ich eine andere Wahl, meine Eltern von ihrem Sockel zu stoßen, als mit Hilfe dieses Kindes, das ich zeugen werde, und dem ich den Mißerfolg ersparen werde, dessen Opfer ich war? Man kann sich leicht vorstellen, wieviel Energie ich von nun an entwickeln werde, um meine Aufmerksamkeit auf diesen Bereich der Unvollkommenheit zu lenken. Nichts wird mich mehr von dieser Beschäftigung ablenken können, da derjenige, den ich zu einem «Double» meiner selbst machen will, damit vor dem Unglück geschützt sein wird, das mich so werden ließ, wie ich heute bin.

Nun ist es ausgesprochen!

Nicht nur weiß ich nicht, daß ich eben in den – logischerweise – teuflischsten aller Circuli vitiosi eingetreten bin, sondern ich habe gar nicht die Möglichkeit zu wissen, daß ich gar nicht anders verfahren kann. Denn ich kann natürlich nicht überall sein und lasse ein riesiges Feld offen, in dem sich zwangsläufig ein anderer – wenn nicht mehrere – Mißerfolg(e) ereignen werden! Mißerfolge, derer sich mein Kind seinerseits bemächtigen wird, um ... und so weiter!

So befreit sich der Mensch durch die Zeugung, mit deren Hilfe er dem Tod Widerstand leisten will, gleichzeitig vom Einfluß seiner Eltern; und dazu bedient er sich ganz offenbar seines Kindes. Im übrigen ist es diese Vorgehensweise, die am besten die Metapher der Undurchlässigkeit veranschaulicht, von der in bezug auf Leben und Tod die Rede war. Die Generation, die «am Zuge» ist, stellt sich zwischen die vorige Generation – die schon einen Fuß im Grabe hat – und die nachfolgende Generation, deren implizite Aufgabe es ist, Anspruch auf das Leben zu erheben und es zu gewinnen. Aus diesem Grund kommt keine therapeutische Behandlungsweise darum herum, bei einem Menschen mindestens drei Generationen zu berücksichtigen.

Es scheint, daß sich die menschlichen Gruppen lange Zeit – offenbar ohne Erfolg, wie es die Probleme, die unaufhörlich zwischen ihnen bestehen, bezeugen – bemühten, Regeln zu finden, die den Widersprüchen des Verhaltens und der Kohärenz einer gewissen Vorgehensweise Rechnung tragen konnten. Es gibt unzählige Beispiele – die jeder seinem Umfeld und der Vision von der Welt, die er daraus geformt hat, entnehmen kann – für die Grundlage ihrer Schlußfolgerungen und ihrer Empfehlungen. Die jüdische Mythologie bietet dafür – neben anderen – eine hervorragende Veranschaulichung.

Es soll einen «Ursprungszustand» des Menschen gegeben haben, einen ersten Mann, einen ersten Adam – aDaM KaDMoN –, der vollkommen gewesen sein soll. Er soll in der Folge seine Stellung verloren haben, und sein Niedergang soll sich bei den nachfolgenden Generationen fortgesetzt haben – zuerst bei Adam, den jeder kennt, in einer kontinuierlichen Entwicklung, die bis zur Zeit der Sintflut zunehmend prekärer wurde. Mit Noah und den ersten Gesetzen Noahs soll das Vorhaben entstanden sein, zu der ersten Vollkommenheit zurückzukehren – ein Vorhaben, das der nie endenden Folge der Generationen anvertraut wurde. Die ersten Generationen stellten daher Verhaltensregeln auf, deren pädagogischer Kern jedem ermöglichen sollte – sofern er sich ihnen unterwerfen wollte –, sich zum aufmerksamen Hüter und zum Mittler einer solchen Weisung zu machen. Zu diesem Zweck wurde ihm eine Liste mit 613 guten Taten zur Verfügung gestellt, die er zu erfüllen hatte, um die 613 gezählten Fehler des Menschen wettzumachen. Seit Menschengedenken weiß man, was es mit all dem auf sich hatte, wohingegen die Morallehre, die daraus hervorgeht, im wesentlichen mit erstaunlicher Intelligenz darauf abzielt, die Gesamtheit der Probleme zu lösen, vor die jeder in seiner unvermeidlichen Beziehung zum anderen gestellt ist. Ein solches Vorhaben – selbst wenn es von einer großen Anzahl von Menschen akzeptiert wurde und auch noch weiterhin akzeptiert wird – muß auf gesellschaftlicher Ebene seinen Mißerfolg anerkennen. Es ist, als wenn es im Grunde nur denjenigen angemessen wäre, deren Struktur alles hat, um es als richtig anzuerkennen, wohingegen es allen anderen Menschen im höchsten Grade lästig ist.

So daß man letztendlich – ganz gleich, was man tut, was man sich vorstellt, was man will oder was man sagt – immer wieder auf die Logik der Struktur stößt – mit anderen Worten auf dieses *initium*, die berühmte Frage von der Henne und dem Ei aufwirft. Denn jede Erklärung, jede Anregung, jede Vorschrift, jeder Befehl stößt sich, ganz gleich, welche Macht sie haben, unweigerlich an der Struktur einer Mutter und daran, was diese Struktur – als resultierende Struktur, wie man gesehen hat – bei einem Kind aufbaut. Und da die Weitergabe in bezug auf die Vorstellungen von Leben und Tod stattfindet, wirkt die Mutter auf ihr Kind wie diejenige, die ihm nach ihrem Belieben mehr von dem einen (Leben) als von dem anderen (Tod) geben kann – und umgekehrt. Das sagt viel über die gewaltige Macht, die sie immer – ohne es zu wollen und oft ohne es zu wissen – hat und über alles, was diese Macht impliziert. Eine Macht, die ihr für sehr lange Zeit verliehen ist, selbst wenn es dem Kind gelingt, sie kritisch zu betrachten, sich eingehend damit auseinanderzusetzen und davon nur die Wahrnehmung einer Prägung zu behalten, der es in seiner Erinnerung nur einen äußerst unbedeutenden Platz zuweisen würde.

Welche Handlungsweisen sind also möglich, um die Abwege und die Exzesse zu vermeiden, zu denen eine solche Situation führen kann?

Soll man bewußt auf die Struktur der Mutter einwirken, um ihr ihre Wirkung zu nehmen? Das ist schwierig, es könnte sich als schädlich erweisen, aber es ist vor allem illusorisch. Um sich davon zu überzeugen, braucht man beispielsweise nur die Entwicklung von Kindern zu betrachten, die von Müttern stammen, die schon vor ihrer Niederkunft Psychoanalytikerinnen waren. Man kann sie nicht verdächtigen, keine vorangegangene Arbeit an sich selbst geleistet zu haben, da es eben diese Arbeit ist, die ihre Kompetenz ausmacht. Man kann auch nicht ihren starken Wunsch, richtig zu handeln, in Zweifel ziehen. Man nimmt also an, daß sie besser gerüstet sind als die anderen Mütter und daß sie deswegen imstande sind, die klassischen Fehler zu vermeiden. Doch hat es sich gezeigt, daß ihre Kinder – glücklicherweise für die Kinder, und auch glücklicherweise für die Mütter, möchte ich hinzufügen! – in der gleichen Lage sind wie ihre anders beeinflußten Kameraden. Was bedeutet das anderes als daß die Prozesse, die in diesem Fall stattfinden, jeder Kontrolle entgehen, und zwar aufgrund ihrer Dynamik und der Kraft der Geschichte, die sie fördert? Im übrigen ist nichts logischer, da die im vorliegenden Fall in Gang gesetzten Prozesse jene sind, die bei der Mutter in einer sehr frühen Phase ihres Lebens stattfanden, und diese Phase immer jeder Arbeit, die mit der Sprache zu tun hat entgeht.

Sollte man also so früh wie möglich auf dieses «Sammelbecken», das ein Kind darstellt, Einfluß nehmen? Das ist zuweilen schon erwogen worden. Es gab Gesellschaften, in denen man versuchte, in Gruppen zusammengefaßte Kinder ohne ihre Eltern aufzuziehen. Bei uns genießt die Erziehung durch Tagesmütter, Kindergärten und Horte ein gewisses Wohlwollen, ja sie stößt bisweilen auf eine wahrhafte Begeisterung; dafür wird – neben anderen unterstützenden Faktoren – das Argument angeführt, diese Art der Erziehung sei und werde noch immer von den großen Namen der Kinderpsychoanalyse gut geheißen. Man hatte sogar die Idee, Untersuchungen anzustellen, die auf eine systematische Beaufsichtigung von Familien und eine frühe Präventionsarbeit abzielten. Doch all das erscheint recht sinnlos, sobald man sich bewußt wird, daß die Struktur und die Bahnen, die zu ihrem Aufbau führen, sehr früh schon wirksam werden, so daß man sich die Verwirklichung einer solchen Wunschvorstellung nur durch den frühen und definitiven Rückzug einer Mutter von ihrem Kind vorstellen könnte – so wie es beispielsweise bei einer Adoption geschieht. Aber das wäre ein zweckloses Unterfangen, da man damit letztlich nur einen möglichen Einfluß durch einen anderen ersetzen würde, ohne dem Kind das zu ersparen, was man beabsichtigte.

Daher ist kein Weg, keine Lösung brauchbar, wenn sie außerhalb der Psyche und des Wunsches der Mutter stehen und nicht hier ihren Ursprung haben. Man wird nicht umhin kommen, zu erkennen, daß die einzige Lösung, die den Beweis für ihre außergewöhnliche Effizienz erbringt, diejenige ist, die den Vater des Kindes miteinbezieht. Aber auch hier darf man nicht allzu früh jubeln, indem man voreilige Schlußfolgerungen zieht.

Um das Ganze abzuschließen, muß man sagen, daß die jüngste Entwicklung unserer westlichen Gesellschaften eine Szenerie ergeben hat, in der ganz sicher die allergrößte Verwirrung herrscht. Wenn die Kinder sich im vorigen Jahrhundert – ja noch vor einigen Jahrzehnten – von der erdrückenden Persönlichkeit des Vaters befreien mußten, so ist dies heute nicht mehr der Fall. Und wenn jenes Bild von Mutter und Sohn, die auf pathologische Weise aneinander hängen, auch noch immer Gültigkeit hat, so scheint es doch allmählich zu einem rührenden Musuemsstück zu werden.

Vor einigen Jahren nahm ich als Ausbilder an einer postuniversitären Fortbildung für Kinderärzte teil. Es waren etwa einhundertundfünfzig Kollegen anwesend – beiderlei Geschlechts und aus allen Altersgruppen – die aus Frankreich, aber auch aus den unterschiedlichsten Regionen der Welt gekommen waren, um ihren Zugang zu dem umfangreichen Beziehungsmaterial, das ihre tägliche Praxis bereithält, zu vervollkommnen. Die Tagung dauerte drei Tage lang, und wir teilten uns die Aufgabe zu sechst: zwei Kinderärzte, eine Psychoanalytikerin und drei systemische Therapeuten, von denen zwei gleichzeitig Kinderärzte und Psychoanalytiker waren. Die Organisation sah vor, daß wir halbtagsweise und in Zweiergruppen ein Drittel unserer Kollegen betreuten, um den Austausch von Standpunkten und Praktiken zu vertiefen. Die Arbeit war insgesamt interessant und überraschte wegen ihrer enorm großen Vielfalt. Und das war zweifelsohne der Grund, weshalb wir für den letzten halben Tag beschlossen, die Arbeitsweise zu ändern, die uns von den Organisatoren auferlegt worden war. Wir setzten uns alle sechs an einen Tisch und schlugen unseren Kollegen vor, uns wahllos alle Fragen zu stellen, die ihnen in den Sinn kamen, ohne sich auf die – im übrigen übermäßig ausgereizten – Themen der verschiedenen Arbeitsgruppen zu beschränken. Wir schlugen vor, die Fragen im Bedarfsfall schriftlich zu stellen und erboten uns, sie thematisch zu ordnen und dann gemäß unseren Kompetenzen und unseren jeweiligen Interessen darauf zu antworten. Unser Erstaunen war groß, als wir auf vielen Zetteln dieselbe Frage fanden, die mit wenigen Abweichungen stets in derselben Form gestellt worden war. Sie lautete: «Müssen wir die Großmütter töten?»

Wir brauchten etwas Zeit, um uns von unserem Erstaunen zu erholen. Wir mußten zuerst verstehen, daß es um die Großmütter mütterlicherseits ging und daß der aggressive Satz auf sie gemünzt war. Dann mußten wir zur Kenntnis nehmen, daß die große Aggressivität, die dieser Satz enthielt, sicherlich kein Zufall war. Und es kam uns so vor, als machten unsere Kollegen einmütig einem Unbehagen Luft, für das sie bislang keine Ausdrucksmöglichkeit gefunden hatten; diese Ärzte, die doch eine ganz konventionelle Ausbildung erhalten hatten, wiesen alarmiert auf die herausragende und – ihren Aussagen nach – oft problematische Stellung hin, die diese Frau in den Familienkonstellationen ihrer kleinen Patienten einnahm. Natürlich konnte man sie verdächtigen, in unlauterer Weise einfach nur eifersüchtig zu sein, so, als verziehen sie ihr nicht, die Macht zu begrenzen, die sie selbst gerne auf die Eltern ihrer kleinen Patienten ausüben würden. Träumt denn ein Arzt und insbesondere ein Kinderarzt nicht davon, eine allmächtige und zugleich perfekte Mutter zu sein? Aber die Diskussion sollte bald zeigen, daß dies hier mitnichten der Fall war. Viele Kollegen erzählten die unglaublichsten Vorfälle aus ihrem Krankenhausalltag, die den häufig unheilvollen Einfluß der Großmütter auf die Gesundheit der Kinder bekundeten.

Ich für meinen Teil möchte mich nicht vorbehaltlos dieser Meinung anschließen. Und ebensowenig habe ich – auch wenn ich sie verstanden habe – der rigorosen und allzu brutalen Wunschvorstellung, die diese rhetorische Frage implizierte, beigepflichtet. Ich brachte das auch zum Ausdruck, als mir das Wort erteilt wurde und ich die Frage sowohl wiederaufnehmen als auch darauf antworten mußte. Dennoch muß ich einräumen, daß diese spontane Reaktion sowohl meine eigene Erfahrung als auch die Meinung bestätigte, die ich mir seit langem gebildet hatte. Konkret ausgedrückt: Am Anfang jeder Arbeit mit einem Kind steht zuerst und vor allem seine Mutter, aber sehr bald auch die Mutter dieser Mutter, die sie aus der Ferne lenkt, ihr sehr nahe steht und fast nicht von ihr zu trennen ist und vor jeder anderen Person der engeren oder weiteren Familienkonstellation Vorrang hat.

Da ich mich nicht mehr ganz genau an die Fälle erinnere, die bei dieser Versammlung berichtet wurden, werde ich mich im folgenden nur auf einige konkrete und aufschlußreiche Beispiele beziehen, die aus meiner eigenen Alltagspraxis stammen. Das wird einen verständlichen Eindruck von der Debatte vermitteln, die diese Feststellung hervorruft, und zudem ermöglichen, zuweilen ihre Leitlinien zu erkennen und sich über ihre Implikationen und Folgen klar zu werden. Und wenn ich mich hier einer narrativen Methode bediene, die Situationen aus dem wirklichen Leben nimmt und genau so zeigt, wie sie sich darstellen, um dann zu zeigen, daß ich nicht die Angewohnheit habe, mich mit einer fertigen Vorstellung auf eine Geschichte, einen Fall einzulassen; zudem verbinde ich damit die Hoffnung, daß diese Schilderungen dazu beitragen, den Alarmschrei meiner Kollegen zu verstehen.

Mit einer Mischung aus Freude und Überraschung nahm ich eines Abends zur Kenntnis, daß man eine ungewöhnliche Bitte an mich stellte. Denise, eine meiner früheren kleinen Patientinnen, deren Kinder ich nun schon als Arzt betreute, flehte mich geradezu an, einen Hausbesuch abzustatten und ihre jüngere Schwester Colette zu untersuchen, die bereits seit einigen Tagen unter unerträglichen Unterleibsschmerzen litte, die mehrere bereits herbeigerufene Ärzte nicht hätten lindern können. Zuerst lehnte ich den Wunsch mit der Begründung ab, daß Colette, wenn sie auch noch jung war, doch immerhin neunzehn Jahre zählte und daß die Kinderheilkunde weit vor diesem Alter aufhöre, und daß ich vor allem keinesfalls überzeugt davon wäre, mehr Glück als meine Kollegen zu haben, denn ich hätte vieles, was die Krankheitslehre von Erwachsenen beträfe, schon wieder vergessen. Aber die Hartnäckigkeit von Denise überwand meinen Widerstand, und ich versprach ihr, kurz vorbeizuschauen, fügte aber hinzu, daß ich es nur aus Freundschaft täte und ohne die Garantie für einen Heilerfolg übernehmen zu wollen.

Ich muß vorausschicken, daß sich zwischen diesen beiden Schwestern und mir schon viele Dinge abgespielt hatten:

Ich hatte meine Praxis noch kaum einen Monat eröffnet, als ich die Bekanntschaft von Denise machte, die damals dreizehn Jahre alt war und wegen eines Schnupfens zu mir kam, den sie sich bei ihrer Geburt zugezogen hatte und danach praktisch nie mehr losgeworden war. Während die Mutter mir den Grund ihres Besuchs erklärte, legte sie einen riesigen Aktenordner auf meinen Schreibtisch, der alle Rezepte, Röntgenaufnahmen und Untersuchungsergebnisse enthielt, die sie im Laufe der vergangenen dreizehn Jahre gesammelt hatte. Denn sie hatte nichts ausgelassen, hatte Spezialisten aller Fachgebiete aufgesucht, hatte sich an alle möglichen Orte begeben, wo irgendein Gesprächspartner ihr in Aussicht gestellt hatte, eine Lösung für das Gesundheitsproblem ihrer Tochter zu finden. Die chirurgischen Eingriffe, die Allergie-Tests, die Naturheilmittel, die Thermalkuren hatten keinerlei Erfolg gehabt. Den ganzen Nachmittag hörte ich mir einzig und allein die Aufzählung dieser Einzelheiten an.

Nun war es nicht die Zeit, an der es mir mangelte. Ich hatte genug; vielmehr wußte ich gar nicht, wie ich sie herumbringen sollte. Aber ich vermochte mir einfach nicht vorzustellen, was ich noch anderes als meine Kollegen tun könnte, die sich bereits vergeblich bemüht hatten. Mir standen keinerlei Behandlungsmöglichkeiten für dieses Krankheitsbild zur Verfügung. Nie wird Ärzten beigebracht, wie sie derartige Symptome zu behandeln haben, als seien diese viel zu harmlos für die noblen Aufgaben, die sich die medizinische Fakultät selbst zuschreibt. Mit anderen Worten, ich fühlte mich vollkommen inkompetent. Aber da ich nicht wußte, wie ich die Mutter ansonsten daran hindern konnte, mich noch weiter in Beschlag zu nehmen, bat ich sie, mich mit ihrer Tochter allein zu lassen. Sie erklärte sich einverstanden, obwohl sie durch ihre Reaktion signalisierte, daß sie mein Ansinnen sonderbar und abwegig fand.

Ich erinnere mich, wie ich zu Denise sagte: «Erzähle mir, wie dein letzter Schnupfen verlaufen ist.» Meine Aufforderung schien sie nicht zu erstaunen; vielmehr war es, als habe sie nur darauf gewartet. «Neulich abends», berichtete sie, «war ich auf einer Party. Es wurde dort viel geraucht. Ich habe gerade getanzt, als jemand das Fenster öffnete. Ich habe darum gebeten, es wieder zu schließen. Mein Tanzpartner, den ich noch kaum kannte, sagte daraufhin zu mir: ‹Ach ja, man weiß ja von dir, daß deine Mutter ständig Angst hat, du könntest dich erkälten.› Daraufhin habe ich ihn einfach stehenlassen, meinen Mantel genommen und bin hinausgegangen. Sobald ich auf der Straße war, spürte ich, daß ich dabei war, mich zu erkälten. Ich habe sofort gedacht: ‹Das geschieht ihr recht!›»

Ich erfaßte die Tragweite dieser Äußerung damals überhaupt nicht (die mich nebenbei amüsierte, denn ich hatte zu dieser Zeit noch keinerlei Vorstellung vom Zusammenhang zwischen der Psyche und körperlichen Krankheiten). Hingegen hatte ich das Gefühl, daß ich meinen Besuchern nun genug Zeit gewidmet hätte. Ich ließ die Mutter wieder hereinkommen, gab ihr ein Rezept mit irgendwelchen Nasentropfen und beendete dieses Gespräch.

Vielleicht hätte ich mich um diesen Fall nicht weiter gekümmert – er war mir unangenehm und hatte mich in keiner Weise befriedigt – und ich hätte ihn sicherlich nicht im Gedächtnis behalten, wenn ich nicht einige Wochen später von Denises Mutter wegen eines hohen Fiebers von Colette, der jüngeren ihrer beiden Töchter, die damals vier Jahre alt war, angerufen worden wäre. Sie begann das Gespräch, indem sie mir erklärte, ich hätte ein wahres Wunder vollbracht, da ihre Älteste jetzt eine vollkommen freie Nase habe – und das, ohne besondere Vorsichtsmaßnahmen treffen zu müssen. Wahrscheinlich habe ich geglaubt, ich hätte es mit einer Familie von Verrückten zu tun, so fremd waren diese scheinbar wundersamen Wirkungen meinem Verstand, der durch die Ausbildung, die ich erhalten hatte, «gewaschen» worden war. Aber ich hörte das Lob natürlich gerne, zumal es mir dank der Werbung, die damit verbunden war, eine beträchtliche Anzahl neuer Patienten einbrachte.

Colette war hübsch, mollig, rosig, und sie hatte eine Grippe, gegen die ich nur Aspirin verschrieb, was ihre Mutter fast zum Wahnsinn brachte, da sie nicht in der Lage war, zu akzeptieren, daß man dieses Fieber, das sie so sehr erschreckte, so leichtfertig behandeln konnte.

Während der folgenden Jahre blieben die beiden Schwestern meine Patientinnen – solange, bis ihr Alter sie aus meiner Klientel entfernte, zuerst Denise, dann Colette; nie gelang es mir, die hektische Betriebsamkeit ihrer Mutter zu mildern oder sie an meine Arbeitsmethoden zu gewöhnen. Ich glaube, daß die Treue, die sie mir gegenüber an den Tag legte, mit meinem ersten – und vollkommen unbewußten – Heilungserfolg zusammenhing.

Ich sollte einige Zeit brauchen, um mir klar zu werden, daß sie in dieser Hinsicht nicht die einzige gewesen war. Denn Denise, die eines Tages heiratete und die in den folgenden Jahren zwei Jungen zur Welt brachte, vertraute mir ganz selbstverständlich die ärztliche Betreuung ihrer Kinder an. Als ich mich eines Tages mit ihr über die Schwierigkeiten unterhielt, die sie wegen der ständigen Einmischung ihrer Mutter in ihre eigenen Angelegenheiten hatte, fiel mir plötzlich auf – weil ich zwischenzeitlich zu gewissen Erkenntnissen gelangt war –, daß sie ihren Söhnen die Namen Geffroy und René gegeben hatte, die ich plötzlich wie «j'ai froid» (deutsch: mir ist kalt) und «re-nez» (die zweite Silbe heißt auf deutsch: Nase) hörte. Ich habe mir daraufhin wahrscheinlich gesagt, daß sie noch viel aufzuarbeiten habe. Aber ich glaube, daß ich gleichzeitig nicht umhin konnte, sie zu bewundern. Denn der Kampf, den sie gegen ihre Mutter führte, war bewundernswert. Die beiden wohnten ganz nah beieinander, und wie es so häufig der Fall ist, hatte die Großmutter, die keine Beschäftigung hatte (oder diejenigen Interessen, die sie hätte haben können, an die zweite Stelle setzte), in der unmittelbaren Nähe einen bequemen Vorwand gefunden, um ihr Leben und ihren Alltag auf die möglichen Bedürfnisse ihrer Tochter und ihrer Enkel auszurichten.

Man weiß, wie schwer es ist, eine solche Fürsorge in Frage zu stellen, die stets bereit ist, sich ihres Verdienstes und ihrer Unauffälligkeit zu brüsten, wenn man zufällig einmal nicht willens ist, sie zu loben. Eine eigenartige Logik hat diese Art des Austauschs. Die Vorteile, die die Tochter aus dem Engagement ihrer Mutter zieht, sind unzählig, und es ist nicht nötig, diese im einzelnen aufzuzeigen. Und dennoch: Es ist der schlechteste Tausch, den es überhaupt gibt. Die Tochter, die überzeugt ist, daß all das nur der aufopfernden Liebe der Mutter entspringt, glaubt, ohne Gegenleistung über sie verfügen zu können (oder zumindest zu einem Preis, den nur sie festlegen darf). Sie weiß nicht – aber will sie es auch wissen? –, daß ihre Mutter von nichts anderem träumt als davon, sich so unentbehrlich zu machen, daß sie beide von neuem wieder so vereint sind wie in den ersten Tagen ihres gemeinsamen Lebens.

Die Gefahr muß Denise plötzlich gespürt haben, denn einige Zeit nach diesem Besuch bei mir zog sie um, wobei sie darauf achtete, daß zwischen ihrer neuen Autonomie und ihrer Mutter mehrere U-Bahn-Stationen (und zweimaliges Umsteigen) lagen. Das ermöglichte ihr, kurz danach ihr Studium wiederaufzunehmen, das sie unterbrochen hatte, und sich voll und ganz zu emanzipieren, was ich bei vielen Gelegenheiten würdigen konnte. All das lag nun schon einige Monate, ja vielleicht sogar schon einige Jahre zurück. Ich erinnere mich nicht mehr genau, und es ist auch nicht besonders wichtig; halten wir hier nur fest, daß sie und ich uns in einer stabilen und quasi endgültigen Phase gegenseitiger Achtung befanden. Und in diese Zeit fiel der Telefonanruf mit ihrer Bitte, der ich mich nicht entziehen konnte.

Der Nachmittag war grau, und das Wohnzimmer, in dem man mich erwartete, für meinen Geschmack etwas düster. Ich erinnere mich daran, daß mir dies aufgefallen war, weil ich bei meiner Untersuchung auf die möglichen Symptome einer Gelbsucht achten wollte und weil die Bindehaut der Augen, bei der sich die ersten Anzeichen dafür bemerkbar machen, besser bei Tageslicht zu sehen ist. Ich nahm die gesamte Szene mit einem Rundblick auf und beschloß, in den Raum hinein allen Anwesenden einen guten Tag zu wünschen. Colette, die ich nun schon seit langer Zeit nicht mehr gesehen hatte und die sich zu einer prachtvollen jungen Frau entwickelt zu haben schien, lag auf dem Sofa gegenüber dem Fenster. Sie stöhnte ohne Unterlaß, hatte die Beine an den Bauch gezogen und hielt die Augen halb geschlossen. Ganz nah bei ihr saß ihre Mutter mit allen Zeichen der Nervosität und der Angst in ihrem Sessel, knetete ihr die Hand, wenn sie sie zu fassen bekam und stieß wie ein Echo auf ihr Stöhnen kehlige Laute aus. Im Hintergrund thronte mit ihrer imposanten Gestalt, die sich vom Fenster abhob, durch das sie noch einige Augenblicke zuvor das Straßenbild beobachtet haben mußte, würdig, mit tadelloser, aber steifer Aufmachung, die Großmutter (mütterlicherseits) der beiden jungen Frauen. Ich kannte sie natürlich, denn ich war ihr mehrmals begegnet, und Denise hatte mir des längeren von ihr und ihrer Geschichte erzählt. Ganz am anderen Ende des Zimmers saß Denise auf einem Stuhl, fast in den Falten der großen Übergardinen verschwindend, zusammengekauert im Halbdunkel, das sie wohlweislich gewählt haben mußte; mit den Armen umfaßte sie die Knie, so als beabsichtige sie – indem sie dieselbe fötale Haltung annahm wie ihre Schwester – ihr zu zeigen, wieviel Mitleid sie mit ihr hatte. Sie lächelte mir zu, als unsere Blicke sich begegneten, als wolle sie mich zum Zeugen nehmen, daß ihre Geschichte noch immer nicht ganz und gar bereinigt war, und als wolle sie um Verzeihung bitten für die Hartnäckigkeit, mit der sie mich um Hilfe ersucht hatte.

Ich setzte mich auf das Sofa und begann, die Geschichte dieser heftigen Schmerzen sorgfältig zu rekonstruieren. Ich schaute mir die Verordnungen meiner Kollegen und die Ergebnisse der Untersuchungen an, die sie befohlen hatten. Dann widmete ich mich Colettes Körper, ohne daß mir dies – wie ich es gefürchtet, aber auch irgendwie im voraus gewußt hatte – den geringsten Hinweis oder das geringste Ergebnis gebracht hätte. Natürlich konnte auch ich keine Diagnose stellen und keine Behandlung vorschlagen. In gewisser Hinsicht wurde ich auf die Jahre, die davor lagen, verwiesen: Eine lange Vorgeschichte, eine umfangreiche Krankenakte und ein Symptom, das sich hartnäckig allen therapeutischen Strategien widersetzte. Und vor diesem Hintergrund schrieb man mir eine Macht zu, die ich – wie ich wußte – gar nicht besaß. Ich bemühte mich, dies offen zu zeigen, und versuchte, meine Ohnmacht zu bekunden. Doch je mehr ich es tat, desto mehr glaubte man an mich. Das war ein ungeheueres Paradox, und ich sah nicht, wie ich mich aus einer heiklen Lage befreien konnte, in der einzig und allein meine Anwesenheit, mein Entgegenkommen, ja sogar meine Komplizenschaft bezeugte.

Ich machte mich daher daran, ganz detailliert den Weg nachzuzeichnen, den Colette in den vergangenen Jahren beschritten hatte. Und mit meinen Fragen wandte ich mich nicht an sie persönlich, denn durch ihre Körpersprache brachte sie deutlich genug zum Ausdruck, daß sie gar nicht in der Lage gewesen wäre, auch nur ein Wort zu sagen. Ihre Mutter hingegen brannte darauf, zu reden, da sie sich die hervorragende Gelegenheit nicht entgehen lassen konnte, in der Gegenwart ihrer Mutter und ihrer Töchter ihre eigenen Verdienste herauszustreichen und ihre mustergültige Tüchtigkeit zur Schau zu stellen, die ihr Leben und ihr Handeln immer bestimmt habe. Sie beteuerte dies tatsächlich so sehr, daß es schon grotesk wirkte. Das ging so weit, daß ich sie unterbrach und sie fragte, ob sie selbst überhaupt höre, was sie da sage. Sie schien einen Moment lang fassungslos über meine Zwischenfrage zu sein und wehrte sie dann ab, indem sie mich schroff fragte: «Sie wollen also sagen, daß ich sie krank mache?» Ich konnte ihre Frage nicht ohne Antwort lassen und hielt es für richtig, ihr zu antworten: «Madame, Sie können nur das zurückgeben, was Sie selbst bekommen haben.» Die Art, wie ich das sagte, erschien mir ebenso einleuchtend wie selbstverständlich. Doch in dem Augenblick, wo ich meine Äußerung machte, wurde mir bewußt, daß ich in einem Tonfall gesprochen hatte, den ich sonst nie annahm, daß ich langsam sprach und meine Worte sorgfältig voneinander absetzte. Vielleicht hatte ich mich von einer Deutung durchdringen lassen, aber ich hatte es auf eine merkwürdig schulmeisterliche Weise getan.

Ich, der ich gleichzeitig Urheber, Teilnehmer und Zuschauer der Szene war, hatte ganz aufmerksame, gespannte Sinne und war entschlossen, mir nicht die geringste Begebenheit entgehen zu lassen, die sich abspielen konnte. Meine Ohren waren gespitzt, meine Augen versuchten die kleinste Veränderung in den Mienen und Haltungen aller Anwesenden zu erspähen. Und was ich soeben gesagt hatte, hatte mich in einen solchen emotionalen Zustand versetzt, daß ich mir meine Gesprächspartnerin gar nicht in einer besseren Pose vorzustellen vermochte und meinen Blick und meine Aufmerksamkeit ganz auf sie konzentrierte. Ich tat dies so sehr, daß ich buchstäblich aus der Fassung gebracht war, als ich hörte, wie auf der einen Seite ein Stuhl mit Gepolter umfiel. Ich wandte mich um und sah, wie Colettes Großmutter am Fenster stand und sich mit seinem Riegelverschluß abquälte; dabei sagte sie laut und vernehmlich: «Herrgott, wie warm es hier drinnen ist! Das ist ja nicht zum Aushalten! Man erstickt hier! Da muß ja ein jeder krank werden!»

Es schien, als habe die Botschaft Colettes – ganz gleich, welche Umwege sie hatte nehmen müssen – endlich ihr Ziel erreicht. Im übrigen hätte ich mir schwerlich eine bessere Empfangsbestätigung vorstellen können – auch wenn sie unerwartet und eigenartig war. Natürlich habe ich es nicht versäumt, Colette ein x-tes krampflösendes Mittel zu verschreiben. Ich war sicher, daß es das erhoffte Wunder bewirken würde. Einmal mehr zeigte ich mich dem Ruf, den ich in dieser Familie genoß, gewachsen. Aber war ich nicht verpflichtet, den Narzißmus dieser Frauen ein wenig zu schonen, denen es immerhin gelungen war, in kurzer Zeit und mit wenigen Worten miteinander abzurechnen?

Denn wie man sehen wird – und wofür man vor allem den Grund verstehen sollte –, handelt es sich bei derartigen Dingen immer um eine Rechnungsbegleichung, auch wenn anfangs nichts dies vermuten läßt.

Eine andere Geschichte, die mir eben beim Schreiben plötzlich wieder in den Sinn kam, veranschaulicht dies: Eines Abends kam ich aus dem Krankenhaus zurück, wo ich einen meiner kleinen Patienten besucht hatte. Ich war zur Hauptverkehrszeit unterwegs und befand mich, wütend vor Ungeduld, auf einem verstopften Boulevard. Ich war gezwungen, das zu tun, was jeder in einer solchen Situation tut: Ich paffte eine Zigarette nach der anderen, drehte unablässig und wahllos am Knopf meines Autoradios und ließ meine Gedanken schweifen, denn ich war bemüht, dieses Stück Zeit nicht zu verlieren, das mir – der ich, wie ich behaupte, einen sehr überlegten Umgang mit ihr habe – geraubt zu werden drohte. Ich schimpfte also vor mich hin, als mir bewußt wurde, daß ich auf der Höhe eines Hauses angelangt war, wo eine kleine Patientin von mir wohnte, der ich einige Jahre zuvor öfter als mir lieb gewesen war Besuche hatte abstatten müssen. Und mir fiel ein, daß ich sie nun schon lange nicht mehr gesehen hatte. Einen Moment schoß mir der Gedanke durch den Kopf, daß ihre Mutter vielleicht einen anderen Arzt aufgesucht habe. Das kommt oft vor: Die freie Wahl des Arztes ist noch immer – wenn ich auch fürchte, daß dies leider nicht mehr lange der Fall sein wird – ein Merkmal unseres Gesundheitssystems. Und ich bin ein leidenschaftlicher Anhänger dieser Praxis. Was nicht hindert, daß ich jedesmal, wenn mir ein Patient ganz unvermutet untreu wird, eine schmerzliche Frustration ob der fehlenden Kenntnisse empfinde, die in diesem Fall zur «Untreue» geführt hatten. Ich habe diese Vermutung sofort darauf wieder verworfen, als mir klar wurde, daß dies ganz einfach unmöglich war. Warum war ich da so sicher und womit konnte ich es begründen? Das weiß ich nicht. Zumindest mit nichts, was sich aussprechen ließe. Vermutlich habe ich gedacht, daß es schön sei, wenn man von Zeit zu Zeit solche Gewißheiten empfindet. Und das tat mir gut. Aber dieser Zustand dauerte nicht lange, so daß ich mich dabei ertappte, wie ich einmal mehr meinen Radiosender wechselte und noch wütender als zuvor die Unannehmlichkeiten des Straßenverkehrs verfluchte.

Einige Tage später sah ich – durch einen Zufall, der für mich ein Geheimnis bleibt – in meiner Sprechstunde eben dieses kleine Mädchen mit seiner Mutter wieder. Paule, die etwa dreieinhalb sein mußte, war seit mehr als sieben Monaten nicht mehr zu mir gekommen. Sie war weder im Herbst noch im Winter krank gewesen, und das war beachtlich, bedenkt man ihr Alter und vor allem das, was sich in der Vergangenheit zugetragen hatte.

Unsere erste Begegnung war eindrucksvoll und unvergeßlich gewesen. Ich hatte sie auf einen Anruf ihrer Mutter hin bei ihr zu Hause aufgesucht. Sie war damals fünf Tage alt und an jenem Morgen aus der Entbindungsklinik gekommen. Es ging ihr nicht gut, ziemlich schlecht sogar. Sie war eher dünn und wirkte etwas energielos. Sie dämmerte vor sich hin und trank nicht ausreichend. Auf den Hinterbacken und den Schenkeln fanden sich noch Beulen, die wohl von Spritzen herrührten, die man ihr verabreicht haben mußte.

Während der Zeit, in der ich diese Symptome feststellte, sagte ich kein Wort – natürlich aus Vorsicht. Aber ich war zudem auch befangen, ja beklommen. Es gelang mir nicht, herauszufinden, ob es sich hier um etwas Besorgniserregendes handelte oder um eine Situation, die von allen möglichen anderen Faktoren beherrscht wurde, die das Unbehagen verursachten, das mich überkommen hatte. Das Zimmer, in das man mich geführt hatte, zeugte von einem fürchterlichen Geschmack, was die Einrichtung betraf; sie war in ihrer Gesamtheit vollkommen wahllos und lieblos, so, als sei sie nur eine Art Provisorium. Der ganze Raum war unaufgeräumt und schmutzig. Die Mutter wirkte erschöpft und schielte ein wenig, was eine unterschiedliche Schrägung ihrer beiden Augenlider noch betonte. Dies verlieh ihrem Blick einen Ausdruck, in dem sich ebenso Schrecken wie Bedrücktheit, Fatalismus und Resignation abzeichneten. Sie ließ sich, offenbar ohne daß ihr dies Probleme bereitete, von ihrer eigenen Mutter, die einen sehr einfachen Eindruck machte und ein strenges und verschlossenes Gesicht hatte, beistehen. Nichts von all dem entsprach der Atmosphäre, in der neugeborene Kinder gewöhnlich aufgenommen werden. Hier lag eher der Tod in der Luft, oder zumindest Trauer. Warum, wußte ich nicht. Aber mußte ich das denn wissen? Im Prinzip nicht, da der Hippocrates-Eid den ärztlichen Augen gebietet, nichts zu sehen, was nicht gesehen werden muß. Doch kann ich meine Empfänglichkeit für diese Art Nuancen nicht ausschalten, und es geschieht, daß sie für die spätere Heilung des Patienten von Nutzen ist.

Ich bat um den Gesundheitspaß, den ich neben dem Kinderbettchen nicht gesehen hatte. Ich erhielt die Antwort, daß die Klinik ihn ohne Erklärung einbehalten habe. Da ich somit nicht über dieses Dokument verfügte, das mir das Mindestmaß an Information über den Verlauf der Schwangerschaft und über den Lebensbeginn dieses Kindes vermittelte, war ich gezwungen, die Mutter ausführlich zu befragen – etwas, was ich nur äußerst ungern tue, weil ich seit langem weiß, daß man immer dann, wenn man Fragen stellt, eben *nur* Antworten erhält und nichts weiter. Doch hier hatte ich keine andere Wahl. So erfuhr ich, daß die Entbindung in einer weit entfernt liegenden Klinik stattgefunden hatte, die keinen sehr guten Ruf genoß, und daß der Arzt, der sie überwacht hatte, ein alter Mediziner war, der schon Paules Mutter zur Welt gebracht hatte und auch deren erste Tochter Gisèle, die drei Jahre zählte und – aus gegebenem Anlaß – ihren Großeltern väterlicherseits in Obhut gegeben worden war. Die Schwangerschaft schien nachlässig betreut worden zu sein, womit man in keiner Hinsicht den Kriterien entsprochen hatte, deren Einhaltung werdenden Müttern empfohlen wird. Die Entbindung selbst war ganz offensichtlich schwer gewesen, zudem hatte sich das Fruchtwasser verfärbt – was gewöhnlich auf ein Leiden des Fötus schließen läßt, das allen möglichen Komplikationen Tür und Tor öffnet. Der alte Geburtshelfer hatte jedoch keinen Kinderarzt kommen lassen und es auch nicht für nötig erachtet, das kleine Mädchen in ein Krankenhaus einzuweisen. Er begnügte sich damit, ihr Injektionen mit einer Antibiotika-Kombination zu verabreichen, die man schon seit langem nicht mehr verwendete, da sie unwirksam ist, ja möglicherweise sogar schädlich sein kann! Dann hatte er sie entlassen, obwohl sie weiterhin Gewicht verlor, als wolle er sich ihrer entledigen und somit den Ruf seiner Klinik nicht gefährden.

Unerträglich für mich waren nicht nur die Inkompetenz und die Unredlichkeit, die ich hier zur Kenntnis nehmen mußte, sondern auch die Tatsache, daß man einem neugeborenen Kind aus einer vagen Sentimentalität oder Loyalität heraus so etwas zumutet – einem ganz neuen Wesen, das nichts anderes verlangt, als in dem Leben, in das hinein man es geboren hat, in angemessener Weise empfangen zu werden.

Als ich meine Befragung beendet hatte, war ich eher wütend als besorgt. Ich nahm noch einmal meine Untersuchung auf und begann dabei heftig über meinen Kollegen herzuziehen, den ich – unter Mißachtung jeder Zurückhaltung – als unüberlegt, ja kriminell bezeichnete. Ich ließ mich zu einem jener Wutausbrüche hinreißen, von denen ich in meiner Laufbahn einige hatte.

Ich stellte die Situation sogar noch etwas dramatischer dar, als sie in Wirklichkeit war, wodurch sich die Spannung, die ich bei meinem Eintreffen gespürt hatte, noch um etliches erhöhte. Ich ließ sofort bei einem Labor anrufen, ich gab strikte Ernährungsanweisungen und verordnete eine Behandlung, mit der nach dem Besuch des Laboranten begonnen werden sollte. Ich verlangte, Paule noch einmal am selben Nachmittag und auch an den darauffolgenden Tagen zu sehen, bis ich den Eindruck hatte, daß sie «über dem Berg» war. Auch danach betreute ich sie weiter, ohne daß es mir jedoch gelungen wäre, ihre merkwürdige Mutter zugänglicher zu machen, mit der sich die Gespräche stets auf ein Minimum beschränkten.

Mit sechs Monaten bekam sie eine Bronchiolitis (schwere Bronchienentzündung), die ich zuerst behandelte, ohne mir deswegen Sorgen zu machen. Aber als Paule innerhalb von acht Wochen dreimal einen Rückfall erlitt, gab ich der Mutter bei einem ihrer Besuche die Anweisung, sie solle bei ihrer Tochter eine Röntgenaufnahme des oberen Verdauungstraktes machen lassen. Damals begann man gerade erst den Einfluß zu erahnen, den der gastro-ösophagische Reflux (Magensaftrückfluß) beim Auftreten immer wiederkehrender Atemwegsprobleme von Säuglingen hat, und man besaß noch nicht all die endoskopischen Untersuchungsmöglichkeiten, über die man heute verfügt. Natürlich hatte ich mir die Mühe gemacht, ihr all das im einzelnen zu erklären. Aber ich sah dennoch, daß sie es ein wenig zögernd, überrascht, ja sogar ein wenig ärgerlich aufnahm. Daraufhin hielt ich es für angesagt, meine Erklärungen noch einmal eine nach der anderen zu wiederholen, wobei ich zur Veranschaulichung eine kleine Skizze anfertigte. Das schien sie etwas fröhlicher zu stimmen, und sie fragte mich, wohin sie wegen der Röntgenaufnahme gehen müsse. Ich gab ihr einen Zettel mit der Adresse und Telefonnummer der Röntgenabteilung des Krankenhauses C. Sie nahm den Zettel entgegen, warf einen Blick darauf, schaute mich an und fragte mich in einem empörten Tonfall: «Sind Sie verrückt?» Das war der erste sprachliche

Austausch zwischen uns, der über das Unpersönliche hinausging, und er war – milde gesagt – sonderbar. Angesichts meiner erstaunten Miene fügte sie hinzu: «Wenn ich mit meiner Tochter ins Krankenhaus C. gehe, bringt mich meine Mutter um.» Ich schwieg darauf, da ich mir sagte, daß dies vielleicht die Gelegenheit sei, bei der ich endlich verstehen würde, was sich bei unserer ersten Begegnung abgespielt hatte. Sie fuhr in einem heftigen Tonfall fort: «Sie haben ja keine Ahnung, was es mit diesem Krankenhaus auf sich hat. Mein kleiner Bruder ist dort im Alter von sechs Monaten an einer Toxikose gestorben.[6] Ich war damals drei Jahre alt, und wenn mein Vater, meine Mutter oder ich zu Fuß unterwegs sind und an diesem Boulevard vorbeigehen müssen, vermeiden wir sorgsam die Seite des Bürgersteigs, auf der das Krankenhaus liegt. Und wenn wir im Auto sind, nehmen wir sogar eine andere Strecke, das heißt, wir machen immer Umwege, damit wir dort nicht vorbeifahren. Für uns ist das im Stadtplan von Paris eine Art Loch, so etwas wie ein weißer Fleck. Verstehen Sie jetzt, warum ich mit meiner Tochter niemals dort hingehen könnte?»

Paule nahm also bei ihrer Mutter die Stellung des zweiten Kindes ein, ebenso wie der kleine Bruder bei ihren Großeltern die Stellung des Zweiten eingenommen hatte. Wartete man auf einen Jungen, um sich mit dieser Geschichte auszusöhnen? Ich stellte diese Frage und erfuhr, daß dies auf den Großvater zutraf. Daher konnte man, was die Wahl des Geburtshelfers betraf, den Eindruck bekommen, als sei sie gemäß einer Geschichte erfolgt, die dazu bestimmt war, wiederholt zu werden, da sie nicht bereinigt und aufgearbeitet werden konnte. Was die Todesatmosphäre anging, die ich bei meinem ersten Hausbesuch so stark gespürt hatte, so bestätigte sich nun, daß sie der Höhepunkt dieser noch immer nicht beendeten Trauer gewesen war.

Mein eigener Platz kam mir nun noch deutlicher zu Bewußtsein. Meine Funktion als Arzt und das Wissen, das diese ihrem Ruf nach über den Tod besaß, hatte die ganze Familie aufgerüttelt und sie veranlaßt, ihre phantasmagorischen Einstellungen aufzugeben. Dadurch, daß ich von einer tödlichen Bedrohung für das kleine Mädchen gesprochen hatte – die durchaus der Wirklichkeit entsprach – und meine Empörung nicht unterdrückt, sondern ihr laut und vernehmlich Ausdruck verliehen hatte, hatte ich bei diesem kleinen Mädchen die Stellung eingenommen, die sowohl von dem enttäuschten Großvater mütterlicherseits als auch von dem Vater aufgegeben worden war, der vollkommen abwesend war, weil er bewußt von der Familiengemeinschaft (mütterlicherseits) ausgeschlossen wurde; und auch von der Mutter war das Kind nicht angenommen worden, wie es dies benötigt hätte, denn sie war mit diesem Schicksal noch immer nicht fertiggeworden. Ich hatte, ohne es zu wissen, diesem Leben seinen Wert gegeben und ermöglicht, daß ihre Mutter Verantwortung und Engagement für es aufbrachte. Und nun brachte ich durch einen seltsamen Umweg das Gespenst zurück, das ich zuerst, ohne mein Wissen, vertrieben hatte. Da war es nicht weiter verwunderlich, daß man mich unter den gegebenen Umständen für «verrückt» hielt.

Es hatte also auf Seiten der Mutter zu sprechen begonnen. Natürlich hatte dieser Vorgang immer stattgefunden, wenn auch auf eine unverständliche Weise. Aber es sprach auch auf meiner Seite, ohne mein Wissen. Und dies war viel mehr gehört worden, als ich vermutet hätte, da die Kommunikation den Bereich des Unausgesprochenen verlassen hatte, und zwar aufgrund dieses so willkommenen Wortes «verrückt».

Ich gab ihr die Adresse einer privaten Röntgenpraxis und vereinbarte mit ihr einen weiteren Termin.

Die Behandlung, die ich für den bei Paule tatsächlich gefundenen Rückfluß verordnete, hatte leider nicht die erhofften Resultate gebracht, so daß ich mehrere Male versuchen mußte, das Kind durch eine vorgenommene Reinigung von seinem Schleim zu heilen. Ohne großen Erfolg. Die Atemwegskrisen wurden allmählich chronisch, was mich zur Verzweiflung brachte und mich in unerträglicher Weise auf mein Scheitern verwies, und das, obwohl ich doch so sehr auf unseren Austausch und auf die Aufarbeitung der Geschichte gerechnet hatte, um die gesundheitlichen Probleme zu beseitigen. Es war so, als müsse ich den ganzen Weg noch einmal von neuem zurücklegen, um meine therapeutische Versuchung aufzugeben, meine Ohnmacht erneut einzugestehen, und es der Lösung zu ermöglichen, – wie immer – von anderer Seite zu kommen. Und tatsächlich hatte ich es wiederum Paules Mutter zu verdanken, daß die ganze Sache einen glücklichen Ausgang nahm.

Eines Tages kam sie mit ihrer kleinen Tochter zu mir, die in einem so guten Zustand war, daß ich mich darüber wunderte. Beim Abhören fand ich nicht den geringsten Hinweis auf die Symptome der Atemwege, die ich seit Monaten bei ihr festgestellt hatte. Ich war verblüfft, ja geradezu fassungslos und gab meiner Freude Ausdruck. Auch fügte ich hinzu, daß ich es mir nicht recht erklären könne. Da erzählte mir Paules Mutter, was sich zugetragen hatte, was zeigt, daß auch eine befriedigende Lösung nicht immer eine Lösung für eine Erklärung findet, die per definitionem unerschöpflich ist.

«Als ich Sie neulich gefragt habe, ob das alles von einer Katzenallergie kommen könnte, haben Sie gleich abgewinkt und geantwortet, daß Paule noch zu klein wäre, um derartig heftige Symptome zu entwickeln», sagte sie zu mir. «Aber ich muß Ihnen sagen, Sie haben mich nicht überzeugt, und ich habe nicht auf Sie gehört. Ich habe meine Katze meinen Eltern in Obhut gegeben, und seitdem ist Paule gesund.» Solche Äußerungen höre ich furchtbar gern, vor allem vielleicht, wenn sie ganz nebenbei irgendeine unangefochtene wissenschaftliche Behauptung widerlegen. Und es spielt keine Rolle, daß dies zu Fehlinterpretationen führen kann. Aber da ich nicht an Wunder glaube, versuchte ich, noch ein wenig mehr herauszufinden. «Erzählen Sie mir von Ihrer Katze», bat ich Paules Mutter. «Warum gerade diese Katze – und was bedeutet eine Katze eigentlich für Sie?»

«Meine Katze», antwortete sie fieberhaft, «aber Sie haben ja keine Vorstellung, was das für mich sein kann! Sie ist geradezu lebenswichtig für mich. Sie ist einfach unglaublich. Ich kann eigentlich gar nicht ohne sie sein. Sie ist eine Energiequelle, ja, eine wundervolle Energiequelle. Wenn ich morgens aufwache, gehe ich als erstes zu ihr und streichle sie. Und nach dieser Streichelei bin ich gerüstet für den ganzen Tag. Und wenn sie zufällig einmal nicht da ist, bin ich deprimiert. Beispielsweise jetzt, wo ich sie zu meinen Eltern gegeben habe, gehe ich jeden Tag bei ihnen vorbei, um das Tier dort zu streicheln. Soweit ich denken kann, habe ich immer eine Katze besessen. Und bis zu meiner Heirat hatte ich sie nachts immer bei mir im Bett. Als ich klein war, sagte meine Mutter, das wäre der Ersatz für meinen kleinen Bruder, und sie wollte, daß ich ihr den Namen meines Bruders gab.»

Ich hörte mir all das an und stellte es, so gut ich konnte, in den Kontext der Entwicklung dieser Krankengeschichte. Ich war ganz in meine Gedanken versunken, als ich sie weitersprechen hörte: «Auch meine Eltern haben eine Katze, die sie wie ein Kind behandeln; vielleicht, ja sicher sogar ist sie für sie der tote Sohn, obwohl sie heute so etwas nicht mehr zu sagen wagen, aus Angst, sich damit lächerlich zu machen. Sie haben mir keine Schwierigkeiten gemacht, als ich ihnen sagte, daß ich meine Katze bei ihnen lassen wolle. Aber, wissen Sie, im Grunde stellt sie das vor ein ganz schönes Problem, denn denken Sie, meine Katze will partout bei ihnen mit im Bett schlafen. Aber sie haben ja schon eine; und nun hat sich herausgestellt, daß die beiden Katzen sich überhaupt nicht vertragen, vor allem nachts! Also waren meine Eltern gezwungen, ihre Betten zu trennen! Und da ich nicht mehr mit den Kindern bei ihnen vorbeischaue, müssen sie außerdem zu mir kommen, wenn sie sie sehen wollen. Und das paßt ihnen gar nicht – wie Sie sich vorstellen können. Aber uns tut das gut, sage ich Ihnen ...»

Hier muß eine Trauer beendet, ja eine Geschichte wiederaufgenommen und durchgearbeitet werden. Woanders ist ein Identitätsproblem zu lösen. Und wieder woanders ist Wohlwollen zu gewinnen, als sei es für den Fortgang des Lebens unerläßlich. Aber in allen Fällen handelt es sich um einen sonderbaren, verbissenen, erbärmlichen Kuhhandel, der nach den Aussagen ihrer Protagonisten unvermeidlich ist, und der das Kind ganz offensichtlich als die einzige «Münze», die Gültigkeit haben kann, verwendet – und mißbraucht. Als wenn die starke Verdichtung der Zeit in diesen drei Modi sich nur dadurch auflösen könnte, daß der Logik ihres Ablaufs Aufmerksamkeit geschenkt wurde. Wenn die Gegenwart in eine Zukunft mündet, so tut sie es selbstverständlich, indem sie sich auf die Vergangenheit stützt. Aber es ist besser, wenn diese Vergangenheit an ihrem Platz bleibt und nicht versucht, sich still und heimlich in das Feld der Gegenwart zu schleichen, da sonst die Gefahr besteht, daß sie dort für immer die Zukunft stört und damit die Entwicklung belastet, die jeder Fortgang einer Geschichte verlangt – wo wir wiederum, aber in einer anderen Form, den Begriff der Undurchlässigkeit wiederfinden, von dem bereits die Rede war.

«Let bygones be bygones» (Laß die Vergangenheit ruhen), sagt der Dichter. Gewiß, aber kann es denn überhaupt anders sein? Ist es nicht seit Urzeiten immer so gewesen? Und wie kann das Geheimnis von der einzigartigen Beziehung, die Töchter zu ihren Müttern haben, es erklären?

Mutter, wie viele Schritte darf ich tun?

Man hatte also schon nicht mehr daran geglaubt. Und ich weiß noch immer nicht, warum.

Denn ungeachtet der für die Schilderung aufgewandten Mühen, die mich – mehr, als ich es für möglich gehalten hätte – wieder mit der Intensität meiner Empfindungen und den tiefsten Schichten meiner Erinnerung konfrontiert haben, ist es mir nicht gelungen, die Ereignisse in ihren Einzelheiten zu rekonstruieren. Ja, um überhaupt über sie berichten zu können, muß ich mich bezüglich ihrer Abfolge und ihrer Chronologie auf vage Erinnerungen stützen.

Direkt nach dem Neujahrstag, als man glaubte, alle Probleme praktisch im Griff zu haben, traten die Krämpfe ohne irgendwelche Vorwarnungen plötzlich wieder auf. Es ist in solchen Fällen üblich, auf das heimtückische Wesen der Krankheit zu verweisen. In Wahrheit läßt niemand sich jemals dadurch täuschen, aber dieses Vorgehen bietet zumindest den Vorteil, die eigene Unwissenheit zu verbergen und zu verhindern, daß zu starke Angst aufkommt. Im vorliegenden Fall nahm man um so bereitwilliger Zuflucht dazu, als das Krankheitsbild dieses Mal ein gesteigertes Risiko aufwies, da die Krisen trotz der vielen Medikamente, die man verabreichte, nicht nachließen. Man sah sich also mit dem Schrecken einer nur allzu deutlichen Machtlosigkeit konfrontiert. Die Phasen des Abwartens, die man sich einräumte, wie auch die Hoffnungen, die man in die spontane Lösung des Falles setzte, sollten mehrmals durchlebt werden. Man wußte absolut nicht, wie man weiter vorgehen, nicht einmal, was man überhaupt noch tun sollte. Logischerweise war man es sich schuldig, die Verantwortung abzutreten oder zumindest andere Spezialisten zu Rate zu ziehen. Aber diese Vorgehensweise, die von den Klinikchefs im allgemeinen nicht gern gesehen wird, traf damals noch weniger auf Zustimmung. Doch man hatte bereits viel zuviel in den Fall investiert, um über die Verantwortlichkeiten zu streiten oder auf schäbige Betrachtungen des Verdienstes oder des Ehrgefühls Rücksicht nehmen zu können. Es wurde am Ende also ein Neurologe von außerhalb konsultiert. Er kam noch am selben Vormittag. Eingehend studierte er die Krankenakte und die verschiedenen Krankheitsverläufe und kam zu dem Schluß, daß Gwenael ins Krankenhaus S., in die neurologische Abteilung, verlegt werden müsse, die damals als die allerbeste galt. Der Chef, dessen mögliche Ablehnung auf diese Weise überwunden wurde, unterhielt sich lange mit seinem Kollegen über den Fall und insbesondere über das familiäre Umfeld. Er erhielt von ihm die Zusicherung, daß die Mutter dort die gleichen Vergünstigungen eingeräumt bekommen würde, wie die, die er ihr selbst auf seiner eigenen Station zugestanden hatte. Gwenael wurde verlegt.

Die Krisen – das ist der Begriff, mit dem man diese quasi ununterbrochenen Krampfanfälle bezeichnet – wurden jedoch erst nach fünf Tagen unter Kontrolle gebracht. Aber als alles wieder in Ordnung war, stellte man fest, daß Gwenael dieses Mal, und das war das wirklich Verblüffende, durch die Krämpfe keinerlei Folgeerscheinungen davongetragen hatte. Zudem entsprach das Gesamtbild seiner biologischen Parameter zum ersten Mal seit diesen langen Wochen wieder genau dem Normalen. Man konnte ihn endlich als wirklich geheilt betrachten. Und abgesehen von letzten Kontrollen seiner Krampfbehandlung und der Überwachung des elastischen Widerstands seines arteriellen Systems (der zum damaligen Zeitpunkt normal war, aber dennoch jederzeit steigen konnte, und zwar außerordentlich) bedurfte er keiner Behandlungen mehr, und man sah freudig seiner Entlassung in den nächsten Tagen entgegen. Ausgerechnet zu diesem Zeitpunkt trat bei ihm ein heftiger und starker Durchfall auf, der zu einem raschen und schwerwiegenden Wasserentzug führte.

Man war darüber nicht allzusehr beunruhigt, da es sich dabei – insgesamt betrachtet – um eine banale Sache handelte.[7] Man sollte übrigens bei der Untersuchung des Stuhlgangs den gleichen Keim entdecken, der seit einigen Wochen auf der Station grassierte. Man ergriff also die angezeigten Maßnahmen und legte ihm unverzüglich die erforderliche Infusion an. Einige Stunden später zeigte sich zum Erstaunen aller ein neues Krankheitsbild. Es sollte sich als weitaus schwieriger erweisen, dieses unter Kontrolle zu bringen als das vorangegangene. Und ohne daß man sofort die Ursache verstanden hätte, trat das ein, was man befürchtet hatte und dem man so viele Male entkommen war: Gwenael war nach den Krampfanfällen nun schlaff wie eine Stoffpuppe, und sein Gehirn war vollkommen und unwiderruflich zerstört, er war für den Rest seines Lebens ein Gehirnkranker.

Eine Katastrophe.

Eine Katastrophe, deren Auswirkungen man sich vorstellen zu können glaubt. Doch nichts spielte sich so ab, wie man es hätte erwarten können. Während ein Unglück dieser Art die verschiedenen Akteure hätte zusammenführen müssen oder zumindest können, die im Laufe dieser langen Wochen an dem Fall zusammengearbeitet hatten, trennte dieses sie radikal. Eigenartigerweise ergriff keiner die Initiative für ein Zusammentreffen oder einen Austausch mit einem anderen. Als ob jeder sich zugleich schuldig und als Opfer fühlte und es nicht wagte, sich dem Blick eines der anderen Beteiligten zu stellen, aus Angst, von diesem eine unerträgliche Zerknirschung oder – schlimmer noch – eine stumme Anklage abzulesen.

Erst nach Ablauf mehrerer Monate, am Ende jener Zeitspanne, die für die relative Linderung des Schuldgefühls notwendig ist, nahm ich wieder mit den verschiedenen Teams Kontakt auf und wagte es, den Fall in der eingestandenen Absicht anzusprechen, besser zu verstehen – wenn das überhaupt möglich war –, was sich abgespielt haben könnte. Während ich von so manchem fast nichts als spärliche, betrübte und nichtssagende Kommentare zu hören bekommen hatte, war es Pierre-Marie, der ausgezeichnete Pierre-Marie, der integre Pierre-Marie, der gewillt war, in aller Freundschaft das zu brechen, was ich inzwischen als abgemachtes Schweigen zu betrachten begann. Er zog mich ins Vertrauen, und das, was er mir mitteilte, verschlug mir die Sprache. Das letzte Krankheitsbild, das der Auslöser von Gwenaels Enzephalopathie (Gehirnschädigung) gewesen war, habe nichts mit seiner Krankheit zu tun gehabt, von der er wirklich dauerhaft geheilt gewesen sei. Es sei auf einen bedauerlichen Irrtum bei der technischen Durchführung der Behandlung der dazwischen aufgetretenen Diarrhoe zurückzuführen.

Um das Ausmaß des Dramas verstehen zu können, muß man wissen, daß die Vorbereitung der Infusionsflaschen nur jeweils von Hand erfolgen kann. Tatsächlich kann man die Verabreichung nur so den verschiedenen Parametern des jeweiligen Falles genau anpassen. Zunächst einmal berechnet man also die über vierundzwanzig Stunden zu verabreichende Menge des physiologischen Serums und der Zuckerlösung und bestimmt, welche Menge stündlich, Tropfen für Tropfen, zugeführt werden soll. Dann fügt man der Flasche eine durch eine vorausgegangene Blutuntersuchung genau bestimmte Menge verschiedener Mineralsalze hinzu, die allein erst eine Infusion möglich machen, weil sie für die richtige und gleichmäßige Auflösung der Flüssigkeit in den verschiedenen Zellen des Organismus unverzichtbar sind. An diesem Tag hatte anscheinend eine neue Hilfsschwester Dienst und die Infusion angelegt. Aber sie hatte vergessen, die Tropfmenge einzustellen, und hatte es – der gravierende Fehler – einfach unterlassen, die Mineralsalze hinzuzufügen. Die Flüssigkeit hatte das Blut auf einen Schlag stark verdünnt und in dem durch die Krankheit bereits ziemlich mitgenommenen Gehirn rasch ein irreversibles Ödem entstehen lassen, das sich in dem bekannten Krankheitsbild manifestierte. Das hatte man leider sehr spät erkannt. Denn eigentlich ist es unvorstellbar, daß während der ganzen Zeit, die man mit dem Kind beschäftigt war, man nicht daran gedacht hatte, die Tropfgeschwindigkeit oder die

Zusammensetzung der Infusion, die ständig weiterfloß, zu überprüfen.

Ein Alptraum!

Man hatte im Laufe dieses Krankenhausaufenthalts mehrfach glauben können, den Tiefpunkt gestreift, wenn nicht gar erreicht zu haben, aber das war im Vergleich zu der Katastrophe, mit der man es nun zu tun hatte, noch gar nichts gewesen.

Auf solch eine Information kann man mit allen möglichen Fragen nach einer Erklärung für eine derartige Panne reagieren, nach der statistischen Häufigkeit und den Möglichkeiten, so etwas zu verhindern. Man kann auch im nachhinein erzittern, wenn man an einen früheren Krankenhausaufenthalt denkt, oder aber, *a contrario*, von nun an sowohl für sich selbst als auch für nahe Angehörige in bezug auf jede mögliche Krankenhauseinweisung mißtrauisch werden. Das alles ist nicht wirklich von Interesse. Denn jeder weiß, daß selbst im Bereich der überhandnehmenden und schon so überheblichen Informatik Fehler menschlich bleiben, im höchsten Grade menschlich und daher unvermeidlich. Es gibt bei Versicherungsgesellschaften sogar Mathematiker, deren Aufgabe darin besteht, die Wahrscheinlichkeit menschlichen Versagens auf allen Gebieten, an allen Orten und unter jedweden Umständen möglichst genau auszurechnen.

Was dagegen bedenkenswert ist, das ist die Frage, wer die Wahrscheinlichkeit eines niederschmetternden Schicksals errechnet haben könnte. Eine ungewollte Schwangerschaft (die sechste dieser Art in zehn Jahren!), eine seltene Krankheit mit irreführenden Symptomen, ein aufeinanderfolgendes dreimaliges Ableben und Wiederbeleben, die langen, anhaltenden Phasen der krampfhaften Aufwallungen des Gehirns – das alles wird überstanden, ohne eine Spur zu hinterlassen, um dann in einer kläglichen Fehlleistung zu enden, die eine dauerhafte Behinderung zur Folge hat. Als ob der wilde und entschlossene Kampf gegen die ursächliche, unvermutete Infektion und ihre Konsequenzen nutzlos gewesen wäre und der Tod daran festhielte –

wie er es nach Aussage mancher Leute tut, wenn er sich einmal dazu entschlossen hat –, seine Beute zu fordern, indem er sich aller erdenklicher Mittel bedient. Da diese fatalistische Sicht der Dinge nie nach meinem Geschmack gewesen ist, glaube ich, anderswo nach der Erklärung für meine Amnesie und das Ausmaß des Bedauerns, in das sie mich immer noch stürzt, suchen zu müssen.

Denn was ist mir lange Zeit geblieben, um diese entsetzliche Verkettung zu verstehen? Allein die Abfolge der Ereignisse und das, was ich gegebenenfalls damit anfangen konnte oder nicht. Aber konnte ich etwas damit anfangen? Stand die Ursache nicht bereits fest? Hatte das einmütige Schweigen der an diesem Fall Beteiligten nicht uns, diese Mutter und mich, in dem Glauben zusammengeschweißt, daß die Krankheit am Ende die Oberhand gewonnen und den überaus großen Wunsch, Leben zu erhalten, mit Füßen getreten hatte? Wir empfanden nicht nur Kummer, Verdruß und Schmerz. Wir waren zutiefst erschüttert. Der Tod hatte einen Weg gefunden, sich heranzuschleichen und sich dann tief in uns einzugraben, und wir waren nicht ohne Vorahnung, daß wir, um wieder ins Leben zurückkehren zu können, gezwungen sein würden, ihn aus seinem Versteck hervorzulokken.

Ich habe allein vergeblich versucht, ein paar Antworten auf meine vielen Fragen zu finden. Beispielsweise auf jene, die mit der Anwesenheit der Mutter Gwenaels in jenem abgetrennten Bereich des Krankensaals zusammenhingen. Das war eine Premiere, eine große Premiere auf der neuen Station. Wie war es dazu gekommen? Wie waren die Erfahrungen damit? War es ohne Reibungen oder Spannungen abgelaufen? Hatte man versucht, die Dauer ihrer Anwesenheit zu begrenzen oder sie auf bestimmte Zeitspannen festzulegen? War es möglich gewesen, zu der neuen Belegschaft die gleiche Beziehung zu knüpfen wie zu der auf der früheren Station? Ich konnte über all dies nichts wissen. Ich konnte mir lediglich vorstellen, daß der telefonische Kontakt zwischen den beiden Stationsärzten zumindest dazu beigetragen haben muß, mögliche Schwierigkeiten zu verringern, wenn nicht aus dem Weg zu räumen. Aber hatte man diese Mutter verstanden? Hatte man ihre Entschlossenheit wahrgenommen und bemerkt, welche Hilfe sie darstellen konnte? War sie angenommen und akzeptiert worden? Oder hatte man sich nur ihrem hartnäckigen Eifer gefügt und darauf mit einer Art stummen und unterwürfigen Aggressivität reagiert, die in der Fehlleistung gipfelte?

Ich bedauere es, genau diesen Punkt nicht direkt bezeugen zu können. Tatsächlich weiß ich bis heute nicht, wo ich in der besagten Woche war und was ich getan habe. Ich bin mir nur sicher, in dieser Woche nicht im Krankenhaus S. gewesen zu sein. Lag es womöglich an meinen bekannten Problemen mit unserem Hausmädchen, die, wie ich mich erinnere, eine recht böse Wendung genommen hatten? Oder war ich von anderen persönlichen Sorgen überlastet? Oder hatte ich die Partie gar ein wenig zu früh als gewonnen betrachtet und mich unklugerweise dazu hinreißen lassen, in meiner Wachsamkeit nachzulassen? Aber sind diese Fragen, die zum Teil vielleicht völlig unangebracht sind, noch zu irgend etwas nutze? Scheinen sie nicht vielmehr den erbärmlichen Aspekt der Unschuldsbeteuerungen zu beinhalten, deren Ungeschicklichkeit weder von Ungehörigkeit noch von Anmaßung freispricht? Denn tatsächlich deutet nichts darauf hin, daß meine Anwesenheit am Ort des Geschehens sich in irgendeiner Form hätte vorteilhaft auswirken oder den Lauf der Ereignisse in irgendeiner Weise hätte beeinflussen können.

Abgesehen von der Art Absolution, die ich mir offenkundig nebenbei erteile, läßt die minuziöse Bestandsaufnahme all dieser nebeneinander gestellten Fakten keine brauchbare Schlußfolgerung zu. Zumal eine Vielzahl von Parametern und von Beziehungsgeflechten, die damit verbunden sind, in ein und demselben Punkt zusammenlaufen. Damit ich nicht in dieser Sackgasse steckenbleibe, muß ich zwangsläufig weiterhin so viele Fragen wie nur möglich aufwerfen und natürlich auch mir selbst stellen, weil ich hoffe, daß zumindest die Formulierung einer dieser Fragen einen neuen Weg aufzeigen oder eine neue Erklärungsmöglichkeit erahnen lassen wird. Jedenfalls habe ich mich aus diesem Grund eingesetzt – bis hin zu dieser Niederschrift, auf die ich mich in der Hoffnung eingelassen habe, daß ich früher oder später eine Entdeckung machen werde. Und da sich die Untersuchung der bloßen Tatsachen allein als absolut nicht weiterführend erwiesen hat, erscheint es mir wichtig, die Antwort im Kern des Lebensprozesses zu suchen und dem, was sich in Reichweite unseres Verständnisses ereignet hat, Sinn zu verleihen.

Denn so wie nichts voraussehen läßt, daß der Genuß frischer Milch zu einer ernsten Erkrankung führen kann, so kann nichts irgend jemanden definitiv vor einem dummen Behandlungsfehler schützen. Ich glaube übrigens nicht, daß wir in unseren Beziehungsgeflechten aus der überhandnehmenden «Null-Fehler»-Ideologie der japanischen Automobilhersteller einen Nutzen ziehen können, die, indem sie angstbedingte und solipsistische Sicherheitsreflexe schafft, jeden in seine Metallkapsel einschließt und von jeglicher Kommunikation fernhält. Wir leben in ständigem Kontakt mit einer Vielzahl von Menschen, die ebensosehr «fremd» sind gegenüber jenen, mit denen wir uns austauschen, und notwendigerweise das Risiko eingehen, nicht immer im voraus zu wissen, in welcher Situation wir uns befinden oder in welche wir geraten werden. Fest steht, daß wir ungeachtet unserer jeweiligen Lage, zumindest wenn wir keine schlimmen Paranoiker sind, nie im voraus sicher sein können, wozu ein solches Zusammentreffen führen wird. Die harmonische Kontaktaufnahme des Unbewußten der verschiedenen Protagonisten einer Geschichte ist dem Bereich der Fiktion oder der Phantasie zuzurechnen. Die Behauptung, dies sei möglich, ist stets eine Irreführung. Und einzig von dieser Position und dem bisher Gesagten ausgehend kann man versuchen, wenn schon nicht eine schlüssige Erklärung für die Fehlleistung zu finden, so doch zumindest eine kohärente und wohlbegründete Hypothese aufzustellen.

Kehren wir also zu den Tatsachen zurück, ohne etwas hinzuzufügen, aber auch ohne etwas wegzulassen. Die Hilfsschwester war unerfahren. Meinetwegen. Aber die Tatsache ist – um glaubwürdig zu sein – eine viel zu bequeme Entschuldigung, um als solche zu überzeugen und um auf jedes weitere Nachfragen zu verzichten. Ich war häufig genug in Krankenhäusern, um zu wissen, wie die Dinge unter solchen Umständen ablaufen. In Wahrheit hätte man diese junge Frau nicht Dienst tun lassen dürfen, ohne ihr ein Minimum an Vorinformationen zu geben. Nun, solche Informationen sind weder schwierig zu geben noch sich zu merken. Die Vorgehensweise ist absolut einfach, da es lediglich darum geht, mit Hilfe einer Injektionsspritze eine bestimmte Flüssigkeitsmenge aus den sie enthaltenden Ampullen in die Infusionsflasche zu füllen. Und weiter: Wenn dies die erste Infusion war, die diese Schwester angelegt hat, dann war es auf einer Station, auf der eine gastroenteritische Epidemie grassierte, gewiß nicht die einzige oder letzte. Nun, es wurde kein weiterer Unfall dieser Art gemeldet. Andernfalls hätten sich meine Gesprächspartner beeilt, mir solche Unfälle mitzuteilen, und wären nur allzu erleichtert gewesen, jenen, über den ich sie befragte, in eine unglückliche, aber unvorhersehbare Serie einreihen zu können. Man kann aber nicht die Unerfahrenheit der diensthabenden Schwester als einzige Entschuldigung der Katastrophe gelten lassen, sondern ist gezwungen, sie ganz direkt in Frage zu stellen und ihren Irrtum als eine authentische Fehlleistung zu verstehen – bei der es sich bekanntlich immer und vor allen Dingen um eine außerordentlich gelungene Fehlleistung handelt. Aber das ist nicht alles. Denn wenn es dem Unbewußten dieser Hilfsschwester gelungen war, ihr das Verhalten dermaßen zu diktieren und zu bestimmen, dann ist das gewiß kein Zufall, sondern – wie üblich – das Resultat ihrer Konfrontation mit einer Situation, die sie als bedrohend empfunden und von der sie sich zu befreien, wenn nicht gar zu schützen bemüht hätte.

Ich habe unentwegt und wiederholt auf die Verwirrung hingewiesen, in die mich Gwenaels Mutter seit unserem ersten

Zusammentreffen gestürzt hat und nicht aufgehört hat zu stürzen. Und ich habe, um dies zu erklären, zu beherrschen und mich davor zu schützen, Wert darauf gelegt, von Anfang an darauf hinzuweisen, daß mich vieles an ihr an meine eigene Mutter erinnerte und daher für die außergewöhnliche Art unserer Beziehung verantwortlich sein konnte. So hat es sich für mich dargestellt, und man kann mir nicht vorwerfen, diese Sichtweise aufgrund einer besonderen oder übertriebenen Sensibilität meiner Affekte angenommen zu haben. Hätte ich diese Affekte nicht angesprochen, hätten sie deshalb nicht weniger existiert, und sie hätten mich nichtsdestotrotz in genau den gleichen Zustand versetzt. Was ich daraus gemacht habe, hat mir lediglich dazu gedient, mich von ihnen nicht aus der Fassung bringen zu lassen – was ja immerhin auch schon etwas ist, aber noch nicht ausreichend war. Nun, nichts entgeht der Wahrnehmungs- und Empfindungsfähigkeit, mit der ich mich selbst analysiert habe. Abgesehen davon kann man sich neben einer solchen Analyse nur von seinen Eindrücken leiten lassen und auf unwillkürliche und unkontrollierbare Weise darauf reagieren. Da andererseits jeder seine eigene Geschichte lebt und sein eigenes Lebensabenteuer hat, kann man auf diese Mutter – wie übrigens auf jede andere – schließlich nur auf seine eigene, ganz persönliche Weise reagieren. Nichts läßt also die Annahme zu, daß die beschuldigte junge Frau so reagiert haben muß, wie ich es getan hatte oder wie es bei den früheren Pflegekräften der Fall gewesen war.

Davon ausgehend kann man eine Vielzahl von Szenarien konstruieren, die gleichermaßen schlüssig und alle geeignet sind, die außerordentliche Aggressivität zu erklären, die die Fehlleistung bedingt hatte. Es wäre angesichts des geringen Materials jedoch unredlich und anmaßend, auch nur eines davon als gesichert hinzustellen. Es reicht aus, einfach zu erkennen, daß Gwenaels Mutter sowohl durch ihre Einstellung als auch durch ihr Verhalten von manchen Menschen durchaus als absolut unerträglich, ja sogar als erschreckend empfunden werden konnte. Ich selbst habe bei mehreren Gelegenheiten darauf hingewiesen, zu wieviel innerer Arbeit mich ihre unglaubliche Gelassenheit gezwungen hat. In einer anderen Epoche wäre sie gewiß früher oder später auf dem Scheiterhaufen gelandet und als Hexe verbrannt worden. Welch erschreckende Macht schien sie auf den ersten Blick in sich zu bergen! Sie legt sich einen Ruf zu, dem es gelingt, die Grenzen der Krankenhäuser zu überwinden und der ihr sogar in jene Station vorauseilt, in die sie schließlich gelangt, und sie wird Gegenstand einer absolut außergewöhnlichen Begünstigung und einstimmiger Lobreden. Schließlich hat sie als Urheberin dreier Wiederbelebungen – von welchen eine offiziell anerkannt wird – ein Verdienst und ein Format und stellt eine Macht über sich und die anderen unter Beweis, die insbesondere von einer anderen Frau als erschreckend und einfach unannehmbar empfunden werden kann. Und diese Frau hätte demnach schließlich nicht in der Eigenschaft als Mutter, die die üblichen Schrecken und Zweifel jeder Mutterschaft durchmacht, gehandelt. Denn selbst wenn sie einen Anschlag auf ein Bild hatte verüben wollen, das ihr als zu vollkommen erschienen war und das sie niemals zu erreichen hoffen konnte, konnte ihre Gegenidentifikation die mütterliche Solidarität nicht zum Schweigen bringen und nicht verhindern, daß sie einem Kind die Schuld zuschob, das sie nur allzusehr an ihr eigenes erinnerte. Dafür konnte sie in ihrer Eigenschaft als stets unterlegene Tochter in einem unlösbaren Streit mit ihrer nicht totzukriegenden Mutter vorgeben, durch einen einfachen Effekt der Verdrängung[8] das zu zerstören, was sie in Wirklichkeit auf ihre Nichtigkeit verwies. Nicht Gwenael war also Ziel dieses Mordanschlags, sondern seine Mutter, und einzig seine Mutter, so wie sie wahrgenommen und empfunden worden war.

War das eine Tötung dieser «Mutter gegen den Tod»?

Und was noch wichtiger ist: Sie, die ausschließlich Jungen zur Welt gebracht hatte, wurde stellvertretend von der Mutter einer Tochter getötet! Als ob es ihr nicht gelungen wäre, die Falle zu umgehen, vor die ihre Fortpflanzungswahl sie angeblich hätte schützen müssen. Hinter dieser Feststellung trifft man wieder auf die bekannte Frage nach dem Geschlecht der Kinder und seiner geheimen Vorherbestimmung. Und dahinter auf das Zurechtrükken einer gängigen Vorstellung, die nicht aufhört, Unglück zu verbreiten: Jene nämlich, die vorgibt, daß sich die Beziehungen der Töchter zu ihren Müttern ganz selbstverständlich in Gelassenheit, gegenseitigem Einverständnis und Harmonie abspielen. Es wäre beinahe zum Lachen, wenn man nicht die wahre erbarmungswürdige Dimension des Dramas eingestehen müßte. Denn was hat uns diese traurige Schlußfolgerung gezeigt? Die Auswirkungen einer der radikalsten Formen von Gewalt, jene, die sich – alle Barrieren überwindend – nur mit dem einen Ziel auf ihr Objekt stürzt, es zu vernichten oder für immer verschwinden zu lassen. Und da die Energie, die sie zu diesem Zweck mobilisiert, beachtlich ist, kann man sie sich nicht anders vorstellen, denn als Ergebnis eines Prozesses, der sehr lange zur Reifung gebraucht hat und der einen Tag einer weit zurückliegenden Vergangenheit wieder hervortreten läßt, weil er nun die günstige Gelegenheit gefunden hat, sich Ausdruck zu verschaffen. Die vielseitigen aggressiven Triebe, die lange Zeit zum Schweigen gebracht, erstickt, kontrolliert und unterdrückt wurden, haben plötzlich Bedingungen vorgefunden, um sich brutal freizusetzen. Was daraus hervorgebrochen ist, hatte nur noch sein Werk zu vollbringen.

Sollte dieses Fallbeispiel eher als Ausnahme angesehen werden? Das würde man gerne tun, und ich wäre der erste, der dies proklamieren würde, wenn ich die verärgerten, aufmüpfigen, verbitterten oder gehässigen Aussagen nicht noch im Ohr hätte, die mir zahlreiche Töchter mit zusammengebissenen Zähnen und feuchten Augen im Hinblick auf ihre Mutter gemacht haben. Ich befasse mich hier selbstverständlich nicht mit jungen Mädchen oder Teenagern. Sondern ich erzähle von jenen Töchtern, die Mütter geworden sind, die es manchmal wagen, sich hinreißen zu lassen, von ihrem Konflikt zu erzählen, seine Spuren zurückzuverfolgen und das Unterdrückte zu bezwingen, um endlich den Mut aufzubringen, die versteckte Gewalt anzusprechen, die sie immer in sich gespürt hatten, die sie aber nie zum Ausdruck bringen und von der sie sich auch nie befreien konnten. Außerdem erlauben sie sich dies erst, wenn es ihnen gelungen ist, durch das Vorrecht ihrer neuen Funktion als Mutter die Energie zu schöpfen, die sie aufwenden müssen, um sich der Unvermeidlichkeit einer Weitergabe zu entziehen, der sich zu unterwerfen sie seit jeher aufgefordert gewesen waren. Wenn sie nicht so lange gewartet haben, bis sie Mutter wurden, um die Augen aufzumachen und aufzuhören, sich zum Narren halten zu lassen, dann vertrauen sie uns meist einen vergangenen schwierigen Kampf gegen die Magersucht oder Bulimie an, aus dem sie niemals unversehrt hervorgegangen sind und von dem man weiß, daß er eine unentwirrbare Mischung aus Liebe und Haß zum Ausdruck bringt, aus Unterwerfung und Aufbegehren, aus Hoffnung und Verzicht, aus Kühnheit und Resignation.

Aber wie viele Frauen schlagen einen solchen Weg ein, im Verhältnis zu jenen, die, von Gewissensbissen gequält und in eine riesige Schuld verstrickt, weiterhin blind den zerstörerischen Diktaten gehorchen, von welchen sie sich endgültig beherrschen lassen und von welchen ich eine Vielzahl von Beispielen anführen könnte. Und ich spreche nicht von jenen Frauen, die nicht zur Sprechstunde kommen können, ohne immer noch von ihrer eigenen Mutter als Anstandsdame begleitet zu werden. Ich werde auch nicht von jenen sprechen, die es aus vielerlei strategischen Gründen verstehen, es ihren Müttern heimzuzahlen, indem sie ihre Gefälligkeit ausnützen. Sondern von jenen, deren Leben sich um diese Beziehung, und nur um diese dreht.

Ich erinnere mich an eine Mutter, die, mit mehr als fünfundvierzig Jahren, keine einzige Nacht nicht im Bett ihrer Mutter geschlafen hatte. Sie wohnte in der ersten Etage, ihre Mutter im Erdgeschoß, und sobald ihr Mann und ihre Kinder eingeschlafen waren, ging sie zu ihr hinunter. Oder an jene andere, die mir eines Tages ihre Empfindungen angesichts der Ankündigung ihrer Eltern, sich scheiden zu lassen, mitteilte. Um den Versuch zu unternehmen, das, was sie für einen ein wenig ernsteren als die sonstigen, aber dennoch vorübergehenden Ehestreit hielt, zu schlichten, hat sie die Initiative zu einer Unterredung mit ihrer Mutter ergriffen, der Urheberin des Ehekrachs, die damals fast siebzig Jahre alt war. Das, was sie dabei von ihr zu hören bekam, war ein Vorsatz, zu dem sie sich – ohne ihr Wissen – bekennen sollte. Ihre Mutter hatte ihr erklärt, daß es ein schwerer und weitverbreiteter Fehler einer Frau sei, sich mit einem einzigen Mann im Leben zu begnügen. Trotz all ihrer Versuche, sofort oder später zu erfahren, was im Leben ihrer Mutter zu einer solchen Meinung geführt hatte, ist es ihr nicht gelungen, das hartnäckige Schweigen zu brechen. Auch wenn es nicht gelungen war, den Ursprung dieser Aussage zu ergründen oder irgendeinen Kommentar dazu zu erhalten, wurde sie zu einer Empfehlung, die in die Tat umzusetzen war. Nur kurze Zeit nach der Unterredung, als sich ihre Eltern mehr schlecht als recht wieder zusammengerauft hatten, nahm sich diese junge Frau einen Liebhaber, mit dem sie übrigens nur kurze Zeit zusammen war. Dann ließ sie sich scheiden, ohne ihrem Ehemann auch nur ein einziges triftiges Motiv für ihre Entscheidung nennen zu können. Da sie nicht wieder heiratete, lernte sie immer wieder Männer kennen und versäumte es nie, diese jeweils ihrer Mutter vorzustellen. Die Mutter starb eines Tages an einem Krebs, der Metastasen gebildet hatte, und ich ertappte mich dabei, wie ich mich über die Ironie der Sprache amüsierte, als ich erfuhr, daß den Ärzten die Arbeit sehr erschwert wurde, weil es ihnen nicht gelang, die «Mutter-Geschwulst» zu identifizieren!

Man könnte versucht sein, die dem Anschein nach exzessive Seite dieser Prämissen abzumildern, indem man mir vorhält, bei den wahrscheinlich etwas außergewöhnlichen oder durch die Art, wie ich sie behandele, auf die Spitze getriebenen Geschichten an allem etwas auszusetzen zu haben. Man könnte übrigens das zu Hilfe nehmen, was jeder problemlos in seiner direkten Umgebung feststellen kann. Man würde dabei erkennen, daß bedingungslose Komplizenschaft, blinder Gehorsam, bereitwillige Unterwerfung und Treuebekundungen die Regel sind. Es stünde mir schlecht an, dies nicht einzuräumen. Gleichwohl behaupte ich, daß diese nach außen gezeigten Verhaltensweisen, denen es problemlos gelingt, einen hinters Licht zu führen, dennoch ausnahmslos nichts anderes sind als der Bodensatz einer Gewalt, deren Ausdrucksstärke ganz einfach nicht zu ermessen ist. Diese unerträgliche, verborgene, mit Blick auf ihre Motive, ihre Legitimität und ihren Status verleugnete Gewalt kann zumeist nicht anders umgesetzt und entladen werden als durch Verdrängung. Deshalb überrascht es nicht, daß sie das direkte Umfeld in Mitleidenschaft zieht, in dessen Zentrum der Sexualpartner sich im allgemeinen als die bei weitem bevorzugte Zielscheibe erweist.

Wie viele Männer, Ehemänner, Väter, ja selbst Liebhaber haben sich nicht mit plötzlichen und explosiven Situationen konfrontiert gesehen, die ihnen unverständlich erschienen waren und es lange Zeit, wenn nicht gar für immer geblieben sind. Und der Grund dafür ist, daß sich die Heftigkeit, die dabei hervortrat, nicht wirklich auf sie bezog! Als Sündenböcke eines Streits, der sich in Wahrheit auf einer anderen Bühne abspielte, bestand ihr einziger Fehler darin, zufällig ein Verhalten angenommen zu haben, das – ohne ihr Wissen und das ihrer Partnerin – eine alte Geschichte angesprochen und eine besonders schmerzhafte Stelle gereizt hat. Ohne es zu wissen, haben sie in aller Unschuld Öl in die Glut geschüttet, ohne sich vorstellen zu können, daß sie damit die Glut zum Aufflackern bringen würden. Und was das Schlimmste ist, es hat diesen Männern niemals auch nur im geringsten geholfen, ihre Unschuld zu betonen, weil ihre Beteuerungen – im Tonfall – nur zu jenen anderen hinzukommen, genau jenen, die, verhaßt und entmutigend, eines Tages das unerträgliche Eingeschlossensein besiegelt haben.

Eine meiner schon seit langem in psychoanalytischer Behandlung befindlichen Freundinnen hat mit mir eines Tages beiläufig über die Art und Weise gesprochen, in der diese Dinge ihrer Meinung nach ablaufen, und gestand mir gegenüber ein, daß sie sich geweigert habe, diese einer möglichen Verdrängung zuzuschreiben. Bis dahin glaubte sie, daß dieser Mechanismus einem sehr strengen Muster folgen würde und daß er aus diesem Grund nur wenig mit dem Geschlecht zu tun habe. Ich habe als Gegenargument angeführt, daß es sich zwar allmählich glücklicherweise herumgesprochen hat, daß Männer niemals jemanden anderen heiraten als ihre Mutter oder ihre Schwester, aber die Tatsache, daß auch Frauen immer nur ihre Mutter oder ihre Schwester heiraten, bedauerlicherweise nicht auf das gleiche Interesse der Öffentlichkeit stößt. Das ist alles in allem recht logisch, da die erste Liebe – muß man noch einmal daran erinnern? – als Modell für alle späteren Liebesbeziehungen dient und daß jene, die man ganz bewußt eingeht, nichts anderes ist als der Versuch, die allererste, niemals ganz aufgegebene und stets mit Bedauern verlassene Verbindung wiederzufinden.

Aber das alles ist so schwierig hinzunehmen! Alles liegt so weit zurück, das Ereignis, die Abfolge der von so vielen Schichten des Vergessens überlagerten Ereignisse sind immer wieder aufgegriffen, in Ordnung gebracht, erneut geprüft, verbessert und eingeordnet worden, so daß man glaubt, keine Narben mehr davonzutragen, jedenfalls keine schmerzhaften Narben. Und dennoch sieht man sich voll Überraschung handeln und reagieren. Das Mißverständnis erweist sich als so groß, daß man sich noch immer fragt, wie sich auch nur die geringste Vorstellung von Kommunikation entwickeln kann. Jeder löst das Dilemma übrigens auf seine Art und Weise, das heißt auf die schnellstmögliche Art. Man klammert sich an sein Heute und ist bestrebt, es von jeder Bezugsmöglichkeit abzuschneiden.

Außerdem überläßt man es den heutigen Losungen und den Rationalisierungen jeder Art, den Rest zu tun. Ein Resultat des Zeitgeistes, des dürftigen Erinnerungsvermögens oder unmöglicher Transaktionen mit der Vergangenheit und ihrer mitunter gespenstischen Begleiterscheinungen? In jeder Geschichte greift ein bißchen von allem, in jeweils individuellen Verhältnissen ein. Man ist derart von seiner Urteilsfähigkeit, von seiner Unabhängigkeit im Denken, von seiner Freiheit in der Bewertung überzeugt, daß man sich vor den Fallen nicht hütet, die sich hinter jeder Situation verbergen, in die man gerät und die jedesmal diese weit entfernte, unfaßbare Vergangenheit in Bewegung setzt, von der man nichts mehr wissen will. Die Urteile werden also nur verallgemeinernd gefällt, ohne Rücksicht auf Nuancen und ungeachtet jeder Dialektisierung. Dies macht immer einen Großteil der Macht und der Gewalt aus.

Das schreit zum Himmel, und man kann sich nicht einmal in einer der allerbanalsten Situationen sicher fühlen. Zum Beispiel bei den Unterhaltungen, die Ehepartner mit ihren jeweiligen Schwiegerfamilien und ganz besonders mit ihren Schwiegermüttern führen, denn im allgemeinen zeigt sich, daß Schwiegersöhne wie auch Schwiegertöchter mit ihren Schwiegervätern nur ganz selten oder überhaupt keine Probleme haben. Man kann hier die übliche Toleranz der Schwiegersöhne gegenüber ihren Schwiegermüttern hervorheben im Gegensatz zu der gewohnten Unstimmigkeit, die zumeist zwischen Schwiegertöchtern und Schwiegermüttern herrscht.

Worauf ist das zurückzuführen?

Auf die Tatsache, daß erstere als ungefährlich, wenn nicht gar als sympathisch und helfend gelten, während die zweiten mögliche Quellen für Streitigkeiten sind? Das ist jedenfalls das häufigste Argument, wenn man darüber hinaus behauptet, daß es unter einem Dach und für einen Mann natürlich unmöglich zwei Frauen geben kann, die sich fremd sind. Das gibt außerdem zu verstehen, daß das zwischen einer Frau und ihrer Mutter bestehende Band jede Verschiedenheit unter ihnen aufhebt und aus ihnen ein und dieselbe Person macht! Manchmal wird hinzugefügt, daß ein Schwiegersohn und seine Schwiegermutter sich in einer Situation der gegenseitigen Verführung befänden, die im anderen Fall nicht vorliege. Aber wie sollte man dann die Herzlichkeit der Beziehung erklären, die derselbe Mann auch mit seinem Schwiegervater unterhält? Sollte es da eine Doppelzüngigkeit und ein homosexuelles Doppelleben geben? Ich werde darauf zurückkommen.

Wenn in der Tat zutrifft, daß ein Mann manchmal so sehr von dem Bild seiner Mutter gefangen bleibt, daß die Voreingenommenheit seiner Ehefrau ihr gegenüber gerechtfertigt ist, beweist er trotzdem durch die Tolerierung der Anwesenheit der anderen Mutter – seiner Schwiegermutter –, daß er diese Art von Beziehung irgendwie hinter sich gebracht hat und sich vor ihr nicht mehr zu fürchten braucht. Seine Mutter oder eine andere, das wird für ihn keine so große Rolle mehr spielen. Was ihn interessiert, das ist seine Frau, und das ist alles. Und er zeigt sich bereit, die Gegenwart dieser ihr nahen Menschen ohne Murren zu akzeptieren wie auch die Intensität der Beziehung, die sie weiterhin mit ihnen unterhält. Seine Gefährtin würde – in der entsprechenden Situation – im Gegenzug scheinbar nur an ihm, an ihm allein interessiert sein und es für natürlich halten, ihn zu bitten, sich von seinen Wurzeln loszusagen und sich ihrer Geschichte anzuschließen. Sie würde besonders ihre Unfähigkeit zum Ausdruck bringen, eine zusätzliche Begegnung mit einer Mutter zu erfahren, da ihr die mit ihrer eigenen wirklich ausreiche. Was die Annahme zulassen könnte, daß die exklusive Beziehung, die sie zu ihr unterhalten hat und die sie sich so würde erhalten wollen, derart erfüllend wäre, daß sie sich von ihr nicht freimachen noch sich einer weiteren Beziehung dieser Art stellen könnte. Es sei denn, sie würde sie im Gegenteil als erdrückende Belastung erkennen, die ihr nur gestattete, in einer unerträglichen Unterwerfung zu überleben, und daß sie diese Tatsache ihrer Schwiegermutter nicht offenbaren möchte, um sich mit ihr nicht auf neue Spannungen einzulassen. Alles Dinge, von denen sie weiß, daß auch ihre Mutter und ihre Schwiegermutter diese wissen, da sie selbst eine Schwiegermutter hatten, deren Einmischung sie nur schwer hatten ertragen können. Es ist, als ob sich die Frauen gegenseitig eine spezielle prophetische Gabe zuerkennen würden und sich alle untereinander einig wären, keinen unangemessenen «Wettstreit der Mütter» anzetteln zu wollen.

Man könnte diese Sichtweise ablehnen und diese Interpretationen in Frage stellen, indem man zum Beispiel vorbringt, daß ein Mann zu sehr daran gewöhnt sei, seiner Mutter unterworfen zu sein, um es sich zu versagen, jene seiner Gefährtin zurückzuweisen. Oder aber er würde damit rechnen, von dieser nicht die gleichen Gefälligkeiten erwiesen zu bekommen, wie jene, die ihm seine Stellung als Sohn eingebracht hat. Und beide Hypothesen erklären seine Toleranz im gegenseitigen Austausch. Wenn dem so wäre, dann wäre die Vehemenz seiner Gefährtin berechtigt und darauf gerichtet, ihm eine geringe Form von Befreiung zu gestatten. Die Absicht wäre höchst lobenswert und die Erklärung überaus akzeptabel. Bis auf die Tatsache, daß es ihr nicht immer gelingt, Rechenschaft über den Eifer und die Enge der Beziehung abzulegen, die diese Frau weiterhin mit ihrer Mutter unterhalten würde. Man könnte sich außerdem vorstellen, daß der Mann ein wenig blind gegenüber dem wäre, was sich in der Beziehung seiner Frau und seiner Schwiegermutter abspielt, während eine Frau bei der entsprechenden Beziehung wesentlich klarer sehen würde. Man wäre also durchaus befugt, sich über die Ursache ihrer Kenntnisse zu wundern, und man käme zu dem Schluß, daß sie, wenn sie auf diesem Gebiet ein so großes Wissen zeigt, dies nur aufgrund ihrer Erfahrungen bei ihrem eigenen Abenteuer als Tochter einer Mutter tun kann. Anders gesagt, sie hätte seit langem die erstickende Maskerade der Fürsorge erkannt, sie hätte sogar ihre verheerenden Auswirkungen geahnt und hätte in dem Wunsch, ihren Gefährten davor schützen, ihren Körper, ihre Stimmung und ihre Unterhaltung zwischen ihn und ihre allzu gegenwärtige Mutter gestellt.

Es besteht nicht der geringste Zweifel, daß dieses Szenario zu verteidigen wäre. Man kann sich dennoch fragen, ob die so gezeigte Ablehnung gegenüber ihrer Schwiegermutter nicht durch ihren Tonfall, ihre Argumentation und ihre Heftigkeit, genau jene Ablehnung zum Ausdruck bringt, die sie lange Zeit verdrängt hat und die sie in Wahrheit niemals vor ihrer eigenen Mutter hätte aussprechen können. Dies ist eine schöne Illustration einer Verbindung vielfacher und miteinander verschränkter Verdrängungen, die den Schluß zulassen, daß die Beziehungen, die man sich mit seinen Schwiegereltern gestattet, im allgemeinen genau jene sind, die man sich gegenüber den eigenen Eltern versagt.

Man könnte mir die Absicht unterstellen, die Männer von jedem möglichen Irrtum freizusprechen oder glauben zu machen, daß sie ihrerseits niemals «gegenüber einem anderen Menschen einen Fehler begehen». Das wäre bedauerlich, weil die einzige Sache, für die ich mich einsetze, die Erkennung der Unterschiede ist. Und um das Gegenstück der Beziehungsprobleme zwischen Töchtern und Müttern zu nehmen: das heißt also das der Beziehungen der Söhne zu ihrem Vater: Ich würde mit der Aussage niemandem etwas Neues erzählen, daß die Töchter letztere um nichts beneiden zu brauchen, bis auf die Tatsache, daß diese Beziehungen der Söhne zu ihrem Vater keinerlei Geheimnis in sich bergen. Über dieses Thema ist wahrlich schon viel geschrieben worden.

Wird denn nicht allgemein eingeräumt, daß man «Vatermord» begehen müsse? Jeder Sohn, so hört man – aber warum nicht auch jede Tochter? – muß im Prinzip diese Phase durchmachen und eine Tat begehen, die angeblich eine Förderung seiner Autonomie und Grundlage seiner Persönlichkeit ist. Ist das Bekenntnis «man muß den Vater töten» in unseren abendländischen Gesellschaften nicht zu einer so eingestandenen und weitverbreiteten Aufforderung geworden, ein solches Zeichen des Einverständnisses und der Komplizenschaft, daß es die Bedeutung eines Übergangsritus zum Erwachsenenalter angenommen hat? Es wird übrigens nicht an psychologischen Fachleuten, das heißt an Fachleuten überhaupt, fehlen, die den Grund und die Notwendigkeit dafür in Abrede stellen oder widerlegen. Und leider wird es auch nicht an Vätern fehlen, die sich – die *political correctness* gebietet es! – damit abfinden, das verständnisvolle und zustimmende Ziel dieser Empfehlung zu sein. Wie groß die Triftigkeit oder Albernheit einer solchen Aufforderung auch sein mag, sie hat den Vorteil, den Streit deutlich beim Namen zu nennen. Hier kann man zumindest nicht andere täuschen oder selbst getäuscht werden. Sie ist offen, frei, deutlich umrissen, in der Verantwortung klar, aussprechbar und ausgesprochen. Sie ist absolut frei von jeder Vorstellung von Gelassenheit und Harmonie. Man nimmt kein Blatt vor den Mund, und es ist hier , ohne die geringste Rücksichtnahme oder die geringste Gefahr der Unklarheit, von Mord die Rede. Man kennt schließlich die beachtlichen negativen Auswirkungen, die die Väter ihren Kindern zumuten, wenn sie meinen, sich einem Gewaltzyklus, vor dem sie gewarnt sind und den sie verwerfen, entziehen zu können, und sich weigern, den Platz einzunehmen, der ihnen ihre Funktion zuweist, und es vorziehen, «Kumpel-Väter» zu sein. Nichts ist heuchlerischer und mit Sicherheit tödlicher als diese Einstellung. Und anstatt als edelmütig zu gelten, muß sie angeprangert werden, da sie eine unerläßliche Entwicklung im Keim erstickt, die das Kind braucht, um seinen Status als Subjekt zu erreichen.

Sollte ich im Begriff sein, die Söhne zur Revolte zu ermutigen und die möglichen Repressalien der Väter in Kauf zu nehmen, nachdem ich die stumme Gewalt der Töchter auf eine Weise dargestellt habe, die suspekt erscheinen kann, und jene der Mütter gebrandmarkt habe? Sollte ich etwa mit zweierlei Maß messen? Keineswegs und ganz im Gegenteil. Mein Ziel ist es, ans Tageslicht zu bringen, daß es bei den Eltern-Kind-Beziehungen nicht nur eine, sondern zwei Hauptrichtungen der Gewaltzirkulation gibt, von denen, so behaupte ich, eine nicht nur unterschätzt, sondern verschwiegen und abgestritten wird, und zwar aus Gründen und in einer Absicht, auf die ich an geeigneter Stelle noch eingehen werde. Und ich würde sogar noch weiter gehen und verkünden, daß das Gleichgewicht eines Menschen (männlich oder weiblich) wie auch das seiner Nachkommenschaft über eine bestimmte Anzahl von Generationen hinweg von dem Vorhandensein, dem Erkennen und der Anerkennung dieser zwei Möglichkeiten abhängt. Man kann sich den Nutzen unschwer vorstellen, den die Kinder aus dem Schutz ziehen, welchen sie bei ihrer Mutter vor der möglichen Gewalt ihres Vaters finden. Aber man hat größere Schwierigkeiten, jenen Schutz einzugestehen, den sie bei ihrem Vater vor der möglichen entsprechenden Gewalt der Mutter finden können. Denn diese Gewalt wird im allgemeinen mit einem Übermaß an Fürsorge maskiert, deren Gefährlichkeit nicht immer einfach auszumachen ist. So sehr, daß der väterliche Schutz, der keine andere Wahl hat, als sich der Frustration zu bedienen, immer einer Gewalt zugeschrieben wird, die angeblich nur den Vater charakterisiert.

Ich erläutere das. Und ich werde mit der bekannten ödipalen Problematik beginnen, von der jeder meint, eine klare Vorstellung zu besitzen, während sie weit weniger einfach ist, als man gemeinhin glaubt. Was man zumeist davon im Gedächtnis behalten hat, ist eine mehr oder weniger vage Geschichte von Anziehung, die man für biologisch vorgegeben hält: Die kleinen Jungen würden von Natur aus ihre Mutter begehren, während sich die kleinen Mädchen zu ihrem Vater hingezogen fühlen – eine natürliche vorzeitige, alles in allem beruhigende Anziehung durch das andere Geschlecht. Und das sei schon das Wesentliche. Auch wenn es irgendwie ein wenig verlegen macht, glaubt man an dieses Szenarium oder gibt vor, daran zu glauben, weil man nicht einmal wagt, es in Frage zu stellen, da doch alle Welt dem so bereitwillig zustimmt! Und genau aus diesem Grund versteht niemand mehr, was in seinem eigenen Erfahrungsbereich vor sich geht, angenommen, daß man oder irgend jemand unter den gegebenen Bedingungen davon überhaupt etwas verstehen könnte. Diese vereinfachende, reduzierende und ach so weitverbreitete Vorstellung von einem der bedeutendsten Konzepte der Psychoanalyse stellt leider die schlimmste Fehleinschätzung dar.

In Wahrheit laufen die Dinge nie in dieser Weise ab. Und um ihren Ablauf zu erfassen, muß man mit dem Anfang beginnen. Das heißt, indem man die biologischen Phänomene berücksichtigt, ihnen ihre Bedeutung zugesteht, ihnen ihren richtigen Platz zuweist und sie im Bereich des Eltern-Kind-Austauschs ganz in den Vordergrund stellt. Das ist unerläßlich und stellt, gleich was gesagt wird, keineswegs einen Verrat an den Lehren Freuds dar, der mit Sicherheit begierig auf die zu seiner Zeit noch nicht vorhandenen Erkenntnisse gewesen wäre, über die wir heute verfügen. Es zeigt sich, daß diese biologischen Phänomene nicht den geringsten Einfluß auf die geschlechtliche Welt der Kinder noch auf ihre spätere sexuelle Orientierung haben, da es – ungeachtet des Bedauerns und der Phantastereien, die viele Mythen wie auch philosophische Systeme kolportieren – immer die Frauen sind, die schwanger werden und Kinder beiderlei Geschlechts auf die Welt bringen. Mit anderen Worten: Mädchen und Jungen befinden sich in derselben Lage.

Nun, diese Phänomene heben bestens hervor, was die Mutter zum neuralgischen Punkt dieser Beziehung macht. Weil nämlich diese Kinder zu ihr am Beginn ihres Lebens eine in jeder Hinsicht identische Beziehung haben werden. Es ist ihr Körper, der sie ausgetragen hat, es ist ihr Körper, der alle ihre Bedürfnisse befriedigt hat, die sie nicht einmal hatten äußern müssen. Und es ist wieder ihr Körper, der im Laufe der Schwangerschaft dem sich entwickelnden Gehirn ein ihren Stempel tragendes sensorisches Alphabet eingeprägt hat, das für immer unauslöschbar bleiben wird und das ihnen für den Rest ihres Lebens und bei jeder Gelegenheit dazu dienen wird, jedes Ding oder jedes Ereignis ihrer Umgebung nahezubringen.[9] Wie könnte man das unberücksichtigt lassen? Wie könnte man ihm nicht die Bedeutung beimessen, die es verdient? Wie könnte man der Existenz eines so wesentlichen Alphabets keine Beachtung schenken, das doch das Leben lang bei absolut jeder Wahrnehmung zu Hilfe gerufen wird? Und wie könnte man vorgeben, daß die Organisation des Wahrnehmungssystems nebensächlich sei, während doch die Wahrnehmung den Schlußstein jedes Daseins darstellt und sowohl die Beziehung zu sich selbst als auch zu anderen bestimmt? Und wieso sollte man das außer acht lassen, was besser als jeder andere Kunstgriff oder jede theoretische Konstruktion ermöglicht, die unglaubliche Anhänglichkeit, die das Kind, gleich welchen Geschlechts, gegenüber der Person seiner Mutter zeigt, zu verstehen? Nun, wenn man sich mit den Einzelheiten dieser

Phänomene beschäftigt, mit denen ich mich jedoch nicht weiter aufhalten werde, versteht man besser als auf jede andere Weise, warum die Mutter für ihr Kind das allererste Liebesobjekt ist.

Und wenn ich noch einmal darauf zurückgekommen bin, dann deshalb, weil man dies niemals aus den Augen verlieren darf. Denn wenn diese Liebe für immer das Originalmodell bleibt, an dem sich jede spätere Liebe mißt, dann muß man feststellen, daß das Liebesleben des Jungen von Natur aus und von Anfang seines Lebens an heterosexuell, das Liebesleben des Mädchens dagegen homosexuell ist. Diese dem Jungen mitgelieferte Vorgabe zwingt ihn lediglich zu einer mehr oder weniger problematischen Form der Substitution; während die gleiche Vorgabe für das Mädchen einen Umweg vorzeichnet, der in vieler Hinsicht in Form einer manchmal akrobatischen Richtungsänderung, ja sogar des Verrats erfolgen muß. Ich habe an anderer Stelle schon gezeigt[10], daß das Zusammentreffen eines Mannes mit einer Frau von ihm stets als Wiedererkennen interpretiert wird, während das Zusammentreffen einer Frau mit einem Mann von ihr immer als Entdeckung angesehen wird. So daß sie, gleich welche Stelle eine Frau in der Reihenfolge der Begegnungen für ihn einnimmt, immer die zweite sein wird, während er, gleich welche Stelle er in der Reihenfolge der Begegnungen einnimmt, stets der erste sein wird.

Das Interesse an diesem Umweg über den wesentlichen Kern unserer ödipalen Beziehung ist darauf zurückzuführen, daß er sich nachhaltig auswirkt, bis hin zu den späteren sexuellen Orientierungen, die ihn keineswegs zum Schweigen bringen oder ersetzen können.

Fest steht, daß die Dinge, könnte diese Erfahrung des Ausgetragenwerdens ausgelöscht werden, für alle wesentlich einfacher wären, und jeder Mensch sich dann zu Recht auf seinen Scharfsinn und seine berühmte freie Entscheidung berufen könnte. Nun, das ist nicht der Fall, aber diese Erfahrung wird durch die körperliche Unreife des Neugeborenen für lange Zeit und hinreichend bestärkt, denn es bedarf ununterbrochener Fürsorge, die sich direkt an die während der intrauterinen Phase gemachten Erfahrungen anschließt. Die sofortige Befriedigung jedes seiner Bedürfnisse durch eine beflissene Mutter wird auf seiner Seite eine Liebe zu ihr erwecken, die es nach Kräften und ohne Unterlaß festigen und bestärken wird. Diese Liebe des Kindes gilt ausschließlich ihr, und es verzeiht ihr, daß sie es gelegentlich Ersatzbetreuern anvertraut, die es mit großer Sicherheit als solche erkennt, doch es stellt – in den klassischen Fällen – ziemlich schnell fest, daß sie ihm ständig von einem Individuum streitig gemacht wird, welches seiner Wahrnehmung völlig fremd ist, von einem Mann, dem es früher oder später den Namen Vater zu geben aufgefordert wird. Man hätte dann gern, daß das Kind vernünftig und verständnisfähig wäre, empfänglich für die Zeichen des Interesses, die dieser Störenfried bekundet, und daß es aus freien Stücken lernte, Geduld zu zeigen und Zugeständnisse zu machen. Man hat die Fähigkeiten der Babys derart beweihräuchert, daß man bereit ist, ihm ohne weiteres christliche Tugenden zuzuschreiben. Eine unrealistische Vorstellung, wie sie gar nicht lächerlicher sein könnte, da sie die grundlegenden Mechanismen unberücksichtigt läßt, die hier wieder eine Rolle spielen. Es, das Baby, hat von all dem noch nichts gelernt – und wird übrigens große Schwierigkeiten haben, dies zu lernen –, und es funktioniert immer als Ganzheit! Es trifft zu, daß es auf seine Eltern reagiert und sich beinahe um sie sorgt. Aber dies erfolgt nie aus einem anderen Grund, als rein aus der Logik der Selbsterhaltung. Denn es hat verstanden, daß sein Überleben vom Überleben derjenigen abhängt, die es umsorgen, und in erster Linie von dem seiner Mutter.

Und mit derselben Logik nimmt es seine direkte Umgebung wahr und entwickelt ihr gegenüber ein beachtliches Unterscheidungsvermögen. Einerseits verfügt es über einen verläßlichen Menschen und ein zuverlässiges System, die ihm jederzeit und unter allen Umständen all seine Bedürfnisse befriedigen, und andererseits gibt es ein anderes System, das das erste aufhebt, weil das erste in seiner Gegenwart aufhört, angemessen zu funktionieren. Auf der einen Seite ein System, das zu allem, was es zu fordern Lust hat, ja sagt, und auf der anderen Seite ein System, das, gleich, was es tut, zu allem nein zu sagen scheint, und das deshalb als Ursache aller Neins bezeichnet und abgestempelt wird, als Ursache aller Frustrationen, als Ursache allen Unglücks. Wie könnte es auch – und durch welches Wunder wäre das überhaupt möglich? – seitens dieses Mannes die geringste Liebe, die geringste Zärtlichkeit oder die geringste Fürsorge wahrnehmen? Es bemerkt in diesem Alter nur seine unerträgliche Gewalt, und es beginnt, da es seinen Wunsch, er möge verschwinden, nicht erfüllt sieht, ihm ungeniert, wenn nicht offenen Haß, so doch zumindest einen stummen, aber heftigen Groll entgegenzubringen.

Daraus geht hervor, daß sich die Beziehung zum Vater am Beginn des Lebens – sowohl bei einem Jungen wie bei einem Mädchen – nur unter dem Zeichen von Verweigerung, von Gewalt und von Auflehnung entwickelt. Und daß er sich nur unter dem Einfluß wiederholter vermeintlicher Drohung und in einem Zustand der Angst durchsetzen kann und akzeptiert werden wird, wenn er dies fordert. Und die Gefühle von Bedrohung und Angst werden trotz der Abschwächung durch die mütterliche Vermittlung ihm gegenüber immer fortbestehen. Da diese erste Wahrnehmung niemals, gleich, was man tut oder möchte, ausgelöscht werden kann, ist es nur natürlich, daß früher oder später der Wunsch aufkommt, er möge tot sein. Was nebenbei auch erklärt, warum der Tod des Vaters sowohl für einen Mann als auch für eine Frau aufgrund der Schuldgefühle, die dieser auslöst, diejenige Erfahrung ist, die am schwersten verkraftet wird.

Ist es ein Zufall, daß die Vater-Kind-Beziehung sich mit einer solchen Gewalt entwickelt und zur imaginären Todesdrohung des einen und dem symbolischen Todeswunsch des anderen führt? Gewiß nicht. Denn der Säugling hat keinen anderen Zugang, keine andere Wahrnehmung oder andere Vorstellung vom Leben oder von der Quelle des Lebens, als seine Mutter, und nur seine Mutter allein. Und er wird aufgrund seiner Zuneigung, die er entwickelt hat, nie einverstanden sein, sich – ungern und unter Protest – von ihr zu entfernen, es sei denn unter dem Einfluß einer Drohung – wohlverstanden immer einer Todesdrohung. Und genau hierin findet man den wahren Sinn des berühmten «man muß den Vater töten». Die Aufforderung ist der psychoanalytischen Sprache entnommen. Freud hat allerdings die Hypothese aufgestellt, daß sich der Übergang des Urmenschen zum Menschen rund um einen Mord vollzogen hat, und zwar um jenen eines Vaters. Er hat behauptet, daß sich in einer Horde eines Tages die schikanierten und frustrierten Söhne des Vaters, der ihnen jeden sexuellen Kontakt mit den eigens für ihn selbst vorbehaltenen weiblichen Gruppenmitgliedern untersagte, schließlich verbündet und ihn getötet hätten. Danach hätten sie ihn in einem kannibalischen Mahl verspeist, das ihre Allianz angeblich besiegelt habe.

Man erinnert sich im allgemeinen an das Wesentliche und beruft sich darauf, wenn man vom «Vatermord» spricht. Und es ist schade, daß man das Folgende vergißt. Denn in diesem theoretischen Diskurs wird hinzugefügt, daß die Söhne, von Gewissensbissen geplagt und in der Angst, ihnen könnte das gleiche Schicksal widerfahren, das sie ihrem Vater zugefügt hatten, die Antriebskraft ihres Verhaltens gebrandmarkt und das Gesetz des Inzestverbots eingeführt haben, welches den sexuellen Verkehr zwischen Eltern und Kindern untersagt, das Gesetz, das seither die Gesamtheit der zwischenmenschlichen Beziehungen bestimmt. Dieser Mythos, gleich, was zu ihm beigetragen hat oder mit ihm beabsichtigt war, hat niemals irgend jemanden dazu ermächtigt, sich auf ihn zu berufen, um Gewalt zu rechtfertigen oder um zu einem Mord am Vater anzustiften, von dem man beinahe glaubt, daß er in die Tat umgesetzt werden müßte. In Wahrheit kann man die Lehre, die daraus abzuleiten ist, nicht anders als eine Metapher auffassen. Sie gibt zu verstehen, daß jeder Sohn – so wie die Söhne des Mythos, die nach dem Mord an ihrem Vater das Gesetz der Spezies festgelegt haben –, es sich schuldig ist, dieses Gesetz ein für allemal zu verinnerlichen, es einzuhalten, es schließlich zu seinem eigenen zu machen und sich dazu durchzuringen, auf den Vater zu verzichten. Das würde zugleich bedeuten, sich von ihm heilsam freimachen zu können. Und er ist es sich schuldig, dieses Gesetz weiterhin in Erinnerung zu halten, ihn Abstand von der Mutter gewinnen zu lassen und schließlich zu akzeptieren, daß er von ihr nicht mehr abhängig ist. Genau das würde ein Mädchen auch gerne tun, kann es aber nicht so einfach, da es ansonsten die einzige ihr zur Verfügung stehende Zuflucht aufgeben würde, um der eigenartig heftigen Leidenschaft Einhalt zu gebieten, die seine Mutter zumeist, wenn nicht immer, ihm gegenüber an den Tag legt.

So stellt sich die Gewalt dar, die zwischen Vater und Kind, ungeachtet seines Geschlechts, vorhanden ist. Und ihr Mechanismus ist sehr einfach: Es ist das Gegenüberstehen zweier, von der Legitimität ihrer Forderungen gleichermaßen überzeugter und gleichermaßen fordernder Anwärter auf das gleiche Liebesobjekt. Im Grunde möchte jeder den anderen ausschließen, und dies ist eine feste Größe der Beziehung. Man kann sich vorstellen, daß dies für das begehrte Objekt dieser zweifachen Liebe nicht immer einfach ist. Aufgrund vielerlei Faktoren, zu welchen auch eine unvermeidliche Vorstellung von Hierarchie gehört, gelingt es mehr oder weniger, daß sich der Konflikt im Laufe der Zeit legt.

Dieser Schritt[11] und die Weiterentwicklung, die er vorantreibt, haben übrigens eine erhebliche Bedeutung für die Entwicklung eines jeden. Und das aus gutem Grund. Das was sich dabei abspielt, wird die Struktur, die sich am Beginn des Lebens eingeprägt hat, überlagern und sie zementieren. Die Erfahrung der sexuellen Anziehung erwacht in Wahrheit erst mit dem Bewußtsein des Lebens richtig. Und es scheint, als ob dieses vermehrte Bewußtsein den Tod wieder in den Vordergrund stellt.

Man kann sich diese Struktur so vorstellen, daß sie bis dahin eine Art metallenes Gerüst gewesen ist, das gleich von Beginn an mit einer Verschalung versehen war, durch welches der im Laufe der Entwicklung aus den gewonnenen Eindrücken des Wahrnehmungssystems wie auch durch die ununterbrochen gespeicherten Informationen und Affekte bestehende und gelieferte Beton hinabfließen konnte. Und dies ermöglicht, die Vielfalt der Fallbeispiele wie auch den Rahmen der groben Züge, in welchen sie verlaufen, zu begreifen.

So wird aus einem bereits konfusen und schlecht konstruierten Bauwerk, das keinerlei Stützen besitzt, ein Gebäude entstehen, das unter Mißachtung der Gesetze der Statik errichtet wurde und das einzustürzen und zu fürchterlichen Schäden zu führen droht.

Die Angst und der unbeschreibliche Schrecken des Todes, um in der Aufzählung bei der von mir oben verwendeten Reihenfolge zu bleiben, werden ihrerseits als Vorwand für die Errichtung eines uneinnehmbaren, mit Schießscharten versehenen Bunkers dienen, die dazu bestimmt sind, ein Eindringen des anderen auszuschließen, im voraus abzuwehren, es sei denn, dieser erwiese sich als nützlich, aber auch dann wird er in jedem Fall auf Distanz gehalten.

Der Haß auf den Tod dagegen veranlaßt zum Bau wunderschöner Mauern, mit großen und einladenden Türen und Fenstern versehen, dazu bestimmt, den anderen anzulocken, ihm Zuflucht anzubieten, ihn ungeachtet der Kälte und der ständigen Angst, die damit verbunden sind, in den illusorischen gemeinsamen Kampf einzubeziehen.

Sofern ein Junge der festen Überzeugung ist, daß auch seine Mutter einen Penis hat, wird diese Gewißheit die Errichtung eines gleichförmigen Turms mit nur einer einzigen und verborgenen Öffnung fördern, und dessen Inneres wie ein Labyrinth angeordnet ist.

Und das alles ereignet sich, während das Kind beginnt, sich für seinen Vater oder für denjenigen zu interessieren, der dessen Funktion einnimmt.

Wenn es sich um einen kleinen Jungen handelt, wird er versuchen, ihn zu besänftigen, indem er sich bemüht, ihm ähnlich zu sein, ihn in allem zu imitieren, und wird sich dabei in seinem Innersten ehrlich versprechen, daß es ihm eines Tages gelingen wird, genau wie er zu sein und dann den Kampf mit gleichen Waffen wieder aufzunehmen.[12] Was darauf folgt, kennt man. Der Konflikt schwelt jedoch lange weiter, und die erste Investition in das gemeinsame Liebesobjekt sowie der ursprüngliche Groll lassen, selbst wenn sie unterdrückt werden, nur allmählich nach. Dadurch wird eine heikle Situation heraufbeschworen, denn dem ersten Liebesobjekt gegenüber muß eine Gleichgültigkeit geheuchelt werden, die jedoch niemanden täuscht, und muß das Schuldgefühl ertragen werden, das dieser unmögliche Verzicht nach sich zieht. Die Zeit heilt jedoch die Wunden. Und die neue Liebe wird in Gestalt einer Frau wiedererscheinen, die in jedem Fall an jenes bekannte erste Liebesobjekt erinnert, die aber von diesem genug unterschieden sein wird, das Engagement unter Berücksichtigung der Verschiedenheit zu erlauben. Wenn mit diesem Konflikt nicht allzu schlecht umgegangen wurde, wird die Position manchmal am Ende erträglich, und der Traum von einem Einvernehmen unter Männern bricht sich Bahn, ja läßt sich sogar realisieren. Und dabei erkennt der Sohn seine Funktion in ihrem ganzen Umfang und versteht, daß die Transzendenz, die sich sein Vater durch ihn sichern wollte, die einzig mögliche Sicherheit ist, die er gegen den Tod gefunden hat, der auch ihn beunruhigt, und den er von nun an – zu gegebener Zeit – in Schach zu halten weiß. Die Männer, die ihren Vater so früh verloren haben, daß es ihnen nicht gelungen ist, diese letzte Phase der gegenseitigen Anerkennung und Wertschätzung zu erreichen, tragen für immer vage, niemals nachlassende und unüberwindbare Schuldgefühle mit sich herum.

Wenn es sich bei dem Kind um ein Mädchen handelt, wird sein Leben eine andere Wendung nehmen. Da es dazu ermuntert wurde, hat es seine Haltung und seine Einstellungen gewissenhaft an jenen seiner Mutter ausgerichtet, bis es sich schließlich – im Bewußtsein dieser Ähnlichkeit und dadurch gestärkt –, anschickt, den Konflikt, in welchem es sich befindet, dadurch zu lösen, daß es einfach seinen Vater zu verführen versucht. Nicht etwa, um ihn zu seinem neuen Liebesobjekt zu machen – das erste wird nie entthront werden können –, sondern, um ihm, so wie es sein Bruder getan hat, zu schmeicheln und seine Zustimmung zu erhalten, und trotzdem weiterhin wie Pech und Schwefel mit seiner Mutter zusammenzuhalten. Es wird bemüht sein, sich ihm im besten Licht zu zeigen, insbesondere, um sein Mißtrauen abzubauen und ihn davon abzubringen, es aus seiner Position zu verdrängen. Es erreicht sein Ziel übrigens sehr häufig, ohne daß einer von beiden bemerkt hätte, wie sehr sie damit dem Unglück den Weg bereitet haben. Wie viele an ihre Mutter gefesselte und noch in ihren Konflikt mit ihrem Vater verstrickte Männer, wünschen sich, Töchter zu haben, die in dem Ruf stehen, ihnen die Erfahrung und die Konfrontation mit der Aggressivität ersparen zu können.

Nun, genau an diesem Punkt wird das bis dahin parallel verlaufende Schicksal der Kinder unterschiedliche Richtungen einschlagen. Und jenes des Mädchens wird sich so außergewöhnlich kompliziert entwickeln, daß es seinen ganzen übrigen Lebensweg prägen wird. Denn während der Bruder praktisch für immer in der Beziehungslogik verharrt, die seit seiner Geburt die seine war, wird diese das Mädchen fallen lassen und es zwingen, eine ganz sonderbare Verdrehung zu vollführen und sich einer nicht weniger sonderbaren Akrobatik auszuliefern. Übrigens wird dem Mädchen dadurch ermöglicht, sich seiner ursprünglich homosexuellen Orientierung zu entziehen, um die Erfahrung der Anziehungskraft des anderen Geschlechts zu machen und, so seine Mutter dabei kein Hindernis darstellt, die Vorliebe dafür zu entdecken. Während der Bruder tatsächlich seinem ersten, einzigartigen und gemeinsamen Liebesobjekt unverrückbar treu bleibt, wird das Mädchen, im Glauben, es richtig zu machen, und immer in ebendieser Absicht bemüht, der Mutter gegenüber eine gewisse Untreue an den Tag legen, indem es versucht, sie durch das scheinbare, aber entscheidende Bemühen um ein zweites Liebesobjekt zu ersetzen. Während der Bruder im Hinblick auf die

Mutter relativ gelassen ist und sich alles in allem lediglich vor dem Eindringen des Vaters fürchten muß, wird das Mädchen neben letzterem weiterhin zu befürchten haben, niemals sicher sein zu können, daß es ihm auch wirklich gelungen ist, diejenige zu neutralisieren, die es, scheinbar ohne böse Absicht, von ihrem Platz hatte verweisen wollen. So daß die Machenschaft, zu der das Schicksal es getrieben hat, auch wenn sie kühn und bahnbrechend ist, den Anschein eines hinterhältigen Manövers, ja sogar eines doppelten Verrats hat, der die Beziehung zur Mutter mit einem Mißverständnis und einem Schuldgefühl belastet, welches niemals wieder ausgelöscht werden kann. Das geht so weit, daß sich, wenn im Leben des Mädchens je in irgendeiner Form von einer eindringenden Frau die Rede sein wird, die Dinge stets vor dem Hintergrund dieses universellen Szenarios wieder abspielen werden. Und das alles wird, in welcher Form auch immer es auftreten mag, vor dem Hintergrund einer Konfrontation zwischen zwei Frauen wahrgenommen, die sich jeweils gegenseitig zurückweisen.

Es gibt noch eine Geschichte, die mir die beste Illustration dafür zu liefern scheint. Ich habe sie ganz zufällig an einem fahlen Wintermorgen aufgeschnappt. Dieses Detail hat seine Bedeutung, denn ich war nicht gerade in einer Verfassung, irgendeine Information aufzunehmen. In Wahrheit war ich gerade – wie noch zwei weitere Male pro Woche zur selben Stunde – auf dem Weg zu einer psychoanalytischen Sitzung. Ich war also in das Gewimmel meiner Assoziationen rund um meine nächtlichen Träume vertieft und hörte schon eine ganze Weile dem Radio nicht mehr richtig zu, das ich ganz automatisch eingeschaltet hatte. Und in diesem Moment bin ich von der sehr männlichen Stimme einer Sprecherin aus meinen Gedanken gerissen worden, die scheinbar zu dieser Ambiguität stehen wollte und sich deshalb sowohl als Vorname als auch als Nachname sage und schreibe zwei geschlechtslose Vornamen ausgesucht hatte. Was ich da gehört habe, hat mir das Material für meine Sitzung desselben Tages geliefert und hat wochen- und monatelang im Zentrum meiner Arbeit gestanden.

Es geht um einen Mann, einen Handelsvertreter, der auf dem Nachhauseweg in einer besonders eisigen Winternacht über eine verschneite Bergstraße fuhr. Er machte sich wegen des Glatteises und der schlechten Leistung seiner Autoheizung ziemliche Sorgen, als zu allem Überfluß auch noch der Motor einen Schaden hatte. Als er aus seinem Fahrzeug stieg, stellte er fest, daß er sich – so weit das Auge reichte – inmitten einer öden Gegend befand. Was ihn schnell erkennen ließ, daß er, sollte er nicht irgendeine Art von Hilfe finden, gewiß sehr schnell erfrieren würde. Da er keine andere Wahl hatte, setzte er sich in Bewegung. Nach ein paar hundert Metern bemerkte er zu seiner großen Überraschung ein fahles Licht, das in der Ferne zwischen den Baumstämmen aufschien. Er schlug die Richtung ein und gelangte nach großer Anstrengung zu einem Bauernhof. Der Bauer und seine Frau nahmen ihn auf, gaben ihm etwas zu essen und boten ihm eine Schlafgelegenheit. Am nächsten Morgen nahm der Bauer seinen Traktor, fuhr zu dem liegengebliebenen Auto, und es gelang ihm, den Motorschaden zu beheben.

Erst einige Tage später, als unser Mann an sein Mißgeschick dachte, wurde ihm das Ausmaß der Schuld klar, die er gegenüber diesen braven Leuten nun hatte. Er beschloß, ihnen ein Geschenk zu machen, um ihnen seine Dankbarkeit zu zeigen. Aber er wußte nicht, was er ihnen schenken könnte, weil er die Leute als sehr einfach und die Wohnverhältnisse als mit sehr rudimentärem Komfort in Erinnerung behalten hatte. Da fiel ihm seine Verlegenheit ein, in die er geraten war, als er sich hatte rasieren wollen, und nirgends im Haus einen Spiegel gefunden hatte. Deshalb war er von seiner Idee derart begeistert, daß er einen Wandspiegel bestellte und zu dem Bauernhof schicken ließ. Es war der Bauer, der das beeindruckende Paket entgegennahm und der, neugierig, wie er war, nicht einmal auf die Rückkehr seiner Frau wartete, die im Stall mit dem Melken beschäftigt war, um es zu öffnen. Er stand also auf einem Mal seinem Spiegelbild gegenüber. Plötzlich hörte er sich, völlig erschüttert, mit zugeschnürter Kehle und heiserer Stimme gegen seinen Willen «Papa!» rufen. Er bemerkte die Seltsamkeit der Situation und fühlte sich von einem überwältigenden, bis dahin unbekannten Gefühl verwirrt, von dem er nicht wußte, wie er seiner Herr werden konnte. Er beschloß, seiner Frau nichts davon zu sagen, bis er seine Ruhe wieder erlangt habe. Und er versteckte den beunruhigenden Gegenstand auf dem Dachboden.

In den folgenden Tagen und Wochen nahm er eine Gewohnheit an, die ihm jedes Mal erneut Vergnügen bereitete: Jeden Abend, wenn er von den Feldern zurückkam, fand er einen Vorwand, sich zu verdrücken, um sich ein paar Minuten mit dem Gegenstand einzuschließen, der bei ihm eine eigenartige Leidenschaft ausgelöst zu haben schien. Seine Frau kam ihm schließlich auf die Schliche und beschloß, neugierig geworden, herauszubekommen, was genau los war. Sie dachte sich für ihn eine Aufgabe aus, die zu besagter Stunde erledigt werden mußte, und nutzte seine Abwesenheit, um sich eingehend auf dem Dachboden umzuschauen. Als sie oben an der Treppe angekommen war, stand auch sie ihrem Spiegelbild gegenüber. Und sie hörte sich plötzlich in einem unkontrollierbaren Wutausbruch schreien: «Ich wußte genau, daß es sich um eine Weibergeschichte handelt. Aber mein Gott, wie häßlich sie ist!»

Für einen Mann «Papa». Für eine Frau «eine Weibergeschichte». Der Unterschied des Erlebten hat seinen Ursprung in dem Abschnitt, den ich gerade beschrieben habe, mit anderen Worten, im Anfang der Geschichte eines jeden. Der Aufschrei des Bauern, das ist jener alte, plötzlich wiedererwachte Schrecken, auch wenn sich darin ein liebevolles Entzücken und die voreilige und verrückte Freude über ein verspätetes Wiedersehen mischt, über ein letztes Aufleben des Konflikts und des wieder erlangten Friedens in einer homosexuellen Eintracht von bis dahin ungekanntem Ausmaß. Der Schrei seiner Ehefrau, die bei dem gealterten Spiegelbild, das der Spiegel zurückwirft, nur an das Bild ihrer Mutter denken kann, verrät ihr Unvermögen, an dieses

Band wieder anzuknüpfen – es gibt also keine Rückkehr zu der gefährlichen homosexuellen Leidenschaft des Lebensanfangs. Ihr Kommentar hat seine Wurzeln in jener archaischen Szene, als sie diejenige war, die sich fühlte, als habe sie den Status einer Angeklagten, und die sie plötzlich aufgrund des Argwohns, zu welchem sie durch die Heimlichtuerei ihres Mannes veranlaßt wird, wie in einem Blitzlicht noch einmal erlebt.

Wenn der Tod von Beginn des Lebens an zwischen Vater und Sohn offen kursiert – wie übrigens auch zwischen Vater und Tochter –, dann aufgrund der unüberwindbaren körperlichen Distanz. Und man muß hier wieder die biologischen Bindungen ansprechen, auf die man zurückkommen muß, um das Ganze zu verstehen. In Wahrheit liegen keinerlei Erfahrungen über die Art ihrer Entstehung zwischen einem Mann und seinen Kindern vor. Da er ihnen kein sensorisches Alphabet, dessen Ursprung er sein könnte, eingravieren kann, kann sich ein Mann, der früher oder später und durch die Kraft der Dinge von seiner eigenen Herkunft isoliert wird, nur mittels eines Frauenkörpers an die Existenz einer Nachkommenschaft klammern, für die er grundsätzlich fremd ist. Immer gab und gibt es die «ledigen Mütter», wie man die Frauen nannte, die man heute mit dem Begriff «alleinerziehend» bezeichnet, aber es hat niemals «ledige Väter» gegeben, und es gibt sie auch heute nicht, ob es den Abenteurern auf biologischem Gebiet nun gefällt oder nicht. So daß die Anlage der Elternschaft dem Vater gar keine andere Wahl läßt, um sich hervorzutun und den Platz einzunehmen, der ihm zugewiesen ist, als sich in die offensichtlich todbringende, ihm stets zugewiesene Rolle zu fügen und diese auf sich zu nehmen, ob er sich nun dazu beglückwünscht oder es bedauert, ob er es will oder nicht.

Die an diesem Austausch beteiligten Protagonisten kennen immer und in jedem Fall die Art des Einsatzes für das, um was gespielt wird, und können ihre Strategie problemlos darauf einstellen. Man befindet sich in einem Prozeß, der von der Verschiedenheit der Geschlechter abhängig ist. Das Verlangen des männlichen Geschlechts zeigt und verrät sich immer durch eine Erektion, die nicht unbemerkt bleiben kann, während das weibliche Verlangen sich zurückhaltend und subtil äußert. Keinerlei körperliche Veränderung bringt es sichtbar zum Ausdruck. So daß der Versuch, das zu enthüllen, was immer den Anschein des Geheimnisvollen besitzt, das Risiko in sich birgt, in die Anstößigkeit, wenn nicht gar ins Obszöne zu verfallen. Es gibt Dinge, die man nicht betrachtet und die grundsätzlich dem Blick nicht ausgesetzt werden dürfen, selbst wenn man weiß, daß sie heimlich, still und leise wirken.

Wenn jeder von Anbeginn seines Lebens festgestellt hat, daß er sein Überleben der ständigen Fürsorge seiner Mutter verdankt, dann hat er auch nicht versäumt, daraus alle Konsequenzen der möglichen und drohenden Einstellung dieser Fürsorge zu ziehen. Denn je mehr sich eine Mutter durch die Hingabe und Aufopferung weiterentwickelt, um so größer wird ihre Macht, Leben zu spenden, um so größer wird paradoxerweise aber auch ihre Macht, den Tod herbeizuführen. Und diese Einheit bezeichnet man gemeinhin mit dem Begriff der «Allmacht». Und weil genau diese sie zum ersten Liebesobjekt ihrer Kinder macht, muß man wohl oder übel einräumen, daß die Vorstellung der Liebe, die hier entsteht, sich natürlich mit dem Leben deckt, und per definitionem egoistisch ist. Aber halten wir noch einmal fest: Während der Junge in seine offene Konfrontation mit dem Vater verstrickt ist und an seinem Kampf festhält, vertrauensvoll und naiv auf einem klar vorgezeichneten Weg wandelt, ist seine Schwester dagegen schon bald aufgerufen, sich einem komplexen und unlösbaren Problem zu stellen, der Ursache eines lähmenden Schuldgefühls angesichts der Gewalt, deren Vorhandensein sie spürt, die sie aber unbedingt verschweigen muß, da nichts in irgendeiner Weise oder gar offensichtlich oder eindeutig diese Gewalt verrät. Sie hat jedoch allen Grund, so mißtrauisch zu sein. Denn es ist selten, wenn nicht gar außergewöhnlich, daß die Bemühungen, deren Objekt sie seitens ihrer Mutter ist, nicht im wesentlichen und vor allem zutiefst egoistisch und zwangsläufig entfremdend sind.

Mutter zu werden, ist nicht nur eine Etappe im Leben einer Frau. Es ist ein tiefgreifender und überwältigender Wandel, der es ihr erlaubt, endlich, wenn nicht gleich ihr ganzes bisheriges Leben, so doch zumindest die Kohärenz ihres bisherigen Verhaltens zu verstehen. Die Erfahrung der Schwangerschaft hat der Neigung, die sie bis dahin manchmal, ohne deren Zweck zu verstehen, verspürt hatte und die darin bestand, den Bedürfnissen eines Dritten zu entsprechen und sie so gut wie möglich zu befriedigen, einen Sinn verliehen und den Zusammenhang klar gemacht. In höchstem Maße für die Bedürfnisse empfänglich und besorgt, in der angemessensten Weise darauf zu reagieren, hat sie im Laufe der langen Monate deren Legitimität erfahren können, als sie das neue und fordernde Leben ihn sich wachsen spürte, für dessen Versorgung ihr eigener Körper so hervorragend ausgestattet war. Und die Freude, die ihr dies bereitete, hat zu keiner Zeit nachgelassen. Geben, geben, unentwegt geben, sich geben, sich nehmen lassen, so wie man sich das im Wohlgefühl des Liebeslebens so gern sagt, das ist ihr bei dieser Gelegenheit als eine so klare Notwendigkeit erschienen, daß sie seine Gültigkeit ihr ganzes Leben lang und in jeder ihrer Verhaltensweisen gespürt hatte. War ihr ganzes Verhalten nicht genau das und nur das? Ein programmiertes, gelebtes und angenommenes, manchmal auch aufgedrängtes und erduldetes Verhalten, das sich jedoch als zielstrebig auf die Vollendung und den Höhepunkt gerichtet erwiesen hat, die es nun während dieser Schwangerschaftsphase erreicht. Es steckte also doch eine Logik dahinter. Und genau in dieser Phase des Lebensweges ist es ihr gelungen, sich selbst klar zu verstehen. Die Veränderung wird sie nicht nur dazu bringen, diese Logik zur Kenntnis zu nehmen, sie wird ihr auch die Möglichkeiten aufzeigen, sich ihr zu unterwerfen und auch die Umgebung aufzufordern, sich ihr zu unterwerfen. Das ist die Verhaltenslogik der Schwangerschaft, die einer Frau am allerdeutlichsten den Sinn ihres Daseins und die besondere Macht aufzeigt, die sie ihr als Mutter über ihr Kind – gleich, welchen Geschlechts – verleiht, und ich höre nicht auf, diese Klarstellung bei jeder Gelegenheit zu wiederholen.

Denn das, was sich für sie in noch deutlicherer Weise als für ihren Partner bei der Fortpflanzung abspielt, das ist das Mitschwingen der Wunschvorstellung ihrer eigenen Unsterblichkeit.[13] Ihn bewahrt die unüberwindbare körperliche Distanz vor einer solchen Wunschvorstellung, und er stellt sich der Wirklichkeit seiner Vaterschaft und macht sich dran, seine Position als Sterblicher zu transzendieren, indem er auf die Projektion auf einen Sohn zurückgreift. Dagegen hat sie absolut freie Hand, sich auf die unvergleichliche körperliche Nähe zu stützen, deren Erfahrung sie soeben macht, um mit dem Traum zu liebäugeln, sich der Herausforderung der Zeit gestellt zu haben. Und so hat sie, ganz für sich allein, wirklich, lebendig und warm, die Sicherheit, daß es ihr gelungen ist, sich ein zweites Mal zu erschaffen.

Ob sie sich dessen bewußt ist oder nicht, ob sie den Wunsch ausspricht oder nicht, sie wird alles tun, wirklich alles, um den konkreten Trost zu erhalten, der ihr damit geboten wird; und ihre Fürsorge wird ihr Tag für Tag ihren Erfolg bestätigen. Abgesehen davon wird die Projektion, die sie unweigerlich vornehmen wird – jeder ein wenig auf seine Wahrnehmungen achtende Elternteil wird einräumen, daß sein Kind ihn auf die eine oder andere Weise die verschiedenen Etappen seiner eigenen Kindheit durchlaufen ließ oder noch läßt –, viel leichter und folglich auch viel effektiver sein, wenn sie sich auf ihre Tochter bezieht als auf ihren Sohn. Sie kann nicht anders, als sich ausnahmslos von ihrem Sohn und dessen Körper, der sich offensichtlich von dem ihren unterscheidet, distanziert fühlen. Sie wird sich deshalb selbstverständlich nicht weniger für ihn einsetzen. Sie wird nicht weniger stark, weniger verfügbar, weniger liebevoll oder weniger hingebungsvoll sein – wie viel Tinte hat dieser Aspekt nicht schon gekostet! Aber ihre Beziehung wird – gleich, was man darüber sagt – nie die gleiche sein, wie jene, die sie zu ihrer Tochter unterhält. Denn durch die Homosexualität – im striktesten Sinn des Begriffs – der Liebe, die sich unter diesen Umständen entfaltet, gelingt es der Mutter, eine ununterbrochene Brükke zwischen ihrer nach ihr kommenden Tochter und sich selbst zu bauen, aber auch eine Brücke zwischen sich und ihrer eigenen, vor ihr gekommenen Mutter, der Mutter dieser Mutter, der Mutter der Mutter und so weiter und so fort, bis zum allerersten weiblichen Wesen. Und das liefert ihr den verständlichsten und konkretesten Beweis für ihren Eintritt in die unbestreitbare Unendlichkeit eines Zustands.

Die Wunschvorstellung von ihrer eigenen Unsterblichkeit nährt sich aus dem, was ihr in Gestalt einer unwiderlegbaren Offensichtlichkeit erscheint. Wenn sie sich des Ganzen mehr oder weniger bewußt wird, wird in ihr die verrückte Idee entstehen, daß ihre Tochter und sie, die doch so gleich, so ähnlich, so identisch sind, sich niemals, wirklich niemals trennen, getrennt werden oder Erfahrungen machen dürfen, die nicht absolut vergleichbar sind. Sie hat, fest mit dem Körper verbunden, die Gewißheit, die leistungsfähigste aller Lebensversicherungen entdeckt zu haben. Und ihr bleibt nur noch zu hoffen, daß ihre Tochter es eines Tages genauso machen wird und daß nichts diese unendliche Folge der perfekten Geburten, der perfekten Reproduktionen unterbricht. Sie muß in diese Richtung wirken und dieses Kind so früh wie möglich zur einzig wahren Sicht der Welt bekehren. Sie ist bereit, ihre ganze Energie dafür aufzubieten. Und sie wird sich keinen Augenblick ihres Lebens von diesem Ziel abbringen lassen.

Mit einer erstaunlichen Leichtigkeit wird sie die Erinnerung an das Leid beiseite schieben, das ihre Mutter sie zu ihrer Zeit mit Blick auf das gleiche Ziel hatte erdulden lassen. Blind und taub gegenüber allem, was dagegen eingewandt oder gesagt werden kann, wird sie sich kopfüber in diese Beziehung stürzen, durch ihre körperliche Erfahrung in der Sicherheit gewiegt, daß sie sich nicht täuschen, noch das geringste Unheil anrichten kann. Wie stolz ist sie doch, wenn man sie darauf hinweist, wie ähnlich ihr ihre Tochter sieht –, und ihr gelingt es übrigens im allgemeinen nicht, das mögliche Unbehagen, das besagte Tochter darüber beschleicht, zu verstehen! Wie leicht – und heute mehr noch als je zuvor – stimmt sie sich auf sie ein, übernimmt ihre Sprache, ahmt ihre Lebensweise nach, wie sie ißt, wie sie sich kleidet, macht sie sich zu ihrer Freundin, ihrer Komparsin, ja sogar zu ihrer Komplizin, indem sie alles in ihrer Macht Stehende einsetzt, um ja nicht in den Schatten gestellt zu werden. Sie geht sogar so weit, es hinzunehmen, sich zur Beobachterin jedes Details ihres Alltagslebens machen zu lassen, ihre Zeitplanung auf ihr Zusammentreffen einzustellen und somit per Prokura zu leben.[14] Es ist nicht sie, die sich von der Wunschvorstellung dieser Klonung leiten läßt, deren Realität in unseren Tagen mit dem Schaf Dolly über uns hereinbricht. Wozu sollte es ihr übrigens auch nützen, und weshalb sollte sie sich dafür interessieren? Denn das ist die Sache von Männern, und zwar von Männern, die von der zweifelhaften Rivalität zur Mutter getrieben werden. Sie hat ihren Klon ja schon, dort, direkt griffbereit. Sie hat ihn übrigens schon immer in ihrem Kopf gehabt, und sie kann, wenn sie einen Blick darauf wirft, behaupten, ihn selbst geschaffen und nach ihrem Gutdünken geformt zu haben. Und damit das Bestmögliche herauskommt, genügt es ihr schon, daß dieses Mädchen sich nicht auf seine dumme Böswilligkeit versteift, daß es das Maß der unverbrüchlichen Hingabe, die sie ihm entgegenbringt, erkennt, daß es das Ausmaß ihrer Liebe begreift, daß es ihr seine Zustimmung zu erkennen gibt und daß es sich ihr ganz einfach in dem klugen, selbstlosen und weitblickenden Wunsch anschließt, den sie für sie beide hegt.

Und es fehlt ihr nicht an Mitteln, ihr Ziel auch zu erreichen.

Sie ist bereit, den Preis dafür zu bezahlen, und sei er auch noch so hoch. Sie wird es verstehen, all die ihr zur Verfügung stehende Geduld und Demut, das ganze Ausmaß ihrer Fürsorge einzusetzen. Selbstverständlich nicht nur nach außen hin, sondern mit dem ganzen ihr eigenen Geschick, das sie offensichtlich an den Tag legt, um mit unendlicher Diskretion die absolute Natürlichkeit ihrer Liebenswürdigkeit und ihrer ganzen Verfügbarkeit in den Vordergrund zu stellen. Wenn sie ihrer Tochter auch nur ein paar kleine Dinge ihres Lebensabenteuers anvertrauen könnte, von ihrer Unzufriedenheit, ihren enttäuschten Erwartungen oder ihrem Unglück, das auch sie unweigerlich erfahren mußte, so wird sie dennoch nicht versäumen, die Anwandlungen von Widerstand zu überwinden und das bißchen Sympathie auf sich zu ziehen, das ihr erlauben wird, die folgende Etappe durchzustehen. Sie hat genügend Sehnen an ihrem Bogen, damit die Aufforderung zur Wiederholung, die sie so an die Adresse ihrer Tochter sendet, hörbar wird, klar verstanden wird und für eine ganze Weile besiegelt, daß das ihnen bestimmte Schicksal ein gemeinsames sein wird.

«Ich habe gewußt, was du gewußt hast und was du weißt. Sei wie ich, genau wie ich. Tritt in meine Fußstapfen. Mach das, was ich gemacht habe, verfolge meinen Lebensweg, spar dir das mühselige Suchen, das dich möglicherweise viel Zeit und Energie kosten würde, mach dir meine Erfahrung zunutze, die ich dir ganz ohne Vorbehalt zur Verfügung stelle. Ich liebe dich, das weißt du! Ich liebe dich mehr, als dich je ein Mensch geliebt hat oder lieben wird. Niemand ist besser geeignet als ich, die Schönheit deiner Haut zu besingen oder den Glanz deiner Augen zu würdigen. Liebe mich im Gegenzug. Liebe mich, wie ich dich geliebt habe, so wie du es verstanden hast, mich am Anfang unseres Zusammenseins zu lieben, wie ich dich weiterhin liebe und gerne hätte, daß auch du mich liebst. Und wenn du dich weigerst oder es nicht wagst, es weiterhin zu tun – ich kenne dich ja, und ich weiß, daß das alles nur eine Frage der Kühnheit ist –, dann verrate mich nicht: liebe jemanden, der mir ähnlich ist; liebe jemanden, der mich aufnimmt, so wie ich gern hätte, daß du mich aufnehmen würdest, liebe jemanden, der mich zuläßt, liebe jemanden, der mich liebt, liebe mich in dem, der dich an mich erinnert, wohlwissend, daß es mir, auch wenn ich es, um dir keinen Kummer zu bereiten, respektiere und nach außen hin zugebe, für immer im Hals stecken bleiben wird und ich es niemals zugeben werde.»

Genau das sagt sie ihr in Form einer Vorschrift, deren Aussage, ein unverändertes Echo der homosexuellen Beziehung des Lebensanfangs, nicht den geringsten Zweifel aufkommen läßt. Und wenn es ihr nicht überzeugend genug erscheint, dann fügt sie wiederholt in aller Ruhe heimlich, still und leise hinzu: «Was, du willst nicht? Du weigerst dich? Du mißtraust mir? Bist du mir gar übelgesinnt? Leugnest du gar meine Selbstlosigkeit? Unterstellst du mir etwa, daß ich irgendeinen Nutzen aus meiner Aufforderung ziehe? Verachtest du mich derart? Ist das die ganze Achtung, die du mir entgegenbringst? So meinst du also, deine Dankbarkeit für die Fürsorge zum Ausdruck zu bringen, mit der ich dich gepflegt habe? Dachtest du, mich so dafür zu entschädigen? Das ist also der Lohn für alles, was ich für dich getan habe!»

Wenn diese Art von Ansprache nicht gar noch darüber hinausgeht und die Bitte wie ein klarer und deutlicher Befehl, begleitet von niederschmetternden Widerwärtigkeiten, wenn nicht sogar schrecklichen Drohungen geäußert wird. Das alles mit dem Ziel, der Tochter, ohne ihr die geringste Wahl zu lassen, zu verstehen zu geben, daß es besser ist zu gehorchen, und mit der Botschaft geht implizit ein «Andernfalls mache ich dem Leben, das ich dir geschenkt habe, ein Ende» einher. Manchmal sind die Formulierungen genau umgekehrt, ohne jedoch weniger Schaden anzurichten. Das «Du hast recht... ich bin dumm... ich bin ein Nichts... ich bin absolut nichts wert! ... verzeih mir, daß ich so bin, wie ich nun einmal bin! ... du hast wirklich kein Glück, mich als Mutter zu haben..., aber habe keine Angst, ich werde nicht mehr lange da sein ... du wirst mich bald loshaben» sind gängige Redewendungen. Man kann sich ihre Wirkung vorstellen. Aber sie sind noch nichts im Vergleich zu dem Todesstoß, der mit wirklich grotesken und so unerträglichen Begriffen gesetzt wird, daß man sie nicht anhören oder akzeptieren kann, sie überhaupt in Erwägung zu ziehen, da sie den Dolch in die offenste aller Wunden stoßen und den entscheidenden Teil der Rede zum Ausdruck bringen. Denn ob es nun gesagt und hinausgeschrien oder verschwiegen, aber impliziert wird, die Rede endet immer mit einem heftigen oder deprimierten «Du willst meinen Tod! » – eine andere Form der bekannten «Liebe bis zum Tod». Ein «Du willst meinen Tod!», das daran zu erinnern versucht, daß die Allmacht nicht hinnehmbar ist, weder in ihrer Ausübung noch in ihrem Erleben, mit der einzigen Ausnahme in ihrem Ausdruck der Fürsorge, die nur zu existieren scheint, um die tödliche Gewalt, die ihr zugrunde liegt, zu verschleiern.

Zumeist wird nichts von all dem klar zur Sprache gebracht und noch weniger als Ganzes ausgesprochen, nicht einmal in einem Streit, und sei er auch noch so heftig. So daß übrigens die Kurzfassung, die ich davon gebe und die eine lächerliche Karikatur davon darstellt, Gefahr läuft, alles, was ich zu sagen versuche, zu diskreditieren. In Wahrheit wird es in ganz kleinen Dosen verabreicht, im Laufe eines Lebens intensiven Austauschs herausdestilliert. Es wird stückchenweise verabreicht, unterschwellig, mit kleinen, bei jeder Gelegenheit wiederholten Seitenhieben.

Ist es angesichts des Schweigens um diese alltägliche Gewalt verwunderlich, daß man eine zunehmende Unbeliebtheit der Ehe feststellen kann? Die Ehe, die symbolisch die Unterordnung des ersten Bandes unter ein zweites offiziell bestätigt, kann von einer Mutter, abgesehen von der normativen Unterstützung der sie umgebenden Kultur, nicht mit der geringsten natürlichen Sympathie betrachtet werden. Um sie nicht mit all den vorstellbaren Konsequenzen ertragen zu müssen, stimmt sie ihr zumeist nur unter der Bedingung zu, daß sich an den bereits bestehenden Beziehungen nichts ändert,[15] indem sie ihre Meinung darüber kundtut und niemals zögert, diese zu verteidigen und die anderen sie wissen zu lassen. Gerade mit diesen Worten stellt sich das Problem manchmal, wenn – im Laufe der Zeit und der manchmal günstigen Reifung der jungen Beziehungen – die leiseste Androhung von Ungehorsam, oder gar des Bruchs zutage tritt: «Dein Kind oder ich. Du mußt dich entscheiden. Und ich rate dir, die richtige Wahl zu treffen!» Das ist eine der subtilsten Fallen, die es gibt, da sie die Drohung mit dem Erwecken von Schuldgefühlen verbindet.

Ich habe ganz zu Beginn meiner Berufslaufbahn eine Geschichte dieser Art miterlebt. Hier möchte ich sie aufgreifen, um den einen Punkt zu illustrieren, um den es mir hier geht.

Es handelte sich um ein Baby von drei Monaten, einen kleinen Jungen, der an einer harmlosen und leichten Diarrhoe litt. Ich mußte ihn trotzdem auf Bitten der Eltern viermal untersuchen, ohne daß ich mich über seinen Zustand beunruhigt oder verstanden hätte, was sich hier abspielte. Ich ließ mich sogar überreden, ihn für vierundzwanzig Stunden ins Krankenhaus einzuweisen, und das praktisch wegen nichts. Aber kaum war er wieder entlassen, da wurde ich erneut an sein Bett gerufen. Da ich nicht wußte, was ich noch für ihn tun konnte, bin ich plötzlich für Aspekte empfänglich geworden, die mit der Krankheit an sich im Prinzip überhaupt nichts zu tun hatten und mit denen ich mich nicht hätte beschäftigen müssen. Mir wurde die bescheidene Einrichtung des Zimmers mit nur wenigen Möbeln bewußt, in dessen Mitte ein wunderbares weißes Gitterbettchen stand. Die Mutter, deren Kopf von einem kuchenförmigen Knoten gekrönt war, kniete vor dem Bett ihrer eigenen Mutter gegenüber, die sich auf der anderen Seite über das Bett beugte und ebenfalls den gleichen Haarknoten trug. Der Vater jedoch ging, die Hände in den Hosentaschen, auf und ab und durchmaß das ganze Zimmer.

Ich erlebte zum fünften Mal genau die gleiche Szene, die sich praktisch ohne die geringste Abweichung vor dem gleichen Hintergrund und – das muß ich hinzufügen – mit den gleichen Dialogen abspielte! Ich hörte die Großmutter, deren Augen hinter ihrer dicken Kurzsichtigkeitsbrille strahlten, mir tatsächlich zum fünften Mal den gleichen, ganz einfachen, unsinnigen und harmlosen Satz wiederholen: «Das ist normal, Herr Doktor, es ist ihr erstes Kind, es ist ein Junge, er ist drei Monate alt, er hat Durchfall!» Ich hatte darauf bisher nie reagiert, da ich mich damit zufrieden gab, diese Tautologie für völlig belanglos zu halten. Ich verstand sie als eine vage und unnütze Entschuldigungsfloskel, als einen jener Kommentare, die gemacht werden, um das Schweigen zu brechen, oder die zur Entspannung der Atmosphäre beitragen sollen, indem der Zuhörer in eine Art Komplizenschaft verwickelt wird. Ich dachte, diese Großmutter würde mir auf ihre Weise und in ihrem eigenen Stil sagen: «Sie müssen sie entschuldigen, Herr Doktor, es ist normal, daß sie Sie so häufig kommen lassen; sie sind beunruhigt, weil es ihr erstes Kind ist und sie unerfahren sind; es ist ein Junge, und sie haben sich doch so sehr einen Jungen gewünscht; er ist drei Monate alt , das ist nicht sehr alt, das ist ein noch recht zartes Alter; er hat Durchfall, und man weiß, daß in der Vergangenheit sehr viele Babys an Durchfall gestorben sind ...» Nun, dieses Mal habe ich, anstatt diese Äußerung schweigend hinzunehmen, ein trockenes und harsches «Na und?» ausgestoßen. Die Großmutter wandte sich plötzlich – eine ganz andere Haltung einnehmend, als diejenige, in der ich sie immer gesehen hatte – mit ausladenden, buchstäblich triumphierenden Gesten an mich, um mir zu eröffnen: «Na ja, Herr Doktor, sehen Sie mich? Ich bin das zweite Kind meiner Mutter. Sie bekam vor mir einen Sohn; mit drei Monaten bekam er Durchfall und ist daran gestorben. Meine Tochter, die Sie hier sehen, ist mein zweites Kind. Vor ihr habe ich einen Jungen bekommen; mit drei Monaten bekam er Durchfall und ist gestorben. Verstehen Sie jetzt? Es ist normal, es ist ihr erstes Kind, es ist ein Junge, er ist drei Monate alt, er hat Durchfall, er wird sterben!»

Nun, das war so klar und deutlich hinausgeschrien, daß ich einen Augenblick lang meinen Ohren nicht traute. Die Großmutter, die der Anweisung ihrer eigenen Mutter, sie in jeder Hinsicht zu imitieren, blind nachgekommen war, hatte ihre Unterwerfung mit dem Tod ihres ersten Kindes bezahlen müssen. Wenn sie nun, selbst zu dem Preis des drohenden Todes eines weiteren Kindes, jubiliert, da sie die Geschichte sich wiederholen sieht, dann deshalb, weil es sie von ihrem Verhalten als Tochter reinwäscht und ihr zugleich versichert, daß auch ihre eigene Tochter in jeder Hinsicht ihre treue Reproduktion sein wird.

Aber es zeigt sich nicht immer gleich, und ein andermal erscheint es weniger offen, weniger demonstrativ zur Schau getragen, aber schädlicher, weil es viel schwieriger ist, sich dagegen zur Wehr zu setzen. Genau das ist einer Mutter passiert, an die ich mit einem eigenartigen, seltsamen und im nachhinein beklemmenden Gefühl zurückdenke.

Den ersten Kontakt mit ihr hatte ich am Telefon. Sie hatte eine Stimme, die warm und angenehm hätte sein können, wenn sie nicht mit einer abgehackten und fälschlich selbstsicher wirkenden Sprechweise einhergegangen wäre, die sie wirklich richtig unheimlich machte. Sie berichtete mir mit zahlreichen Details, die allerdings alle unbedeutend waren, vom Gesundheitszustand ihrer Zwillinge, eines Jungen, Igor, und eines Mädchens, Telma, die erst einige Wochen alt waren und normalerweise von meinem zu diesem Zeitpunkt abwesenden Arbeitskollegen betreut wurden. Aus der ganzen Sammlung unbedeutender Fakten, über die sich aufzuhalten sie sich die Mühe machte, konnte nichts die Stärke ihrer Angst erklären, die sie an den Tag legte. Ich habe sie ausreden lassen. Und sie hat sich Zeit gelassen. Im Wunsch, die Atmosphäre zu entspannen, habe ich ihr, als ich das Wort ergreifen konnte, in deutlich jovialem Ton gesagt, daß ich, nachdem ich mir nun ihre Rede angehört hätte, den Eindruck hätte, sie könnte nichts Besseres tun, als ihre Babys einfach in den Mülleimer zu werfen und sich neue zu beschaffen, die in besserem Zustand sind. Diese Art von Beitrag, die gewöhnlich alle Probleme löst, indem sie durch ihre Ungeheuerlichkeit am anderen Ende der Leitung ein erleichtertes Lachen hervorruft, hat mir diesmal eine so schockierte und so heftige Reaktion eingebracht, daß ich große, wirklich große Schwierigkeiten hatte, die Sache wieder ins Lot zu bringen. In diesem speziellen Fall sind mir meine Erfahrung, mein reifes Alter und mein Gespür für die Verhältnismäßigkeit wirklich nicht allzu hilfreich vorgekommen. Es war mir in meinem Leben noch nie passiert, auf eine so absolute Humorlosigkeit zu treffen. Übrigens habe ich später mit meinem Kollegen darüber gesprochen, der bereits die gleiche Feststellung gemacht hatte und der mir gebeichtet hat, jedes Zusammentreffen mit dieser Mutter als eine Belastungsprobe an der Grenze zum Unerträglichen zu empfinden. Das hat mich nicht davon abgehalten, sie später zu treffen, mich jedesmal mit ihren Kindern zu befassen und dabei immer die Ablehnung im Gedächtnis zu behalten, die sie gegenüber jeder Metapher wie auch jeder Redewendung zeigte, wenn diese auch nur ein ganz klein wenig von der absolut prosaischen Realität abwich. Sie muß meine Disziplin geschätzt haben, da sie zu meinem großen Ärger und der eingestandenen und freudigen Erleichterung meines Kollegen mich zu ihrem alleinigen Kinderarzt erwählt hat. Und so habe ich erfahren, daß sie sehr spät geheiratet hat und schwanger geworden ist – weshalb sie die Zwillingsschwangerschaft wie ein Geschenk des Himmels empfunden habe. Sie nahm eine gehobene soziale Stellung ein, und ihre Kinder wurden zu Hause betreut von ... ihrer Mutter, einer verwitweten Krankenschwester im Ruhestand, deren einziges Kind sie war und mit der sie immer zusammengelebt hatte, was zum Teil erklärte, warum sie «so lange gebraucht hatte, einen Ehemann zu finden» (sie verspürte offensichtlich das Bedürfnis, mir dies zu erläutern).

Eines Abends mußte ich Igor noch untersuchen, der damals sechs oder sieben Monate alt war und als Notfall kam, weil er an einer starken Diarrhoe litt – wahrscheinlich infolge einer Infektion des Rotavirus, das zu einer Epidemie in unserem Viertel geführt hatte. Ich habe ihr lang und breit die Übertragungswege dieser Erkrankung erklärt, ihren Ablauf und die stets beeindrukkende Art und Weise, wie sie sich ausbreitete. Trotz meiner Zusicherungen und der Zeit, die ich mit dem Versuch verbrachte, ihr meinen Optimismus kundzutun, blieb sie unruhiger, als sie es gewöhnlich war, und hatte keinerlei Hemmungen, diese Angst einzugestehen, die ich schon lange bemerkt hatte und zu der sie, wie ich wußte, von ihrem Wesen her in höchstem Maße neigte. Verblüfft, wie sie war, konnte sie darüber nichts Eindeutigeres sagen – und es ist fast immer so, wenn ein Symptom so sehr im Vordergrund steht. Sie hat einfach ihr Erstaunen darüber eingestanden, festgestellt zu haben, daß ihre Kinder, und vor allem ihr Sohn, jedesmal krank wurden, wenn ihr Mann nicht da war. Ich habe mir sehr viel Zeit genommen, um ihr die geeigneten Ratschläge zu erteilen. Dabei habe ich darauf geachtet, daß sie diese in allen Einzelheiten verstanden und aufgenommen hatte, und habe ihr ein Rezept, auf dem nichts fehlte, ausgehändigt.

Am nächsten Morgen Punkt acht Uhr klingelte bei mir zu Hause das Telefon. Ihre Grabesstimme habe ich sofort erkannt. Unerwarteterweise überschüttete sich mich mit Entschuldigungen und erklärte mir, sie habe die ganze Nacht gegen die Versuchung angekämpft, mich anzurufen. Ihrem Sohn gehe es sehr schlecht, und sie bat mich ganz dringend, ihn baldmöglichst zu untersuchen. Ich gab ihr einen Termin in der Praxis zur nächsten halben Stunde. In Wahrheit war Igors Zustand keineswegs beunruhigend. Aber er hatte die ganze Nacht über Durchfall gehabt, wie ich es ihr vorhergesagt hatte, weil es bei dieser Art von Krankheitsbild in der Regel der Fall ist. Er hatte jedoch reichlich getrunken, was seinen ausgezeichneten Zustand erklärte.

Als ich ihr meine Untersuchungsergebnisse mitteilte und sehr behutsam versuchte, ihr gegenüber mein Erstaunen zum Ausdruck zu bringen, erzählte sie mir, daß sie ihre ganze Standhaftigkeit hatte aufwenden müssen, um sich den von ihrer Mutter die ganze Zeit über wiederholten dramatisierenden Kommentaren zu widersetzen, die sie, sich auf ihre berufliche Autorität stützend, drängte, Igor unverzüglich ins Krankenhaus T. zu bringen und ihn dort stationär aufnehmen zu lassen. Gestärkt durch meine Erklärungen, hatte sie sich jedoch hartnäckig geweigert. Aber es war ihr nicht gelungen, ihre Mutter davon abzuhalten, Punkt halb sieben morgens einen Notarzt zu rufen. Nur wenige Augenblicke später war eine junge Ärztin erschienen, die sich, nach Beendigung ihrer Untersuchung unumwunden für eine Krankenhauseinweisung aussprach, ohne sie, die Mutter, zu überzeugen. Da entschloß sich die Ärztin, ihr zu erzählen, daß sie selbst vor ein paar Jahren einen Sohn gleichen Alters wegen der gleichen Erkrankung verloren hatte. Igors Mutter erzählte mir, daß sie von der Mitteilung und dem sie begleitenden heftigen Tränenausbruch verblüfft und beinahe verunsichert gewesen sei. Was sie aber in ihrer Entschlossenheit, Igor bei sich zu behalten, bestärkt hatte, war die Tatsache gewesen, daß sie in dem insistierenden Gerede ihrer Mutter etwas Beunruhigendes, Verdächtiges und zugleich Erschreckendes bemerkt hatte. War sie nicht am besten geeignet, sich von dem guten Zustand des Kindes zu überzeugen, das einen lebhaften Blick hatte, das bei jedem Erwachen normal lachte und lallte und stets herzhaft trank? Es war unverständlich, daß sie diese Dinge überhaupt nicht berücksichtigte. Und sie war gewiß nicht so egoistisch, sich der Pflege entziehen zu wollen, die sie wohl noch einige Tage in Anspruch nehmen würde. Während sie so Bilanz zog, fiel ihr ein, daß ihre Mutter etwa ein Jahr vor ihrer Geburt einen Jungen verloren hatte, der genauso alt war wie Igor und an einer starken Diarrhoe litt, und zwar trotz seiner Einweisung in genau jenes Krankenhaus T., in das sie ihren Enkel hatte bringen wollen. Sie hatten in der vergangenen Nacht nicht darüber gesprochen, aber selbstverständlich hing es unweigerlich in der Luft, und sie selbst hatte jedenfalls ständig daran denken müssen.

Ich konnte mich über ihr Verhalten nur freuen und fragte mich, ob sie wirklich aus der Tatsache, daß die Krankheit Igor, und nicht seine Zwillingsschwester, befallen hatte, die nötigen Schlüsse gezogen hatte und ob sie diese für den Versuch genutzt hatte, den Determinismus ihrer Zwillingsschwangerschaft zu verstehen. Ich habe jedenfalls meinerseits nicht begriffen, inwiefern unsere Beziehung es ihr ermöglicht hatte, die Aufforderung zur Wiederholung seitens ihrer Mutter zu erkennen und sich zu weigern, sich dieser zu beugen. Ich konnte jedoch nicht umhin, ihr zu danken, und ertappte mich dabei, daß ich über ihren Mangel an Humor hinwegsah und ihr meine ehrliche und gerührte Bewunderung entgegenbrachte. Es gefiel mir, sie mir wie die Ziege von Monsieur Seguin bis zum Morgen gegen einen Wolf kämpfend vorzustellen, den zu besiegen ihr am Ende doch noch gelungen ist, und ich habe mir gesagt, daß sie wirklich einen großen Schritt nach vorn getan hatte.

Einen Schritt von der Art, der einem die Augen öffnet. Weil das, was er ins Spiel bringt, derart lebenswichtig erscheint, daß er all die Mechanismen der Selbstverteidigung und der schlichten

Selbsterhaltung mobilisiert. In Wahrheit wird es unmöglich, sich noch länger an der Nase herumführen zu lassen, wenn der Schleier erst einmal zerrissen ist und sich die Situation daraufhin in ihrer blendenden Klarheit mit all dem, was dabei weiterhin an Manipulation und Täuschung vorhanden ist, zu erkennen gibt.

«Sie nimmt mir dieses zweite Kind übel, das ich ohne ihr Einverständnis bekommen habe», sagt mir eine junge Mutter unter Tränen. «Am Anfang hat sie ihn ‹Ding› genannt und hinzugefügt: ‹Entschuldige, ich habe seinen Vornamen vergessen. Du weißt, wie leicht ich Vornamen vergesse.› Sie hat mir so oft gesagt, daß es in Wahrheit nur das eine Kind gab! Und damit hat sie die einzige Tochter gemeint, weil sie mir ihren Ärger nicht verhehlt hat, als ich meinen ersten Jungen bekommen habe.»

«Ich kann ihr nicht verzeihen», sagt eine andere, «daß sie mich so im Stich läßt, wie sie es tut. Ich brauche meine Mutter, um selbst Mutter zu sein, und sie läßt mich unter dem Vorwand hängen, daß ich einen Jungen anstatt des Mädchens, das sie erwartet hatte, in die Welt gesetzt habe. Wie soll ich das aushalten? Wie soll ich mit meinem Sohn das aushalten, was sie mir antut?»

Eine Klage, die eine andere Äußerung vom gleichen Tag wiedergibt:

«Trotz der drei Ehemänner, die ich hatte, und trotz meiner vier Kinder habe ich weiterhin kein Recht zu reden. Und wenn ich protestiere, dann werde ich als ‹absolut Unerwünschte›, als ‹stinkende Fotze› und mit anderen, ähnlichen Nettigkeiten beschimpft, was sie aber nicht davon abhält, sich vor ihren Enkelkindern aufzuplustern und die vorbildliche Großmutter zu spielen.»

Und was ist aus der Klage jener Frau herauszuhören, die mir, im Krankenhaus liegend, verzweifelt erzählt, daß ihre Mutter, als sie von ihr erfuhr, man habe sich entschlossen, sie einer Chemotherapie zu unterziehen, erwiderte: «Ach ja! Die Chemotherapie, die kenne ich. Genau daran ist meine Mutter gestorben.»

Was die folgende Aussage einer Frau anbetrifft, die ebenso rührend ist wie die vorangegangenen, so erzählte sie mir, wie sie anläßlich des dritten Geburtstags ihres Sohnes plötzlich einem Einfluß ein Ende gemacht hat, über den sie sich nie im Klaren gewesen sei und der ihre Ehe schon mehrfach beinahe zerstört hätte. «Wir hatten uns aus mehreren Gründen zu diesem Fest entschlossen, unter anderem, um unsere Aussöhnung nach den wochenlangen Spannungen und Streitereien zu besiegeln. Wir hatten unsere Familien und Verwandten sowie etwa zehn Kinder – Philippes Freunde von der Kindertagesstätte und dem Spielplatz – und deren Eltern eingeladen. Alle waren schon da, und wir warteten nur noch auf meine Mutter, um anzufangen. Sie kam zu spät, wie immer; aber wir waren daran gewöhnt, und ich muß dazu sagen, daß ich von diesem kleinen Charakterfehler, den ich einer dummen und unnötigen Koketterie zuschrieb, immer gerührt gewesen war. Es klingelte. Das konnte nur sie sein. Und sie war es tatsächlich. Sie war von einem riesigen Blumenstrauß und einer Menge Geschenkpakete verdeckt. Sie hat sich von mir nicht helfen lassen. Wie ein Blitz ist sie hereingesaust und hat auf dem Weg zum Sofa, wo sie ihre Pakete ablegte, ein oder zwei Stühle umgestoßen. Ich habe nicht einmal Zeit gehabt, ihr zu sagen, daß wir noch nicht angefangen hatten und daß sie sich nicht so zu hetzen brauchte. Sie hatte sich entschlossen, die richtig gute Großmutter zu spielen und sich ausschließlich Philippe zu widmen, den sie auf den Schoß nehmen wollte. Mehrmals hat sie ihn abgeküßt und ausgerufen: «Philippe, mein Philippe, mein Liebling, mein Liebling, schau dir bloß an, was ich dir alles zu deinem Geburtstag mitgebracht habe, einen schönen Geburtstag, einen ganz schönen Ge-burts-tag, hu, hu!» Sie schien mit ihrer Nummer so bald nicht aufhören zu wollen. Und ich, ich sah sie an und traute meinen Augen nicht. Ich habe mich gefragt, wann sie endlich merken würde, wie lächerlich die Situation war. Ich schämte mich für sie. Aber noch mehr für mich. Nicht für ihre Überschwenglichkeit, nein, denn diese war allseits bekannt. Aber sie hatte sich getäuscht. Es war nicht Philippe, den sie da in ihren Armen hielt. Als ich es ihr gesagt habe, ganz leise ins Ohr, um das Gesicht zu wahren, ich weiß nicht wessen, ihres oder meines, hat sie ihren Blick kreisen lassen und mußte mehrmals die Gesichter der Kinder, eines nach dem anderen, betrachten, bevor sie ihren Enkel erkannte!»

Nimmt die Auseinandersetzung der Mütter mit ihren Töchtern immer diese Form an wie bei diesen wenigen, zufällig aus vielen weiteren ausgewählten Anekdoten, die ich leider nicht ebenso einfach wiedergeben kann? Oder schlägt sie nur dann diesen Weg ein, wenn nach Meinung der Mutter eine Gefahr des Bruchs, und insbesondere eines radikalen Bruchs zutage tritt? Aber ein Bruch wovon? Ein Abbruch der Kommunikation? Ein Bruch der Hierarchie? Ein Bruch der Treuezusagen? Oder aber ein Bruch jener Brücke, die, wie wir gesehen haben, die Bedeutung einer Einschreibung in die Ewigkeit besaß, die die Wunschvorstellung der Unsterblichkeit nährte und der es gelang, die Todesangst zu überwinden? Es kommt also vor, daß das Hegen einer solchen Wunschvorstellung soviel Energie erfordert, daß man dazu übergeht, sie jenen, die geboren werden, nehmen zu wollen, und dies um so mehr, wenn es Jungen sind, da sie, wie man im folgenden noch im Detail sehen wird, den impliziten und unverschämten Wunsch nach diesem bekannten Bruch darstellen.

Ferdinand war kaum ein paar Wochen alt, als er mir schon große Sorgen machte. Er war genau in dem gleichen Zustand wie die kleine Lea, deren Geschichte ich weiter oben bereits erzählt habe. Dieses Krankheitsbild der extremen Passivität, diese Art, sich so sehr gehen zu lassen, daß jeder Muskeltonus verlorengeht, diese Art von Weigerung, sich gewissermaßen an das Leben zu klammern, ist Anzeichen eines extremen Leidens des Neugeborenen. Eines Leidens, das verschiedene Stadien erreichen und vor allem verschiedene Ursachen haben kann, von welchen manche eindeutig organisch sind. Deshalb ist über die Ursachen nie leicht zu entscheiden, und man wagt sich bei ihrer Erforschung nur auf Zehenspitzen vor, da der geringste Fehler die Störungen noch verstärken und die ohnehin bereits große Verzweiflung der Eltern noch verschlimmern kann. Ferdinand war also schlaff wie eine Stoffpuppe. Auf Impulse reagierte er praktisch nicht. Er trank ohne großen Elan. Er hatte einen matten und verlorenen Blick, kurz gesagt, er schien sowohl seiner Umgebung als auch dem Leben gegenüber gleichgültig zu sein. Aber ich hatte keinerlei Anzeichen entdeckt, die auf irgendeine körperliche Erkrankung hindeuteten. Bei unserem zweiten Zusammentreffen nach vierzehn Tagen hatte sich sein Zustand kaum verändert. So daß ich mich veranlaßt sah – wie hätte es auch anders sein können? –, den Versuch zu unternehmen, der Ursache durch die Verordnung verschiedener Untersuchungen auf die Spur zu kommen. Das alles hat mich lange in Anspruch genommen. Ich glaubte natürlich nicht daran, daß ich auf irgendein Indiz stoßen würde. Aber der Schritt schien mir für die Aufrechterhaltung des Kontakts mit den Eltern unerläßlich zu sein. Um so mehr, als die Mutter diese Untersuchungen forderte und heftig und im voraus von sich wies, daß es mit diesem erwünschten, programmierten und ach so ersehnten Sohn irgendein Beziehungsproblem geben könnte. Ich schlug mich gerade mit meiner Spurensuche und meinen Zweifeln herum, als mir der Schlüssel zu der Geschichte zufällig gegeben wurde. Genauer gesagt, ich erhielt einen Anruf von Ferdinands Großtante mütterlicherseits, deren Enkel zu meinen Patienten gehörten, nachdem ich auch Jahrzehnte zuvor die Eltern dieser Kinder behandelt hatte. Sie berief sich auf all das, um mich eines Tages unter dem Vorwand anzurufen, mir ihre Besorgnis über das Schicksal ihres Großneffen zum Ausdruck zu bringen. Ich habe ihr lange zugehört und mich herzlich für ihre Initiative bedankt.

So habe ich erfahren, daß Ferdinand den Vornamen seines verstorbenen Großvaters, des Vaters seiner Mutter, trug. Dieser schon vor langem verstorbene Großvater hatte eine Witwe, Lydia, hinterlassen, die ihre beiden Töchter weiterhin an der Kandare hatte, so also auch die Großmutter mütterlicherseits des

Babys. Dieser Vorfahr hat, so schien es, sein Leben lang darunter gelitten, daß er keinen Sohn bekommen hatte. Ich habe bereits erläutert, warum Väter sich einen Sohn wünschen, und man darf einem solchen Wunsch keine sexistische Haltung unterstellen. Aber zwischen diesem und dem Punkt, daraus den Jammer eines ganzen Lebens zu machen, besteht ein großer Unterschied. Man kann sich jedenfalls problemlos vorstellen, wie sehr diese Art von Information, wenn sie über Generationen hinweg weitererzählt wird, an sich schon in Frage zu stellen, wenn nicht gar in Zweifel zu ziehen ist. Nichts ist einfacher, als seine eigenen Gefühle anderen zuzuschreiben. So etwas wird von Kommunikationswissenschaftlern Projektion oder Manipulation genannt – was übrigens auf das gleiche hinausläuft. Man weiß auch, daß häufig davon Gebrauch gemacht wird – ein um so einfacheres und mißbräuchlicheres Vorgehen, wenn der Betroffene nicht mehr am Leben ist und sich nicht mehr rechtfertigen oder es nicht mehr dementieren kann. Beispielsweise hätte die Großmutter die Sache von Anfang bis Ende frei erfinden können, um ihr eigenes Bedauern zu verheimlichen oder um die Reinheit der Liebe, die sie, und nur sie allein, ihren Töchtern entgegenzubringen wußte, hervorzuheben und sich damit zu brüsten. Und diese Töchter hätten die Information später aufgreifen können, wenn sie es nicht gar selbst gewesen waren, die sie von Anfang bis Ende erfunden hatten.

Und wenn Töchter an diesen Extrempunkt gelangen, dann gewiß nicht so sehr, um das erbärmliche Engagement ihres Vaters zu beklagen, als vielmehr, weil sie sich der Allmacht ihrer Mutter ausgeliefert gefühlt haben. Die zweite dieser Töchter, beide mittlerweile selbst Großmütter, meine Gesprächspartnerin am Telefon, hatte jedenfalls – gewiß zur Freude ihres Vaters – zwei Enkel, während die ältere nur zwei Enkelinnen aufweisen konnte. Ferdinands Mutter war das zweite Kind ihrer Mutter. Ihre ältere Schwester hatte zwei Töchter, und sie hatte zunächst ein Mädchen, Isabelle, und dann Ferdinand bekommen. Nun, besagte Großtante hat mir am Telefon weinend erzählt, daß ihre

Schwester, Ferdinands Großmutter, zu ihrer beider Mutter gesagt habe: «Siehst du, ich habe dir trotzdem deinen Ferdinand gemacht. Na ja, nicht ich, klar, *aber es ist meine Tochter, und das ist ja das gleiche, nicht wahr*? Jedenfalls ist es ein richtiger Ferdinand, und genau das ist der Name, der ihm als erster Vorname gegeben wurde. Es ist sogar sein einziger Vorname. Es ist nicht wie bei meiner Schwester, die trotz allem, was du ihr gesagt hast, diesen Vornamen erst ihrem zweiten Sohn und dann nur als zweiten Namen gegeben hat.»

Man kann sich, ohne sich mit der Bedeutung des weitverbreiteten Systems der Weitergabe von Vornamen aufzuhalten, fragen, worum es da in Wahrheit geht. Die Art und Weise, in der sich die Dinge für die Mutter des Babys Ferdinand abgespielt zu haben schienen, war recht einfach zu erraten. Man kann sich gar nicht vorstellen, daß ihre Mutter ihr gegenüber eine andere Haltung eingenommen hat als jene autoritäre oder schmeichlerische, die sie wahrscheinlich von ihrer eigenen Mutter vererbt bekommen hatte. Aber trotzdem gab mir nichts einen Hinweis, wie der Vater des Babys das alles empfunden hatte. Bei der folgenden Untersuchung war er dabei, und ich habe mich beeilt, ihn zu fragen, was der Vorname seines Kindes für ihn bedeutete. Er hat mir mitgeteilt, daß es ihm nicht schwer gefallen sei, der Entscheidung seiner Frau zuzustimmen. «Ich habe ihm überhaupt keine Wahl gelassen», hat sie trocken hervorgehoben, «entweder dieser Name oder kein Kind!» Ich war noch dabei, die direkten oder weiterreichenden Konsequenzen eines solchen Diktats abzuwägen, als ich ihn hinzufügen hörte, daß er sich häufig dabei ertappe, seinen Sohn Virgile zu nennen. Als er mein Gesicht sah, das wohl Erstaunen verriet, fuhr er fort, daß das der Vorname eines Kindes seiner ihm früher sehr nahestehenden Schwester sei, die in ihm überhaupt erst den Wunsch, Vater zu werden, wachgerufen hatte und die leider vor wenigen Monaten – ganz plötzlich – gestorben war.

Alles wurde damit viel klarer: Ungeachtet der Färbung, die diese Schilderung seinem Ursprung verlieh, und unabhängig, welche Seite dazu aufgefordert hatte, blieb Ferdinand gar nichts anderes übrig, als den Platz eines Toten einzunehmen. Wie hätte er den Platz eines Lebenden einnehmen können? Das Krankheitsbild der Gleichgültigkeit, das – nicht ohne Grund, könnte man sagen! – an eine schwere Taubheit oder eine autistische Veranlagung denken ließ, hat sich nach diesem Bericht gebessert, und Ferdinand hat sich problemlos entwickeln können.

Vielleicht ist es schwierig zu verstehen, wie die Beziehungen zwischen Müttern und Töchtern in diesen Familien sich auf das Schicksal von Ferdinand ausgewirkt haben. Wie es auch schwierig erscheinen kann, sich in dieser familiären Topographie zurechtzufinden. Zweifellos würde ein Stammbaum die Sache viel klarer machen. Man kann auf seine Darstellung aber verzichten, wenn man einfach die verschiedenen Äußerungen zu der Geschichte aufgreift.

Man beginnt mit einem leidenden männlichen Neugeborenen, für dessen Leiden die Medizin keine Erklärung finden kann – abgesehen davon, daß dieses Leiden sich bessert, sobald sich darum ein Gespräch entwickelt, es erläutert und den Protagonisten erlaubt, ihre gegenseitigen Positionen in diesem Familienroman zu erkunden, in dessen Mitte sie versucht haben, ein gemeinsames Projekt auszuarbeiten.

Man geht von diesem Neugeborenen zu seiner Mutter zurück. Sie ist die zweite von zwei Töchtern ihrer eigenen Mutter, und sie hat zunächst eine Tochter geboren, als ob sie vorübergehend versucht gewesen wäre, so wie es im übrigen ihre ältere Schwester getan hatte, einem identischen Reproduktionsschema zu folgen, das auf dem besten Weg war, zur Tradition zu werden. Bei der Generation davor stellt man in der Tat fest, daß die Großmutter mütterlicherseits des Neugeborenen die erste von zwei Schwestern ist, und sie genau die gleiche Familienkonstellation hervorgebracht hat wie ihre eigene Mutter: Ihre Mutter hatte zwei Töchter gehabt, sie hat zwei Töchter. Doch ihre Schwester bricht mit diesem Modell und macht genau das Gegenteil, indem sie zwei Jungen zur Welt bringt.

Gewiß kommt hier eine Vielzahl von Parametern zum Tragen, die diese Art von Entwicklung erklären können. Aber es kommt nicht selten vor, wie ich hervorgehoben habe, indem ich die möglichen Auswirkungen davon aufzeigte, daß man auf eine identische Fortpflanzung trifft, die sich über eine beachtliche Zahl von Generationen fortsetzt. Hier geht es jedoch im Wesentlichen nicht darum. Es ist nur wichtig festzuhalten, wie sich eine Aufforderung der Mutter über Generationen hält: Im Gegensatz zu dem, was man annehmen könnte, scheint ihr ein um so größeres Gewicht zuzukommen, wenn sie von einer weiter zurückliegenden Generation kommt. Daß sie hier durch ein einfaches Zusammentreffen von Umständen ans Tageslicht gelangt und bei der Behandlung des Falls genützt wird, bedeutet jedenfalls nicht, daß ihr Einfluß bemerkt oder von einer der Frauen, an die sie gerichtet war, in irgendeiner Weise ermessen worden wäre. In Wahrheit habe ich den Eltern des kleinen Ferdinand nichts über den Anruf seiner Großtante mütterlicherseits gesagt. So wie ich mich übrigens auch nicht auf ihre Äußerungen eingelassen habe. Nun, was schien die Großmutter des Babys, die nicht einmal die Konsequenzen ihrer Haltung einschätzen kann, mit ihrem Plädoyer und ihren Treuebekundungen, so wie sie der Bericht ihrer Schwester wiedergibt, anderes zu beabsichtigen, als den Versuch zu unternehmen, die Gunst ihrer betagten Mutter zu gewinnen, indem sie sich – auf ihre Weise – «lieb Kind» macht?

Und dabei handelt es sich um eine Haltung, die, wenn sie sich im Verhalten von Kleinkindern zeigt, Rührung hervorrufen kann, während sie nur überrascht, wenn sie von zwei Frauen im Vollbesitz ihrer Fähigkeiten eingenommen wird, von Frauen, die eine solide intellektuelle Bildung besitzen, eine beeindruckende berufliche Laufbahn hinter sich haben und zu allem Überfluß auch schon Großmütter sind! Man kann sich das Ausmaß ihrer Möglichkeiten vorstellen, aber man kann die Heftigkeit ihrer Gefühle und vor allem ihren Eifer kaum begreifen, den sie an den Tag legen, um ihre niemals von ihrem Sockel zu stürzende Mutter weiterhin wetteifernd zu erfreuen.[16] Nun, wenn dem so ist, dann liegt es daran, daß sie sich von den außerordentlichen und einseitigen Beziehungen, die sie in ganz jungen Jahren geknüpft haben, nicht haben losmachen können und davon überzeugt bleiben, daß ihr Leben nach wie vor in den Händen ihrer Mutter liegt. Und diese hat die Situation wahrscheinlich unter dem Druck günstiger Faktoren, auf die sie ihre Macht aufbauen konnte, festgeschrieben. Was immer und unweigerlich eine außergewöhnliche Geschichte nach sich zieht.

Wenn man an die Einfalt der jungen Generationen denkt, die überzeugt sind, alles immer nur ganz bewußt und mit Hilfe ihrer eigenen Entscheidungsfreiheit zu beschließen, kann man nur staunen! Denn niemand kann handeln – auf welche Weise auch immer –, ohne dabei unwissentlich ähnlichen Botschaften ausgesetzt zu sein, deren Wesen er ebensowenig kennt wie ihre Aussage und die ohne sein Wissen in einem Symptom seines Kindes, wenn nicht in einem seiner eigenen Symptome, wieder auftauchten. Und das Schlimmste beziehungsweise das Schrecklichste ist, daß die Großmütter und die Urgroßmütter nicht immer noch am Leben sind und es nicht immer eine Großtante gibt, die die Last eines Schicksals mildert, weil sie die Geschichte im richtigen Moment «petzt», um ihr eigenes Gewissen zu erleichtern.

Was diese Geschichten aussagen, ist, daß die durch ihre Erfahrung gestärkten Mütter gemeinhin und unter Umständen, die immer schlichtweg unglaublich erscheinen, daherkommen und versuchen, ihre Töchter davon abzubringen, sich für die Jungen einzusetzen, die sie unverfrorenerweise in die Welt gesetzt haben. Auf diese Weise prangern die Mütter an, daß ihr Wunsch nach homosexueller Fortpflanzung[17] zerstört wurde, an der sie festhalten und eine eigensinnige Sehnsucht danach kultivieren.

Da gibt es die Geschichte des kleinen Louis, die mir eine noch bessere Illustration dafür geliefert hat.

Ich habe mich wirklich lange Zeit gefragt, was mit seinen Eltern wohl passiert sein konnte, weil mir seine Mutter ihre

Trennung ankündigte, als er kaum zwei oder drei Monate alt war. Sie fügte hinzu, daß sie es selbst nicht verstehen würde, und erklärte mir, daß es ihr Mann gewesen sei, der fortgegangen sei, ohne ihr die geringste Erklärung dafür zu geben. Louis war ihr erstes Kind. Aber für mich war es nicht das erstemal, zu sehen wie eine Ehe an der Elternschaft zerbrach, und ich nahm mir vor, die nächste sich bietende Gelegenheit beim Schopf zu packen, um mehr darüber zu erfahren, bevor ich diesem Ehepaar meine Hilfe anbieten würde. Und ich bin immer darauf bedacht, dies zu tun, und zwar aus der Überlegung heraus, daß der größte Dienst, den ich meinem kleinen Patienten erweisen kann, darin besteht, auf ein gutes Einvernehmen seiner Eltern zu achten und ihnen zu helfen, gute Eltern zu sein, was sie im Prinzip ja auch stets sein wollen. Da sich diese beiden auf eine gemeinsame Betreuung ihres Kindes verständigt hatten, habe ich die Gelegenheit beim Schopf gepackt, als der Vater allein zu mir kam, und habe ihn mit dem größten mir möglichen Fingerspitzengefühl darüber ausgefragt, was sich abgespielt hatte.

Er hat mir eine Antwort gegeben, die ich so unverständlich und so zweideutig fand, daß ich sie für eine klare und höfliche Bitte hielt, mich einzig um das zu kümmern, was mich etwas anging, das heißt im vorliegenden Fall die Impfung von Louis und die Änderungen, die bei seinem Ernährungsplan vorgenommen werden mußten. Er hat zu mir gesagt: «Ich fürchte, nicht Frau genug zu sein für sie.» Da hatte ich also den Salat, und ich habe auf jede weitere Nachfrage verzichtet. Was hatte er mir damit sagen wollen, er, der mit seiner Erscheinung, seiner Kahlköpfigkeit, seinem dichten Bart und seinen erstaunlich behaarten Unterarmen so männlich war? Daß er sein Problem verstanden und ausreichend umschrieben hatte, um keiner weiteren Hilfe zu bedürfen? Oder aber, daß sich die Meinungsverschiedenheit auf das Sexualleben des Paares bezog, mit dem er sich eingehend beschäftigt hatte und nun absolut keine Lust hatte, daß ich mich da einmischte? Jedenfalls war ich bei jedem Zusammentreffen noch erstaunter über die lakonische Mitteilung gewesen, die ich erhalten hatte und die so schlecht zu einer Frau zu passen schienen, die ich nach und nach als fröhlich, charmant und sogar kokett kennenlernte.

Nach ein paar Monaten kam sie eines schönen Tages ganz glücklich zu mir und verkündete gleich zu Beginn, daß das Leben eindeutig schön sei und daß sie «die Hände und den Körper voller Glück» habe, und daß sie «seit mehreren Monaten auf einer kleinen Wolke» schwebe. Und das alles, weil sie die «die perfekte Liebe» erlebe. «Raten Sie mal, mit wem? Mit dem Vater von Louis!» Da ich wohl verblüfft dreingeschaut habe, hat sie ihre Äußerungen wiederholt, indem sie mir versicherte, daß ihr Ehemann und sie sich noch nie so gut verstanden hätten wie jetzt. Sie hat hinzugefügt, daß sie noch immer getrennt seien und jeder von ihnen seine eigene Wohnung behielte. «Ich frage mich, warum er weiter die Miete bezahlt», fuhr sie fort, «denn er ist praktisch nie in seiner Wohnung. Er ist ständig bei mir. Und wenn Sie wüßten, wie gut es uns geht und wie glücklich Louis ist!»

Als ich gerade dabei war, mich zu fragen, wie sie dazu gekommen waren, diese Distanz zu nutzen, um ihre Schwierigkeiten zu lösen und ihrem Leben den Reiz zu geben, der sich dort zu zeigen schien, fuhr sie fort: «Ach! Aber Vorsicht! Meine Mutter weiß nichts davon. Und sie darf es übrigens auch nicht wissen. Sie würde mich umbringen, wenn sie wüßte, daß ich mit meinem Mann schlafe.» War dies die Aussage der Formel, die mich einige Monate zuvor so verblüfft hatte? Hatte dieser Mann versucht, mir auf seine Weise klarzumachen, daß es ihm nie gelungen war, die Beziehung zwischen seiner Frau und seiner Schwiegermutter aufzulösen? Daß er es versucht hatte? Daß er geglaubt hatte, es könne ihm gelingen? Aber daß diese Verbindung nach der Geburt von Louis eine außergewöhnliche Kraft angenommen hatte und schließlich sogar in das Intimleben des Paares eingedrungen war, es überschwemmt und vergiftet hatte? Daß seine Frau ihm nicht mehr zur Verfügung zu stehen und kein Interesse mehr an ihm als Mann zu haben schien und ihm diese Tatsache gewiß an dem Ort zeigte, an dem es am deutlichsten wird, nämlich im Bett?

Es gäbe zu diesen hier zusammengetragenen Äußerungen und zu dem, worauf sie im Leben eines Paares[18] allgemein und jenes Paares im besonderen hinweisen, viel zu sagen. Sie lassen die Art und Weise erahnen, wie die Geschichte dieser beiden Menschen sie die Notwendigkeit spüren ließ, sich zu vereinigen, sich zu trennen, sich dann wieder zu vereinigen, bevor sie sich erneut trennten – was sie übrigens am Ende taten, beide endgültig von der Last und der Komplexität einer jener Beziehungen besiegt, die am entfremdendsten und am schwierigsten zu lösen sind. «Es ist ganz einfach», hat mir die Mutter von Louis eines Tages als Kommentar zu ihrer damaligen Situation gesagt, «meine Mutter ist eine Hexe, sie hat ihre Antennen. Jedes Mal wenn ich sexuellen Verkehr habe, und sei es nur ganz nebenbei, bricht ihre Schuppenflechte aus. Da kann ich mit meiner Psychoanalyse Fortschritte machen, soviel ich will, nichts ändert sich, und ich frage mich übrigens, ob sich überhaupt etwas ändern kann. Denn genaugenommen müßte sie an meiner Stelle auf der Couch liegen. Aber sagen Sie ihr das einmal! Sie weiß doch immer alles besser als alle anderen, und das war schon immer so!»

Da habe ich mich gefragt, wie sich die Sache wohl dargestellt hätte, wenn der kleine Louis eine kleine Louise gewesen wäre. Und ich habe mir sogleich gesagt, daß diese Frage dumm ist. Denn es ist klar, daß das Geschlecht der Kinder nicht nur als eine Zufälligkeit anzusehen ist, sondern als ein in erster Linie durch die Beziehung, die die Mutter zu ihren Eltern und insbesondere zu ihrer eigenen Mutter unterhält, stets vorherbestimmtes Phänomen.

Nehmen wir den Fall eines Mädchens, dessen Erfahrung im Leben ihm nicht die Befriedigung einbringt, die es seiner Meinung nach zu Recht erwartete, und die sich angesichts einer dominanten Mutter unablässig in eine unüberwindliche Angst verwandelt. Früher oder später unterwirft sie sich schließlich, löscht jede Wahrnehmung der Tatsachen aus ihrem Bewußtsein aus und läßt nur noch einen Rest in Form eines Symptoms durchdringen, das zu beseitigen sie sich manchmal bemühen wird: Sie bringt überhaupt kein Kind zur Welt. Wir stehen hier also vor der unbewußten, extremen Ausdrucksform einer Aggression, die dazu bestimmt ist, auf ökonomische und durch den Kontext bestimmte Weise eine Antwort auf ein gemeinhin als aggressiv empfundenes Verhalten zu geben.

Wenn eine solche Frau dazu gebracht wird, darüber zu sprechen, wird sie bereitwillig und wortreich von der perfekten Mutter reden, die sie gehabt habe und an die sie leider niemals würde heranreichen können, und manchmal wird sie sogar zugeben, daß die Aussicht auf Mutterschaft ihr persönlich dem Verbrechen einer Majestätsbeleidigung gleichzukommen scheine. In diesem Fall weiß man, daß die Falle wirklich zugeschnappt hat und das Symptom sich nicht so bald beseitigen lassen wird. Wenn es ihr dagegen gelingt, einzugestehen, daß sie aufgrund ihrer Erfahrungen ihre Kindheit als Hölle betrachte und einem Kind auf gar keinen Fall dieses Schicksal aufbürden wolle, dann begibt sie sich, noch immer unwissentlich, auf einen Weg, der auf eine Verarbeitung ihres Symptoms hoffen läßt. Wobei diese vielschichtigen Gefühle selbstverständlich nebeneinander bestehen, sich aber auch im Laufe der Zeit und der hilfreichen Kontakte, die sich vielleicht unerwartet ergeben, entwickeln können. Da hat man beispielsweise die Palette der unfruchtbaren Frauen, wie auch der Adoptivmütter oder der späten oder sehr späten Erstgebärenden, wobei die letzteren – wie man weiß – und sicher nicht zufällig, auch nach Aussage meiner persönlichen Statistik, häufiger Söhne bekommen als Töchter. Nebenbei gesagt, ist es durchaus möglich, daß die Hilfsschwester, die für die auf Gwenaels Mutter gerichtete Fehlleistung verantwortlich war, in eine Problematik dieser Art verstrickt war, ohne sich dessen je bewußt zu werden.

Man kann von dieser ersten Feststellung ausgehen und die Möglichkeiten hinsichtlich einer Reduktion und der Umweltfaktoren weiteruntersuchen, die dazu beitragen, das Symptom zu steigern, aufrechtzuerhalten oder abzuschwächen.

Wenn die Angst in allerhöchstem Maße empfunden, aber als natürlicher Zustand, der durch nichts angezeigt oder verändert werden kann, verinnerlicht wurde, ist die Anpassung der Tochter an den Wunsch ihrer Mutter vollkommen. Der dringenden Aufforderung zur Wiederholung, die dann ihre ganze Kraft annimmt, wird genau gefolgt, und jede Fortpflanzung kann dann nur zu einer ununterbrochenen Folge von Töchtern führen. Zu einem genau gleichen Ergebnis kommt es übrigens, wenn zwischen Tochter und Mutter absolute Eintracht herrscht, mit anderen Worten Einverständnis, Komplizenschaft und die Gelassenheit, die ihre Beziehung angeblich stets kennzeichnen muß. Anders ausgedrückt, die zweite Einstellung ist, wenn man von den Resultaten ausgeht, nichts anderes als eine Sublimierung, wenn nicht gar eine Maske der ersten. Da ist es zu keinerlei Auflehnung gekommen, und man hat es mit einer Generationenfolge von Frauen zu tun, die sich ganz dem Kult des Weiblichen hingeben. Wenn man an die Errichtung des vierten Gebäudemodells zurückdenkt, das ich beschrieben habe, weiß man, was eines Tages daraus hervorgehen kann: Jungen, die mißhandelt und als Sündenböcke dem Konflikt geopfert werden, den ihre weiblichen Vorfahren zu jeder Zeit mit den Männern ausgefochten haben.

Bleibt noch der Fall, bei dem die Angst bewußt wurde und zu einer Anprangerung geführt hat und somit ermöglichte, eine minimale Form von Verteidigung aufzubauen. Die durch die Möglichkeit der Fortpflanzung gebotene Perspektive wird dann schnellstmöglich ergriffen, und es werden mehrere Jungen in Folge zur Welt gebracht. Eine subtile und elegante Art, die Aufforderung zur Wiederholung zum Scheitern zu verurteilen und sich von der Hexerei des Kontinuums freizumachen, den diese ineinandergeschachtelten Körper – wie die russischen Puppen – sich jeweils so sehr suggerieren. Abgesehen davon kommt noch die implizite Hoffnung hinzu, daß ein Junge, der seiner Mutter bekanntlich eine minimale natürliche und unverbrüchliche Zuneigung entgegenbringt, sich mit jenen gehässigen Angriffen zurückhalten wird, die ihre bisherige Lebenserfahrung schmerzhaft begleitet haben. Was nicht immer erkannt wird und sogar in Form der Befürchtung sublimiert werden kann, für die eigene Tochter keine so perfekte Mutter sein zu können, wie es die eigene gewesen war.

Wenn sich dieses so skizzierte Schema durch eine außerordentliche Vereinfachung auszeichnet, dann deshalb, weil es eine Menge von Parametern unberücksichtigt läßt, die imstande sind, es vollkommen zu verändern. Diese Faktoren, Resultate des Zufalls oder einer von der einen oder anderen psychischen Struktur angewandten Strategie zur Schaffung einer Beziehungskonfiguration, sind Teil einer unendlichen Vielfalt an sich überschneidenden Voraussetzungen. In Wahrheit kommt dies alles zum Tragen, um sich der Aufforderung zur Wiederholung in den Weg zu stellen, oder aber deren Effizienz unter dem Deckmantel von Bedingungen sicherzustellen, die dann Alibifunktion annehmen.

Aber um die Logik zu erfassen, die all diese Verhaltensweisen bedingt, muß man die Fakten nicht in ihrem unmittelbaren Kontext untersuchen, sondern im Licht der Generationenfolge – eine Vorgehensweise, die schon lange aus den Gebräuchen und der Mentalität unserer Gesellschaften verschwunden ist, die keine Neigung verspüren, sie wieder aufzugreifen. Was jedoch entscheidender bleibt, das ist das Zusammenkommen mit einem Partner, dessen Wahl niemals zufällig erfolgt und der seinerseits seine Wahl nicht blind trifft. Im Fall der späten Fortpflanzung zeigt es sich beispielsweise häufig, daß der Partner unter einer schwierigen Beziehung zu seiner Mutter gelitten hat, von der er sich nicht freimachen konnte. Hier handelt es sich um die Zusammenführung zweier revoltierender Embryos, die beiden Partnern hilft, ihr Zögern zu überwinden und den entscheidenden Schritt zu tun. Im Fall der Geburten zahlreicher Töchter kommt es nicht selten vor, daß der Partner der Mutter selbst seine eigene Mutter in höchstem Maße verehrt, wenn er nicht gar unter dem großen Schatten eines erdrückenden Vaters gelitten hat. Der gemeinsame Faktor wird es den beiden Partnern auch in diesem Fall gestatten, ein Projekt erfolgreich durchzuführen, dem keinerlei schlechte Absichten zu unterstellen ist. Die eine versucht, damit die bis dahin immer verweigerte Gunst einer Mutter zu gewinnen, die sie stets gezwungen hat, Schuldgefühle zu entwickeln, der andere denkt, sich die haßerfüllte Beziehung zu ersparen, die ein Sohn, so wie es bei ihm der Fall war, ihm gegenüber entwickeln würde. Ebenso verhält es sich bei Familien mit zahlreichen Söhnen, wo man feststellt, daß Vater wie Mutter ihren jeweiligen Müttern das gleiche Mißtrauen entgegenbringen.

Man könnte sich, den gleichen Überlegungen folgend, fragen, wie es kommt, daß es bei gewissen Nachkommenschaften eine Art regelmäßigen oder unregelmäßigen Wechsel zwischen Töchtern und Söhnen gibt. Man braucht hier keine anderen Faktoren zu Hilfe zu nehmen, als diejenigen, die bereits beschrieben wurden. Es handelt sich um eine einfache Frage der Berechnung im Hinblick auf die jeweils gegebene Ausgangssituation. Die Geburt eines Kindes kann an sich schon zur Überprüfung einer Schuld oder einer offenen Rechnung führen und damit eine spätere Abwechslung gestatten, die wiederum die gleiche Wirkung hat und zur erneuten Abwechslung führen wird. Man hat als Tochter sein Soll gegenüber seiner Mutter erfüllt, und das hat ausgereicht, um ein Gleichgewicht in der Beziehung herzustellen, das es nun gestattet, einen Sohn auf die Welt zu bringen. Hat man einen Sohn bekommen und eine Distanz zur eigenen Mutter geschaffen, dann kann man ihr eine Tochter zugestehen. In beiden Fällen ist es die berühmte «Königswahl», die angeblich das gute Verhältnis zwischen den Generationen sicherstellt. Manchmal bedarf es offensichtlich zweier aufeinander folgender Kinder, die darüber hinaus das gleiche Geschlecht haben, um das gleiche Resultat zu erzielen. Doch auch der Übergangsfall darf nicht vergessen werden, bei dem eine Mutter als erstes oder zweites Kind eine Tochter bekommt, diese dann auf genau gegensätzliche Weise zu jener, die sie selbst erfahren hat, erzieht und ihrer Mutter damit eine Art Lektion erteilt. Das erlaubt ihr, daraufhin weiterhin Töchter zu bekommen, wenn ihre Erfahrung sie noch nicht von der Angst befreit hat, oder aber einen Sohn, um sich endlich von der belastenden Bindung zu befreien, die sie damit ohne allzu große Furcht lösen kann. Und wenn es immer Fragen und Phantasien rund um diese Art von Wunsch gibt, dann wegen der Aussage jener, die die Erfahrung gemacht haben, daß die Geburt einer Tochter mehr als alles andere die höchste Erfüllung im Leben einer Frau darstellen würde.

Man könnte fast verleitet sein, daraus zu schließen, daß die kleinen Mädchen irgendwie unter der Führung eines erdrückenden und für jede Seite maßgeblichen mütterlichen Einflusses gezeugt würden, die Jungen dagegen abseits dieses Einflusses. Läßt das den Schluß zu, daß die Jungen unter einem möglichen Einfluß des Vaters gezeugt würden? Dies würde bedeuten, den Männern beim Mechanismus der Bestimmung des Geschlechts der Kinder ein größeres Gewicht zuzugestehen, als sie in Wahrheit besitzen.[19] Und ich habe die Bedeutung, die ich den biologischen Phänomenen beimesse, genügend hervorgehoben, als daß ich mich irren könnte. Ich habe bereits darauf hingewiesen, daß ihr Sperma mengenmäßig genau die gleiche Anzahl an Spermatozoiden enthält, die dem Embryo das eine oder andere Geschlecht geben. Da es ein Mechanismus des weiblichen Körpers ist, der dann eingreift, ist es wichtig, um den Faden der Beweisführung nicht zu verlieren, die Debatte strikt auf die Mutter zu konzentrieren.

Zusammenfassend würde ich also sagen: Wenn jedes Kind automatisch zu einer Annäherung der Mutter an ihre eigene Mutter führt, erweist sich diese Nähe immer dann als größer, wenn dieses Kind eine Tochter ist, als wenn es sich um einen Sohn handelt. Hier spielt nicht nur die berühmte Verfolgung des Kontinuums eine Rolle, es gibt auch die Toleranz, von der angenommen wird, daß sie die Annäherung unweigerlich herbeiführen wird. Von der Mutter zur Tochter zur Enkelin usw. kommt lediglich eine elementare, aber ach so erfolgreiche Form der Weitergabe ins Spiel, während der von diesem Prozeß ausgeschlossene Sohn von der Mutter bestenfalls dem Vater als Mittel geschenkt wird, das es diesem Vater ermöglicht, seine eigene Existenz zu transzendieren. Und dies beweist der Status des Namens, den nur die Jungen in der überwältigenden Mehrzahl der Gesellschaften weitergeben, während die Mädchen, die Lieferantinnen der Kinder für ihre Männer, den Namen letzterer übernehmen und weitergeben. Da dieser Unterschied in der Devolution selbst den Geschlechtsunterschieden Rechnung trägt, zeigt sich, daß die Weitergabe der weiblichen Seite und die Transzendenz der männlichen Seite, auch wenn sie darauf abzielen, den Tod zu überwinden, nur durch eine strikte Homosexualität erreicht werden können.[20]

Man begreift jedoch, daß dies nicht ohne Auswirkungen auf das Engagement bleiben kann, das in ein Kind investiert wird. In das geliebte Mädchen, weil man es für fähig hält, eine auf Treuebekundungen, die man ihr unentwegt entgegenbringt, versessene Mutter für immer zu beruhigen. In den übertrieben umsorgten Jungen, weil man ihn als sichtbaren Beweis der Kühnheit, die man sich geleistet hat, und des Sieges, den man davongetragen hat, hinstellt – die ganze Palette der durch die Tatsachen der Geschichte verdeutlichten Varianten. Denn selbst wenn die Kinder einen solchen Status besitzen, kann ein Mädchen dennoch zurückgewiesen oder ein Junge gehaßt werden, wenn der Platz, den sie in der Beziehung zwischen ihrer Mutter und deren Mutter im Begriff sind einzunehmen, von ersterer als ein allzu offenkundiger Ausdruck der Art und Weise betrachtet wird, mit der sie in aller Stille die Last der zweiten ertragen hatte. Deshalb kann man – ich wiederhole es – ein Schicksal immer nur dann verstehen, wenn man die Beziehungen mindestens drei Generationen zurückverfolgt.

Obwohl ich mich bemüht habe, diese Dinge möglichst überzeugend darzulegen, könnte man bei der Lektüre der klinischen Darstellungen, auf die ich mich gestützt habe, meinen, daß ich nichts anderes als die banalen, unumgänglichen und insgesamt gesunden Etappen der Reifung einer Beziehung und die möglichen Wege zur Erfüllung einer jungen Mutter beschrieben habe. Die Situationen, die ich dargestellt habe, kommen heute leider höchst selten vor. Denn wenn die Dinge so ablaufen, ergeben sich Gelegenheiten, die es den Töchtern – so gefangen sie auch sind – ermöglichen, ihre Beziehung zu ihrer Mutter mit den ihnen zur Verfügung stehenden Mitteln zu hinterfragen und zu versuchen, sie zu verändern. Wenn aber eine Art stummer Konsens jede ihrer Bemühungen im Keim erstickt und ihre Unterwerfung verstärkt, erlebt man die entgegengesetzte Entwicklung. Die angestaute Gewalt wird sich in Wahrheit früher oder später über den Mechanismus der Verdrängung, der bereits angesprochen wurde, zwischen den Partnern manifestieren und die Partnerschaft in Mitleidenschaft ziehen.

Dies geschieht heute zunehmend und mit den Konsequenzen, die man kennt. Die Paare trennen sich, und die Ehen zerbrechen an einer Einstellung, welche die Richter der Familiengerichte unentwegt beschäftigt, ohne daß sie die Möglichkeit haben, die Bedeutung und die Auswirkung dieser Modeerscheinung und der Entscheidungen, die sie ihnen aufzwingt, zu verstehen. Die Kinder werden dann natürlich in den häufigsten Fällen ihrer Mutter zugesprochen. Diese wendet sich, oft in vieler Hinsicht hilflos, an ihre Eltern, welche sie allein für imstande hält, ihre Bedürfnisse zu befriedigen, und bereit weiß, ihr mit einer Hingabe zu Diensten zu sein, die ihnen übrigens, trotz ihres zur Schau getragenen Ärgers, einen neuen Grund gibt, sich wieder für das Leben zu engagieren. Ihr Umgang mit den Kindern liefert ihnen Tag für Tag so viele Beweise ihrer Nützlichkeit, daß dies sehr häufig zu einer geographischen Annäherung führt, dazu bestimmt, die Not von Tochter und Enkel hilfsbereit zu lindern. Nur selten führen diese Umstände zu einer Rückkehr unter ein gemeinsames Dach. Aber die nahegelegenen Wohnungen, im gleichen Viertel, im gleichen Haus, sogar auf der gleichen Etage, sind inzwischen gang und gäbe geworden.

Vielleicht ist es die Multiplikation dieser Fallbeispiele in der jungen Generation und die quasi vorhersehbare Einstellung, die sie hervorruft, die meine Kinderarzt-Kollegen veranlaßt haben, die Empfehlungen in Zweifel zu ziehen, die wir polemisch ausgesprochen haben, als wir fragten, ob man nicht tatsächlich «die Großmütter töten» müsse. Und wenn letztere das Ziel einer so großen Heftigkeit gewesen sind, dann lediglich in dem Maße, wie sie es selbst sind, und praktisch sie allein, die am Ende die Richtung der Entwicklungen bestimmen. Sie werden also im Leben ihrer Enkel so konkret gegenwärtig, daß es manchmal so weit geht und sie ihren Töchtern die Vorrechte ihrer Mutterschaft rauben. Darüber zeigen sie sich offen begeistert, und ihre Anpassung an die Situation erweist sich als so perfekt, daß sie das Ergebnis einer Art von Komplott zu sein scheint, das eigens zu diesem Zweck ausgeheckt wurde.

Betrachtet man die Hypothese auf dem Hintergrund der Mechanik, die die Aufforderung zur Wiederholung steuert, ist sie gar nicht so dumm. «Laß mich weiterhin der Logik folgen, die unser Verhalten bestimmt», würden die Großmütter ihren Töchtern sagen. «Laß mich den Zusammenhalt darin wiederfinden und mich wieder voller Leben fühlen. Du, du hast dein ganzes Leben ja noch vor dir. Und du hast noch so viele Gelegenheiten, weitere Kinder zu bekommen und dir so zu einem Kind zu verhelfen, durch das du das Glück erfahren wirst, dessen Ausmaß du und ich kennen. Und selbst wenn du nicht im Sinn hast, solch einer Laune nachzugeben, weißt du zumindest, daß dir immer die Möglichkeit offensteht, da das Verhütungsmittel, das du verwendest, deine Fortpflanzungsfähigkeit nur vorübergehend blockiert. Sei also verständnisvoll. Erlaube mir, noch einmal so intensiv zu leben, wie du weißt, daß du es selbst mit diesem Kind tun könntest. Laß mich nicht auf den Abgrund des Lebensendes zugleiten, vor dem ich mich so sehr fürchte. War zwischen uns nicht bereits klar gewesen, daß du mir den Tod nicht wünschst?» Und die Auseinandersetzung wird mit der immergleichen Heftigkeit weitergehen. Die eine hat keines ihrer Mittel verloren, um ihren Wunsch durchzusetzen, während die andere fast vor

Ungeduld vergeht und sich fragt, wann und wie – abgesehen vom tatsächlichen Eingreifen des Todes, den herbeizuführen ihr untersagt ist – ihrer Knechtung endlich ein Ende gemacht werden könnte. Die bewußte Einschätzung der Situation ist ihr im vorliegenden Fall gar keine Hilfe, da der Todeswunsch, ein verschwiegener und unterdrückter Wunsch, die Schuldgefühle, die sie schon immer gehabt hat, nur noch weiter verstärkt.

Man hat häufig, wenn nicht immer, von jenen Frauen gesprochen, die ihrem Vater ein Kind schenken. Die Formulierung ist nicht einfach zu begreifen, weil sich die Sache in einer noch tieferen Schicht als der Psyche abspielt. Jene, welchen ich in meiner Praxis begegnet bin – und meine Erfahrungen stimmen, wie ich bereits mehrfach gesagt habe, genau mit jenen meiner Kolleginnen und Kollegen überein –, scheinen die Kinder immer nur für ihre Mütter geboren zu haben, vielleicht in dem Glauben, durch diesen Beitrag, der über das Symbolische hinausgeht, sich von einer Bindung freizumachen, in die sie sich in Wahrheit nur weiter verstricken. Es sei denn, das alles ist nur Schein, und sie geben ihrer Mutter nur deshalb so grenzenlos nach, damit diese ihnen nicht ihre sündige Attraktivität für den Vater vorwirft. Als ob das Thema des Verrats nicht aufhören würde, im Zentrum der Auseinandersetzung zu stehen, und es immer, absolut immer, dieser Verrat wäre, der die Haltungen und die Wortwechsel bestimmen würde. Was der unendlichen Vielfalt der Situationen, zu denen es kommt, Rechnung trägt.

Nichtsdestotrotz kann man bei dieser Gelegenheit bestätigen, daß man hier, in einem anderen Stil und einer anderen Weise, aber mit der gleichen, wenn nicht gar größeren Stärke, auf die Gewalt in Beziehungen stößt, die man gerne ausschließlich für die Beziehung zwischen Vätern und Söhnen reserviert. Die wahrscheinlich nach Meinung mancher Leute konfuse Ausarbeitung von Parallelen zwischen diesen beiden Situationen verhehlt ihre Unzulänglichkeit wirklich nicht. Dabei sind noch nicht alle Aspekte jener Prozesse umfassend dargestellt worden, die manchmal in die Tragödie führen, und auch nicht jenes Hin und

Her, das eine Ausarbeitung mit sich bringt, die einem – notwendigerweise starren – Versuch der Darstellung dessen gleicht, was sich immer wie ein Ganzes, und noch dazu ein mobiles Ganzes, präsentiert. Wenn man die Dinge nur von einer Seite betrachtet und glaubt, so die verschiedenen Aspekte erschöpfend darzustellen, läuft man Gefahr, in Wahrheit eine Vielzahl von Faktoren zu vernachlässigen und vor allem nicht zu erkennen, die ebenfalls wichtig und manchmal sogar noch maßgeblicher sind, als diejenigen, auf die man seine Aufmerksamkeit konzentrieren will.

Es gibt jedoch keinen Grund, das bis heute eingehaltene Schweigen rund um die Mutter-Tochter-Beziehung nicht zur Sprache zu bringen. Denn so wie es den Frauen durch ihre Forderungen gelungen ist, ihr Recht zum Ausleben und zur Verewigung ihrer Sexualität eingeräumt zu bekommen, so muß ihnen ihre Position als bevorzugte Zielscheibe der mütterlichen Gewalt bewußt werden. Um zu vermeiden, daß sie weiterhin im Stillen eine Gewalt über ihren Partner und ihre Nachkommenschaft ausüben, die jener ähnlich ist, die sie ertragen mußten und noch weiter ertragen, und die den Prozeß ihrer Entfaltung blockiert. Will man die Phänomene der Verdrängung vermeiden und die Menschen beiderlei Geschlechts mit ihren Rechten und vor allem ihrer Würde ausstatten, dann muß der Platz eines jeden eindeutig erkennbar sein und klar anerkannt werden. Eine solche Aufgabe kann leider nicht durch Einzelinitiativen erfüllt werden. Sie kann, wie man sehen wird, nur durch einen dringenden Appell und durch Konsens im sozialen Umfeld zu einem guten Ende gebracht werden.

Mütter und Töchter

Gwenaels Mutter hatte also vier Jungen zur Welt gebracht. Und noch immer wußte ich nichts über das Geschlecht der abgetriebenen Föten. Vier Jungen. Welche Hartnäckigkeit! Was regelte sie wohl damit? Hatte sie mit ihrer Mutter so viel zu regeln? Und verleiht dies dem, was mit ihrem armen vierten Sohn passierte, irgendeinen Sinn?

Ich hatte mir diese Fragen nicht gestellt und hätte dies gewiß auch nie getan, hätte mich diese Niederschrift nicht dazu gezwungen, mich an die Schuldgefühle und das Ausmaß meines Versagens zu erinnern. In Wahrheit hatte ich damals nichts von dem verstanden, was ich nun undeutlich erfasse; erschwerend ist die Tatsache, daß ich unsere Beziehung von Anfang an auf Mißverständnisse aufgebaut hatte, weil ich mich auf falsche Einschätzungen verließ. Habe ich nicht einzig aufgrund ihres Namens – der nicht einmal der ihre war! – und aufgrund ihres Äußeren, von dem ich mich täuschen ließ oder mich täuschen lassen wollte, ein bißchen vorschnell den Schluß gezogen, daß sie iberischer Abstammung sei? Übrigens habe ich lange nicht geglaubt, diese Gewißheit in Frage stellen zu müssen. Selbstverständlich stand der Verlauf der Krankheit so sehr im Vordergrund, daß jede Beschäftigung mit einem scheinbar so belanglosen Detail völlig unangebracht erschienen wäre.

Und wie kam es dazu, daß ich nicht gleich bei unserer ersten Begegnung der eigenartigen Zusammenstellung des bekannten Familiennamens und des Vornamens des Kindes, das diesen Familiennamen ja auch trug, mehr Beachtung geschenkt habe? Hätte mich dieser nicht ein wenig hellhörig machen und mich dazu veranlassen müssen, zumindest auf die Konsonantenentwicklung zu achten, die bereits die Vornamen der älteren Brüder zu kennzeichnen schien? Die Namen Angel und Carlos waren äußerst klangvoll und schienen nur aus dem Grund ausgewählt worden zu sein, eine offenbar sehr wohl akzeptierte und ohne das geringste Unbehagen weitergegebene Identität zu bestätigen und zu bekräftigen. Aber paßte der Name Raoul so ohne weiteres dazu, auch wenn er sowohl in Frankreich als auch in Spanien verbreitet ist? Hätte ich seine Ambivalenz nicht bemerken müssen? Sie hätte mich gewiß auf die richtige Fährte geführt und mich ihre Funktion als Scharnier erkennen lassen. Selbstverständlich ließ mir meine Ausgangshypothese keine Chance, darüber erstaunt zu sein, und wäre ich es gewesen, dann hätte ich die Wahl dieses Namens gewiß dem allmählichen, schrittweisen und absolut banalen Integrationsprozeß der Einwanderer zugeschrieben: Wie viele Nadia, Samy, Miriam und Ianis hatte ich nicht auf den Krankenakten nordafrikanischer Kinder stehen! Erst heute erscheint mir dieser Vorname wie der Beginn einer Entwicklung, und ist mir klar, daß die Wahl des Namens Gwenael schließlich dazu bestimmt war, diese zu radikalisieren. Es war, als ob die beiden ersten Kinder entsprechend der Logik ihres Familiennamens benannt worden waren, während das dritte – wenn auch nur ganz wenig – davon abrückte, bis schließlich das vierte zu jenem Bruch führen konnte, der weit über die einfache Assimilation an eine Umgebung hinausgeht.

Aber wie hätte ich das alles verstehen sollen? Wie konnte ich mir vorstellen, daß ich es mit einem offenkundigen Prozeß zu tun hatte, den ich mit einer *Devolution* gleichstelle und den ich auch als solche bezeichne? Ich hatte offenbar nicht die geringste Ahnung von diesen Dingen und war Lichtjahre davon entfernt, mir ihre Bedeutung klarzumachen. Hätte man mich darauf hingewiesen, dann hätte ich gewiß einige Vorbehalte gehabt, dem zuzustimmen: Ich war schon viel zu lange an meinen eigenen exotischen Vornamen gewöhnt, um diese Art von Fragestellung zu akzeptieren und mich mit den dunklen Bereichen meiner eigenen Geschichte zu befassen.

Es war für mich viel leichter, dem Problem auszuweichen und mich hinter die Spuren von 1968 und die anarchistischen Ideen zu flüchten, die damals in bezug auf die Erziehung von Kindern in Umlauf waren und die einer Vielzahl von Wunschphantasien brutal den Weg bahnten. Ich erinnere mich an Sprechstunden, die mich an einem Nachmittag zuerst mit einem mexikanischen Ivan-Illich, dann einem ganz hellhäutigen Krishna aus Savoyen, einem eindeutig nordfranzösischen John, einer typisch lothringischen Houria oder einem eindeutig aus den Cevennen stammenden Mao konfrontierten. Doch auch in solchen Fällen ist natürlich nichts reiner Zufall. Aber hatte man mir im Laufe meiner Berufsausbildung beigebracht, angedeutet oder mich einfach bloß wissen lassen, daß der Vorname eines Menschen von irgendeiner Bedeutung sein und eine bestimmte Lebenshaltung ausdrücken könnte? Das ist etwas, was ich allein und voll Erstaunen durch die kleine Houria zu erkennen begann. Trotz ihres arabischen Vornamens war sie die Tochter eines rein französischen und typisch französischen Paares. Nach dessen Aussage hatte der Vater eines Tages das Tor der Fabrik, die er einmal erben sollte, hinter sich zugeschlagen, weil er die Art und Weise nicht länger ertragen konnte, mit der sein Vater, ein unbeschreiblicher Rassist, seine aus dem Ausland kommende Belegschaft behandelte. Wenn man weiß, daß dieser Vorname «Unabhängigkeit» bedeutet, dann kann man ermessen, welches der mit einer solchen Wahl verbundene Preis ist. Ich könnte mir keine bessere Illustration vorstellen, um verständlich zu machen, daß das Kind durch den Vornamen, der ihm gegeben wird, seinen mehr oder weniger deutlichen Status als Leuchtboje im Verlauf einer Geschichte zu erkennen gibt.

Ich wußte sehr wohl, daß das Neugeborene in vielen Kulturen zum Beispiel immer den Vornamen des letzten verstorbenen Familienmitglieds oder aber eines vor mehr oder weniger langer Zeit verstorbenen geliebten Menschen erhält. Aber ich meinte, daß es sich dabei um eine Form von volkstümlicher Tradition ohne wirkliche Bedeutung handle und nur dazu bestimmt sei, die jeweiligen Vorfahren der Eltern in Ehren zu halten. Ich habe lange gebraucht, bis mir klar wurde, daß die Devolution, die sich auf diese Weise zu erkennen gibt, niemals neutral ist und daß sie immer – ob man es will oder nicht – in den Lauf der Geschehnisse eingreift. Das Kind fühlt sich – mehr oder weniger bewußt – zugleich als Träger der Tugenden des betreffenden Vorfahren wie durch die Wahl vorherbestimmt, die manchmal für dieses Kind einem Auftrag gleichkommt.

Man könnte dieses Thema noch lange erörtern. Aber wozu sollte es dienen, eine mögliche Devolution vorauszuahnen oder hervorheben zu wollen, wenn nicht, um etwas Neues über die Geschehnisse zu erfahren, in die sie eingreift?

Da ich nun einmal dabei bin, hier die Vergangenheit schamlos zurückzuholen, und mit gewisser Hartnäckigkeit daran festhalte, bin ich wohl oder übel zu der Behauptung gezwungen, daß Gwenael, der wie jedes andere Kind natürlich das Objekt war, und zwar in einer Richtung, die ich noch nicht kenne, die aber ganz offensichtlich radikal anders war, als jene seiner drei Brüder.

Und wenn ich mehr darüber erfahren möchte, muß ich in erster Linie zu dem Zeitraum zurückkehren, der zwischen seiner Geburt und der des dritten Kindes verstrichen war. Es ist bekannt, daß seine Mutter in diesem Zeitraum mehrere Schwangerschaftsabbrüche durchführen ließ. Aber muß man es dabei belassen, sich damit zufrieden geben, sie anzusprechen und sie billigen, ohne in ihnen eine andere Bedeutung zu suchen, oder aber ist es wichtig, genauer nach den Umständen, der Zahl und ihrer Auswirkung, wenn nicht nach ihrer außergewöhnlichen Häufigkeit zu fragen?

Es ist an sich schon ein Irrtum, ein schwerer Irrtum, in einer derartigen Situation von erwünschten oder unerwünschten Kindern zu sprechen, so wie man es landläufig tut. Diese Ausdrücke müßten für immer aus der Sprache verbannt werden. Kinder, die auf die Welt gesetzt werden, sind immer gewollte oder ungewollte Kinder. Basta. Denn alle Kinder sind ausnahmslos von ihrer Empfängnis an und per definitionem erwünscht. Der Wille ist in

Wahrheit eine Sache des Bewußtseins, der Wunsch eine Sache des Unbewußten. Und es kommt weit häufiger vor, als man denkt, daß zwischen diesen beiden Instanzen Uneinigkeit, sogar große Uneinigkeit herrscht – was übrigens nicht heißen soll, daß man sich folgerichtig eher auf die Seite der einen als die der anderen schlagen müßte. Es zeigt sich jedoch, daß es immer das Unbewußte ist, das die Oberhand gewinnt.[21] Und da es für das Unbewußte überhaupt nicht schwierig ist, sich über den Willen hinwegzusetzen, ist es ihm durchaus möglich, sowohl zu Symptomen als auch zu Schwangerschaften zu führen – oder aber Fehlleistungen hervorzurufen, wie jene von der Tragweite, die wir bei der Hilfsschwester beobachtet haben.

Sicher ist, daß die drei ersten Kinder dieser Mutter in einer unerschütterlichen Einmütigkeit von Wunsch und Wille empfangen wurden, während sich der Wunsch bei den folgenden Schwangerschaften immer wieder durchzusetzen versuchte, ohne daß ihm dies je gelang. Es bedurfte der Intervention des Geburtshelfers und nicht weniger als der Drohung der Todesgefahr, um dem Wunsch den Vortritt zu lassen. Kann man daraus schließen, daß dieses Hin und Her zwischen der hartnäckigen Durchsetzung eines Wunsches und dem regelmäßigen Zunichtemachen desselben keine Auswirkungen auf diese Mutter hatte? Selbst wenn sich die Auseinandersetzung in unzugänglichen Bereichen ihres Bewußtseins abgespielt hat, hat sie gewiß dazu beigetragen, bestimmte Züge ihres Verhaltens zu beeinflussen oder zu verändern. Die Gelassenheit, die sie im gesamten Verlauf der Geschichte gezeigt hat, ist ein Beispiel dafür. Sie schien von einem unbändigen, auf das Ziel konzentrierten Willen beseelt zu sein, der die jeweilige Situation jedesmal neu definierte.

Aber war diese erstaunliche Fähigkeit – ich vergesse nicht, wie sehr sie mich gleich bei unserem ersten Zusammentreffen beeindruckt hat – alt, oder war sie neu und eine Folge der schweren Erkrankung ihres Kindes?

Und hier spielt erneut der immer wiederkehrende Traum von der Beerdigung eine Rolle, und man kann besser verstehen, daß die Einweisung ins Krankenhaus das Auftreten dieses Traums hinausgeschoben hat. Er kann tatsächlich als Ausdruck des Todeswunsches verstanden werden, den sie im Laufe dieser Schwangerschaft – wie bei den vorangegangenen – empfunden hatte. Das Urteil des Geburtshelfers hatte sie dazu gezwungen, ihren Willen in den Dienst ihres Wunsches zu stellen. Anders gesagt, die Kräfte des Lebens hatten einen Verbündeten gefunden, um sich durchzusetzen und es dem Kind zu erlauben, auf die Welt gebracht zu werden.

Diese erste Betrachtungsebene ist gewiß nicht irrelevant. Aber hätte es in diesem Fall nur die Kräfte des Lebens gegeben und hätten nur sie eine Rolle gespielt, dann hätte dieser Traum überhaupt nicht auftauchen, geschweige denn sich wiederholen müssen. Die Ablehnung als reiner Ausdruck eines Nicht-Wollens verfolgt uns niemals während der Nacht, da die Traumbotschaft immer aus dem Unbewußten herrührt und Wollen oder Nicht-Wollen darin nicht vorkommen. Was sich also in diesem Fall ereignet hat, bleibt im Moment unerklärlich. Das einzige, was man daraus schließen kann, ist, daß die Krankheit für diese Mutter einer Androhung der Verwirklichung ihres Todeswunsches gleichkommt. Sie hat den Reflex, diese zurückzuweisen, und es gelingt ihr, gequält von ihren Schuldgefühlen, das Bestmögliche zu tun, indem sie beschließt, die Situation hinzunehmen, ohne sich davon je aus der Fassung bringen zu lassen. Dieses Kind, das sie nicht gewollt hatte, dieses Kind, das in ihrer Lebensplanung objektiv gesehen schon von dem Augenblick an keinen Platz hatte, als sie einwilligte, es leben zu lassen, um nicht selbst zu sterben, muß ihr plötzlich erschienen sein, als ob es nicht sterben dürfe und nicht sterben könne – anders kann man sich nicht erklären, wie es ihr gelingen konnte, die Gewißheit, die sie beseelte, auf die Fachärzte für Reanimation zu übertragen. Von dem Augenblick an, als ihr ursprünglicher Wille abzutreiben zunichte gemacht war, mußte ihr Wunsch, das Kind zu gebären, objektiv alles andere in den Hintergrund drängen, und das, was dabei als hinderlich betrachtet wurde, durfte sich niemals und um keinen Preis ereignen. Dieses mehrfach und auf verschiedene Weise wiederbelebte Kind wurde zu demjenigen, dem sie sich ganz widmen sollte, für das sie sich aufopfern sollte, dem gegenüber sie Pflichten haben und über das sie – davon konnte sie ausgehen – auch gewisse Rechte haben sollte. Dieser Sohn saß nun nicht mehr im gleichen Boot wie seine Brüder. Plötzlich kam es ihr vor , als sei er IHR Kind. IHR EIGENES Kind. Und vielleicht hat sie zu diesem Zeitpunkt das begriffen, was sie irgendwie schon immer gewußt hatte: Daß er derjenige war, auf den SIE gewartet hatte, derjenige, den SIE sich mehr als alles andere gewünscht hatte, und daß nur ihr Verstand, ihr Wille und ihre Beziehung zu ihrer Umgebung sie zuvor fünfmal hintereinander davon abgehalten hatten, die Schwangerschaften auszutragen.

Und dies erklärt, daß sie, selbst als er «kaputt», selbst als er zu einer «Stoffpuppe» geworden war, sich ihm weiterhin widmete, ihm die Pflege angedeihen ließ, deren Art und Weise und Zärtlichkeit man sich problemlos vorstellen kann, und daß sie vor allem, ohne je den geringsten Zweifel erkennen zu lassen, an seine unweigerliche Rückkehr zu einem normalen Leben glaubte. Ich kann dies übrigens um so mehr bekräftigen, als ich sie mit ihm zusammen über Jahre hinweg mehrmals monatlich sehen sollte.

Und während der ganzen Zeit, die mir bei jedem unserer Treffen unerträglich zäh und lange erscheint, sollte ich nie wissen, welche Haltung ich einnehmen sollte. Gwenael befindet sich tatsächlich in einem Zustand, wie er schlimmer gar nicht sein könnte. Der Eindruck, den ich von ihm gewann, als er das erste Mal wieder in meine Praxis kam, unterschied sich derart von jenem Eindruck von Anmut und Harmonie, den ich von unserem ersten Kontakt noch in Erinnerung hatte, daß es mir weh tut. Er befindet sich in einem schlimmeren Zustand als ein Fötus. Ein Fötus ist noch kein Baby, aber alles in ihm trägt die Fähigkeiten eines kohärenten Organismus in sich, dessen letztendliche Effizienz außer Frage steht. Er dagegen ist, wie ich bereits sagte, eine weiche und desorganisierte Stoffpuppe. Ein großer, warmer und lebendiger Körper, dessen Mechanik aber nicht mehr funktioniert. Er kann offenbar nicht aufrecht sitzen bleiben. Nicht einmal seinen Kopf kann er halten. Seine Hände sind von einem ständigen Tremor befallen, der sich zu einem richtigen Zittern der gebeugten und am Körper anliegenden Unterarme steigert. Was seine Augen angeht, so fixieren sie nichts, obwohl sie unablässige und unkoordinierte seitliche Bewegungen aufweisen; seinem Gesicht fehlt jegliche Mimik.

Die Konsultationen laufen immer nach dem gleichen Muster ab, und lange Zeit ändert sich nichts. Meine Hauptbemühung besteht darin, den Versuch zu unternehmen, die periodisch auftretenden Krämpfe unter Kontrolle zu bringen, von denen man nie weiß, wann sie einsetzen und wie sie enden werden. Diese Aufgabe ist nicht einfach.

Weil sie vom Ergebnis ihrer Behandlung in erster Linie betroffen sind, lassen sich nur wenige Ärzte durch einen solchen Zustand dazu anregen, Schritte zu unternehmen. Ich stelle hier keine Ausnahme dar. Ich fühle mich alleingelassen, hilflos und zutiefst entmutigt. Aber obwohl ich von der Sinnlosigkeit all dessen, was ich sage oder tue, überzeugt bin, kann ich es mir aufgrund meiner Verwicklung in die jüngste Geschichte auf gar keinen Fall erlauben, meinen Posten zu verlassen. Zweifellos bin ich ohne mein Wissen durch den gewaltigen Respekt, den ich für die Mutter-Kind-Beziehung hege, gerührt und bereit, dieser Beziehung – ganz offenkundig aufgrund meiner eigenen Geschichte – die allergrößten Kräfte zuzugestehen. Allein schon, um mich aus meiner Einsamkeit zu befreien, bemühe ich mich, verschiedene Meinungen zu diesem Thema einzuholen, und alle sind gleichlautend pessimistisch. Die elektroenzephalographischen Kontrolluntersuchungen sind entmutigend, ja mehr noch, alarmierend. Es ist von Hypsarythmie, sogar vom Lennox-Syndrom die Rede, von zwei zu jener Zeit gleichermaßen katastrophalen Krankheitsbildern. Der klinische Zustand bleibt monatelang zum Verzweifeln unverändert und läßt nicht den geringsten Fortschritt erkennen oder erhoffen. Auch wenn sein Blutdruck und seine Nierenfunktion, für deren Überwachung ich zuständig bin, keinerlei Probleme bereiten, stellt sich bei Gwenael nicht die geringste Besserung ein.

Seine Mutter ist sich dessen absolut bewußt, und manchmal scheint sie sich, so paradox das auch klingen mag, keine Illusionen zu machen. Sie behauptet zu wissen, daß die Lage sehr ernst, und mehr noch, daß sie sehr gefährlich ist. Aber jedes Mal, wenn sie mit dieser niederschmetternden Realität konfrontiert wird, mildert sie diese – stets mit demselben bezaubernden Lächeln – mit der Feststellung ab, daß ihr Kind «immerhin ja noch am Leben ist». Was mich, wie man sich vorstellen kann, jedes Mal wieder mit dem Unbehagen erfüllt, das ich angesichts der wahren Version der Geschichte empfunden hatte. Doch ich habe nie den Mut gefunden, sie ihr anzuvertrauen. Ein Reflex professioneller Solidarität? Ganz bestimmt nicht! Ich meinte nur, ihr das Entsetzen ersparen zu müssen, das mich selbst bei dieser Offenbarung erfaßt hatte, und ich fürchtete – gewiß zu Unrecht! Und welch groben Fehler sollte ich noch machen! –, daß ihre Hartnäckigkeit und die Aufopferungsbereitschaft, die sie seit Beginn der Krankheit entwickelt hatte, dadurch beeinträchtigt werden könnten. Eine Fehleinschätzung? Zweifellos, da ich damals noch nicht begriffen (oder zugegeben?) hatte, daß man sich vor dem gängigen Bild des Menschen als Opfer hüten muß und daß im allgemeinen jeder, was ihm auch immer zustößt, immer ein mehr oder weniger aktiver Teil seines Schicksals ist. Übrigens hat sie ihrer resignierten Feststellung sehr bald hinzugefügt: » . . . von nun an wird ALLES von mir abhängen.» Und dies hat sie bei vielen Gelegenheiten wiederholt. Und ich räume ein, jedes Mal beruhigt gewesen zu sein und das Gefühl gehabt zu haben, daß nichts ihre Entschlossenheit erschüttern könnte. Denn ich wußte, daß ich persönlich diese Sicherheit brauchte, um die Situation verkraften und insbesondere – das gebe ich ohne Scham zu – um unsere Zusammentreffen durchstehen zu können.

Nach mehreren Monaten ließen die Krämpfe – gewiß als

Ergebnis der großzügigen Dosis von Phenobarbital – allmählich nach, bis sie schließlich gar nicht mehr auftraten. Ich stelle minimale Fortschritte fest, zumindest zwingt sie mich geradezu, sie festzustellen: «Er kann den Kopf halten» ... «er bleibt sitzen» ... «er dreht sich im Bett um» ... «er krabbelt» ... «er schaut einen genau an» ..., sagt sie mir eindringlich. Ich würde ihr ja nur allzu gern glauben. Aber ich kann nicht die geringste Veränderung erkennen, und ich bin noch immer gleichermaßen bestürzt. In Wahrheit bin ich zu der Feststellung gezwungen, daß sich Gwenael nach wie vor in einem äußerst unruhigen Zustand befindet und daß sein gesamtes Erscheinungsbild von mangelnder Koordination beherrscht ist. Ich verberge meine Besorgnis, ja meine Verzweiflung, nur schlecht. Sie bemerkt sie. Sie ist enttäuscht, traurig. Und jedes Mal sagt sie mir, bevor sie geht, als ob sie sich entschuldigen oder nach einem rettenden Strohhalm greifen wolle: «Wir haben zusammen einfach kein Glück, Sie sehen ihn nicht während seiner guten Stunden; es stimmt, er ist unruhig und nicht zu bändigen, aber das liegt daran, daß er müde ist; er ist immer so, wenn er müde ist.» Worauf ich jedes Mal antworte: «Ich glaube Ihnen, ich glaube Ihnen alles, was Sie sagen; es stimmt, er muß müde sein; wir müssen halt weitermachen.» Und ich zögere nicht, ehrlich und ohne jegliche Berechnung hinzuzufügen: «Was Sie für Ihr Kind getan haben und tun, das hätte niemand, ich sage ausdrücklich niemand an Ihrer Stelle tun können ...»

Ganz allmählich werden diese aus Mitleid geäußerten Sätze, die nicht mitleidvoll erscheinen wollen, wenn sie nicht gar mit einer gewissen Feigheit und einer schwierigen Kontrolle der emotionalen Situation gepaart sind, für mich einen ganz anderen Sinn annehmen. Ich überrasche mich zunehmend dabei, daß ich sie mit mehr Nachdruck, mehr Aufrichtigkeit und Überzeugung ausspreche. Meine gesamte Einstellung zu diesem Fall wird dadurch verändert, weil auch ich mich dabei ertappe, «daran zu glauben.» Aus Ehrgeiz? Weil ich Arzt bin und mich die kleinste Verbesserung des klinischen Bildes ermutigt und meine Begeisterung weckt? Vielleicht. Aber ich kann nicht umhin festzustellen, daß die düsteren Prognosen, die mit den verschiedenen elektroenzephalographischen Untersuchungen verbunden sind, sich jedenfalls nicht bei unseren Terminen zeigen und in keiner Weise eintreten. Und ich kann die allmähliche, konstante und objektive Verbesserung nicht leugnen, die sich vor meinen völlig ungläubigen Augen abzeichnet, auch wenn ich sie nicht erklären kann. Mit neunzehn Monaten kann Gwenael sitzen, mit zweiundzwanzig Monaten reagiert er auf den Anblick seiner Brüder, mit dreiundzwanzig Monaten hält er seinen Blick, krabbelt auf allen vieren und lallt vor sich hin. Mit fünfunddreißig Monaten kann er richtig gehen, nachdem ihn ein chirurgischer Eingriff an seinen Leistenbrüchen – der problematisch war und über den man sich mit den widerstrebenden Chirurgen erst hatte herumstreiten müssen – von einer wesentlichen Beeinträchtigung befreit hatte. Zur gleichen Zeit beginnt er, viele Wörter nachzusprechen, und er fängt sogar an, eine richtige Kommunikation aufrechtzuhalten. Diese Befunde können belanglos erscheinen, aber angesichts der ursprünglichen enzephalographischen Ergebnisse stellen sie ganz einfach unglaubliche und völlig unerklärliche Fortschritte dar.

Man muß feststellen, daß sich der Tagesablauf der Familie im wesentlichen um ihn herum organisiert hat. Sein Vater und seine Brüder nehmen aktiv an der Betreuung teil. Nachdem jegliche Lösung, ihn zukünftig in einem Heim unterzubringen, von vornherein abgelehnt worden war, wurden diese Fortschritte von allen Familienmitgliedern sowohl als Erfolg als auch als ein sehr ermutigender persönlicher Sieg aufgefaßt. In ihrem Haus beginnt sich sogar ein gewisses Glück zu verbreiten. Gwenaels Vater ist Motorradmechaniker. Sein Beruf ist, wie ich damals erfuhr, relativ gut bezahlt. Angel, Carlos und Raoul gehen ins Gymnasium. Ihre schulischen Leistungen sind befriedigend. Raoul hat jüngst eine etwas schwierige Phase durchgemacht. Er war eine Zeitlang ungestüm, opponierend und aufbrausend gewesen. «Aber das hat sich bald wieder gelegt», sagt mir seine

Mutter. «Anstatt ihn zu bestrafen oder ihn auszuschimpfen, habe ich nicht bis Weihnachten, bis zu seinem Namenstag oder seinem Geburtstag gewartet, um ihm die Taucheruhr und die Wasserski zu schenken, von denen er schon so lange träumt.» Denn die Familie hatte schon immer eine besondere Vorliebe für das Tauchen und das Wasserskifahren. Sommers wie winters nutzen sie jeden Sonnenstrahl, um zu den Seen in der Umgebung von Paris zu fahren, teilt sie mir mit und vertraut mir an, daß sie persönlich darüber hinaus leidenschaftlich gern reitet – was mich nun, so viele Jahre später, ihre bizarre Aufmachung verstehen läßt, in der ich sie die ersten Male gesehen hatte. Alle diese Aktivitäten wurden wieder aufgenommen, nachdem Gwenael gewisse Fortschritte gemacht hatte und die Nachbarn sich bereit erklärt hatten, ab und zu ein paar Stunden auf ihn aufzupassen. An den Wochenenden fuhren sie in die Normandie, um die Großeltern väterlicherseits zu besuchen. «Sie haben einen großen Garten, und die Kinder lieben diesen Ort, an den sie sich schon sehr gewöhnt haben.» Doch seit kurzem hat sich ein Schatten über dieses Bild gelegt: die Einstellung der Großmutter. «Sie mag mich nicht, sie hat mich nie gemocht. Aber was noch schlimmer ist, sie ist verrückt geworden. Ständig sagt sie mir Unverschämtheiten. Sie geht sogar so weit zu behaupten, daß Gwenael nicht von meinem Mann sei. Na ja, ich laß sie reden. Mein Mann liebt sie nicht. Manchmal streiten sie miteinander, und es kam sogar schon vor, daß er sie geschlagen hat. Jedenfalls ergreift er immer für mich Partei.»

Ich habe sie nicht sofort weiter danach befragt. Das hätte ich nicht tun können. Ich war ihr einfach schon zu sehr verbunden. Auch ich hätte ihr, nur ihr allein, unter allen Umständen und in jedem Zusammenhang recht gegeben. Wenn ich die Erinnerung an die drei Wiederbelebungen, deren Urheberin sie war, auch mehr oder weniger begraben hatte, so hatte ich im Laufe dieser Monate doch beobachtet, wie sie die Früchte ihrer Beharrlichkeit geerntet und wieder einmal eine Situation gerettet hatte, die die Medizin für aussichtslos gehalten hätte. Ich war rückhaltlos von den Wohltaten ihrer ganz reellen und nützlichen Allmacht fasziniert, und ich konnte mir gar nicht vorstellen, daß sie in irgendeiner Situation jemals nicht im Recht sein könnte. Als allmächtige Mutter – so wie gewiß auch meine eigene am Beginn meines Lebens für mich gewesen sein mußte! – konnte sie nur eine über jeden Zweifel erhabene Frau und Ehefrau sein. Darüber hinaus war es bewundernswert, daß sie die Güte besaß, wie sie zu verstehen gab, und den Streit nicht schürte! Vorbildlich. Faszinierend. Habe ich dem genug Nachdruck verliehen?

Erst heute erscheint mir die Situation in ihrer ganzen Sonderbarkeit. Ein Resultat der Reflexion, der genauen Analyse, die ich durchgeführt habe, oder vielleicht auch der Distanz, die ihr Tod vor fast drei Jahrzehnten und die vielen, inzwischen erlebten Enttäuschungen zwischen ihr und mir geschaffen haben? Ich weiß es nicht. Vielleicht ist es eine Mischung aus all dem, die zu einer Änderung meiner Einstellung führte. Was aber nicht heißen soll, daß meine Erschütterung abgestumpft wäre. Sie ist noch immer vorhanden, und die Erinnerung an jede einzelne Episode schnürt mir noch immer die Kehle zu und wühlt mich noch immer genauso auf wie damals, als ich sie miterlebte. Aber ich kann das Bedürfnis nicht endlos hinausschieben, auf jene Schuld zu sprechen zu kommen, auf die ich so häufig hingewiesen habe. Und ich fühle mich gezwungen, im Zuge dieser Niederschrift die Analyse zu Ende zu führen, an die ich mich in der Hoffnung gemacht habe, daß meine Hartnäckigkeit es mir ermöglichen könnte, jene Bereiche ans Tageslicht zu ziehen, die bisher im Dunkeln geblieben sind, und daß dies allein mir ermöglichen werde, in der Sache, der ich mich genähert habe und in die ich mich hatte stärker hineinziehen lassen, als ich es hätte tun sollen, klarer zu sehen.

Da ist jedenfalls ein Ehepaar, das die Großmutter väterlicherseits nicht, beziehungsweise nicht mehr mag und das sie dennoch trotz der großen Entfernung weiterhin beharrlich besucht, und zwar mit der Begründung, daß die Kinder sehr an diesem Ort hängen würden. Heute erscheint mir dieses Argument nicht mehr unbedingt vertrauenswürdig zu sein. Denn von welchen Kindern ist hier die Rede, wenn nicht von den drei ersten, angesichts des Zustands des vierten? Und warum hat eine Mutter, die von ebendiesen Kindern angebetet wird und mit ebensoviel gesundem Menschenverstand wie mit instinktivem Gespür ausgestattet ist, das Bedürfnis, sich hinter deren hypothetischem Bedürfnis zu verschanzen, wo sie ihnen doch die Situation hätte erklären können – denn das ist genau das, was sie hätte tun müssen – und ihnen ein mögliches Fernbleiben hätte zumuten müssen? Wenn also ein Argument in der Verteidigungsrede derart danebenliegt, muß man dann nicht das ganze Plädoyer in Frage stellen? Und muß man nicht die verbleibenden, mit der Realität der Fakten verbundenen Punkte erneut untersuchen? Ganz zweifellos. Ich habe lange gezögert, es zu tun, weil ich wußte, daß ich dabei einen gewissen Zynismus annehmen und behaupten müßte, daß die vertrauliche Mitteilung, die ich bekommen hatte, mit falschen Ausreden gespickt sein mußte. Und daß diese Frau, so unbescholten sie auch war, in Wahrheit zumindest einen geringen und direkten Nutzen für sich selbst aus diesen Besuchen ziehen mußte, deren schlechtes Klima sie anprangerte.

Es trifft zu, daß die Hypothese auf den ersten Blick keinen Hinweis auf die Art eines solchen Nutzens liefert, aber nichts hindert uns daran, einen solchen aufzuspüren und zu diesem Zweck die verschiedenen Möglichkeiten im Licht dieser speziellen Geschichte zu untersuchen.

Zunächst muß die Wiederholung der heftigen Auseinandersetzungen betrachtet werden. In der Tat erscheint sie wie eine Notwendigkeit oder wie der stets gleichbleibende Hintergrund, vor dem sich alles abspielt. Da gibt es etwas, was wiederkehren muß – wie der Traum von der Beerdigung –, und sich jedes Mal gleich und an derselben Stelle wiederholen muß. Aber was? Man kann von vornherein, trotz der Betonung der Hinweise, die dazu bestimmt sind, dies hervorzuheben, das schlichte Szenario ausschließen, das darin bestünde, daß es dieser Frau daran gelegen sei, sich von ihrem Mann wiederholt den Beweis seiner Verbundenheit geben zu lassen und von ihm bestätigt zu bekommen, daß er sie seiner eigenen Mutter vorzieht. Man kann sich schlecht vorstellen, daß sie sich mit so etwas beschäftigte, weil dies für ihr Format zu engstirnig wäre und weil nichts darauf hinweist, daß sie ein solches Bedürfnis haben könnte. Es scheint besser zu sein, die Untersuchungen auf die auf Gwenael abzielenden Äußerungen zu konzentrieren. Denn vor allem spielt hier ein Urteil, das sich auf ihn bezieht, eine Rolle. Und es handelt sich um ein Urteil, das nicht einfach so geäußert wird, da es die Tugendhaftigkeit dieser Frau, die Vaterschaft ihres Mannes und die Abstammung eines ihrer Kinder in Zweifel zieht.

Genau darin liegt der Kern der Beleidigung, aber genau darauf bezieht sich auch der Hinweis auf das Verrücktsein. Und es scheint, als ob die Konfrontation mit der Beleidigung und mit der Anspielung auf die Verrücktheit sich wiederholen müßte, um den Sinn ihres seltsamen Zusammenhangs erkennen zu lassen. Die Anschuldigung an sich kann nur zurückgewiesen werden, weil sie offenkundig ebenso falsch wie unwiderlegbar ist. Aber warum sollte diese Frau eine solche Behauptung hervorheben, und wieso sollte sie ihr so großen Kummer bereiten? Wenn sie der Meinung gewesen wäre, daß ihre Schwiegermutter wirklich wahnsinnig sei, hätte sie es dann für notwendig erachtet, darum ein Aufhebens zu machen oder darüber mit einem Dritten zu sprechen, um seine Sympathie zu gewinnen und von ihm die stillschweigende Zusicherung zu erhalten, daß er das Tun der Schwiegermutter mißbilligt beziehungsweise verurteilt? Die einzige Erklärung, die dieser Abfolge von paradoxen Behauptungen einen Sinn gibt, besteht in der Überlegung, daß sie ihrer Äußerung nicht den simplen Status einer Klage verlieh, sondern jenen einer Information über eine Sachlage und zugleich über eine überaus haarsträubende Interpretation, die ihr selbst unverständlich blieb und deren Auswirkungen sie sich zu widersetzen oder anzupassen versucht hätte.

Das alles wäre also – brutal zusammengefaßt – nichts weiter als das gedämpfte und endlos wiederholte Echo dessen, was ich ihr bereits unwissentlich bei meinen eigenen zahlreichen Interventionen zu verstehen gegeben hatte, indem ich sie ohne Unterlaß auf jene vertrauliche Zweisamkeit verwies, die sie mit ihrem Kind unterhielt – auf das, was sie für es tat, und auf die immense Macht, die ihr in dieser Beziehung zukam. Sie hatte mir also in irgendeiner Form zu erkennen gegeben, daß ich nicht der einzige war, der sie in ihrer vollkommenen Unterwerfung unter ihren Wunsch mehr oder weniger deutlich durchschaut hatte – zumal ich sie darüber hinaus ermuntert hatte, dies zu tun –, aber es war für sie unerläßlich, dies so häufig wie möglich gesagt zu bekommen, um diesen Wunsch schließlich zu erkennen und das Nötige zu tun, um die zwingenden Pflichten und die Konsequenzen auf sich zu nehmen.

Nun, um welchen Wunsch konnte es sich handeln, wenn nicht um jenen, in dessen Zentrum Gwenael stand? Gwenael, das Kind, dessen Hellhäutigkeit sich so sehr vom dunklen Teint seiner Brüder abhob. Gwenael, das Kind, dessen Name, sich schon radikal von der einheitlich spanischen Welt der übrigen Familie unterschied. Gwenael, das behinderte Kind, das Kind, das dazu ausersehen war, für immer an seiner Mutter zu kleben, das Kind, dessen tatsächlicher Zustand keinerlei Trennung von ihr in Betracht ziehen ließ. Gwenael, IHR Kind, einzig IHR Kind. So sehr IHR Kind, daß es in keiner Weise ein Nachkomme des Sohnes dieser Schwiegermutter «sein» konnte, die – ganz nach Art jener Kulturen, die in ihrer Verurteilung des Ehebruchs daran festhalten, daß die Folgen auf das Kind zurückschlagen, das dabei gezeugt wurde – nicht zögert, den Status dieses Kindes auszusprechen, indem sie sich eines illusionsfreien Wissens bedient, ihres ganz eigenen Wissens, dem Wissen einer Frau, einer Gattin, einer Erzeugerin und Mutter.

Wieder einmal findet man sich im Bereich jener Beziehungen zwischen Schwiegertöchtern und Schwiegermüttern, die schon vielfach dargestellt wurden und von denen man nun weiß, daß sie dann, wenn von einem subtilen Verdrängungsmechanismus

Gebrauch gemacht wird, Trägerinnen all des Unfaßbaren der Kommunikation zwischen Töchtern und Müttern, aber auch ganz besonders der Kommunikation von Frauen untereinander sind.

Wie oft hört man, wie Schwiegermütter ihren Schwiegertöchtern Vorhaltungen machen, sich als eifersüchtige und wild entschlossene Verfechterinnen der Interessen ihrer Söhne gebärden und sich erlauben, Dinge laut auszusprechen, die letztere nicht einmal zu denken wagen. Warum diese Dreistigkeit, die sie an den Tag legen, und die Fähigkeit, stets ins Schwarze zu treffen, wenn sie sich herausnehmen, über das Verhalten anderer zu urteilen? Es scheint, als ob sie hier eine erstaunliche Wahrnehmungsfähigkeit und Klarsicht im Erkennen des weiblichen Verhaltens unter Beweis stellten, dessen Triebfedern sie, da sie Expertinnen waren und sind, alle kennen. Es versteht sich also von selbst, daß man unter Frauen weiß, wovon die Rede ist. Und daß eine Frau, wenn sie behauptet, einen selbstverständlich plumpen, tolpatschigen, naiven, leichtgläubigen und unwissenden Mann nach Lust und Laune an der Nase herumführen zu können, nicht davon ausgehen kann, eine andere Frau lange hinters Licht führen zu können. Das hat weder etwas mit Paranoia noch mit Hysterie zu tun. Das ist auch keine Frage des Alters oder eine Folge der Eifersucht und der Weigerung, den Platz in der Rangordnung der Bevorzugung zu räumen. Dies kommt wieder einmal ausschließlich aus dem geschlechtlichen Bereich und verweist auf ebendieses Geschlecht –, das zu Recht als geheimnisvoll bezeichnet wird, da es dies auch für die Frauen selbst ist –, dem sie angehören und von dem sie ein gewisses Maß an gemeinsamem Wissen besitzen. Sie wissen alle, und zwar aus der Erfahrung ihres eigenen Körpers, daß das Verlangen, das sie empfinden können, selbst wenn es sie überwältigt und verwirrt, dem Blick verborgen bleibt und ihre Verfassung niemals verrät, so daß es ihnen möglich ist, damit nach Lust und Laune zu spielen.[22] Deshalb können sie übrigens mit handfesten oder konkreten Beweisen nichts anfangen, und auch wenn sie sich nach außen hin empfänglich und besorgt geben, zeigen sie dennoch eine große Sensibilität gegenüber Äußerungen, die sie um so mehr verletzen können, wenn sie von einer anderen Frau ausgesprochen werden, das heißt von einer, die ebenfalls alles über die Strategien der Maskerade weiß.

Bedeutet das, daß dies in den Bereich des Geheimnisvollen und in all das fällt, was sich dort abspielen kann? Warum nicht? Aber man hat hier schon genug mit der Unergründlichkeit der Vorgänge des Unbewußten zu tun. Dies um so mehr, als die Frauen dazu untereinander offensichtlich einen leichteren und schnelleren Zugang zu haben scheinen – das ist jedenfalls durch die brutale Äußerung der Schwiegermutter bewiesen. Aber wenn es letzterer gelungen war – mittels des gemeinen Vorwurfs des Ehebruchs – eine Anschuldigung vorzutragen, die ins Schwarze traf, dann deshalb, weil sie dies aus einer unbestreitbaren Position des Wissens heraus tat und sicher sein konnte, verstanden zu werden. Und dies geschieht im Namen einer Allgemeingültigkeit, zu der nicht nur sie allein Zugang hat, sondern den sie mit allen anderen Frauen teilt, einschließlich ihrer Schwiegertochter. Man kann sich sogar fragen, ob die Hartnäkkigkeit, die Heftigkeit und Härte ihres Vorwurfs ihre Eifersucht und ihre Verstimmung nicht ebensosehr, wenn nicht sogar noch mehr zum Ausdruck bringen, als ihre Anschuldigungen vermuten lassen.

Das ist, als ob sie die Mutter Gwenaels beschuldigte, einer verwerflichen Neigung nachgegeben, sich nicht gegen eine Versuchung zur Wehr gesetzt zu haben, vor der sie selbst gewarnt ist, da alle Frauen diese kennen. Es ist, als ob sie ihr gesagt hätte: «Woher hast du die Kraft und die Entschlossenheit genommen, um dir die Macht anzueigenen, die uns versagt ist, aber die wir, die Frauen, an uns und an unsere Geschichte, unsere Nachkommenschaft binden und dafür sorgen müssen, daß sonst niemand Zugang dazu hat? War es für dich nötig, so weit zu gehen? Konntest du dich nicht mit dem zufriedengeben, was du schon hattest, und dich an die Verhaltensregeln halten, die du bis dahin beachtet hattest? Du hast die Grenze überschritten. Und jetzt hast du's. Du erfreust dich an einem Glück, das ich mir versagt habe, das ich nicht erlebt habe, das ich nie kennenlernen werde. Und sogar die Sehnsucht danach muß ich mir versagen. Das nehme ich dir übel, und ich beneide dich. Um so mehr, als du dich meines eigenen Sohnes bedient hast. Er war mit deinem Gieren einverstanden, als ob er deinen geheimen Wunsch gekannt hätte. Wie hast du ihn so gut überlisten können? Hat deine Verführung funktioniert, oder ist es dir gelungen, eine Neigung auszunützen, von der er wußte, daß er sie hatte? Denn das Schlimmste ist meiner Meinung nach, daß er sich deinem Wunsch zweifelsohne angeschlossen hat, und zwar im Namen jenes Bedauerns, das ich, seine Mutter, immer mit mir herumgetragen habe, und das ich nie so unterdrücken oder zum Schweigen bringen konnte, daß er es nicht bemerkt hätte. Das Bedauern darüber, daß ich mich, mehr als ich es gewünscht hatte, von meiner Geschichte, meinem Geburtsort und vor allem von meiner Mutter entfernen mußte. Dieses Bedauern, von ihr weggegangen zu sein und mich durch diesen Jungen von ihr distanziert zu haben. Ich habe es gutgeheißen, daß du es dreimal so getan hast wie ich. Aber jetzt hast du ein Verbot gebrochen, von dem ich dachte, daß du es als solches erkannt und definitiv beiseite gelegt hättest, von dem auch ich dachte, es erkannt und für immer ad acta gelegt zu haben. Du zwingst mich heute zur Einsicht, daß der Wunsch niemals nachgelassen hat, in mir zu nagen. Ich kann dich nur hassen, weil du mich zwingst, meinen eigenen Treuebruch einzugestehen. Und es ist nur gerecht, daß du im Gegenzug Haß auf mich empfindest. Wir können nicht anders, als uns zu hassen, weil das Unglück, das wir von nun an miteinander teilen werden, sowohl in deine als auch meine Verantwortlichkeit fällt. Wehe unserer Brut! Wehe den Frauen! Sie sind Betrügerinnen, und sie können gar nicht anders, als Betrügerinnen zu sein. Sie sind es von Natur aus. Unerträgliches und hassenswertes Schicksal!»

Ich kann mir die Abscheu problemlos vorstellen, die die Lektüre dieses neuen, fiktiven und verrückten Monologs hervorruft, so wie ich mir das Mißtrauen gegenüber dem vorstellen kann, was ich dennoch vorsichtig darzulegen versuche. Worum handelt es sich also bei dieser universellen weiblichen Neigung, auf die ich hinweise und die ich ins Zentrum des unausgesprochenen und unaussprechlichen Wortwechsels stelle? Worin besteht dieser mütterliche Wunsch, ein Kind neben ihrer eigenen Geschichte herzuziehen? Und was soll es da? Im Laufe der Konsultationen konnte ich die Geschichte von Gwenaels Mutter nach und nach rekonstruieren.

Sie wurde in einem kleinen Weiler in der Bretagne geboren. Das konnte man wahrscheinlich schon erahnen. Aber man kann sich – aufgrund meiner bisherigen Darstellungen – zugleich auch mein großes Erstaunen mühelos vorstellen, das diese Information bei mir hervorrief. Daraufhin machte ich mir das Ausmaß der Fehleinschätzung klar, auf die ich aufgebaut hatte, und mir wurde bewußt, wieviel Zeit ich mit meinem starrsinnigen Versuch, die bizarren Indizien zusammenzufügen, verloren hatte. Ich fühlte mich wieder einmal hoffnungslos fremd auf diesem Gebiet, auf das ich gemeint hatte, mich einlassen zu müssen und zu können, und von dem ich nun eingestehen mußte, daß mir die allerelementarsten Grundlagen fehlten. Ich war überzeugt gewesen, daß die bretonischen Frauen alle kräftig, rundlich und blond seien, nach dem Vorbild der jungen Mädchen, die ich seit einiger Zeit bei uns einstellte, und die unsere beiden Kinder gleichzeitig packten und jedes unter einen Arm klemmten, um ihrem Eigensinn ein Ende zu machen und sie mit Bestimmtheit von ihrem Zimmer ins Bad zu tragen. War es möglich, daß es auch ganz kleine, schmächtige und braunhaarige Bretoninnen gab? Ich war völlig verwirrt.

Das hat aber nur dazu geführt, daß ich mich wieder ein wenig mehr mit Gwenael beschäftigte und plötzlich den Ursprung des Vornamens, seiner Hellhäutigkeit und seines atypischen Aussehens verstand. Ich war selbstverständlich noch sehr weit davon entfernt, die Devolution, deren Objekt er war, zu erkennen oder den Beginn dieser Art von Rückkehr zu den Wurzeln, auf die wahrscheinlich schon die Namensgebung bei Raoul hingewiesen hatte, zu verstehen. Das alles sollte erst später kommen, Stück für Stück und nach und nach im Laufe der Jahrzehnte, die inzwischen verstrichen sind. So daß ich zugebe, diesen Bericht, auch wenn dies auf den ersten Blick gekünstelt erscheinen mag, absichtlich so konstruiert zu haben, daß diese Details nicht zu früh verraten werden. Es ist mir in der Tat wichtig erschienen, ein gewisses Niveau an Fehleinschätzung beizubehalten, um auf das Ausmaß der Irrtümer und Fehler hinzuweisen, zwischen denen ich so lange herumtappte. Denn ich habe keinen besseren Weg gefunden, um darzustellen, wie sehr man auf diesem konkreten Gebiet ebenso wie bei dem theoretischen Thema, das ich behandele, dem äußeren Schein mißtrauen und sich vor voreiligen oder vereinfachenden Schlüssen hüten muß.

Sie war also Bretonin. Sie hatte bis zum Alter von fünfzehn Jahren in ihrem Heimatdorf gelebt. Sie war das dritte von vier Kindern. Sie hatte zwei ältere Brüder und eine jüngere Schwester –, die «noch immer da unten lebt», wie sie in einem eigenartigen Tonfall zu präzisieren für notwendig erachtet hatte, als sie mir von ihr erzählte. Ihre eigene Mutter, so sagte sie zu mir, würde sie sehr schlecht kennen, und sie hätte wenig Kontakt zu ihr. Sie hat sie mir als eine wenig offenherzige und schweigsame Frau beschrieben, man könnte fast sagen, unzivilisiert und hart. Aber sie beeilte sich, wie man sich vorstellen kann, sie zu entschuldigen, wenn nicht gar freizusprechen. Sie schien nichts Schlechtes über sie sagen zu wollen, aber insbesondere nicht zu können. Und wieder einmal habe ich ihre Einstellung der Großherzigkeit zugeschrieben, die ich ihr ein für allemal zugute gehalten hatte.

Aber ist es nicht häufig so? Und kommt es so selten vor, daß die von ihren Müttern schlecht behandelten Töchter, vor allem die am schlechtesten behandelten, hartnäckig versuchen, ihr eine Menge mildernde Umstände zuzubilligen? Sie bieten im allgemeinen alle Kräfte auf, um ihr eine rührende Geschichte, ein Melodrama, manchmal in allen Einzelheiten, zu konstruieren oder zu rekonstruieren, das geeignet ist, ihre Blindheit, ihr Versagen oder ihre Ungeschicklichkeit wie auch das Leid zu entschuldigen, das sie ihnen trotz allem zufügte. Eine Art und Weise, sie als stets geschäftig, immer hingebungsvoll, natürlich bewundernswert, ganz selbstverständlich liebenswert, mit einem Wort als unantastbar darzustellen. Und genau darum geht es. Sie haben unter ihnen gelitten, aber sie tragen es ihnen nicht nach, so klar haben sie das Gewicht des widrigen Schicksals erkannt, mit dem sie zu kämpfen gehabt hatten. Bloß nicht das Verbrechen begehen, die Mutter von ihrem Thron zu stoßen! Niemals. Auf gar keinen Fall! Denn das wäre wirklich unverzeihlich. Und die ausweglose Sackgasse, die sich dabei abzeichnet, ist schrecklich, da das, worum es hier geht, den gesamten Prozeß der Identifikation betrifft sowie jene unausweichliche weibliche Solidarität angesichts eines ähnlichen Schicksals.

Ich kann nicht auf meine Mutter spucken, ohne mich selbst zu verleugnen und mich zu zerstören, da ich lange Zeit davon geträumt habe, wie sie zu sein, und oft fast verzweifelt bin, ob es mir eines Tages auch wirklich gelingen werde. Ich kann sie nicht so betrachten, wie ich heute spüre, daß sie in Wirklichkeit ist, da es ihr Vorbild ist, das mich gefangengenommen, mich verfolgt und mich inspiriert hat. Ich kann mich trotz allem doch nicht derart getäuscht haben. Ich konnte mich doch nicht bloß auf Schein aufbauen. Das wäre entsetzlich! Ich konnte mich doch nicht von einem Trugbild täuschen lassen. Das ist unmöglich! Und wenn man mir das sagen würde, so würde ich eine solche Meinung ablehnen. Ich möchte mich weiterentwickelt haben. Aber ich bleibe dennoch diejenige, die ich immer gewesen bin, seit dem allerfrühesten Kindesalter, in dem der Ton ihrer Stimme, ihr Duft, ihr Lächeln, das Geräusch ihrer Schritte ausreichten, um mich wahrlich mit der Glückseligkeit der Welt zu erfüllen. Sie herabzuwürdigen, ist das gleiche wie mich herabzuwürdigen. Sie geringzuschätzen, bedeutet, mich selbst geringzuschätzen. Sie zu verachten, bedeutet, mich selbst zu verachten. Sie zu verurteilen, das bedeutet nicht nur, mich zu verurteilen, sondern Gefahr zu laufen, eines Tages meinerseits verurteilt zu werden. Und wie sollte ich mir vorstellen, daß ich mich eines Tages von ihr nicht geliebt fühlen könnte? Wenn ich sie nicht als liebend erfahren habe und wenn ich sie noch heute nicht als liebend kennen würde, was sollte ich dann mit dieser Gefühlswüste anfangen, und könnte ich mich eines Tages irgendeiner Liebe würdig fühlen? Es ist nicht möglich, daß es so ist, wie ich gelegentlich denke. Ich bin diejenige, die sich irren muß. Es kann gar nicht anders sein, als daß ich es bin. Gewiß bin ich diejenige, die sie enttäuscht hat. Ich bin es, die ihr nicht ebenbürtig war und die ihrer Erwartung nicht entsprochen haben muß. Ich bin es, die – undankbar, dumm und egoistisch – sie nicht zu schätzen und zu verstehen wußte. Und da bin ich schon wieder dabei, dumm herumzutoben wie das unerträgliche, verwöhnte kleine Mädchen, das ich früher gewesen sein muß.

Mustergültig. Mütter sind per definitionem mustergültig. Alle Welt weiß das. Jeder erkennt das an. Und es fehlt nicht an Gelegenheiten, um dies zu proklamieren und zu wiederholen. Ist der Edelmut der mütterlichen Aufgabe nicht das Allergrößte? Wird sie nicht sogar von den Institutionen beweihräuchert? Ist sie nicht die Grundlage jeder Moral? Wendet man sich nicht bei jedem Unglück an sie, um getröstet zu werden? Und kann ihr je von irgend jemandem, außer von einem Dummkopf wie mir, ein Verstoß vorgeworfen werden? Ich werde den Mund halten. Das ist bestimmt das Beste, was ich tun kann. All das vergraben. Mich bessern, bereuen und hoffen, daß es noch nicht zu spät ist.

Genau auf diese Weise unterdrücken die Mädchen – häufiger, als man denkt – ihre Forderungen, mitunter die legitimsten, indem sie von ihrer Abstammung die Geschichte basteln, die ihnen in den Kram paßt. Sie haben nicht die Möglichkeit wie ihre Brüder, von der Umwelt angetrieben zu werden, sich ohne zu zögern aufzurichten und sich auf jede erdenkliche Weise mit dem gleichgeschlechtlichen Elternteil auseinanderzusetzen. Das wäre unkontrollierbar, das würde zu Unordnung führen. Und vor allem würde es den Brüdern zuviel Kummer bereiten, die, ganz gleich, wie alt sie sind, zu ihren Müttern –, auf die sie sich häufig stützen, um ihren Kampf gegen den Vater zu führen, – eine so unverbrüchliche Zuneigung bewahren, daß sie bereit sind, die geringste Kritik schon im Keim zu ersticken. Ein Bereich der männlichen sozialen Ordnung – wieder einmal, und warum auch nicht? –, die die Schwestern auf vielfältige Weise und an verschiedenen Stellen mit der Zustimmung und der Komplizenschaft der Mutter unterdrückt. Man läßt diesen Schwestern, das heißt den Frauen, keine Wahl. Reicht es nicht aus, daß man ihnen das Ausleben ihrer Sexualität und den Zugang zur Lust zugestanden hat? Und so verdrängen sie, weil es ihnen nicht gelingt, anerkannt zu werden, sich selbst zu kennen oder einfach die Töchter ihrer Mütter zu sein, ihre Aggressivität massiv und sublimieren sie dadurch, daß sie eines Tages die Mütter ihrer Mütter werden und es ihnen gegenüber dann nicht an Hingabe, an Unterwerfung und Verfügbarkeit fehlen lassen werden. Da sie ohne Unterlaß gegen das ankämpfen, was in ihnen aufsteigt und was sie begraben, wohlwissend, daß dies, wenn es eines Tages wieder hervorbricht, in überraschender Weise geschehen wird und es für sie dann besser sein wird, sich vor der Bumerang-Wirkung zu hüten. Ja, man kann feststellen, daß jede Form von Verstehen und insbesondere von Lobhudelei, die sie zeigen, nichts anderes als die Tarnung eines unbeschreiblichen, quälenden und energieraubenden Terrors ist. Weiter oben habe ich gesagt, daß dies mit ihrer Fortpflanzungsfähigkeit zu tun hat und mit der Bedeutung, die man dem Geschlecht der Kinder beimißt, die sie auf die Welt bringen.

Sie hatte also Jungen hervorgebracht. Der einzige Hinweis, daß sie sich ihre Revolte gestattet hatte. Niemals hätte sie irgend etwas gesagt. Sie sollte alles akzeptieren. Aber sie sollte sich hartnäckig weigern, eine identische Kopie der Beziehung hervorzubringen, die ihr selbst auferlegt worden war und die sie schweigend und in aller Stille ertragen hatte. Und ich würde ihr gern glauben, daß sie nur männliche Föten abgetrieben hatte, und eins ums andere Mal – und ohne sich je zu entschließen, es einzulösen – hinausschob, das Versprechen zu halten, das sie sich jedes Mal gegeben haben muß, nämlich ihrer Mutter ein Mädchen zu gebären; das heißt, vielleicht wieder an das Band mit ihr anzuknüpfen, das in Wahrheit nie existiert hat. Das ist eine der Bedeutungen, die in der Anspielung auf die Schwester, «die noch immer da unten lebt», enthalten ist. Und nur weil sie festgestellt haben mußte, daß diese letzte Schwangerschaft wieder einen Jungen hervorbringen würde, hat sie wohl erneut den Entschluß zur Abtreibung gefaßt. Als ob sie verstanden hätte , daß sie sich noch nicht genug entwickelt hatte und daß sie – auch dieses Mal – nicht bereit war, ihre Schuld zu begleichen. Da hatte sie ihre Rechnung aber leider ohne die Drohung des Gynäkologen gemacht. Keine Abtreibung mehr, hatte er verordnet. Und so war sie gezwungen, noch einmal das Gegenteil der Unterwerfung zu zeigen, zu der sie sich trotz ihres selbstsicheren Auftretens immer verpflichtet fühlte. Ohne von der Trauer zu sprechen, die sie über eine letzte Schwangerschaft empfinden mußte, denn auch der Verstand und die Umstände können manchmal einer Lebensplanung Grenzen setzen. Sie war bei der Geburt wohl nicht überrascht, daß es ein Junge war. Ich weiß nicht, was es ihr bedeutet hat, daß er blond und so anders war als die anderen. Darüber haben wir nie gesprochen. Ich stelle mir lediglich vor, daß sie das Gefühl hatte, halbwegs zufrieden zu sein. Vielleicht war ihr dies inmitten der vielen Sorgen, mit denen sie zu kämpfen hatte, auch ausreichend erschienen. Vielleicht hat sie ihn mit seinen Charakteristika akzeptiert – wohlwissend, daß sie gewiß daran nicht unschuldig war – und hat ihm dies bestätigt, indem sie ihm den bretonischen Vornamen Gwenael gab. Vielleicht hat sie gemeint, daß ihre Schuld damit, wenn schon nicht ganz getilgt, so doch zumindest zur Hälfte abgetragen war – was ja angeblich immer besser ist als nichts. Aber selbst wenn all dies sowohl plausibel als auch sinnvoll erscheinen kann, sieht es nicht so aus, als habe man bei der Untersuchung dieses Falles den innersten Kern schon erreicht.

Denn in ihrem Bericht erwähnt sie zwar die Art und Weise, wie ihre Schwiegermutter reagiert, aber sie sagt nicht, wie ihre Mutter diese Geburt aufgenommen hat. Gewiß hätte sie Mittel und Wege gefunden, ihr begeisterte und ermutigende Worte in den Mund zu legen. Aber ich glaube nicht, daß es so gewesen ist. Sonst hätte sie es nicht versäumt, es gebührend aufzubauschen und sich vor dem Hintergrund der Geschichte zu beglückwünschen, die sie mir erzählt hat und die mir auf Anhieb tragisch genug erschien, um unweigerlich Unglück säen zu müssen.

Mit siebzehn Jahren hatte ihre Mutter nach einer vorübergehenden Liäson ein Baby bekommen, einen Jungen. Zu dieser Zeit war ein solches Ereignis eine schwerwiegende, ja inakzeptable Angelegenheit. Um den Schein zu wahren und der Schande zu entgehen, hatte ihre erboste Familie beschlossen, sie fortzuschicken, ja sie geradezu zu verbannen. Man fand für sie in Paris sofort eine Stelle als Amme.[23] Und damit ihre Milch während der langen Reise nicht versiegte, nahm sie ihr Baby mit und wurde von ihrer jüngeren Schwester begleitet, die beauftragt war, das Baby zurückzubringen, nachdem es die Milchbildung aufrechterhalten hatte. Auf dem Rückweg war das Baby noch im Zug an Kälte und Hunger gestorben. Man hat der Mutter davon nichts gesagt, und sie erfuhr es erst Monate später beiläufig. Daraufhin hat sie ihre Arbeitgeber verlassen und ist in ihr Dorf zurückgekehrt, hat einen älteren Mann geheiratet, den erstbesten, der bereit war, sie aufzunehmen, hat sich endgültig in ihr Schweigen zurückgezogen und nacheinander vier Kinder bekommen. Gwenaels Mutter hat wenig über ihren Vater gesprochen. Nach ihrer Aussage war er schüchtern, sehr zurückhaltend, beinahe nicht wahrnehmbar, auch er war schweigsam, aber zärtlich. Von seinen Kindern hatte er sie am meisten geliebt. Und deshalb hatte sie darauf bestanden, ihn selbst bis zu seinem Tod zu pflegen.

Bei genauerer Betrachtung erweist sich die Geschichte als absolut konform mit den Erwartungen, die ich oben skizziert habe. Ihre Rekonstruktion ist aber tragischerweise für eine weitergehende Untersuchung nicht ausreichend. Ich habe sie zusammengetragen, so gut ich konnte, und ich hätte es nicht anders tun können, so spärlich waren damals meine Kenntnisse über das Erfassen und Erkennen der entscheidenden Elemente. Wenn sie auch wertvolle Hinweise auf die groben Linien gibt, weist sie doch viele Lücken auf, sei es in bezug auf das Alter der verschiedenen Protagonisten, ihre Stellung in der Geschwisterreihe, ihre Vornamen, einschließlich jenes des gestorbenen Babys, das soziale und familiäre Umfeld, insbesondere der Großeltern, wie auch über den Zeitpunkt und die Umstände ihrer Kenntnisnahme. Denn es erweist sich, daß die Art und Weise, mit der sich eine Familiengeschichte nach und nach zusammenfügt, für die Persönlichkeit dessen, der sie durchlebt und sie für sich rekonstruiert, um zu den Gegebenheiten zu stehen, in höchstem Maße ausschlaggebend ist.

Aus den Aussagen über die Verteilung der Geschlechter und den Schluß, den diese auf die Art der Beziehung einer Mutter zu ihrer eigenen Mutter zuläßt, kann man bereits die Feststellung machen, daß Gwenaels Großmutter mütterlicherseits drei Jungen in Folge auf die Welt gebracht hat. Es wäre gewiß interessant gewesen, genauere Details über die Auseinandersetzung in Erfahrung zu bringen, die die Eltern des jungen Mädchens, das «einen Fehltritt begangen» hatte, dazu veranlaßt hatte, sie fortzuschicken. War die Mutter oder der Vater darüber empörter gewesen, und wer von den beiden hatte heftiger reagiert? Hatte die Mutter unter den gegebenen Umständen das von ihrer Tochter erwartete Verständnis, den Schutz und die Fürsorge gezeigt, oder hatte sie sich der väterlichen Verurteilung ein bißchen zu schnell angeschlossen?

Darüber kann man jedenfalls nichts Gesichertes sagen. Man kann jedoch folgende Meinung vertreten: Wenn die Mutter nach dem Tod ihres ersten Sohnes hintereinander zwei weitere Söhne zur Welt gebracht hat, kann man fest darauf wetten, daß sie mit ihrer eigenen Mutter eine besonders ernste Rechnung zu begleichen hatte. Die Geburt der Mutter Gwenaels hätte dann also die Zeiger wieder auf Null stellen und das Ende eines unbewußten

Konflikts anzeigen können. Die Fortsetzung der Geschichte zeigt in vielen Punkten, daß diese Geburt tatsächlich als Weiterführung und Vollendung ebendieses Konfliktes gedient hat. Sie hätte also der Mutter die Gelegenheit geboten, ihrer eigenen Mutter zu verstehen zu geben, daß sie, nachdem sie sich dreimal ihrer Entscheidungsfreiheit versichert hatte, indem sie sich weigerte, den Preis – die identische Fortpflanzung – zu zahlen, es sich jetzt erlauben konnte, zum ersten Mal diesen Preis zu zahlen, das heißt eine Tochter auf die Welt zu bringen. Dank derer sie ihr Lebensabenteuer wieder aufnehmen und unter Umständen die schlechte Behandlung ans Licht bringen können wird, die man ihr ihrer Meinung nach hat angedeihen lassen. Dieser Tochter gegenüber wird sie die Mutter sein, die ihre Mutter ihr gegenüber nicht gewesen ist. Und sie wird durch die mit ihrer Zielsetzung verbundenen Vorstellung beweisen, daß die ganze Gewalt, deren Opfer sie gewesen ist und die sie mit allen Kräften anzuprangern trachtet, noch immer vorhanden ist.

Es ist klar, daß eine Tochter, die nach so vielen Söhnen auf die Welt kommt und manchmal die bevorstehende Versöhnung anzukündigen scheint, indem sie das Kontinuum der weiblichen Körper wiederherstellt, ihre eigene Mutter stets mit einer Machtposition ausstattet. Man begreift, daß solch eine Tochter also nur als Werkzeug und Mittel erwartet, ersehnt, verstanden, gespürt, umsorgt und erfahren werden kann. Und absolut nicht nur als jene angesehen wird, die aufgerufen ist, einfach besagte Mutter zu reproduzieren, und sie so gut zu reproduzieren, daß sie deshalb grenzenlos geliebt werden kann, weil sie es ihr ermöglicht, sich wiederzuerkennen und sich in ihr in einem echten, gespenstischen Klon zu projizieren. Die wahrlich rachsüchtige und immer schwere Aufgabe, die ihr zufällt, erweist sich praktisch als unerfüllbar, weil sie niemals, so sehr sie sich auch mühen mag, in den Schoß der Mutter zurückkehren und zugleich das Objekt der stillen, dankbaren und vor allem wohlfeilen Liebe sein kann, die angeblich aus ihr entspringt. Und diese Aufgabe wird im vorliegenden Fall um so unmöglicher zu erfüllen sein, als sie durch das bedrohliche und todbringende Schweigen, das sie umgibt, zubetoniert wird.

Das konnte Gwenaels Mutter – wie es immer der Fall ist – nicht wissen, als sie versuchte, die Gunst und Anerkennung ihrer eigenen Mutter zu gewinnen, indem sie genau den gleichen Weg einschlug. Sie sollte mit fünfzehn Jahren tatsächlich hinnehmen, von ihren Eltern in ein Angestelltenverhältnis nach Paris geschickt zu werden, und zwar als Hausmädchen in einen Arzthaushalt. Das sollte ein wenig früher sein als im Fall ihrer Mutter, und sie war außerdem nicht durch den «Fehltritt» und das tote Baby dazu gezwungen, die dennoch, ob es einem gefällt oder nicht, ihre Geschichte prägen sollten. Allerdings muß es in der Wiederholung eines Lebenswegs Korrekturen geben. Ist das nicht überhaupt das Ziel derartiger Vorhaben? Die Mütter räumen dies problemlos ein. Was die Töchter anbelangt, so stürzen sie sich in der heimlichen Hoffnung darauf, daß ihnen ihre Unterwerfung und ihr Wunsch, sich selbst zu übertreffen, eine gewisse Bewunderung, eine gewisse Dankbarkeit oder Anerkennung einbringen werden. Man könnte in all dem natürlich nur eine Konstruktion sehen, die eine reine Zufälligkeit zum Vorwand nimmt, zumal die Bretagne damals dafür bekannt war, solche Arbeitskräfte in Hülle und Fülle hervorzubringen, und das Abenteuer dieses noch so jungen Mädchens absolut identisch mit dem Tausender anderer war. Dazu werde ich noch einmal auf die Bemerkung über ihre Schwester zurückkommen, die «noch immer da unten lebt.»

Die Betonung, die darauf gelegt worden war, scheint dazu bestimmt gewesen zu sein, wenn auch sehr diskret, im Ablauf des Berichts eine Art Kontrapunkt zu setzen – als weitere Bestätigung meiner Hypothese. Als ob sie mit der ganzen Doppeldeutigkeit, die sich hinter dieser Aussage verbirgt, sagen wollte, daß es Töchter gibt, die aufgefordert, wenn nicht gar gezwungen werden, ins Exil zu gehen, während es anderen erlaubt wird, oder sie gar aufgefordert werden, an Ort und Stelle zu bleiben. Und daß es aussieht, als wäre es manchen «natürlich» erlaubt, in die Fußstapfen ihrer Mutter zu treten, und als ob es ihnen überhaupt keine Mühe machte, dies zu tun, während andere sowohl ihr Bewußtsein als auch ihren Willen einsetzen müssen, um dies zu erreichen, als ob sie, ganz verängstigt, verstanden hätten, daß sie kein Recht besäßen, etwas anderes zu tun. Den einen werden die Vorteile unverzüglich zugebilligt, den anderen die Qualen einer Prüfung auferlegt, die keineswegs nur eine Vorbedingung darstellt, sondern scheinbar dazu bestimmt ist, kein Ende zu nehmen.

Und in einer derartigen Situation ist das einer der paradoxen Punkte, die hervorzuheben sind. Ich habe die Gewalt, die zwischen Müttern und Töchtern vorhanden ist, in allen Einzelheiten beschrieben und ihrer Existenz zugrundegelegt, daß sie zu einer Wiederholung seitens der Mütter und einer Form von Widerspenstigkeit seitens der Töchter, sich dem zu fügen, auffordert. Ich habe dies so dargestellt, als ob eine Mutter immer nur eine einzige Tochter hätte oder, was auf das gleiche hinausläuft, als ob sie alle ihre Töchter gleich behandeln würde. Es wäre bedauerlich, einen solchen Irrglauben noch länger kursieren zu lassen. Ich hätte auf Anhieb zu verstehen geben müssen, daß dem in Wahrheit nie so ist. Ist es jedoch Zufall, daß ich es nicht früher gesagt habe und mir, an diesem Punkt meines Buches angekommen, nicht die Mühe mache, dies einfach am Anfang zu korrigieren? Ich glaube nicht. Denn da ich mich bemühe, mit meiner Darstellung vom Einfachen zum Komplexen vorzustoßen, und mir das, was ich beschrieben habe, bereits schwierig genug vorkam, war ich der Meinung, in diesem Fall die notwendige Ergänzung zum Verständnis dieser besonderen Dynamik unterlassen zu können.

Auf die Gefahr hin, mich zu wiederholen, muß ich dennoch sagen, daß die Aufforderung zur Wiederholung in einer Familie mit mehreren Töchtern immer nur an eine ergeht, und daß die Wahl, die die Mutter trifft, eher unter dem Druck der Geschichte erfolgt als mit Blick auf die Stellung des Kindes in der Geschwisterreihe. Es ist also nicht immer die Erstgeborene, die ausersehen wird. Es kann genausogut die vierte, die zweite oder die fünfte sein! Es geht übrigens – und wieso sollte man das nicht sagen? – bei den entsprechenden Beziehungen zwischen den Vätern und einem ihrer Söhne nicht anders. Nur daß die Söhne von einem gleichmäßigen Schutz der Mutter profitieren können und häufig auch profitieren, während ebendieser Schutz der Töchter durch ihren Vater mit der Hartnäckigkeit und der Unnachgiebigkeit der mütterlichen Leidenschaft konfrontiert wird, die schwer unter Kontrolle zu bringen oder umzulenken ist.

Manchmal kann man jedoch feststellen, daß in einer Gruppe von Schwestern diejenige die Privilegierte ist, deren Platz in der Geschwisterreihe dem ihrer Mutter entspricht. Ein anderes Mal wird in die Erstgeborenen nicht investiert, weil sie Gegenstand einer im voraus vereinbarten und befürworteten Devolution für bestimmte Vorfahren sind. Die erste Tochter wird der Großmutter mütterlicher- oder väterlicherseits übertragen, vielleicht auch einer Tante oder einer Patin, die zweite einer anderen usw. So daß die dem Druck der Umgebung nachgebende Mutter abwartet, bis alle Zugeständnisse gemacht sind, und dann erst ihre Wahl trifft. Und wieder ein anderes Mal ist es eine sehr schöne Zeit im Leben des Paares oder aber eine besondere Qualität der sexuellen Lust, die bewußt oder unbewußt bei der Zeugung empfunden wurde, oder aber eine außergewöhnliche phantastische Vorstellung, die den Wunsch nach einem Kind begründet und die Schwangerschaft begleitet hat. Aber das sind vage Beispiele. Es handelt sich keineswegs um eine erschöpfende Auflistung der Faktoren, die hier zum Tragen kommen und deren Zahl und spezifische Besonderheit jeden Anspruch auf Vollständigkeit Lügen strafen, als ginge es darum, der durch ihr Eingreifen hervorgerufenen Palette der Nuancen stärker Rechnung zu tragen.

Was jedoch nicht daran hindert, etwas festzustellen, was regelmäßig zu beobachten ist und sich in allen Formationen wiederfindet. Wenn nämlich die Töchter, an die die mütterliche Aufforderung gerichtet ist, tatsächlich diejenigen beneiden, an die sie nicht ergeht, dann verheimlichen letztere ihre Enttäuschung und ihr Bedauern nicht, die sie empfinden, weil sie dieser nicht mehr oder weniger unterworfen wurden. Als ob sie meinten, daß sich hier eine Art unerträglicher Unterschied etabliere. Man könnte jedoch glauben, daß erstere objektiv keinen Grund haben, mit ihrem Schicksal unzufrieden zu sein. Nun, das ist nicht der Fall. Denn man stellt fest, daß jene, die von der Aufforderung betroffen sind, sich mit dem auseinandersetzen, was ihrer Ansicht nach ihre Freiheit hätte sein können, und daß jene, die von dieser Aufforderung nicht betroffen sind, allen Grund hätten, sich über den Zugang zu jener berühmten Freiheit glücklich zu schätzen, dagegen das Fehlen eines Kommandos bedauern, für dessen Opfer sie sich so gern halten. Heißt das, daß es keine andere Freiheit gibt, als die, die man sich erkämpft? Wenn diese Vorstellung zuträfe, müßte sie die Entschlossenheit der Auserwählten stärken und sie mit einem Einfallsreichtum ausstatten, den sie nicht immer an den Tag legen, oder aber die anderen zu einer Resignation veranlassen, die ihre Chancen außerordentlich einschränken würde. Nun, in keinem der beiden Fälle spielt es sich jemals so ab. Man muß also davon ausgehen, daß es sich hier um eine andere Sache handelt. Und daß es jedenfalls nicht einfacher ist, Tochter zu sein, als Mutter. Und dennoch macht eine derartige Schwierigkeit, so unerträglich sie auch sein mag, das Leben und den Menschen aus, da die Söhne und Väter sich nicht in einer wesentlich beneidenswerteren Lage befinden, und weil die Probleme, gleich, wie die Beziehungen zwischen den Mitgliedern einer Familie auch geartet sein mögen, niemals auf sich warten lassen.

Ich habe dargestellt, daß die Aufforderung zur Wiederholung das Mittel der Mutter ist, gegen die Angst vor ihrem eigenen Tod anzukämpfen und so ihrer Wunschvorstellung von ihrer (eigenen) Unsterblichkeit zu frönen; und zwar dadurch, daß sie sich buchstäblich auf ihre Tochter projiziert und sicher ist, sich ihren eigenen Klon zu bilden. Die Tochter, in die investiert wird, kann sich also im Gegenzug ohne Furcht eine große Palette von Reaktionen leisten, einschließlich der Äußerung des Todeswunsches gegen ihre Mutter.[24] Ihre ödipale Phase kann sie so auf einen Schlag viel leichter überwinden, weil sie gewissermaßen durch den berühmten Verrat, den sie notgedrungen an ihrem ersten Liebesobjekt begehen muß, für das Unglück büßt, das daraus hervorgeht. Wie du mir, so ich dir, die Rechnung ist beglichen. Sie kann tun, was sie will, und dabei praktisch sicher sein, nie auf Mißbilligung zu stoßen. Das ist bei der Tochter, an die die Aufforderung zur Wiederholung nicht gerichtet ist, nicht der Fall. Diese sitzt gewissermaßen fest, da sie sich mit den Schuldgefühlen konfrontiert sieht, die durch den berühmten Verrat der ödipalen Periode hervorgerufen werden. Deshalb wird sie sich darauf versteifen, ihre Mutter für sich zu gewinnen, ihren Lebensweg möglichst getreu nachzuverfolgen, das heißt zur Vollendung zu bringen, ohne daß es ihr – so eigenartig das nach außen hin erscheinen mag – jedoch gelingt, ihren Weg zu Ende zu gehen oder eines Tages das Verdienst ihrer Bemühung zu erhalten.

Verrat oder nicht? Schuldhafter Verrat oder ein Verrat, der Schuldgefühle hervorruft? Sowohl als auch, weil hier immer wieder von der allerersten Liebe die Rede ist, die von der Natur und der Entwicklung unausweichlich gegeben ist.

Muß man noch einmal daran erinnern, daß diese Liebe auf all das zurückgeht, was seitens des Biologischen zur Dauerhaftigkeit dieser das Leben erhaltenden Beziehung beiträgt? Und daß die Mutter von dem Kleinkind, ob Junge oder Mädchen, als diejenige empfunden wird, die stets die Macht hat, den Tod von ihm fernzuhalten, und infolgedessen, es auch an diesen Tod ausliefern kann, wenn sie die Ausübung ihrer Macht aufgibt.[25] Aber das alles hat seine Zeit, und dieses Kleinkind wird sich, nachdem es sich seines Überlebens einmal versichert hat, eines Tages selbstverständlich mit einer Mischung aus Angst und Jubel selbst entdecken, losgelöst vom Körper seiner Mutter und bereit, sich als sich selbst zu akzeptieren, mit anderen Worten, seine eigene Identität zu erkennen.

Nun, um diesen Prozeß herum konzentrieren sich sehr früh die meisten Beziehungsprobleme, die die Töchter, ungeachtet ihrer Position in der Geschwisterreihe oder ihres Status, mit ihrer Mutter haben.

Ein Mädchen ist im frühen Alter tatsächlich von der Angst erfüllt, sich niemals von einer Mutter, der sie sich sehr stark verbunden fühlt, losmachen zu können, um es selbst zu werden. Und dies um so mehr, als es weiß, daß es aus ihr hervorgegangen ist, und vor allem, da es weiß, daß es genauso ist wie sie. Die Frage, die es sich stellen muß, auch wenn diese nie bewußt gemacht oder formuliert wird, ist weit beängstigender, als man es sich vorstellen kann. Auf ein erstes zögerliches «Wer bin ich?» folgt ganz rasch ein problematisches «Bin ich ich?», das die Frage mitschwingen läßt: «Bin ich wirklich ich, lebendig, autonom und beständig, oder nur ihr Spiegelbild, anders gesagt, nichts als eine Illusion, über die sie für immer alle Macht besitzt?»

Ich habe in meiner Praxis ein Beispiel für diese unbeschreibliche Angst erlebt, allerdings hat sich die Sache zwischen zwei Brüdern abgespielt! Ich glaube, ich habe nie etwas so Unerträgliches miterlebt. Der ältere, etwa sieben Jahre alt, hatte von Anfang an in der allerschlimmsten Weise auf die Ankunft seines kleinen Bruders, der knapp vier Jahre jünger war als er, reagiert. Und unaufhörlich hatte er ihn angegriffen zum deutlich gezeigten Entzükken seiner Mutter, die in dummer Weise stolz darauf war, das bevorzugte Objekt dieser zweifachen und verzehrenden Leidenschaft zu sein. Ich hatte durch Ratschläge vergeblich versucht, den Konflikt zu mildern. In diesem Fall verschafften die tieferen Beweggründe der Mutter ihr leider so große Vorteile, daß es praktisch unmöglich war, sie zu beeinflussen. Und auch das Einschalten des Vaters hatte sich als nicht hilfreicher erwiesen: Er schien sich ebenfalls an dem Konflikt zu weiden, der sich da vor seinen Augen abspielte und ihn an jenen zu erinnern schien, den er in seiner Beziehung zu seinem jüngeren, ebenso verhaßten Bruder, nie gelöst hatte. Jede Konsultation konfrontierte mich wieder mit diesen Streitereien, die übrigens in meiner Anwesenheit fortgesetzt wurden.

Ich mochte den genüßlichen Blick und das sadistische Verhalten des älteren nicht, den ich heftig anschnauzte, und war zugleich erstaunt, daß sich der kleinere, der einen sanften und traurigen Blick hatte, so oft zwischen uns stellte und seinen großen Bruder offen verteidigte. Ich war zu dem Schluß gekommen, daß Erziehungsfehler wahrlich recht eigenartige Folgen haben. Eines Tages beschloß ich, mich aus der Sache herauszuhalten, mich mit meinen Interventionen zurückzuhalten und die Falle zu umgehen. Kaum hatten sie meine Praxis betreten, da bedienten sich die beiden Kinder wieder ihres gewohnten Umgangsstils. Der Kleine hat sich ein Spielzeug geholt, und sogleich ist sein Bruder gekommen und hat es ihm weggenommen, mit der Begründung, er habe es zuerst gesehen, und es sei genau das, was er haben wolle. Ohne den geringsten Widerstand hat der Kleine das Terrain geräumt und sich auf die Schaukel gesetzt. Sofort hat ihn sein Bruder heruntergestoßen. Wieder hat der Kleine sich das gefallen lassen und sich in den Schaukelstuhl zurückgezogen, von dem ihn sein Bruder selbstverständlich vertrieben hat. So ging das mehrere Minuten lang mit unglaublicher Geschwindigkeit und mit unerträglich eingesetzter und hingenommener Gewalt. Bis zu dem Moment, als sich der Kleine plötzlich, die Hände auf dem Rücken, mitten im Zimmer niedersetzte und mit seinen großen und mitleiderregenden braunen Augen seinem Bruder Einhalt gebot, indem er zu ihm sagte: «Bis du ich? Und ich, bin ich du? Ich weiß nicht mehr, ob ich ich oder ob ich du bin. Sag, kanns du mir sagen, ob ich du bin? Kanns du mir sagen, ob du ich bis? Vielleich bin ich du? Vielleich bin ich nich ich? Vielleich bin ich aber ich? Vielleich bin ich nich du? Vielleich bis du du? Sag, weiß du es? Kanns du mir das sagen?» Ich war erschüttert und wagte nicht, an die Genialität dieser Fragen zu glauben. Er hatte das alles in einem Zug gesagt. Und er saß noch immer aufrecht da, seinen Blick, in den sich die ganze Schwere und Hoffnungslosigkeit der Welt eingenistet hatte, nach oben gerichtet. Seine Mutter trug weiterhin das gleiche alberne Lächeln zur Schau, als der große Bruder, unsicher die Arme und Hände verdrehend, mich mit Augen ansah, von denen eine Art betretenes Staunen abzulesen war, bevor er sich allein auf das Sofa setzte und sich still mit einem Puzzle beschäftigte.

Die Tatsache, daß die Fragen des kleinen Mannes sogar auf einen Rabauken von sieben Jahren eine solche Wirkung hatten, und ich selbst derart ergriffen war, läßt den Schluß zu, daß sie den Kern treffen und daß sie niemanden gleichgültig lassen können. Der Grund dafür liegt darin, daß sie das Echo einer anderen Frage sind, die sich jeder in einem entscheidenden Augenblick seines Lebens unweigerlich gestellt haben muß, als er, mit dem Erdrückenden seiner anfänglichen Zweierbeziehung konfrontiert, sogar die Vorstellung seiner Identität zu verlieren glaubte.

Stellt aber ein Junge im Hinblick auf seine Mutter diese Frage – denn auch er tut das –, hat er in jedem Fall die Möglichkeit, diese zu beantworten, indem er sich einfach auf die Unterschiedlichkeit der Geschlechter beruft. Dies beweist die Reihe der vielen Fragen, auf die er sich stürzt, auch wenn sie notgedrungen mit der Lust wie mit der Angst begleitet werden, von dem, was ihn unterscheidet, amputiert zu werden.[26] Es gelingt ihm auf jeden Fall recht schnell und ohne große Schwierigkeit, sicher zu sein, daß er er ist und nicht seine Mutter, und daß seine Mutter seine Mutter ist und nicht er. Er bemerkt sehr wohl, daß er seinem Vater ähnlich ist. Und niemals verspürt er in dieser Hinsicht die Angst vor einer Verwechslung. Und dies aus dem einfachen und guten Grund, daß sein Vater, selbst wenn er ihm sehr nahe und tief verbunden ist, wie ich bereits sagte, jener Dritte, ihm völlig Fremde ist: Er hat ihn nicht in seinem Bauch getragen, und er hat ihm das Wahrnehmungsalphabet, das ihm die Aufnahme einer direkten Kommunikation ermöglicht, nicht eingraviert.

Und genau das ist es, was – erforscht und erwiesen – das Schicksal des kleinen Mädchens konditioniert und manchmal die Gefahr in sich birgt, es in die Tragödie zu stürzen. Ein ganz kleines Organ, ein wirklich kleines Ding, das hätte herausragen und ihr den kleinen, aber unerläßlichen Dienst hätte erweisen können, von dem ihr Bruder profitiert, ist bei ihr grausamerweise nicht vorhanden. Ein alles in allem lächerliches, aber ach so entscheidendes Organ, dadurch, daß sich an ihm die Verschiedenheit ausmachen läßt und es seinen Träger vor der drohenden Verwirrung bewahrt, auch wenn dieser sich paradoxerweise über deren Unmöglichkeit mitunter sogar irgendwie ärgern kann. Sie dagegen wird sich ihr Leben lang danach sehnen, es zu besitzen, und wird ihm gegenüber unweigerlich eine eifersüchtige Beziehung unterhalten, welche die Feministinnen veranlaßt hat, schon viel Tinte fließen zu lassen. So viel, daß sie der Sache, die sie angeblich verteidigten, eher schadeten und die bedauerlichsten Mißverständnisse auf diesem heiklen Gebiet verbreiteten.

Man verdankt Freud das berühmte Konzept des «Penisneids», das die ganze Diskussion angestoßen hat und seinem Urheber – selbst von gewissen weiblichen Strömungen der Psychoanalyse – die Ablehnung seiner gesamten Äußerungen über die Weiblichkeit einbrachte, weil dies alles nichts als chauvinistische Behauptungen seien und die Frauen sich an ihrem eigenen Geschlecht genügend erfreuen könnten, und es nicht mehr nötig hätten, auf den Besitz eines Geschlechtsteils neidisch zu sein und sich etwas auf die Fähigkeit, im Stehen pinkeln zu können, einzubilden. Was nur beweist, daß man, wenn man die grundlegenden Schriften nur diagonal liest und die Dinge somit lediglich oberflächlich versteht, sich nicht nur schwer täuscht, sondern auch zur Verbreitung einer Verwirrung beiträgt, die auf eine andere schließen läßt, die man noch nicht hinter sich gelassen hat oder die man nie hinter sich lassen möchte.

Kehren wir also zu diesem Neid und zu den durch die Fragen nach der eigenen Identität hervorgerufenen Gefühlen des kleinen Patienten der letzten Geschichte zurück. Das ermöglicht es, die Verbindung der gemeinsamen und dennoch unterschiedlichen Schwierigkeiten aufzuzeigen, vor die sich die Mädchen an die die Aufforderung der Wiederholung ergeht und die anderen, die davon ausgenommen sind, gestellt sehen. Beide können der Frage über ihre eigene Existenz nicht aus dem Wege gehen. Stets wird beiden dieses unterscheidende Organ fehlen. Und beide werden sich bemühen, es so bald wie möglich zu bekommen. Und das ist alles in allem gut so, weil es Interesse an einem Partner schaffen wird, der es ihnen «geben» wird, und sie zum Geschlechtsakt bereit sein läßt.[27] Es ist bekannt, daß sie, da die Gegebenheiten ihnen jeden Zugang zu dieser Art von Bestreben untersagen, gar keine andere Wahl haben, als ihrer ursprünglichen homosexuellen Orientierung den Vorzug zu geben und sie zu ihrer ausschließlichen Orientierung zu machen. Dennoch werden sie eines Tages schwanger werden. Und das Kind, das sie durch ihr Geschlechtsorgan auf die Welt bringen werden, wird ihnen gewissermaßen mehr oder weniger das ersetzen, was ihnen gefehlt hat und was sie nur allzu gern gehabt hätten. Dies ist ein weiterer Grund, den sie nötigenfalls anführen könnten, um die Intensität ihrer Investition in dieses Kind, gleich welchen Geschlechts, zu rechtfertigen. Aber die einzelnen Etappen, die sie durchlaufen, liegen zeitlich zu weit auseinander, als daß sie als etwas anderes als ein von der Angst bestimmtes Warten erlebt werden könnten.

Eine kleine Lea von drei Jahren wurde zu mir gebracht, weil sie alle drei Minuten das Bedürfnis hatte, Pipi zu machen. Ich habe sie untersucht, ohne jedoch irgendein Anzeichen einer Erkrankung zu entdecken. Nun, zu der Konsultation, bei der ich der Mutter meine Ergebnisse mitteilte, war Lea mit einer Jungenpuppe, die in meinem Wartezimmer herumlag, in meinem Untersuchungszimmer erschienen. Und sie hat sich, als sie gingen, heftig geweigert, sich von dieser Puppe zu trennen, und erklärt, sie wolle sie für sich haben und unbedingt mit nach Hause nehmen. Ein kurzes Schauspiel, das harmlos oder anrührend hätte sein können, hätte sich die Mutter nicht in den Kopf gesetzt gehabt, ihr den Verzicht aufzuzwingen, und einen dem Anlaß völlig unangemessenen Ärger und Zorn an den Tag gelegt: Sie war rot vor Wut und tat so, als habe ihre Tochter das Allerunanständigste getan, und wollte ihr die arme Puppe aus der Hand zu reißen. So daß ich, als ich die beiden sich gegenseitig anschreien und den gleichen Gegenstand fest umklammern sah, den keine von beiden loslassen wollte, eingegriffen habe, um dem Streit ein Ende zu machen, und Lea sagte, daß ich ihr die Puppe gerne geben würde und sie sie mitnehmen könne. Während ich nun davon ausging, der Zwischenfall sei auf die naheliegendste Weise gelöst worden, war ich mit dem düsteren und vorwurfsvollen Blick der Mutter konfrontiert, die, nachdem sie die Puppe losgelassen hatte, ein hämisches Lächeln aufsetzte und mir sagte: «Sie hat Glück. Sie braucht bloß um etwas zu betteln, und bekommt es. Andere verbringen ihr ganzes Leben damit, darauf zu warten, ohne je etwas zu bekommen.» Eine Äußerung, die ich unweigerlich als Zusammenfassung der Problemlage verstehen mußte, mit der es diese Mutter schon seit einiger Zeit zu tun hatte. Außerdem war ich nicht überrascht, als ich ein paar Wochen später erfuhr, daß es Lea seit diesem Vorfall bestens ging und daß sie überhaupt kein Interesse mehr an der Puppe, die sie mitgenommen hatte, gezeigt hatte.

Die durch die sozialen Verhaltensregeln bedingten Unterschiede nehmen genau in diesem Punkt ihr Gewicht und ihre Bedeutung an. Die zahllosen Diskriminierungen werden ihr Ziel bei dem jungen Mädchen nicht verfehlen und bei ihm einen legitimen und stets pathetischen Hilferuf auslösen. Ein Glück also, daß man Zuflucht zu einer großzügigen, liebenden, verfügbaren und hilfreichen Mutter nehmen kann, die darüber hinaus die Spenderin jenes unvergleichlichen Blickes ist, in dem man sich mit Freuden verlieren und sich wie in dem allergütigsten Spiegel betrachten kann.

«Spieglein, Spieglein an der Wand, wer ist die Schönste ...» Das Märchen illustriert die Etappe und prangert die Auswüchse dieser Art von Rückgriff treffend und moralisierend an. Das heißt, der Spiegel oder der mütterliche Blick sind in ihrer Wirkung keineswegs harmlos. Vor allem nicht der mütterliche Blick! Ein Blick, der zugleich widerspiegeln als auch absorbieren und der aus dem Rückgriff auf den Spiegel ein höchst interaktives Spiel machen kann. Die Auswirkungen des Austausches sind in Wahrheit aber nicht die gleichen, wenn die Mutter ihre Tochter ansieht und sie aus diesem Blick alles schöpfen läßt, was sie braucht, oder wenn es die Mutter ist, die sich in ihrer Tochter betrachtet und sich derart in das Leuchten ihrer Augen versenkt, daß sie das Bewußtsein verliert. Dieser mütterliche Blick kann also Eigenschaften des Trostes und der Hilfe in sich bergen und manchmal auch zu schädlichen Auswüchsen führen, oder aber zutiefst gegen sich selbst gerichtet sein und – ohne allerdings aufzuhören, fesselnd zu sein – von dem Kind als Quasiverstoßung empfunden werden. Im ersten Fall handelt es sich um einen wirklich kompensatorischen Blick, weil er sich als fähig erweist, das Fehlende ertragen zu helfen, d. h. zu ersetzen. Im zweiten ist er ein kompensationsheischender Blick, weil er das Problem verrät, das die Mutter angesichts ihres eigenen Mangels weiterhin empfindet und dessen ganzes Gewicht sie auf einen Schlag vollständig auf ihre Tochter überträgt. Nun, es ist dieser Blick, der dem Entstehen des Narzißmus, Unterstützung genannt, vorausgeht, weil er dem Kind hilft, sich selbst genügend zu lieben, um seinerseits lieben zu können.

Da aber nichts jemals einfach ist und das Verhalten der Menschen durch Einflüsse geprägt ist, die seit Beginn ihrer Geschichte massenhaft über sie hereinstürzten, ist es wichtig, darauf hinzuweisen, daß die Behauptung, man würde das, was sich zu einem bestimmten Zeitpunkt im Leben abspielt, genau analysieren, reine Illusion ist. Der Blick auf ein Bild läßt weder Schlüsse auf das Vorher noch das Nachher dieses Bildes zu und untersagt ausdrücklich jede vorschnelle Meinung über die Gesamtheit einer Sequenz. Da es jedoch immer einen Anfang geben muß, um eine Verkettung von Tatsachen zu beschreiben, werde ich absichtlich alles beiseite lassen, was vor dem kommt, was zu beschreiben ich beabsichtige.

So wird der kompensatorische Blick manchmal das Versprechen halten, das die Mutter – verärgert oder allzu begeistert – ihrer Tochter gegeben hat, nämlich ihr zu helfen, den Blick auf sich zu ziehen, der bei ihrer Geburt nicht auf ihrer glatten Schamgegend verweilte. Denn man darf nicht vergessen, daß es immer ein Blick ist, der einem Menschen mit seiner Geburt seine sexuelle Identität verleiht. Von diesem derart überbewerteten Mädchen, das sich vom Zauber dieser Überbewertung wird hinreißen lassen, wird man später sagen, es sei «phallisch». Das Wort ist übrigens fast wieder in die Alltagssprache zurückgekehrt – ist das etwa ein Zeichen für die gestiegenen Häufigkeit dieses klinischen Bildes? Es ist jedenfalls ein Ausdruck dafür, daß sich dieses Mädchen hinreichend zur Verfügung gestellt hat – aber was hätte es anderes machen können? –, das Machtinstrument seiner Mutter zu sein, um am Ende zu glauben, daß es selbst damit ausgestattet wäre. Darauf konditioniert, von anderen nichts zu erwarten und von der Befriedigung übersättigt, die ihm die exklusive Beziehung zu seiner Mutter verschafft hat, wird es Zweifeln keinerlei Platz einräumen oder den gesunden Schmerz über diesen Mangel zulassen, der jeden erfahren läßt, daß er am Leben ist. Als zikkiges Mädchen wird es bereit sein, sich für eine Prinzessin zu halten, deren Status durch nichts erschüttert werden kann, und es wird hochnäsig, unterkühlt, entschieden, herrisch und unsensibel gegenüber allem werden, was sich außerhalb seines engen Interessenbereiches abspielt.

Wenn nichts sie in ihrer Kindheit über ihren Irrtum aufklärt, ihre Selbsteinschätzung korrigiert oder ihren Lebensweg modifiziert, wird sie das Los jener eiskalten Frauen mit zerstörerischem Narzißmus teilen, von welchen gewöhnlich gesagt wird, sie seien dominierend, frustrierend, egoistisch, kastrierend und tödlich. Sie wird zu einer jener Frauen, die – ein kurioser Nebeneffekt – ihre Ziele in jedem Fall erreichen, wenn sie nicht gar Objekt einer Vergötterung werden, die es ihnen, so unverständlich das manchen Leuten erscheinen mag, nicht weniger ermöglicht, sich anzustrengen und soziale Positionen zu erreichen, um die man sie besonders beneidet. Jedenfalls wird man von keiner von ihnen jemals irgendwelche Klagen hören, und sie sind keinesfalls diejenigen, die man in den Wartezimmern der Psychoanalytiker antreffen wird, es sei denn, sie wollten eine Mode mitmachen und die Macht, die sie unentwegt anstreben und die auszuüben ihnen so wichtig ist, noch besser legitimieren. Sie bekommen Kinder oder nicht, je nach den Ereignissen, die geeignet sind, ihre Gewißheiten wenn schon nicht zu besiegen, so doch zu erschüttern. Aber jene, die Kinder bekommt, wird eine Tochter auf die Welt bringen und bereit sein, den Erzeuger sogleich loszuwerden, um allein die Betreuung zu übernehmen. Und sie wird es nicht unterlassen, ihr über die Botschaft, die sie selbst erhalten hat, hinaus ihre eigenen Überzeugungen zu vermitteln; und diese Tochter ihrerseits wird wiederum das gleiche tun etc. Es wurde im Zusammenhang mit dem vierten Muttertypus auf die schädlichen Einflüsse hingewiesen, die in einer mehr oder weniger fernen Generation auf einen Jungen einwirken werden.

Wenn sich der Blick dagegen nicht als Quelle der Kompensation erweist, sind die Probleme paradoxerweise kaum geringer als im vorherigen Fall. Denn das Mädchen, das auf den Funken wartet, der darin enthalten sein und ihm eine Vorstellung von seiner Existenz, wenn nicht von seinem Status, geben müßte, kann darauf nicht verzichten. Es wird ihn lange, jedoch vergeblich, suchen. Wie man sich vorstellen kann, wird es verärgert und mit einem Gefühl der Frustration reagieren. Aber was könnte es anderes tun, es, das so sehr liebt, daß es sich gar nicht vorstellen kann, seine Liebe könnte nicht erwidert werden. Zumal seine Mutter es ihm gegenüber nie an Zärtlichkeit noch an Hingabe noch an irgendeiner jener Qualitäten fehlen lassen wird, die es zu Recht von ihr erwartet; und es fehlt wirklich nicht viel, und alles wäre gut. Aber die Botschaft, die das Mädchen von ihr erhält, gleich, in welche Richtung sie bestimmt sein mag, wird unweigerlich als Entmutigung im Sinne eines Alibis verstanden werden. Je nach Kontext wird sie diese Botschaft als ein unaussprechliches und bereits niederschmetterndes «Schon wieder!»

mit all seinen möglichen Andeutungen verstehen oder als ein «Ich habe schon gegeben», oder aber ein «Du ähnelst meiner Schwiegermutter zu sehr», wenn nicht gar ein «Warum hast du die Unterwerfung verraten, von der ich mich noch nicht freigemacht habe?», was selbstverständlich daran denken läßt «Wie werde ich jenen Leuten gegenübertreten, die von mir einen Jungen erwartet haben?» oder ein «Es war wirklich nötig, daß du mich an meine jüngere Schwester erinnerst». Was immer noch erträglich bleibt im Vergleich zu dem niederschmetternden und unerträglichen «Ich kann nichts dafür, der Platz ist schon eingenommen» oder, schlimmer noch, «Ich kann mich nicht zerteilen, ich habe alles, was ich habe, gegeben».

Man könnte mit der Aufzählung dieser Motive noch lange fortfahren, die die Mädchen in ihren Berichten anführen, um ihre Beziehung zu ihrer Mutter zu rechtfertigen, aber man würde nie die ganze Palette erfassen. Und es würde einem nie gelingen, der Vielzahl von Situationen gerecht zu werden, auf die man bei klinischen Untersuchungen trifft, einschließlich jener, vor die sich Zwillingsschwestern gestellt sehen, deren Lebenswege für die Mutter niemals identisch sind. Die Konstante dieser Situationen besteht darin, daß die Gesamtheit der Äußerungen – auch wenn der Tonfall der Mitteilung in Wut umschlägt und ein altes und unerschöpfliches Rachegefühl verrät – immer für, nicht gegen die Mutter plädieren zu wollen scheint und ihr mildernde Umstände zubilligt. Als ob da eine stumme und mysteriöse Angst vorherrsche, die den Groll in vernünftigen Grenzen halten soll. «Deshalb bin ich so», scheinen sie zu sagen. «Ich hätte besser sein können, wenn ... », versuchen sie vergeblich hinzuzufügen, weil sie sich beeilen zu signalisieren: «Es ist trotzdem besser, ich bin so, als ich wäre gar nicht da.»

So verfährt jede von ihnen auf ihre Weise, um – ihre Enttäuschung überwindend – das Schicksal zu akzeptieren und hinzunehmen, das ihr zugefallen ist, und manchmal gelingt es ihnen zu verstehen, wie es in ganz jungen Jahren besiegelt werden konnte. Ihr Narzißmus entsteht in Wahrheit nicht auf die gleiche

Weise wie bei jenen, die von sich glauben konnten, sie seien mit allem ausgestattet. In einer Debatte, die sich darum dreht, es zu haben oder nicht, kann sie nicht anders, als den Ausgangsfehler zu erkennen, dessen Narben sie trägt. Ihr fehlte nicht nur das unterscheidende Organ, sie hatte zudem kein Substitut in Form jenes Blickes, der sie aufwertet. Sie hat den Eindruck, nichts zu haben, um sich zu trösten, um etwas zu ändern oder ihr eine Illusion zu vermitteln. Anders ausgedrückt, sie steht ohne irgend etwas da. Was die Gefahr der Verwirrung für sie immer aufrechterhält und es ihr nicht ermöglicht, sich in aller Gewißheit von ihrer Mutter zu unterscheiden, und sie das Risiko eingehen läßt, den Zugang zum Bewußtsein ihrer eigenen Autonomie versperrt zu sehen. Und diese Gefahr ist keineswegs hypothetisch. Sie existiert tatsächlich und kann zu allen möglichen Formen von Hemmungen führen. Und dennoch! Wie paradox! Denn ist es nicht gerade dieses Mädchen, das die dem Wesen seines Geschlechts konformste Stellung einnimmt? Ist es nicht sie, die, frei von jeder dummen, illusorischen und unnötig aufgesetzten Männlichkeit, ihre speziellen Möglichkeiten am besten entwikkeln könnte?

Dies bestätigt sich, wenn sie es unter dem Eindruck von zufälligen Begegnungen oder Ereignissen in ihrem Leben fertigbringt, sich der Chance bewußt zu werden, die sie hat. Dann überwindet sie das, was sie so lange für ihr Handicap gehalten hat, und macht sich daran, mit einer beneidenswerten Leichtigkeit mit einer Vielzahl von Beziehungen zu spielen, die, wie sie mit Freude feststellt, noch nicht ausgereizt sind. Und dies erlaubt ihr, wesentliche Kompensationen für das zu finden, was sie als ungerechtes Schicksal empfunden hatte, verleiht ihr die Gabe einer beneidenswerten Aufgeschlossenheit für das andere Schicksal, das nun ihr eigenes ist, führt sie aus der Niedergeschlagenheit und macht aus ihr ein sehr geschätztes soziales Wesen. Sie wird selbstverständlich noch lange von jenen anderen, erdrückenden Frauen fasziniert sein, auf die sie häufig treffen wird, und um deren feststehendes und von Gewißheiten gepflastertes Schicksal sie diese in einem Anfall von Nostalgie beneidet. So wird sie lange brauchen, um zu begreifen, wenn ihr dies überhaupt je gelingt, daß sie diejenige ist, die alle Gaben mitbekommen hat, daß sie diejenige ist, die sich weiterentwickelt, daß sie diejenige ist, die die Zukunft gestaltet, daß sie es ist, die die Freiheit erringt, und die – mit einem Wort – mitten im Leben steht. Das ist nicht nur für ihren Lebensgefährten oder für ihre Umgebung vorteilhaft. Denn auch ihre direkten und ferneren Nachkommen werden davon profitieren.

Es ist wohl klar geworden, daß es zwischen diesen beiden von mir skizzierten extremen Figuren unzählige Nuancen gibt, unter deren Einfluß die Frauen, die Mädchen und die Mütter stehen, mit denen wir es zu tun haben oder denen wir tagtäglich begegnen können. Und diese extreme Vielseitigkeit der Situationen, die in Wahrheit keineswegs Schwierigkeiten aufwirft oder die Probleme, zu denen es kommen kann, unlösbar macht, stellt ganz im Gegenteil für jeden und jede die Garantie der eigenen Einzigartigkeit dar, so wie sie ihn oder sie auf eine anregendere Weise mit seiner oder ihrer Geschichte verankert.

Wir können nun hier und jetzt wieder auf den bedauerlichen, jedoch lange Zeit zielstrebig verfolgten Lebensweg der Mutter Gwenaels zu sprechen kommen.

Sie ist also fortgegangen und hat das Abenteuer ihrer Mutter wieder aufgegriffen, um es an dem Punkt zu korrigieren, an dem es eine Wendung zum Tragischen genommen hatte. Sie hat sich eine einfache und gute Existenz aufgebaut, die jeden hätte zufriedenstellen können, und die auch sie gewiß lange Zeit zufriedengestellt hat. Zweifellos hätte alles so weitergehen können, hätte das Schweigen ihrer Mutter sie selbst nicht zum Schweigen verurteilt, bevor es sie dann zwang, sich auf einen endlosen Weg zu begeben. Damit alles anders gelaufen wäre, hätte es ausgereicht, wenn diese Mutter sie in irgendeiner Weise anerkannt oder ehrliches Interesse an ihr gezeigt und akzeptiert hätte, ihre endlose Trauer und die herabsetzende Konzentration auf ihre narzißtische Neigung aufzugeben. Statt dessen hat sie sie ihrem Schicksal überlassen, ihre geographische Entfernung und die unausweichliche Lockerung ihrer Beziehung hingenommen. So daß sie, die Tochter, schließlich glaubte, ihren Weg weiterverfolgen und noch weitere Beweise erbringen zu müssen. Eine Schwangerschaft folgte auf die andere, und sie zögerte nicht, diese abzubrechen. Als ob sie im nachhinein mehrfach die Abtreibung vornehmen wollte, die ihre Mutter nicht durchführen ließ und die ihr Schicksal damals auf einen anderen Weg gelenkt hätte. Es sei denn, daß das Zugeständnis der Geburt Raouls als Scharnier in der Ausführung ihres Plans ihr nicht einen Augenblick die Hoffnung gegeben hatte, daß ein Kind, das mehr oder weniger der Geschichte ihrer Mutter übertragen wurde, dieser als Ersatz für das gestorbene Baby hätte zurückgegeben werden können.

Das würde dem späteren Selbstmord dieses Jungen Sinn verleihen: Sein Leben war so fest mit dem seiner Mutter verbunden, daß die Aussicht auf ihr Sterben ihn in einen Status zurückversetzte, der ihm unerträglich geworden wäre. Aber das ist nur eine Hypothese. Und dann kommt eines Tages ein Geburtshelfer mit seiner wissenschaftlichen Weisheit daher und setzt ihrer Zwangshandlung autoritär ein Ende. Sie bringt einen Sohn auf die Welt. Er konnte gar nicht anders, als bretonisch sein. Und er ist derjenige, mit dem ihre Aufopferung für die Geschichte ihrer Mutter ohne ihr Wissen bis zum Allerschlimmsten gehen wird. Denn dieses Kind wird sterben müssen. Es wird das tote Kind sein. Und es wäre gewiß gestorben, hätte die Medizin nicht so viel für es getan. Gwenael wäre gestorben, wenn sie selbst nicht so reagiert hätte, wie sie es getan hat, indem sie die Forderung ihres Unbewußten überwand und allen Lebenswillen um sich sammelte, dessen sie habhaft werden konnte und den sie ihm weitergegeben hat. Bis zu jenem Tag, an dem die Begegnung mit einer Stationshilfe, die sie verdächtigt, nicht ganz schuldlos an all dem zu sein, sie auf brutale Weise auf ihren ursprünglichen Wunsch zurückverweisen wird.

Hier nun kommt man zu dem wiederkehrenden Traum zurück, der nunmehr eine ganz andere Bedeutung annimmt: Das Kind wird von seinem Vater und seinen drei Brüdern zu Grabe getragen. Wenn er in dem Traum tot ist, dann weil er sterben muß, damit die Aufgabe, die sie sich gestellt hat, erfüllt wird. Und wenn sein Vater und seine Brüder «violett» gekleidet sind, dann ist es, als ob sie diese in ihrem Alltag durch das, was ihr Unbewußtes ihr, und nur ihr allein vorschreibt, «violés – vergewaltigt» sehen würde. Es sei denn, das «violett» wäre nur als mitschwingende Bedeutung da und würde den «viol – die Vergewaltigung» vergegenwärtigen, deren Opfer ihre Mutter, wie sie – aus mir unerklärlichen Gründen – hätte meinen können, gewesen ist. Diese beiden Interpretationen sind übrigens nicht die einzig möglichen, noch schließen sie sich gegenseitig aus. Aber wer kann heute sagen, welche die richtige ist? Und ist es überhaupt wichtig, es zu wissen, um zu zeigen, in welche Sackgassen ihre Geschichte die Mädchen manchmal hineinzwingt? Diese Mädchen, die nicht verstehen, warum sie in der «Überzahl» sind und warum ihre Mutter sie überhaupt auf die Welt gebracht hat, wo sie doch bereits jene hatte oder noch bekommen würde, aus der sie offenkundig um jeden Preis ihren Klon machen wollte.

Sie sind bei weitem nicht weniger wert, und ihre Frage ist von entscheidender Bedeutung. Und sie verdient es wahrscheinlich mehr als jede andere, wenn nicht eine Antwort, so doch zumindest die Andeutung einer Hypothese zu bekommen.

Der Anblick von kleinen Mädchen, die mit Puppen spielen, kann einen ersten Hinweis geben. Man weiß, daß sie in der Regel mehrere Puppen besitzen. Heute zumeist Barbies – und das nicht ganz grundlos, denn diese Puppen repräsentieren ihre Mutter, und dies ermöglicht ihnen, die Gesamtheit der Gefühle zu erkunden, die sie ihr entgegenbringen, wie sie ihnen auch erlauben, sich gegen sie zur Wehr zu setzen, indem sie die Illusion aufrechterhalten, daß sie sie beherrschen. Nun, diese Puppen sind nicht alle gleichwertig: Da gibt es diejenige, die man kämmt, diejenige, die man ignoriert, jene, die man herausputzt, jene, die man abküßt, jene, die man ernsthaft tadelt, und auch die, die man bestraft. In dieser Ungewißheit, die ihr affektives Universum kennzeichnet, erkunden die kleinen Mädchen durch ihre Handlungen die Vielfalt der Menschen, die dieses bevölkern, und die Vielfalt der Situationen, die sie erleben. Und durch dieses Spiel gelingt es ihnen, sich über ihr Dasein bewußt zu werden oder – anders gesagt – sich als ein vom Verlangen durchdrungenes Subjekt zu verstehen.

Ich behaupte, daß die Mütter ihrerseits ohne ihr Wissen einer Logik der Multiplikation der Töchter gehorchen, die weder willkürlich noch zynisch noch grundsätzlich oder absichtlich bösartig ist. Und ich zweifle keinen Augenblick – ich denke, das habe ich zu verstehen gegeben – an der Qualität ihrer Investition und der Authentizität der Liebe, die sie bewußt jeder dieser überzähligen Töchter entgegenbringen. Die Nuancen, die sie diese spüren lassen, liegen woanders.

Es gibt immer nur eine Tochter, die von der Aufforderung zur Wiederholung angesprochen wird. Diese wird, wie ich schon sagte, entsprechend den Gegebenheiten der Geschichte und unter dem Druck der Todesangst – und der ihr entgegengestellten Wunschvorstellung der Unsterblichkeit, die jede Mutter hegt – ausgewählt. Sie wird in dieser Weise ausersehen, selbst von einer Mutter, die nicht das Objekt einer mütterlichen Aufforderung war. Das alles geht auf eine Art Physiologie des Menschlichen zurück, zumal auf das Gegenstück bei den Männern bereits hingewiesen wurde –, bei dem der Vater einen Sohn ausersieht, um seine eigene Existenz zu transzendieren und ihr Sinn zu verleihen.

Man muß wissen, daß es keine Generation gibt, die diesem Mechanismus entgehen kann.

Die anderen Töchter werden vom Wunsch ihrer Mutter nicht ausgenommen, wie sie häufig glauben. Sonst wären sie nicht auf die Welt gekommen. Sie werden – ohne es zu wissen – eine Aufgabe ganz anderer Art aufgetragen bekommen, die, so schwierig sie auch in die Tat umzusetzen ist, deshalb nicht weniger ehrenvoll ist. Es ist, als ob ihre Mutter, sich des Leidens mehr oder weniger klar bewußt wäre, das dieser, von ihr möglicherweise selbst erfahrene, Status unweigerlich mit sich bringt, den sie auf ihre Schwester bereits oder noch nicht übertragen hat, und daß sie diese Töchter davor bewahren wollte, indem sie sie verschonte. Jede von ihnen wird in den Augen ihrer Mutter nur dazu bestimmt sein, jenen Teil der Freiheit auszukosten, den sie nicht hatte so genießen können, wie sie es sich gewünscht hätte. Aus diesem Grund hält sie sie also auf Distanz, deshalb hält sie sich zurück, drängt sich nicht auf und respektiert ihre Vorrechte – alles Haltungen, die geeignet sind, von den Töchtern als zurückweisend oder desinteressiert betrachtet zu werden. Einige von ihnen haben das andeutungsweise verstanden, und es gelingt ihnen früher oder später, ruhiges Glück und echte Fröhlichkeit zu empfinden. Andere haben nichts davon erfahren, was sie hätte zufriedenstellen können, und wünschen sich manchmal ihr Leben lang, daß sie sich in der Einschätzung ihres Schicksals getäuscht haben. Sie haben wohl nicht verstanden, daß die innere Hektik und Aufregung der Mutter im Umgang mit jener Schwester, die sie um ihr Schicksal beneiden, auch wenn diese Aufgeregtheit Zeichen einer übertriebenen Anhänglichkeit zu sein scheint, in Wahrheit nur das geringe Vertrauen verbirgt, das die Mutter gegenüber der Autonomie ihrer Auserwählten empfindet. Und zwar deshalb, weil sie deren körperliches Verschwinden gleichermaßen fürchtet wie das Fehlschlagen der Bitte, die sie an sie gerichtet hat. Sie sind also diejenigen, die sich auf den endlosen Weg machen, immer den Tag vor Augen, an dem ihr Verdienst anerkannt werden und man ihnen die Tugenden ihrer Ergebenheit als Töchter bestätigen wird.

Das alles wäre um so vieles einfacher, so viel einfacher zu durchleben, wenn man es nur ein wenig in Worte fassen könnte und nicht über seine Enttäuschungen grübeln würde, nicht in die Fallen tappen und den Verlockungen einer illusorischen Macht erliegen würde, nicht unter dem Gewicht der Geschichte zusammenbrechen, nicht zulassen würde, daß sich das Schweigen ausbreitet und alles zerstört. Das ist natürlich nicht einfach, wenn dies alles so tief verwurzelt ist und man aus Gesellschaften hervorgeht, in denen das Kurzlebige in höchster Gunst steht und die Auswirkungen der Zeit und der Weitergabe ihres ganzen Sinnes beraubt wurden. Aber alles könnte noch gerettet werden, wenn es nur eine Art Vermittlung geben könnte, eine Art heiterer Ordnung, die die unverzichtbare Distanz zwischen den Töchtern und ihrer Mutter herbeiführen könnte, welche beide gegenseitig vor Verwirrung und Unglück bewahren würde.

Von Vater zu Vater

Scheinbar hatte Gwenaels Mutter die Notwendigkeit eines Vermittlers erkannt. Und zweifellos hat sie sich mit der ihr eigenen Gewißheit, in das Abenteuer gestürzt, daß ihr nämlich die Sicherheit, von der sie profitiert hatte, weiterhin erhalten bleiben würde. Als ob sie gespürt oder gar begriffen hätte, daß es niemals ungefährlich ist, in die Fußstapfen der Mutter zu treten, und daß ein solches Unterfangen einen soliden Rückhalt verlangt. Ist die Versuchung nicht wirklich groß, sich in die Gruppe jener Schwestern einzuschmuggeln, an die die Aufforderung zur Wiederholung gerichtet ist? Es ist so einfach, sich einer solchen Aufgabe anzupassen. Gibt es eine bessere Möglichkeit, um sicher zu sein, endlich sie, diese Mutter, zu werden, als sich mit ihr zu verschmelzen, sich mit ihr zu verwechseln? Und welches Vergnügen würde es bereiten, sich ihr dann so, ganz überraschend, ohne Zurückhaltung und ohne jeden Unterschied anzubieten? Wie ein Klon, ihr Klon, der einzige, der wahre, ohne Vorbehalte akzeptierte, weil er mit Liebe und ohne Widerwille realisiert wurde.

Aber ihre Aufrichtigkeit hat sie auch erkennen lassen müssen, daß sie, wenn sie einer solchen Versuchung nachgibt, Gefahr läuft, das Wesentliche ihrer Mission zu verraten. Denn hätte sie ihren Ehrgeiz befriedigt, dann hätte sie genau den gleichen Lebensweg zurücklegen und die Änderungen und Korrekturen verschmähen müssen, die sie herbeiführen sollte. Gewiß hat sie genau in diesem Punkt die Notwendigkeit und die Vorteile eines Vermittlers erkennen müssen, von dem sie wußte, daß sie über ihn verfügte. Als ob sie diesen gebraucht hätte, um sich aus der Auseinandersetzung zurückzuziehen, die sie unentwegt zwischen ihrem verrückten Wunsch und ihrer Pflicht geführt hatte, um sich vor jeglicher Abweichung von ihrem Plan zu schützen und sich ihrer eigenen Identität stets sicher zu sein. Sie ist es, sie, und nicht ihre Mutter, die den Lebensweg wieder aufnimmt, um ihn zu vollenden und endlich zu korrigieren.

Gewiß gab ihre Anspielung auf ihren Vater genau dies zu verstehen, auf die besondere Zärtlichkeit, die er ihr entgegengebracht hatte, wie auch auf die Aufgaben, die sie im Gegenzug selbstverständlich für ihn erledigt hatte. So läßt sich die Verankerung, die er für sie immer dargestellt hatte, und die Sicherheit erklären, die sie dabei empfinden konnte, wenn sie über ihn sprach und an ihn dachte. Hat sie mir nicht zu verstehen gegeben, daß sie das Risiko, das zu tun, was sie getan hatte, nur deshalb eingehen konnte, weil er da gewesen war? Ich hatte die Information jedenfalls noch im Ohr, als sie mir die Fortsetzung ihres Abenteuers in allen Einzelheiten erzählte und berichtete, wie es ihr alles in allem gelungen war, jenes traurige Abenteuer ihrer Mutter zu korrigieren.

Sie hatte also ebenfalls eine Anstellung in Paris angenommen. Ohne jedoch die Schrecken durchleben zu müssen, die man kennt. Die Leute, die sie angestellt hatten – er war Arzt; was für ein Zufall! –, haben es ihr gegenüber weder an Aufmerksamkeit noch an Fürsorge mangeln lassen, sondern sich wie richtige Ersatzeltern verhalten. Sie wachten aufmerksam über sie und achteten vor allem sorgsam darauf, wie lange und mit wem sie abends ausging. Darüber hinaus legte sie Wert darauf, jenen, der ihr Ehemann werden sollte und den sie recht bald unter «wirklich romantischen» Umständen kennenlernte, zuallererst diesen Ersatzeltern vorzustellen.

Vom Wunsch nach Zerstreuung und von der natürlichen Neugier der Mädchen ihres Alters getrieben, war sie an einem ihrer freien Tage unvorsichtigerweise allein zur Foire du Trône gegangen. Das ist ihr schlecht bekommen. Weil sie sich nämlich schon bald von üblen Kerlen bedrängt sah, deren sie sich inmitten der gleichgültigen Menge nicht zu erwehren wußte. Und genau in diesem Moment hat sie ihn kommen sehen. Es hat ausgereicht, daß sich ihre «Blicke begegneten», damit sie sich «gerettet fühlte». Er war «schön, kräftig, entschlossen, behende und athletisch». Er hat ihr schnell ritterlich den Schutz seiner imposanten Erscheinung und seiner Freundlichkeit angeboten. Die anderen Kerls haben ihre aussichtslose Lage gleich erkannt. Sie haben sich, ohne es sich zweimal sagen zu lassen, davongemacht. Und so «fanden» sie sich «zu zweit wieder». Sie hat sich natürlich bei ihm bedankt. Aber sie legte, ohne genau zu wissen, wie sie es «tun sollte», Wert darauf, ihm ihre «Dankbarkeit» unter Beweis zu stellen. Sie hat ihm jedoch «die Initiative überlassen» und im voraus beschlossen, sich keine Gedanken um das zu machen, «was alles geschehen könnte». Sie hat ihm ihr «Vertrauen geschenkt». Und sie hat sich gesagt, daß sie, auch wenn sie nicht wußte warum, das Gefühl hatte, sie könne «ihm wirklich vertrauen». Sie war «sicher, daß ihr durch ihn keinerlei Unglück zustoßen» konnte. Sie haben «den Rest des Nachmittags zusammen verbracht». «Ein traumhafter Nachmittag», an den sie sich «noch in allen Einzelheiten erinnern» konnte. Als es Abend wurde, war sie damit einverstanden gewesen, daß er sie nach Hause begleitete. «Er hat sich in keiner Weise unpassend verhalten, und es gab an ihm nichts», was sie nicht «verführt» hätte. Sie verbrachten «die ersten Stunden» ihres «gemeinsamen Lebens», und es war, als würden sie sich «schon ewig kennen», und als wüßten sie, daß sie sich «niemals würden trennen müssen». Sie haben sich immer wieder getroffen. Sie hat sehr bald erfahren, daß er «als Mechaniker in Paris arbeitete» und daß er «der einzige Sohn eines spanischen Flüchtlingspaares war, das in der Normandie lebte». Als er sie nach einigen Wochen «dorthin mitgenommen» hat, um sie seinen Eltern vorzustellen, hat ihre zukünftige Schwiegermutter ihr «sogleich die kalte Schulter gezeigt». Aber sie haben «ihrer Laune keine Beachtung geschenkt». Sie haben sich über ihre Vorbehalte «hinweggesetzt». Sie haben «gemeinsam den Weg ihrer Eintracht gewählt» und haben sehr schnell geheiratet. Ihre bretonischen Eltern haben den Schwiegersohn erst am Tag der Hochzeit kennengelernt. Sie war kaum siebzehn und er neunzehn Jahre alt. «Bis zu Gwenaels Erkrankung war unser Leben ein perfekter Liebesroman», hat sie hinzugefügt, und ich hatte keinerlei Schwierigkeiten, ihr das zu glauben.

Ich hatte ihrem Bericht zugehört, ohne sie zu unterbrechen, und war ihr gedanklich auf ihrer Reise gefolgt. Dabei habe ich mich zwischendurch dabei ertappt, wie sehr ich bedauerte, daß meine eigene Angestellte unter ähnlichen Umständen nicht ebensoviel Glück gehabt hatte. Lag das daran, daß die üblen Kerle noch ein wenig übler geworden waren? Daß die breite Masse noch feiger geworden war? Daß die Neugier der jungen Mädchen ganz schön zugenommen hatte? Oder daß die «ritterlichen» Menschen aus unserer Umwelt ganz verschwunden sind? Mir schossen all diese Gedanken durch den Kopf, als ich sie fortfahren hörte: » . . . Wissen Sie, das Traurigste an allem, was uns zugestoßen ist, das ist, daß ich vorher in erster Linie Ehefrau war und dann erst Mutter, jetzt aber bin ich zuallererst und vor allem Mutter . . .»

Ich habe sofort gespürt, daß mir diese Überlegung Unbehagen bereitete. Und zweifellos habe ich mich, um die Auswirkungen abzuschwächen, in die Erinnerung an die Intensität und die Sinnlichkeit der Umarmung geflüchtet, in der ich sie und ihren Mann an jenem berühmten Weihnachtsmorgen auf dem Treppenabsatz des Krankenhauses überrascht hatte. Was wollte sie, was versuchte sie mir zu sagen, wogegen habe ich mich eigensinnig taub gestellt, da ich der Konsultation ein wenig überstürzt und ohne noch etwas zu sagen ein Ende gemacht habe?

Was für eine erstaunliche Frau! So gewöhnt ich an ihre Erscheinung und an den Blick war, mit dem sie die Welt betrachtete, erstaunte sie mich doch einmal mehr! Mit welcher Subtilität und welcher Kühnheit nahm sie die Analyse ihrer Situation vor. Mit welcher Genauigkeit und Sicherheit ging sie mit Begriffen um, deren Stichhaltigkeit zu ermessen mich einige Jahre kosten sollte.

So, wie sie Raoul wieder ins Lot gebracht hatte, indem sie ihm ein Geschenk machte, anstatt ihn auszuschimpfen, so hat sie mir an jenem Tag im Gegenzug für meine Unfähigkeit ihr Vertrauen geschenkt und hat mich auf die Realitäten eines Lebens gestoßen, an dem ich beinahe achtlos vorbeigegangen wäre. Sie hat mir mit wenigen Worten eine offenkundige Lage der Dinge zu erkennen gegeben und meine Aufmerksamkeit auf etwas Universelles gelenkt , dessen Existenz ich nicht einmal ahnte. Sie hat mich mit ihrer üblichen Behutsamkeit darauf gestoßen, zwei Kategorien nebeneinander zu stellen, von denen ich mir damals nicht einmal vorstellen konnte, daß sie verschieden sein könnten, daß sie nicht ganz natürlich koexistieren oder untereinander irgendeine Art von Hierarchie unterhalten müßten.

Selbstverständlich habe ich nicht sofort auf ihre Äußerungen geantwortet. Was konnte für mich der eigenartige Bruch bedeuten, den sie beschrieb, das seltsame Dilemma, auf das sie mich hinwies? Ich wollte von einem solchen Problem nichts wissen. Wie hätte ich mir auch vorstellen können, daß dies eine Rolle spielen könnte, wo mich mein Lebensweg doch noch nie damit konfrontiert hatte? Die Kategorien, die sie ansprach, waren nicht die meinen. Hatte ich nicht das Gefühl, gleichzeitig und ganz mühelos Ehemann und Vater zu sein? Und ich stellte nicht den geringsten Unterschied oder die geringste untergeordnete Stellung zwischen dem fest, was ich als nichts anderes als zwei Facetten der gleichen Rolle verstand, die nur sie allein, wie mir schien, je nach den Gegebenheiten unbedingt unterschiedlich bezeichnen wollte.

Die Brutalität ihrer Formulierung hat mich jedoch nicht mehr losgelassen. So daß ich mich zu fragen begann, ob ich hier nicht mit einem typisch und ausschließlich weiblichen Problem konfrontiert wurde, und es in diesem Fall weniger verwunderlich war, daß ich davon nicht viel verstand. Aber war meine Frau nicht meine Ehefrau, und konnte ich sie anders sehen, auch wenn sie die Mutter meiner Kinder war? Mir schien, daß die beiden Rollen – ganz einfach und ohne mögliche Trennung – in ihr vereint waren. Wo also konnten die Schwierigkeiten liegen, die sie zu empfinden schien? Ich konnte mir nicht vorstellen, das geringste Unbehagen beim Wechsel von einer dieser Rollen zur anderen zu verspüren. Und ich sah nicht ein, wieso ich mir die Mühe machen sollte, mir Fragen über die Einstellung meiner Frau mir gegenüber zu stellen, wenn sie mit meinen Kindern zusammen war, oder ihr irgendwelche Beschäftigungen mit den Kindern vorzuschlagen, während wir zu zweit und miteinander beschäftigt waren.

Mir erschienen diese Überlegungen, auch wenn ich bereit war, sie mir anzuhören, ganz bestimmt nicht die meinen, noch die irgendwelcher anderer Leute zu sein, sondern einzig die dieser speziellen Mutter. Ich bin zu dem Schluß gekommen, daß ich gewiß nicht der einzige wäre, dem derart spitzfindige Unterscheidungen, Probleme bereiten könnten. Es trifft zu, daß wir nicht alle die gleiche Fähigkeit zur Selbstbeobachtung haben. Und daß die Mehrzahl der Individuen, die wir nun einmal sind, und die sich hinter Verteidigungsmauern verschanzen, mit welchen sie ihre Psyche im Laufe der Lehrjahre ihres Lebens ausgestattet haben, nur widerwillig die Entscheidungen, die sie getroffen haben, oder die Gewißheiten, die sie sich zugelegt haben, in Frage stellen. Ich sollte noch Jahre brauchen, bis ich verstand, daß die Vorstellungen, die sie so früh vorgebracht hatte, mir unzugänglich geblieben waren, weil ich unfähig gewesen war zu erkennen, daß meine eigene Mutter – die Witwe eines Mannes, der auch nach seinem Tod in der Familie immer gegenwärtig war – nie, nie in meinem Leben im entferntesten davon hätte betroffen sein können.

Ich übertreibe also nicht, wenn ich der ganz einfachen Formulierung, die sie an mich richtete, den Wert einer Interpretation beimesse, die eigenartigerweise ins Schwarze traf, weil sie mich dazu zwang, mich mit ihr zu beschäftigen, um sie dann wieder aufzugreifen und den Versuch zu unternehmen, jede mögliche Implikation zu erfassen. Meine ganze Reflexion und mein gesamtes späteres Lebenswerk habe ich gewissermaßen ihr zu verdanken. Ich sollte Jahre damit verbringen, die Weite der Horizonte zu ermessen, die sie mir – mich mit ihr ziehend – hatte aufzeigen wollen. Und wenn ich den entscheidenden Schritt tun werde, werde ich mich in ein Abenteuer stürzen, das noch immer nicht zu Ende ist, und aus dem heraus dieses Buch die – leider späte – Würdigung ist, die ich ihr darbringe, und die für mich die einzige Möglichkeit ist, meine Schuld ihr gegenüber ein wenig abzutragen.

Die Ehefrau, so sagte sie mir also, hatte erlebt, daß sich im Laufe der Ereignisse ihre Fähigkeit, zwischen den verschiedenen Funktionen, die sie auszufüllen hatte, zu wechseln, veränderte und von nun an auf jene der Mutter fixiert zu sein schien.

War es nicht das, was Gweneals Großmutter väterlicherseits sehr rasch erkannt hatte? Und es sind gewiß nicht die Schläge, die ihr Sohn ihr beibrachte, die sie veranlaßten, ihre Einstellung oder ihre Meinung zu ändern. Als Frau, Ehefrau und Mutter war sie in der Lage zu wissen, wie es ist, Ehefrau zu sein, und wie es ist, Mutter zu sein, und was es bedeutet, erst das eine und dann das andere zu sein, von einem zum anderen zu wechseln, das eine mehr als das andere zu sein, zuerst das eine, dann das andere zu sein oder umgekehrt, und zum Schluß nur das eine und nicht das andere zu sein – wobei es sich von selbst versteht, daß es in letzterem Fall in der Regel die Mutter ist, die im Vordergrund steht. Man hat gesehen, daß die Heftigkeit ihrer Anschuldigung und ihr vergeblicher Versuch, ihren Sohn im Interesse ihrer Schwiegertochter wieder in den Vordergrund zu rücken, eine Ahnung von der Bedeutung und den Konsequenzen dieser Art von Priorität voraussetzt. Man kann ohne das Risiko eines Irrtums hinzufügen, daß ihre eigene Erfahrung als Ehefrau und Mutter ihr wahrscheinlich keine Illusion gelassen hat. Sie wußte vielmehr, daß man diese Art von Situation eher über sich ergehen läßt, als daß man sie beherrscht. Sollten ihre Vorwürfe also nur dazu gedient haben, ihren Ärger und Schmerz hinauszuschreien? Vielleicht. Aber vielleicht waren sie in der Folge für ihre Schwiegertochter nicht umsonst, die versucht hatte, daraus

Nutzen zu ziehen, und zweifellos auch Nutzen daraus gezogen hätte, wenn sie das Glück gehabt hätte, ihre Fragen einem weniger verklemmten, weniger beschränkten und weniger tauben Arzt zu stellen, als ich es war.

Bedeutet das, daß es die Frauen sind, die am besten über das Leben Bescheid wissen? Und daß sie diejenigen sind, die am besten definieren können, was zu seiner vollen Erfüllung unerläßlich ist? Diese aufwertende und schmeichelnde Hypothese kann wahrscheinlich verteidigt werden. Und übrigens wären viele Mütter zweifellos bereit, diese zu unterschreiben, ohne zu bedenken, daß die Verantwortung, die ihnen dabei zufiele, ihnen das ohnehin so große Schuldgefühl absolut unerträglich machen würde, das ihnen schon allein ihr einfacher Zugang zur Mutterschaft einflößt.

Diese Mutter zögert jedenfalls nicht, sich dieses Problems anzunehmen und es anzupacken, um dessen Bedeutung und Konsequenzen zu erkennen, das heißt die seltsame und unvermeidliche Trennung, die sie gespürt hat, tatsächlich vorzunehmen.

Was hat sie im wesentlichen gesagt? Daß sie sich immer zugleich als Ehefrau und Mutter verstanden und empfunden hat, ohne die geringsten Schwierigkeiten, von der einen zur anderen Funktion zu wechseln, wobei sie eingestand, daß ihr bis dahin die Funktion der Ehefrau lieber gewesen sei als die der Mutter. Als ob sie sich nicht hätte daran hindern können, einen gewissen Schmerz zu empfinden, wenn sie von der ersten zur zweiten dieser beiden Funktionen wechseln mußte und die zweite nicht einnehmen konnte, ohne Sehnsucht nach der ersten zu verspüren. Man kann sie sich sehr gut unter dem Zauber der ersten Begegnung und unentwegt vom Widerhall eben dieser ersten Begegnung erfüllt vorstellen. Sie wäre immer die Geliebte geblieben und hätte diesen Status zum vorrangigen Prinzip all ihres Handelns gemacht. Ein irgendwie erträumtes Leben. Mit einer wichtigen Frage hinsichtlich der eigenartigen Bestimmung im Hintergrund, die es unentwegt vorantreibt. Wie hatte dieses erträumte

Leben sich so lange der Zeit widersetzen können, von der man weiß, daß sie sowohl die subtilsten als auch die stärksten Wahrnehmungen abstumpft? Lag es daran, daß sie beschlossen hatte, diesen beiden Funktionen, von denen sie sprach, auf Kosten einer dritten den Vorzug zu geben, die sie geheimhalten wollte? Man kann in der Tat feststellen, daß sie bei dieser Gelegenheit nicht die geringste Andeutung auf den Status als Tochter gemacht hat, den sie ja auch immer noch besaß. Dachte sie, sie hätte sich davon schon lange vollkommen freigemacht, oder meinte sie, diesen Status niemals besessen zu haben, und hat es aus diesem Grund vorgezogen, ihn nie einzunehmen? Es sei denn, sie meinte, sie habe ihn zugleich nicht und nicht mehr, und hat es mit der ihr eigenen Weisheit für unnötig erachtet, sich überhaupt dazu zu äußern.

Ihr Schweigen über diesen Punkt ist jedoch nicht weniger vielsagend. Denn trotz der Hinweise, die sie auf die Atmosphäre der Begegnung mit diesem jungen Mann gibt, spricht sie die Schwingungen nicht direkt an, die sie, feinsinnig, wie sie war, mit dem Wechsel vom Mädchen zur jungen, von der wachsenden Liebe bezauberten Frau hat spüren müssen. Hätte sie mehr dazu zu sagen gehabt? Aber sie hat immer so offen und so nah am Rande des Unbewußten geredet, daß man von ihr neue Formulierungen und einen Hinweis auf diese Art von Ereignis hätte erwarten können.

Sie hat jedenfalls die Geschwindigkeit hervorgehoben, mit der sich ihre Schicksale verknüpft haben. Wenn es sich nicht um etwas wie Liebe auf den ersten Blick gehandelt hat, dann hat es sich zumindest so abgespielt, als ob alle Charakteristika der Begegnung im voraus bekannt gewesen seien und die Vorstellungen einer bis dahin unklaren Erwartung bestens erfüllt hätten. In diesem Punkt nimmt ihre Geschichte wieder eine paradigmatische Dimension an. Denn es genügt, die Elemente des Berichts aufzugreifen, um die strikte Übereinstimmung des Objekts ihrer Liebe mit dem alten Vorbild festzustellen, das sie immer in sich hatte und das sie, wie jeder und jede von uns, –

muß man noch einmal daran erinnern? – durch die Beziehung zur Mutter gebildet hat.

Dieser junge Mann war für sie kein Unbekannter. Sie hat immer sowohl von seiner Existenz als auch von dem, was er ihr bringen konnte und mußte, gewußt. Sie wußte, daß er für sie bestimmt war und sie für ihn. Aber sie wußte nicht, wann sie ihm begegnen würde. Sie wußte nur, daß sie ihn eines Tages treffen und sie ihn an diesem Tag ganz bestimmt erkennen würde. Mit anderen Worten, er war buchstäblich in ihren Lebensweg eingeprägt.

Hier findet man die klassische Thematik des bezaubernden Prinzen wieder, der einen gläsernen Schuh anprobiert oder das schöne Dornröschen mit einem Kuß aufweckt. Er hat sie also nicht überrascht, er hat sie entzückt. Er hat sie nicht erobert, sie erwartete ihn seit eh und je – «eines Tages wird mein Prinz kommen ...». Und als Krönung des Ganzen ist er – und auch hier hat man es mit einem Märchen zu tun – genau an der Stelle aufgetaucht, die er einnehmen sollte, obwohl er das nicht wissen konnte. Hat er sie nicht aus den Klauen ihrer Angreifer gerettet und ihr somit symbolisch jene Vergewaltigung erspart, die sie ihr Leben lang verfolgt hätte? Und hat er nicht schnell eine offizielle Verbindung mit ihr geschlossen und sie somit ein für allemal vor dem berühmten «Fehltritt» bewahrt, der um jeden Preis vermieden werden mußte? Es war genau er, so wie er war, dem sie begegnen mußte. Er, der sie bezaubert hat, schön, jung und stark, kein älterer Mann, der sie mit Ach und Krach akzeptierte, wie es bei ihrer Mutter der Fall gewesen war.

Andere Mädchen, die sich in ähnliche Abenteuer stürzen und gleiche Erwartungen hegen, haben nicht so viel Glück wie sie und sind manchmal gezwungen, mit Hilfe des unvermeidlichen Systems von Versuch und Irrtum vorzugehen, bevor sie dem Mann begegnen, der zu ihnen paßt – und auch das gelingt ihnen nicht immer! Sie dagegen, sie hat ihn sofort getroffen und darüber hinaus inmitten einer Atmosphäre von Gewalt. Er war, so wie er war, und wurde, ohne daß sie beide es wußten, der Vermittler, den sie brauchte, um die ihr aufgetragene Mission zu erfüllen und die Rechnung mit ihrer Geschichte zu begleichen. Sie konnte ganz in ihn als ihr Liebesobjekt investieren. Er war derjenige, der sie zu ihren allerersten Gefühlen zurückgeführt hat. Derjenige, der ihr die Zeit erneut aufgetan, der es ihr ermöglicht hat, in ihrer Gegenwart die Vergangenheit wiederzufinden, die bestimmt war, ihre Zukunft in eine bestimmte Richtung zu lenken. Derjenige, der sie in Bewegung gesetzt, der ihre Gedanken eingenommen, der aus ihr ein ganz neues Wesen gemacht hat. Derjenige, durch den es ihr schließlich gelang, ihre Freiheit zu gewinnen. Derjenige, der es ihr ermöglichte, der Zeit die Stirn zu bieten, weil es ihm gelungen war, sogar die Erinnerung und die geringste Spur des Vorbilds zu vertreiben, das sie so lange mit sich herumgetragen hatte. Er sollte genau der Vermittler sein, den sie gebraucht hatte. Sie wird es so einrichten, daß er das für immer bleiben wird. Und aufgrund dessen, was sich durch einen einfachen Blickaustausch ereignete, hat sie gewußt, daß sie sich auf ihn verlassen konnte, daß er in der Lage war, sie für immer vor dem Einfluß ihrer Mutter zu bewahren. Die Sicherheit, die er ihr gegeben hat, ist ihr damals gewiß wie ein Äquivalent, ja sogar wie ein Ersatz für die Sicherheit erschienen, die sie früher bei ihrem Vater erfahren hatte. Darüber hinaus schien diese Sicherheit eine Vielzahl von Vorteilen gegenüber der früheren zu haben. Denn wenn die Stütze, die sie einst gebraucht hatte, um die Homosexualität ihrer ersten Beziehung umzuwandeln, von einem durch Gewissensbisse verstärkten Gefühl des Verrats begleitet war, so war diese nun vollkommen frei von beidem. Sie würde in Wahrheit niemandem etwas wegnehmen, mit Ausnahme vielleicht der Mutter dieses jungen Mannes, sofern man sich auf die Tatsache beziehen würde, daß letztere ihr sogleich «die kalte Schulter gezeigt hatte». Aber scheinbar ist es ihr gelungen, das Dingen zuzuschreiben, die sie wenig berührten, und deshalb hat es ihr auch lange Zeit keine Probleme bereitet.

Man findet in diesem Bericht beiläufig und zwischen den Zeilen den symbolischen Sinn der Ehe als Ritual, bei dem die Vertragspartner die Allgemeinheit als Zeugen nehmen, um sich als Eheleute zu deklarieren und sich von nun an durch die Verbindungen, die sie knüpfen, definieren, welche ihren früheren Status als Sohn und Tochter ihrer jeweiligen Eltern ersetzen. Das erklärt vielleicht die Existenz der Ehe in allen Kulturen, und die Tatsache, daß es nicht immer zu einer Katastrophe führen muß, wenn sie – wie es lange Zeit üblich war und in vielen Gesellschaften noch immer der Fall ist – im voraus zwischen den Eltern der Eheleute ausgehandelt wird. Denn in diesen Fällen tritt die Tatsache in den Vordergrund, daß die Eltern ihren Kindern klar zu erkennen geben, daß sie sich nicht mehr lange um sie kümmern werden: Eine Form, die Zeiger der Geschichte gewissermaßen auf Null zu stellen, was immer nur dadurch erreicht werden kann, daß die Aufeinanderfolge der Generationen auf strengste und deutlichste Weise respektiert wird.

Jedenfalls kam es ihr so vor, als würde ihr Abenteuer als Tochter auf diese Weise zu Ende gehen: Eine Begegnung mit unmittelbaren Folgen, offiziell besiegelt und für die allerschönste Zukunft bestimmt. Sie wird dies über Jahre hinweg mit dem ruhigen Glück bestätigen, das sie unaufhörlich bewußt genießt, und das sie an die entscheidenden Vorzüge ihrer neuen Stellung glauben läßt.

Die Bilanz, die sie daraus hätte ziehen können, wäre ihr gewiß höchst lobenswert erschienen. Diese hätte ihrem endlosen Weg ein Ende machen müssen und hätte es gewiß auch getan, wenn sie nur als solche hätte erkannt werden können, wenn ihre Mutter ihr auf die eine oder andere Weise eine Art Entlassung ausgesprochen hätte. Nun, man weiß, in welches Schweigen diese Mutter ihren Ärger und die Trauer eingeschlossen hatte.

Gwenaels Mutter wird sich lange Zeit damit abfinden. Sie wird ihre Mutter dem Vater überlassen. Dafür sind die Eltern da: Um sich eines Tages allein wiederzufinden, und – im besten Fall – darüber glücklich zu sein, weil sie verstanden haben, daß sie ihre Aufgabe erfüllt und ihre Kinder so gut wie möglich und so weit wie möglich auf den Lebensweg geführt haben. Sie wird also

Ehefrau sein. Vor allem anderen Ehefrau. Und sie ist glücklich, es zu sein, weil alles sie dazu ermächtigt. Sie kann es sich erlauben, die überwältigende Liebe, die sie früher zwangsläufig für ihre Mutter empfand, durch eine Liebe zu ersetzen, die sie in höchstem Maße befriedigt, weil die fehlerlose Erfüllung ihrer Lebensaufgabe sie für immer vom Widerhall des berühmten und unsühnbaren Verrats freispricht.

Es empfiehlt sich, hier eine sich hartnäckig haltende falsche Vorstellung, auf die ich bereits hingewiesen habe, aufzugreifen und mit ihr ein für allemal aufzuräumen: Daß nämlich die Mädchen angeblich, so wie die Männer ihre Mutter oder Schwester heirateten, im allgemeinen ihren Vater oder Bruder heiraten würden. Diese Möglichkeit besteht tatsächlich. Aber sie hat immer eine besondere Bedeutung. Sie bezeugt die Tatsache, daß die ursprüngliche Loslösung – durch die Vermittlung des Engagements ihres Vaters – nicht zur rechten Zeit und in befriedigender Weise erfolgt ist. So daß das Mädchen, noch immer und ständig über die Heftigkeit der in ihr vorhandenen extremen Anhänglichkeit an ihre Mutter verängstigt, gar nicht anders kann, als die ursprüngliche Familienstruktur zu wiederholen oder in ihr zu verbleiben.

Eine solche Fixierung auf den Vater ist in Wahrheit bei weitem nicht die Regel. Letzterer kann bestenfalls als einfacher Garant der Umwandlung der ersten Beziehung seiner Tochter dienen. Er regt sie dazu an, aus dem, was sie am Beginn ihrer Existenz als Liebe empfindet, ein Vorbild zu machen, um diese Liebe später in anderer Form zu erfahren. Er hilft ihr, die Vorstellung ihres wahren Inhalts zu bewahren und sich von dem irreführenden Reiz seines Äußeren freizumachen, wohlwissend, daß seine Funktion eines Tages von dem Partner, den sich seine Tochter aussuchen wird, übernommen werden wird. Und das ist keine geringe Sache, da die Anerkennung der Liebe als solche und ihre Bestätigung dem, was dabei im Spiel ist, den Stempel des Lebens aufdrückt und dem Tod Einhalt gebietet. Die Gleichheit bringt nichts hervor, und nur die Verschiedenheit ist die Grundlage jeder Individualität, anders gesagt, das, was jedem seine Einzigartigkeit bewußt werden läßt. Deshalb haben die Väter, so scheint es, immer und überall auf der Welt ihre Töchter von ihren Müttern weggeführt und sie, indem sie sie an die Hand nahmen, dem Mann anvertraut, der für sie bestimmt war. Das stellen übrigens die Anthropologen fest, wenn sie – manchmal erstaunt, wenn nicht gar empört – hervorheben, daß die Männer den Austausch der Frauen vorangetrieben haben und immer vorantreiben.

Nun, um derart verbreitet zu sein, muß diese Bestimmung gewiß eine Funktion haben, die absolut nichts mit einem grausamen Geschlechterkampf zu tun hat. Man kann sich dieser Funktion, so sonderbar sie auch sein mag, wieder anhand der Geschichte von Gwenaels Mutter nähern, und daraus Erkenntnisse ziehen.

Da ist also eine Frau, von der man zumindest sagen kann, daß sie stets mit einer beeindruckenden Offenheit über die Dinge des Lebens redet. Wenn sie dies so gut kann und auf einem so weiten Gebiet, dann wahrscheinlich unter anderem deshalb, weil sie auch Mutter war. Und weil sie auf bewundernswerte Weise begriffen hatte, was bei der Mutation auf dem Spiel steht, die das freudige Ereignis bei der weiblichen Psyche hervorruft. Man hat gesehen, daß sie, da sich sich sorgfältig von ihrer Pflicht ihrer eigenen Mutter gegenüber freigemacht und in ihrem Mann das Instrument ihrer Autonomie und ihrer Freiheit gefunden hatte, eine Reihe von Jungen auf die Welt gebracht hat. Aber auf welche Weise kommentiert sie ihre eigene Erfahrung als Mutter? Indem sie von ihr sagte, daß ihre Rolle als Mutter lange, wenn nicht gar immer, an zweiter Stelle im Vergleich zu jener der Ehefrau gestanden hat.

Dadurch sagt sie uns, daß die Tatsache, zuerst Ehefrau und dann Mutter gewesen zu sein, für sie – aber warum zum Teufel nicht für jede Frau? – die sicherste Möglichkeit gewesen sei, sich ihrer eigenen Identität zu versichern. Das heißt ihrer Identität gegenüber jener, die sie lange Zeit als Tochter ihrer Eltern und insbesondere als Tochter ihrer Mutter definiert hatte – und als die mögliche Ausführende einer Mission, die ihr schon bei ihrer Empfängnis, ja sogar schon vor dieser Empfängnis zugefallen war, da sie von der Aufforderung zur Wiederholung ausgeschlossen war.

Um die Bedeutung dieser Wahl zu erfassen, genügt es, zu der oben beschriebenen Debatte rund um den Status dessen zurückzukehren, was ich als das unterscheidende Organ bezeichnet habe. Indem eine Frau durch die sexuelle Vereinigung sich dieses Organ symbolisch aneignet, kann sie sich von der Angst befreien, die sie schon immer quälte, und endlich die Verwirrung überwinden. Dann weiß sie sofort und mit Sicherheit, daß sie in keiner Weise mehr ihre Mutter ist und daß sie sogar den Traum, den sie gehegt hatte, es eines Tages zu sein, für immer vergessen kann. Selbstverständlich ist es nötig, daß sie diese Vereinigung nicht über sich ergehen läßt, sondern daß sie allen Grund hat, diese zu schätzen, sich dafür einzusetzen, ja sogar einen gewissen Gefallen daran zu zeigen. Sie soll aber nicht nur das Körperliche für das Wahre halten, so wie jene Frauen, die sich in leidenschaftliche Abenteuer stürzen und in der Hoffnung Partner sammeln, endlich einen zu finden, der wirklich der Richtige ist. Eine Verbindung, die all diese möglichen positiven Folgen mit sich bringt, ergibt sich nicht immer von allein. Um sich davon zu überzeugen, genügt es, an die Vielfalt der mechanistischen Rezepte zu erinnern, die den Sexologen von ihren unbefriedigten Patienten abverlangt werden. Daraus kann man ersehen, daß die Harmonie, deren Konturen ich hier skizziere, seltener ist, als man denkt. Und daß, mit anderen Worten, das Glück, das die Mutter Gwenaels in der Begegnung gefunden hat, nicht alltäglich ist. Denn die mütterliche Vereinnahmung ist in den letzten Jahrzehnten so stark geworden, daß es nur wenigen Töchtern gelingt, sich daraus ausreichend zu befreien. Es ist übrigens nicht nötig, den Grund der derzeitigen Unbeliebtheit der Ehe, die Zunahme der Scheidungsraten und die Unsicherheit jener Paare, die es sich dennoch in den Kopf setzen zu heiraten, woanders zu suchen.

Man könnte gegen diese Schlußfolgerungen anführen, daß die Dauer des Geschlechtsakts relativ kurz ist. Und man könnte Schwierigkeiten haben, ihm die bleibenden Auswirkungen zuzugestehen, die meine Darstellung andeutet. Das hieße, seinen tatsächlichen Eigenschaften wenig Beachtung zu schenken. Ein Orgasmus wirkt sich nicht nur auf den Körper aus, er hinterläßt in der Psyche infolge seiner Wiederholung und der Zu- und Umstände seines Erreichens noch weit mehr Spuren. Ich werde bei diesem Thema nicht weiter ins Detail gehen, obwohl es dazu noch viel zu sagen gäbe. Ich werde lediglich noch einmal auf die vertraulichen Äußerungen von Gwenaels Mutter zurückkommen.

Sie sagt, alles in allem und um ihre Aussage besser zu schematisieren, daß sie quasi ausschließlich in die horizontale Ebene ihres Beziehungssystems investiert hat und daß es ihr durch ihre Intervention – um nicht vorschnell zu sagen, durch ihr Eingreifen – gelungen ist, sich auf Dauer vor all dem zu schützen, was sie seitens der Vertikalen dieses Systems, anders gesagt, seitens ihrer Mutter wie auch ihrer Kinder, hätte behelligen können. Sie gibt zu verstehen, daß sich der Rest aufgrund der Logik ihrer Geschichte und des Verstreichens der Zeit durch die vorbehaltlose Befriedigung in der Paarbeziehung ergibt. Wenn es der Mutter gelingt, die Intensität dessen, was sie in ihrer Vergangenheit erlebt hat, für ihre Gegenwart einzusetzen und als Reserve für ihre Zukunft zu bewahren, dann werden die Gestalten dieser Vergangenheit weniger belastend. So fällt das, was sie mit ihnen erlebt hat, letztendlich der Vergessenheit anheim, setzt den Unternehmungsgeist frei und regt die Kreativität an. Was sie erlebt haben wird, wird ihr gehören und ihr erlauben, es sowohl zur Weitergabe als auch als Lehre zu nutzen. Wenn es ihr dagegen nicht gelingt, sich von dieser Vergangenheit zu lösen, über die sie meint, nicht verfügen zu können und von der sie sich gefangenhalten läßt, wird sie nie etwas anderes tun können, als ihre eigenen Kinder in diese hineinzuziehen. Die Vertikalität wird die Horizontalität beherrschen, und es besteht dann die Gefahr, daß in letztere nicht mehr investiert werden kann.

Die befriedigende Einrichtung in der Horizontalität läßt sich offenkundig nicht immer rasch bewerkstelligen, wie die berühmten und klassischen Ehekrisen bezeugen, von denen man im voraus nie weiß, wo sie hinführen werden, da dabei gefährlich mit der vertikalen Ebene geflirtet wird.[28] Jeder der Partner schleudert, ohne sein Wissen von den Dämonen von einst gepackt, dem anderen die ihn bewegenden Vorwürfe ins Gesicht. Und er kann weder deren Ursprung erahnen noch das Phänomen der Verdrängung, aus dem sie hervorgehen. Die Auseinandersetzungen nehmen einen solch wütenden Verlauf, daß man sich kaum vorstellen kann, die Wut könne sich eines Tages wieder legen. Die Szene hat nichtsdestotrotz ihre Auswirkungen und läßt jeden still und leise erkennen, wie sinnlos eigentlich die Heftigkeit ist, die die Atmosphäre entzündet hat. Es sind dann die Wiederannäherungen, die früher oder später durch den Geschlechtsakt, der bis dahin ausgesetzt wurde, zustande kommen, und der beiden Protagonisten das Bewußtsein der eigenen Identität gibt, bevor er sie jene des anderen erkennen läßt. Das Horizontale gewinnt die Oberhand, und das Vertikale ist erneut auf den Platz zurückverwiesen, den es immer einnehmen sollte, nämlich den einer punktierten Linie, vor der man sich, wie man weiß, besser in acht nehmen muß, und mit der man sich, Ehekrach um Ehekrach, abzufinden lernt.

Jedenfalls kann man aus dieser Entwicklung den Schluß ziehen, daß die Familie Gwenaels nicht nur das Glück hatte, eine ausgezeichnete Mutter zu haben, sondern ein sich liebendes und derart einiges Elternpaar, daß daraus eine mustergültige Vatergestalt hervorgehen konnte.

Was vielleicht nicht schwieriger zu verstehen als zuzugeben ist. Denn wenn man das Paar mehrfach flüchtig wahrnehmen konnte, so hat man doch nicht viel von den Taten des Vaters mitbekommen. Oder hat man ihn nicht vielmehr häufig nur ungeschickt, völlig gebrochen und in Tränen aufgelöst gesehen?

Was einem nicht zu gestatten scheint, ihn zu beweihräuchern. In Wahrheit hat man im allgemeinen eine vorteilhaftere und überhaupt farbigere Vorstellung vom Vater und seiner Vaterfunktion als die dürftige, die aus meiner Beschreibung hervorgeht.

Wird von einem Vater in Wahrheit nicht erwartet, daß er auf alle möglichen Arten in das Leben seines Kindes eingreift? Wird er nicht klassischerweise als derjenige beschrieben, der es sich, um in den Augen der anderen nicht tief zu sinken, schuldig ist, seiner Frau im Kreißsaal beizustehen, ihr die Hand zu halten und ihr bei der gleichmäßigen Atmung zu helfen, und dann, zu gegebener Zeit, die Nabelschnur des Neugeborenen zu durchtrennen und es zum ersten Mal zu baden? Ist er nicht derjenige, den man im Namen der selbstverständlichsten Ritterlichkeit auffordert, sich der Mutter gegenüber verständnisvoll zu zeigen, keine Ungeduld angesichts ihrer mangelnden Verfügbarkeit zu äußern, sie von ihren Alltagspflichten ganz oder teilweise zu entlasten? Ist er nicht derjenige, der das Fläschchen reichen muß, wenn die Muttermilch nicht mehr ausreicht oder das Baby nachts mehrfach schreit? Derjenige, der die Probleme der Kinderbetreuung zu lösen, die möglichen Verträge auszuhandeln hat, an den Elternversammlungen der Kinderkrippe teilnehmen muß, der so oft wie möglich zum Kinderarzt, zur Kindergärtnerin und später dann zur Grundschullehrerin, zu den Gymnasiallehrern und -direktoren zu gehen hat? Ist er nicht derjenige, der alle Macht besitzt, aktiv und mit seiner Realität, so unbeholfen und brutal diese auch sein mag, in das Leben seines Kindes einzugreifen, um es von seiner Mutter zu trennen? Ist er nicht derjenige, der es ins Bett schicken, es schelten, ihm befehlen, es zurechtweisen und bestrafen, ihm seine Grenzen aufzeigen, sich durchsetzen und die Richtschnur für die gesamte Hausgemeinschaft festsetzen muß? Derjenige, von dem man erwartet, daß er die Hausaufgaben, die schulischen Leistungen und den Ausgang überwacht? Derjenige, gegen den aufzubegehren jeder das Recht zu haben meint, dessen Erwähnung allein aber die Konflikte bereits beilegen müßte? Und schließlich jener, den jedes

Kind, ob Mädchen oder Junge, «zu töten» sich eines Tages schuldig ist?

Alles Dinge, die man in keiner Weise meint, diesem Vater zugute halten zu können, auf den ich, so gut ich kann, ein Loblied singen möchte.

Hat er sich denn an andere Aspekte der Äußerungen gehalten, die man rund um die Figur, die er repräsentiert, hört, von der man vorgibt, sie würde durch ihr Handeln nichts anderes tun, als sich kompensatorisch von der Schuld freizusprechen, der Tatsache nämlich, daß er das Kind nicht in seinem Bauch getragen und die Unannehmlichkeiten der körperlichen Deformierung nicht gekannt, die Angst vor der Zukunft und die Härte einer wirklich schweren körperlichen Belastungsprobe nicht erfahren hat? Hat er sich etwa wie der Beschützer seiner Keimzelle verhalten und darauf geachtet, ihr Komfort und materielle Sicherheit zu bieten? Oder war er vielleicht jener, der sich in jeder Hinsicht bemüht hat, so zurückhaltend wie möglich und dennoch höchst gegenwärtig zu sein, einen sowohl von seiner Frau als auch von seinem Kind zugewiesenen Platz anzuerkennen, der ihn nicht viel kosten sollte und der alles in allem keine geringe Bedeutung zu haben scheint, wenn man ihn mit dem Ergebnis einer einfachen Spermienspende in Beziehung setzt? Man wäre versucht, dies zu glauben, wenn man sich an die extreme Zurückhaltung seines direkten Handelns hält, so wie der Bericht sie wiedergibt. Und dennoch!

Er ist jedenfalls gewiß nicht jener Vater, von dem man meint, so viel erwarten zu dürfen, daß man sich, wenn man über ihn spricht, nicht davor hütet, ihn nicht noch mehr, als man es bis jetzt ohnehin schon getan hat, vom Familienleben auszuschließen. Denn diese Anhäufung von Rezepten, diese Konzentration auf die Problematik, die er aufwirft, diese außerordentliche Fürsorge, die man ihm von allen Seiten zukommen läßt und die die ihr zugrundeliegende Angst und die Gewalt schlecht verbirgt, sind gleichermaßen Äußerungen des Wunsches, ihn zum Schweigen zu verurteilen, ihn zugrunde zu richten und ihn so weit wie möglich dem sozialen Modell anzupassen, in dem er sich bewegt.

Daß man sich da bloß nicht täuscht! Wenn man möchte, daß er wie dieser oder jener wird, daß er unbedingt dieses oder jenes tun muß, dann geht es nicht darum, ihm seine Würde zurückzugeben und ihn wieder den ihm zustehenden Platz einnehmen zu lassen. Vielmehr geht es darum, ihn zum Scheitern zu verurteilen und ihn endlich in die erwünschte Vereinheitlichung zu fügen, die wiederum dazu bestimmt ist, es so einzurichten, daß er niemals seine eigene Stellung erreicht und seine außerordentlichen Fähigkeiten entwickeln kann.

Wie häufig und vor wie vielen erstaunten Leuten mußte ich diese Empfehlungen, diese Definitionen und diese Erwartungen, für die so viel Werbung betrieben wird, nicht aufgreifen, um auf die obszöne Heuchelei dieses maßlosen Versuches hinzuweisen, den Vater um jeden Preis zur radikalsten Mütterlichkeit zu bekehren. Man darf den Sinn meiner Äußerungen jedoch nicht mißverstehen. Ich will nicht verkünden, daß ihm diese von mir aufgezählten verschiedenen Tätigkeiten untersagt sein sollten. Weit gefehlt! Es steht ihm frei, sie zu ignorieren und sich ihnen zu entziehen, sie auszuführen, ihnen zu frönen oder sie zu erdulden, so wie er übrigens die gleiche Freiheit bei all den anderen Unternehmungen hat, zu denen er sich entschließt. Aber unter der ausdrücklichen Voraussetzung, daß sie nur seinem eigenen Wunsch entspringen und ihm niemals, niemals in irgendeiner Weise von irgend jemandem vorgeschrieben und aufgedrängt werden. Denn in diesem Fall würden sie ihn nur herabwürdigen, weil sie ihn seiner wichtigen und grundlegenden Fähigkeit, Entschlüsse zu fassen und die Initiative zu ergreifen, berauben würden. Um dies zu vermeiden, muß man mit einem Wort mit dem Einsatz des Vaters und dem direkten Rückgriff auf den Vater sparen, ja sogar knausern!

Der Vater Gwenaels paßt jedenfalls in keinen jener Rahmen, mit denen man meint, ihn definieren zu müssen, und ich bleibe dennoch dabei, daß er ein ausgezeichneter Vater war. Inwieweit und worin kann sein Beispiel Auskunft darüber geben, was einen Vater ausmacht?

Aufgrund dessen, was man klar und sehr deutlich aus dem Bericht seiner Frau entnehmen kann, den sie über ihre gemeinsame Geschichte und insbesondere über ihre eigene gibt. Die erste Feststellung, die man dabei machen kann, ist die, daß sie zunächst einmal von einem sehr guten Vater profitiert hat. Und das ist nicht unwichtig, denn man kann daraus folgern, daß es ihr dank ihres Vaters gelungen ist, jenen – aus dem gleichen Holz – zu schaffen, den sie ihren Kindern geschenkt hat. Sie wird völlig problemlos von einer Vermittlung zur anderen übergehen, von einer Vermittlung, die sie geschützt hat, zu jener, die dazu bestimmt ist, ihre Kinder zu schützen. Sie ist also gewissermaßen von einem Vater zum nächsten gewandert.

Nun, es gibt keine bessere Voraussetzung als diese, um einen Vater zu SCHAFFEN.

So ist es immer. Und man kann behaupten, daß dies so ist, weil sie erkennen konnte, welche Bedeutung ihr Vater für sie hatte, so wie ein Mädchen, wenn es Mutter wird, die Bedeutung des Mannes erfassen kann, den sie ihren Kindern zum Vater geben möchte; und sie wird sich nach Kräften mühen, ihn als gewissenhaftes Werk zu fabrizieren, zu konstruieren und einzuführen. Nicht indem sie von ihm die Erfüllung bestimmter willkürlicher Voraussetzungen verlangt, sondern indem sie sich mit ihm verbindet, und besser noch, durch ihre Bindung an ihn, bei der die sexuelle Beziehung eindeutig im Vordergrund steht, ganz in ihm aufgeht. Sollte diese Formulierung brutal oder einschränkend erscheinen, möchte ich sie mit der Aussage abmildern, daß man einen Vater nicht besser definieren kann, denn als denjenigen, in den die Mutter der Kinder verliebt ist und – besser noch – auf Dauer verliebt ist. In Kenntnis des Einsatzes bei dieser Liebe, so wie sie weiß, daß dieselbe Liebe Grundlage ihrer Sicherheit und ihrer dem Wesen nach fragilen und wankenden Identität ist. Häufig habe ich dies Müttern zu verstehen gegeben, die ihrem Kind partout nicht den Namen seines Vaters geben wollten, indem ich ihnen sagte, daß dieses Kind das gleiche Recht auf den Namen seines Vaters hatte, wie sie meinten, das Recht auf jenen ihres eigenen Vaters zu haben.

Das hatte es in der Geschichte des Großvaters mütterlicherseits von Gwenael gegeben – weil man die Geschichte bis zu ihm zurückverfolgen kann und keinerlei Material besitzt, um in der Stammeslinie noch weiter zurückzugehen – auch wenn sich das, was man darüber sagen kann, auf das beschränkt, was seine eigene Tochter von sich aus geäußert hat. Gewiß war er jener ältere Mann, der sich bereit erklärt hat, eine Frau mit befleckter Ehre zu heiraten und mit ihr eine Familie zu gründen, obwohl die Dorfgemeinschaft, einschließlich ihrer Eltern, sie hartnäckig hatte verbannen wollen. Auch wenn er als Mann eine «günstige Gelegenheit» war – wie man es beispielsweise von einem Auto sagen würde –, den seine Frau weder auserwählt noch aus eigenem Antrieb geliebt hat, so wurde dennoch sehr bald in ihn investiert. Und genau dadurch wurde er zum Vater gemacht. Der beste Beweis dafür besteht darin, daß seine Frau ihm ihre Dankbarkeit bezeugte, indem sie ihm hintereinander zwei Söhne schenkte – zwei Erben seines Namens. So stellte sie ihn wirkungsvoll zwischen sich und ihre Mutter und erlaubte sich nebenbei letzterer gegenüber ihre Weigerung, sie völlig gleich zu reproduzieren, so deutlich wie nur möglich zu verstehen zu geben. Genau das ist es, was einen Vater ausmacht, und dies vor jedem anderen Kriterium. In Wahrheit ist dies wahrscheinlich die erste und die rigoroseste Definition seiner Funktion: Jener zu sein, dem es mit vorheriger[29] Zustimmung gelingt, seine Frau, die Mutter seiner Kinder, von ihrer eigenen Mutter zu trennen, das heißt von der Großmutter mütterlicherseits dieser Kinder.

Den Kindern dieses ersten Paares hat dieses Verhalten jedenfalls nicht entgehen können. Es wird ein hilfreiches Beispiel für sie sein. Der Vater ist in seinem Wesen unbestreitbar als mögliche Zuflucht betrachtet worden, die überzeugend genug war, damit man darin investierte, und als Vorbild für die Bildung anderer, an gleicher Stelle, in der nächsten Generation zu dienen. Das erstaunt nicht, denn tatsächlich wird ein Mädchen, weil es die Bedeutung erkannt hat, die sein Vater für seine Mutter hatte, es verstehen, dem Vater ihrer Kinder seinen Platz zuzuweisen. So wie es ein Junge verstehen wird, den ihm zufallenden Platz einzunehmen und gegenüber der Mutter seiner Kinder still und dauerhaft Wort zu halten. Das ist es, was man die Auswirkungen der Geschichte nennt. Diese beschränkt sich selbstverständlich nicht auf den erbärmlichen Zweig, den unsere Zeitgenossen ihr mit aller Gewalt zugestehen wollen, sondern schließt alles mit ein, was von früheren Generationen kommt oder gekommen ist. Einschließlich der bei jedem Generationswechsel auftretenden Frage, ob eine mögliche Harmonie weitergegeben werden kann oder ob Diskrepanzen, die bereits bestanden haben, sich verschlimmern. Was sich mit verwirrender Regelmäßigkeit daraus zeigt, ist die Bedeutung, die nicht nur der Gesundheitszustand eines Elternpaares besitzt, sondern – im Innenleben des Paares – die Einstellung einer Mutter einem Vater gegenüber.

Der Platz des Vaters ist also noch immer und stets von einer Bestimmung durch die Mutter abhängig und leitet sich aus ihr her. Das ist – anders gesagt – noch immer und stets Frauensache. Eine Frage der Begleichung von Rechnungen zwischen Frauen. Die Frage eines Platzes, der inmitten von Frauen eingenommen wird. Das bedeutet, daß das, was einen Vater ausmacht oder nicht, die Frau ist, die er sich erwählt hat mit dem, was über sie und mit ihr mit den Frauen zusammenhängt.

Warum? Warum diese Radikalität, die so schwierig zuzugeben ist und im allgemeinen sowohl von Männern als auch von Frauen abgelehnt wird? Weil sie ersteren eine zweitrangige, wenn nicht gar untergeordnete Rolle zuwiese und den zweiten auf unerträgliche Weise eine Verantwortung aufbürdete, vor die sie sich nicht gestellt sehen möchten, und die sie dadurch, daß sie sie auf die Inbesitznahme ihrer Kinder verzichten ließe, zwingen würde, sich mit ihrem Status als Sterbliche auseinanderzusetzen.

Warum also diese Radikalität? Weil sie in dem begründet liegt, was sich ganz am Anfang des Lebens eines jeden ereignet, ob Mädchen oder Junge und später Frau oder Mann. Und aufgrund der Sache mit der mütterlichen Allmacht; und man wird vielleicht jetzt verstehen, warum ich ihr einen so großen Teil dieses Buches gewidmet habe. Diese Allmacht leitet sich weder von einer besonderen Einstellung noch von einem möglichen Willkürakt der Mutter ab. Sie rührt ganz einfach von ihr her, ob sie es will oder nicht, und gleich, was sie tut oder unterläßt. Sie geht aus keinem Willensakt noch aus irgendeiner Absicht hervor. Sie ist das direkte Ergebnis der biologischen Beziehung. Was erklärt, daß der Vater davon immer und vollkommen ausgeschlossen ist – gleich, ob das, was er tut oder tun möchte, was man tut oder tun möchte, den Verfechtern der vorzeitigen Anpassung an dieses Band mißfällt, ich bezeuge es aus meiner eigenen und langjährigen Erfahrung heraus. Das Kind, das sich dem nicht entziehen kann, schwankt dieser Allmacht gegenüber sehr früh zwischen Faszination und Entsetzen. Schon mit wenigen Monaten gelingt es ihm zu erfassen, daß sein Überleben vom Wohlwollen dieser Mutter abhängt, der es völlig frei steht, ihm nicht zu Hilfe zu eilen und es sterben zu lassen, nicht mehr und nicht weniger. Diese konfuse, nebelhafte und kaum angedeutete Wahrnehmung der Dinge wird es auf subtile und sehr langsame Weise zwingen, ein Abwehrmittel zu finden. Und am Ende entdeckt es dieses an dem Tag, an dem es ihm gelingt, in der familiären Umgebung die Existenz eines Individuums auszumachen, das sich nicht nur gelegentlich und mit gewissem Erfolg an die Stelle der Mutter setzt, sondern von ihrer berühmten Allmacht auch nicht beeindruckt oder bedroht zu sein scheint. Er, der Vater, wird das Gegengewicht sein, das es dem Kind erlauben wird, seine Ängste zu relativieren, aber es nicht davor behütet, in eine noch schlimmere Falle zu tappen. Denn wie beängstigend muß diese Übermacht sein, die es sich erlaubt, sich mit soviel Erfolg der erschreckenden und berühmten Allmacht entgegenzustellen! Die ganze Thematik der bereits angesprochenen, von den Kindern so geschätzten Filme wie Superman, Batman und anderer Spidermen, dreht sich einzig um folgende Dialektik: Es gibt einen sehr bösen Schurken und einen noch stärkeren Helden, dem es am Ende – nach einem beängstigenden Kampf – immer gelingt, ersteren zu besiegen.

Das Ergebnis davon ist, daß sich ganz allmählich eine Spaltung zwischen dem Entsetzen und der Faszination abzeichnet. Letztere wird einer Prüfung unterzogen und verstärkt, indem das erste Liebesobjekt bewahrt wird, während das Entsetzen seinen Ausgangspunkt verläßt und sich auf diese neue Figur verlagert, der plötzlich jedwede Verhinderung der Mutter angelastet wird. Dennoch kommt es zu einer Art minimalen Zusammenhalts. Die Mutter wird eindeutig als diejenige erkannt, die alle Bedürfnisse umgehend befriedigt und die ohne Murren zu allem «ja» sagt. Während die neue Figur als Ursprung jeden «Neins» empfunden wird – und nie aufhören wird, so gesehen zu werden –, zu welchem auch die Unterbrechungen der exklusiven Beziehung und all der wunderbaren und so fruchtbaren Zweisamkeiten gehören. Die Faszination wird dann erneut dem Entsetzen gegenüberstehen, indem sie es zur Rückkehr zu ihr verleitet, doch diese Rückkehr wird wieder auf das Entsetzen stoßen ... etc. Man weiß, was auf diese Spiralbewegung folgt, und auf welche Weise dieser Strudel eines Tages zum Stillstand kommt oder auch nicht. In Wahrheit stellt sich der Kern der Vaterfunktion für das Kind so dar. Wie eine Art zugleich helfendes und erschreckendes Dazwischenstehen, das entweder erfolgreich ist und seine spätere Gestalt annimmt oder aber erbärmlich scheitert und das Kind dem Angstgefühl seiner Unzulänglichkeit aussetzt.

Und hier, in diesem Punkt und nirgends sonst, wird dies zur Frauensache. Und ich habe zur Erläuterung dieses Prozesses nicht umsonst die Metapher der Schwangerschaft verwendet. Jene Schwangerschaft, die dieses Kind heranreifen ließ, läßt in gewisser Weise auch den Vater dieses Kindes heranreifen. Nur daß bei der Entstehung des Kindes biologische Mechanismen und körperliche Auswirkungen eingreifen, die Entwicklung des Vaters jedoch, auch wenn sie die Körper miteinbindet, immer in enger Beziehung mit dem Unbewußten erfolgt. Damit die Mutter ihrem Kind den Platz des Vaters darlegen und beschreiben kann, ist es nötig, daß sie diesen in ihrer eigenen Geschichte erfassen konnte. Das ist, anders ausgedrückt, etwas, was sich jeder Kontrolle entzieht, und sich nur durch seine Auswirkungen ausdrückt, den Auswirkungen der Geschichte und insbesondere der Geschichte der Frauen.

In der Theorie und in groben Zügen dargestellt, hat das alles nichts schwer Verständliches an sich und bereitet keine großen Schwierigkeiten. Es genügt einer Frau, einen Mann zu finden, der sie in etwa und mehr oder weniger klar an ihre Mutter erinnert – das Unbewußte weiß sich bei den Treffen immer zu helfen, den richtigen Kandidaten herauszusuchen –, und die Heftigkeit der Liebe auf ihn zu lenken, die sie früher für ihre Mutter empfunden hat und auf die sie dank der durch ihren Vater eingesetzten Investition, verzichten konnte. Sie wird ihren Körper ganz neu entdecken und von ihrem Partner das bekommen, was sie schon immer haben wollte, und was es ihr endlich ermöglicht, sich ohne Verwirrung ihrer eigenen Identität zu versichern. Für einen Mann reicht es aus, eine Frau für sich zu finden, die ihn in etwa und mehr oder weniger klar an seine eigene Mutter erinnert – und nun ihr die Heftigkeit der Liebe entgegenzubringen, die er einst empfunden hat und die er aufgrund der Anwesenheit seines Vaters hat aufgeben müssen. Er wird ihren Körper in einer Dimension des Wiedererkennens[30] erfahren, und er wird ihr, weil sie es ihm gestattet, jenes Organ geben können, das seine Identität sichert, das ihn mehr oder weniger belastet hat, das er aber stets zu verlieren fürchtete, weil er wußte, daß es genau das war, was ihn immer vor Verwirrung bewahrte. Wenn er von einer Verhaltenslogik getrieben wird, die die ausgeprägte Lust und das besondere Interesse, das er für den Geschlechtsakt[31] zeigt, bis zu seinem Tod ins Zentrum seines Lebens stellt – um dies zu belegen, reicht es aus, die wahre Natur des Interesses, das die Männer an den Frauen haben, aufzuzeigen, die dieses ganz selbstverständlich kennen, so wie sie genau wissen, was zu tun ist, um es zu erregen –, dann deshalb, weil es ihm durch den irgendwann geschätzten Dienst dieses Aktes und all dessen, was damit zusammenhängt und dazu führen kann, gelingen wird, sich genügend mit seiner Gefährtin zu verbinden, um aus ihr in erster Linie seine Frau zu machen. Indem er sie so von der zu großen Beschäftigung mit ihrem gemeinsamen Kind abhält, wird er die von ihm erwartete Aufgabe des Dazwischentretens bestens erfüllen.

Und genau an diesem Punkt geht die Sache im allgemeinen schief. Wobei das Schlimmste ist, daß, stellt man fest, daß die Sache nicht richtig läuft, man meint, man könne sie in Ordnung bringen, indem man sie auf das theoretische Modell zurückführt und sie mit einer dummen Realität befrachtet.

Wenn eine Mutter tatsächlich so sehr mit ihrer eigenen Mutter verbunden ist, daß sie die natürliche, unvermeidliche und universelle Vereinigung neu durchlebt als eine begeisterte Rückkehr zu der Abhängigkeit, die sie von dieser hatte, dann kommt es im besten Fall zu einer Abtreibung des im Entstehen befindlichen Vaters, im schlimmsten Fall zur Einsetzung der gerade gelegen kommenden Großmutter an die Stelle des Vaters – mit dramatischen Konsequenzen. Auf diesem Wege kommen wir wieder zu dem von meinen Kinderarzt-Kollegen ausgestoßenen Schrei zurück, die sich fragen, ob man nicht «die Großmütter töten» müsse. Aber wir erkennen auch die Sinnlosigkeit dieses Vorschlags wieder. Denn der Tod hat auf diesem Gebiet noch nie irgend etwas gelöst und löst absolut nichts. Denn das, was hier zum Tragen kommt, gehört nicht der Ordnung der Realität oder der Vorstellung an, sondern einzig der Ordnung der symbolischen Verbindungen, die weit schwieriger zu beeinflussen sind als alles andere. Zumal die Zahl der manchmal schon seit langer Zeit vom Phantom ihrer verstorbenen Mutter verfolgten Mütter groß ist.

Aber was kann es bedeuten, daß die Großmutter mütterlicherseits die Stellung des Vaters einnehmen kann? Die Behauptung kann auf den ersten Blick bizarr genug erscheinen, um diesen gesamten Teil meiner Arbeit, wenn nicht gar das ganze Buch in Mißkredit zu bringen. Um sie zu verstehen, darf man nicht aus den Augen verlieren, daß hier von der Funktion des Vaters und nicht von seiner Erzeugerfunktion die Rede ist, insofern, als er Urheber der Empfängnis war, oder von seiner sozialen Funktion, insofern, als er das Kind als seines anerkannt hat. Diese drei Funktionen beschreiben gemeinhin den Vater, ohne jemals klar von einander getrennt zu werden, so daß sie auch von drei, ja sogar noch mehr verschiedenen Personen übernommen werden können. Die väterliche Funktion des Vaters ist jene, die mit dem embryonalen Zustand beschrieben wurde und die eine von den drei Beteiligten klar erkennbare Form von Hierarchie einsetzt. Es ist eine Funktion, die man Bezugsfunktion nennen könnte, insofern, als sie die Mutter beträfe, sich ihr auf jede erdenkliche Art und Weise auferlegen und das Kind schützen würde, indem sie ihm gestattete, die Allmacht zu relativieren und sich von der Angst davor zu befreien. In dieser Hinsicht kann die Großmutter von ihrer Tochter an die Stelle des Vaters gesetzt werden. Auch sie kann – und noch viel leichter als er – die Allmacht ihrer Tochter zunichte machen. Dafür reicht es aus – und die Fallbeispiele sind weit zahlreicher, als man es sich vorstellt! –, daß sich ebendiese Tochter ihr Kind nur in bezug auf ihre Mutter vorstellen kann, und daß sie in allem um ihre Zustimmung oder Ablehnung besorgt sein kann. Wenn man weiß – und davon habe ich ausführlich genug gesprochen –, mit welcher Bereitwilligkeit die Großmütter mütterlicherseits auf die kaum angedeutete Bitte ihrer Töchter reagieren, wenn sie diese nicht sogar dazu herausfordern, wird einem klar, daß dieser Fall keineswegs selten ist.

Auch deshalb habe ich gesagt, daß es für das Kind mehr als drei väterliche Figuren geben kann. Denn im Gegenteil zur mütterlichen Funktion, die immer mit dem identifizierbaren Körper einer Mutter verbunden ist – zugleich Erzeugerin und soziale Mutter –, hat die Vaterfunktion die Eigenschaft, teilbar zu sein und gleichzeitig oder der Reihe nach von einer Vielzahl von Instanzen oder Personen ausgeübt werden zu können. Und tatsächlich existieren für die Mütter wie für die Kinder ferne symbolische Väter, manchmal sogar viele und immer absolut keusch – diese letzte Präzisierung, um noch einmal auf die Bedeutung, die ich der Paarbeziehung beigemessen habe, hinzuweisen. Aber die Eigenschaften dieser Instanzen oder dieser Personen gehen alle aus jener hervor, die dem erwählten Sexualpartner schließlich zugebilligt wird. In dem Maße, in dem die Beziehung die beiden miteinander verbindet, gewinnt die Mutter eine Ahnung ihrer eigenen Identität zurück. Und deshalb, weil sie an der Achtung für diese Person festhält oder die Entscheidung dieser Instanz billigt, fühlt sie sich ein wenig sicherer, sie selbst zu sein. Dies konfrontiert sie mit Verantwortlichkeiten, die sie als ihre erkennt, deren Konsequenzen sie persönlich akzeptiert und durch die es ihr immer ein wenig besser und ein wenig mehr gelingt, sich selbst zu definieren. Was, ganz nebenbei gesagt, auch ihren Einsatz für ihren Beruf erklärt, auch wenn sie diesen zum Leben nicht braucht. Wie auch immer – es ist eine Sache, die sie vollbringt, die ihre Kreativität anregt und bei der sie die ihr eigenen Fähigkeiten und Anlagen einsetzt, von denen sie weiß, daß sie sie besitzt und sie ihr nicht zu nehmen sind.

Davon ausgehend versteht man besser, warum der Platz des Vaters immer nur Frauensache sein kann. Denn seine Funktion fällt ihm nur dann zu, wenn sie ihm durch die Mutter seiner Kinder zugebilligt wird. Und diese hat ihr ganzes Leben lang die Möglichkeit, wenn nicht die Macht, dieses Zugeständnis nach Belieben wieder zurückzuziehen. Ein übrigens so wichtiges Zugeständnis, daß es möglich ist, wie es in nach einer Scheidung neu zusammengesetzten Familien gelegentlich vorkommt – und immer der Fall sein sollte –, zum Wohl des Kindes einem anderen von der Mutter geliebten Mann die Vaterfunktion zu übertragen und diese nicht mehr dem Erzeuger zu belassen.

Heutzutage und in unseren Breiten muß und darf sich der Kampf von Mann und Frau nur mit einem Mindestmaß an Anstand abspielen. Wer hätte die Unverfrorenheit, den geringsten Verdacht auf die unauflösbaren Bande der Liebe zu werfen, die zwischen einer Frau und einem Mann bestehen und vor allem auf jene, die nur deshalb zwischen ihnen bestehen können, weil sie sich nach jenem Vorbild – frei von jedweden störenden Faktoren – ausgerichtet haben, das zwischen den Protagonisten und ihren jeweiligen Müttern bestanden und vorgeherrscht hat? Das ist jedenfalls das, was man erwartet. Und das ist das schöne Wunschbild, das man hegt, das man unentwegt pflegt und das so große Verwirrung stiftet! Und was für ein Schwindel ist damit verbunden! Nicht aufgrund des Vorhergehenden und der Modellbildung, die es mit sich bringt. Denn diese ist keine Wunschvorstellung, sie ist eine Wahrheit, die alles begründet. Das mit seinem Schwindel einhergehende Wunschbild ist jenes, das die Vorstellung von der Reinheit der Liebe unterhält. Wenn man überlegt, wie sehr sie gerühmt, gehätschelt und hochgespielt wird, versteht man, daß jeder noch Lichtjahre von der Möglichkeit entfernt ist, die betreffenden Dinge ohne mit den Wimpern zu zucken zu betrachten. Und es genügt, zu den ausführlichen Erläuterungen des ersten Teils dieses Buches zurückzukehren, um festzustellen, daß dieser Schwindel die Frauen weit mehr verwirrt als die Männer. In Wahrheit hindert er die Frauen daran, sich der Gewalt bewußt zu werden, der sie schon immer unterworfen waren, indem er sie ohne Unterlaß mit dem Gefühl des Verrats konfrontiert – anstatt dieses zu entmystifizieren –, in das sie die unvermeidliche und heilsame Abkehr von ihrer ersten Liebe gestürzt hat. Der Schwindel geht mit dem Mann kaum besser um, den er in dem Glauben läßt, er müßte die Dimension des Wiedererkennens – des Körpers seiner Mutter – nicht in Frage stellen, die seine Annäherung an den Körper einer Frau stets mit einem Heiligenschein umgibt. Man weiß, wozu das führt. Zu Don Juan! Hoch lebe jeder Don Juan! Eine verloren, dafür zehn neue gefunden! Die Refrains dieses Credo sind bekannt und genießen traurige Berühmtheit.

Und siehe da, dies ist die andere Seite des Problems. Denn wenn die väterliche Funktion des Vaters durch eine unumgängliche Bestimmung der Mutter vorgegeben ist, kann sie von ihm nur unter der ausdrücklichen Voraussetzung angenommen werden, daß er sie in vollem Bewußtsein übernimmt. Und daß er sich vor allen Dingen nicht schämt, für den Reiz seiner Frau empfänglicher zu sein als für jenen der gemeinsamen Kinder, und in der Beziehung zu ihnen genau jene unbestreitbaren Gefühle zuläßt, die er empfindet, als ob er sich nicht an irgendeine Norm zu halten bräuchte. Dies ist es, was es ihm vor allem anderen erlauben wird, seinen Platz sicher einzunehmen, ihn nicht zu verlassen und der Ursprung aller «Nein» wie auch des unvermeidlichen Schreckens für sein Kind zu sein, mit allem, was damit verbunden ist. Es ist nicht einfacher, dieser Sache ins Auge zu sehen, als sich ihr zu stellen. Um die Komplexität dessen zu erfassen, genügt es, auf die Zusammensetzung der Paare, abhängig von der jeweiligen Persönlichkeitsstruktur der Protagonisten, zu verweisen, wie ich sie weiter oben skizziert habe. Dann versteht man, daß das Unterfangen so manchen Mann in Angst und Schrecken versetzen kann und er den Platz leer läßt, den er eigentlich hätte einnehmen müssen.

Wie viele Väter bringen beispielsweise – unter dem Eindruck der gängigen Parolen – nicht offen ihr Zögern und ihre Befürchtung zum Ausdruck, daß sie sich später von Vorwürfen ihrer Kinder überhäuft sehen würden. Wenn sie mir gegenüber solche Aussagen vorbringen, achte ich stets darauf, ihnen zu erklären, daß sie nur Zeit vergeuden, da sie, egal, was sie tun, aufgrund der Art und Weise, in der ihre Funktion in den ersten Lebensmonaten von ihrem Kind wahrgenommen wird, immer die Zielscheibe von Vorwürfen und der Punkt sein werden, auf den sich das ganze Ressentiment ihrer Umgebung konzentrieren wird, ob es nun jenes ihrer Kinder, jenes ihrer Schwiegermutter oder jenes der Mutter der gemeinsamen Kinder ist, der es selten gelingt, ihnen das Recht zuzugestehen, die Dinge anders zu empfinden, als sie es tut. Ich sage den Männern, und dies ist für sie eine Erleichterung, daß das Bemühen, ein «Kumpel-Vater» zu sein, die schlechteste Vorgehensweise wäre, und daß sie den Versuch gar nicht erst zu unternehmen bräuchten, dieses oder jenes andere

Verhalten anzunehmen, da es nach Aussage eines meiner Kollegen sowieso nur den schlechten Vater gibt.

Was die Vielzahl der Probleme der Vaterfunktion erklärt, die nach einer allerdings nie einfach zu findenden und umzusetzenden Lösung verlangen. Ich möchte nur daran erinnern, daß es für einen Vater nicht leicht ist, sich in der Position wiederzufinden, die sein eigener Vater eingenommen hat, und zu erkennen, daß er die Ziele der Auseinandersetzungen mit ihm nicht immer begriffen hat. Aber wenn es dazu kommt, dann öffnet sich für jeden dieser Männer eine neue Beziehungswelt. Und dies macht es wesentlich leichter, gegenüber einer Mutter auf Distanz zu gehen, die nicht länger durch eine Haltung als Zusatz-Mutter[32] getäuscht zu werden braucht, eine Einstellung, die dazu bestimmt ist, ihr den Platz als Mutter seines Kindes streitig zu machen. Wenn man einräumt, daß eine solche Problematik bei einem Mann in der Regel aus einer zu großen Hingabe seiner Mutter ihm gegenüber resultiert, findet man in der Person der Großmutter väterlicherseits eine weitere Mitspielerin. (Dies erklärt auch den Plural, den ich gebrauchte, als ich meinte, daß all dies eine Sache der Frauen ist.) Es gibt, wenn man richtig rechnet, zumindest drei Frauen, die bei diesem Problem eine Rolle spielen, und jede mit der Legitimität und der vorgegebenen Reinheit ihrer guten Absichten. Begehrt ein Mann auch nur leise auf und stellt er Forderungen, aufgrund der Bedingungen, die die eine oder andere an ihn herantragen, wird er auf die einmütige Ablehnung dieser sich an ihre Überzeugungen klammernden Umgebung stoßen.

Ich werde mich hier nicht über den Konsens eines definitiv der Mutterwirkung (und der Kurzlebigkeit!) verpflichteten sozialen Gebietes aufhalten. Und ich werde mich nicht weiter zu beweisen bemühen, daß es wegen des sozialen Umfelds, das ihn seit langer Zeit und ohne Bedauern auf dem Altar der Finanzen und der lästigen wirtschaftlichen Tyrannei geopfert hat, nur einen von der Umgebung unterstützten Vater geben kann. Die Kurzlebigkeit und die Konsumgesellschaft können in Wahrheit mit einer Figur nichts anfangen, deren Existenz allein die Fähigkeit besitzt, seine Nachkommenschaft aufzubauen und aufzuklären. Es ist zu spät und all dies viel zu stark verinnerlicht, als daß man auf die Rückkehr der Vernunft hoffen könnte. Ich möchte nur gern noch einmal auf die Beziehungskombinatorik und diese Frage des Vaters zu sprechen kommen. Man könnte in der Tat behaupten, daß der Platz des Vaters zugleich auch Männersache ist und sein müßte. Und so wie vorher der erste Plural eingesetzt wurde, so kann man hier die Großväter mütterlicher- und väterlicherseits wie auch den Vater selbst in Erinnerung bringen. Schließlich hatten beide Elternteile Gwenaels – und das ist vielleicht das Interessanteste an dem Fall! – den Vorteil, recht gute Väter gehabt zu haben. Das hat es ihren Nachkommen aber leider nicht ermöglicht, darin die Sicherheit zu finden, die man meinte, zu Recht erwarten zu können.

Aus welchem Grund?

Weil sich diese Familie in einer Umgebung befunden hat, die mit ihrer eigenen Weltsicht nichts zu tun hatte. Einer ländlichen und traditionellen Welt auf der einen Seite, auf der anderen eine erst jüngst eingewanderte Familie, beide weit von der Hektik, der Anonymität und Unerbittlichkeit der Welt einer Mega-Stadt entfernt. In ihrer Geschichte hat es übrigens viel zu viele Todesfälle und Unfälle gegeben, als daß sie in ihrem Kurs nicht beeinträchtigt hätte sein können und die Organisation der zwischenmenschlichen Beziehungen nicht darunter gelitten hätte. Es versteht sich natürlich von selbst, daß diese Todes- und Unfälle selbst mit einer gewissen Logik der Abfolge der Ereignisse einhergehen und den Kurs ebendieser Geschichte bestimmen. Man kann sie jedoch nicht zugleich zur Ursache und Konsequenz erklären. Und dennoch! Es ist nicht sicher, daß die Häufung der Katastrophen, nicht begrenzt sein könnte. Sonst bedeutete dies, die Hoffnung auf jede Art von Solidarität aufzugeben. Nun, genau hier zeigt sich die unumgängliche Notwendigkeit eines ernsthaften Einsatzes und einer ihr angemessenen Betreuung der Familie durch das soziale Umfeld. Denn ohne diese Unterstützung sind die Protagonisten bei der geringsten Schwierigkeit auf ihrem Lebensweg sich selbst und der unkontrollierbaren Heftigkeit ihrer Triebe ausgeliefert, was ihre Eintracht genau an ihrem Schwachpunkt zerbricht, das heißt das Paar trennt und den Vater von seinem Platz vertreibt. Und wenn ich letzteren als das fragile Element des Systems beschreibe, dann deshalb, weil er niemals allein – wie mächtig seine Statur auch sein mag – das Gegengewicht zur animalischen instinkthaften Seite Natur der Mutter-Kind-Beziehung bilden kann. Nun, wenn die Grenzen überschritten sind und der Konflikt ausbricht, tauchen die seit langem in der Tiefe des Unbewußten der Beteiligten liegenden Probleme mit aller Macht auf und machen sich dann ohne die geringste Nachsicht Luft.

Dies um so mehr, als sich die von der Genetik hinterlassene lähmende und unauslöschbare Spur mischt, die sowohl den Vater als auch die Mutter in eine heikle Lage und in Schwierigkeiten bringt, welche sie zu lösen versuchen. Insbesondere wenn der Vater des einen der beiden erst kürzlich verstorben ist, und dadurch seine Witwe allein in den Vordergrund rückt und erneut die ganze Macht – auch in seinem Namen – ausübt. Gwenaels Großvater mütterlicherseits ist zu Beginn der Schwangerschaft, die zu Gwenaels Geburt führte, gestorben. Was hat sich zwischen seiner Frau und seiner Tochter abgespielt, was ist in ihren Köpfen vor sich gegangen, als sich letztere mühte, ihn bis zu seinem Tod zu pflegen? Konnte dies als Herausforderung empfunden und verstanden werden und die alte Thematik des Verrats auf brutale Weise reaktiviert haben? Es liegt keinerlei Material vor, das dies belegen könnte. Man kann nur die Hypothese aufstellen, daß dies nicht unwesentlich gewesen ist und daß die Spannung des Abschieds, der ständig erwartet wurde, darin vielleicht eine gewisse Rechtfertigung gefunden hat.

Und schließlich gibt es neben diesem allem, neben dieser herrschenden Ideologie, von der ich so viel Schlechtes sagte, wie ich nur konnte, die direkte Umgebung wie beispielsweise die Begegnungen, die sich dort ereignen und die die Dinge aufgrund der Macht, über die sie manchmal verfügen, in die eine oder andere

Richtung lenken. Mein Zusammentreffen mit dieser Mutter gehört ebenfalls dazu.

Als es sich ereignete, war sie noch das allerbeste Aushängeschild. Die verstrichene Zeit wird sie in dem Glauben bestärkt haben, ihr Ziel erreicht zu haben und sich niemals wieder mit dem Befehl einer inzwischen erfüllten Mission befassen zu müssen. Sie hat sich vorgestellt – wie es übrigens jeder tut –, daß man einen definitiven Schlußstrich unter die Forderungen einer Geschichte ziehen kann, die aber nie endet und unentwegt die Begleichung der stets noch offenstehenden Rechnungen fordert. Sie weiß nicht – damals jedenfalls wußte sie es noch nicht genug –, daß es die von ihr eingeführte Hierarchie, mehr Ehefrau als Mutter zu sein, ist, die ihre Sicherheit und die ihrer Familie begründet. Sie wird dies allerdings erst dann richtig erkennen, wenn sich diese Hierarchie durch die harte Konfrontation mit einer Realität umkehren wird, der sie sich stellen mußte und die sie, so gut sie konnte, in den Griff zu bekommen versuchte. Sie hat mich damals auf die Tatsache hingewiesen, vielleicht in der Erwartung, daß ich ihr helfen würde, es zu verstehen. Ich habe schon gesagt, auf welche Weise meine Inkompetenz sie in dem Zustand, den sie beklagte, erstarrt hielt.

Aber handelte es sich auf meiner Seite nur um Inkompetenz?

Auch wenn dieses Argument am einfachsten vorzubringen ist, wäre es bedauerlich, denn mit diesem Abstand zu den damaligen Ereignissen, bringe ich dieses Argument weiterhin vor und lasse mich davon täuschen. Dies um so mehr, als der Ursprung der Schuld, die ich so oft angesprochen habe, vielleicht genau in diesem Punkt – mehr als in jedem anderen – zu suchen ist.

Ich habe es im Vorangegangenen wirklich nicht versäumt, die unglaublichen und verblüffenden Resultate, die die Qualität der mütterlichen Betreuung auf ihren Sohn zeitigte, in allen Einzelheiten darzustellen. Gleichermaßen habe ich die Ermutigung hervorgehoben, die ich ihr gab, um sie zu unterstützen und sie zu veranlassen, ihre wertvollen Fähigkeiten einzusetzen. Außerdem habe ich es nicht versäumt, mein Verhalten mit all den Erklärungen und Alibis zu versehen, zu welchen mich meine berufliche Kompetenz ermächtigte. Aber ich habe mir tatsächlich nie Fragen über die Art und Weise gestellt, in der ich die Situation, die ich durchlebte, unwissentlich mit den bestimmenden Faktoren meiner eigenen Geschichte überzog. Denn ich habe – so wie es jeder tut – nur von meiner persönlichen Erfahrung ausgehend über die Bedeutung der Macht der Mütter und das von ihnen empfundene Bedürfnis, diese vorbehaltlos über ihre Kinder auszuüben, berichtet. So daß jede meiner Aussagen von dem belastet sein mußte, was, wie ich selbst wußte, der grenzenlosen Hingabe meiner eigenen Mutter zu verdanken war. Nun, habe ich, um jene Mutter zu ermutigen, sie nicht dazu veranlaßt, nur dieses Kind, und dieses allein, am Horizont zu sehen? Und habe ich die Situation nicht genützt, um mich unwissentlich ganz in dieses Kind hineinzuversetzen? Habe ich mich bei der Freude, Gwenaels Fortschritte festzustellen, nicht in eine recht zweifelhafte Position gebracht? Wenn ich diese von einer objektiven Position mit Pseudo-Bürgschaft aus bestätigen konnte, war ich dann nicht befugt, sie denselben Wohltaten zuzuschreiben, die ich in der wunderbaren Beziehung zu meiner Mutter erfahren hatte, und der ich mich im Gegenzug ganz anpaßte? War ich nicht befugt, ohne Gewissensbisse zu dieser Beziehung zu stehen und sie durch alle möglichen Versuche zu rechtfertigen? Und mußte ich den Versuch unternehmen, sie zu hinterfragen, – ich, der ich aus einer Kultur hervorgegangen bin, in der solch ein Vorgehen immer erlaubt ist, wenn die Position des Vaters uneinnehmbar ist – um herauszubekommen, was sie implizierte und in welcher Weise sie mein Leben bestimmen konnte? Anders gesagt, ich habe – ohne es zu wollen – Gwenaels Mutter ermuntert, ausschließlich sich selbst als Schlüsselfigur zu sehen! Ich kann natürlich behaupten, daß es vielleicht genau das war, was sie hören wollte, und daß ich nichts anderes getan habe, als in ihrem Sinne zu handeln, und jeder dem anderen als perfekter Komplize seinen Teil eines lächerlichen Glücks verschaffte.

Denn wenn wir uns derart einig waren, daß wir, sie und ich, uns an all dem ergötzten, was den Stempel der Mutter trug, und bedenkenlos Loblieder darauf sangen, dann habe ich sie nicht weniger auf die Mutter zurückverwiesen, die sie mit soviel Kraft war, wie sie mich auf die meine. Dabei achtete ich nicht darauf, daß ich sie dadurch auf die Bahn stieß, die zu begehen sie schon bereit war, und daß ich sie auf ihre eigene Mutter und die Beziehung zu ihr verwies, die sie nie völlig gelöst hatte – wenn dies bei einer solchen Beziehung überhaupt jemals der Fall sein kann.

Dadurch fühle ich mich, während sie mir ihre augenblickliche Situation und ihre Sehnsucht nach der früheren schildert, so sehr in ihre Verwandlung verwickelt, daß ich ihrer Frage ausweiche und sie zum Schweigen bringe. Selbst wenn ich paradoxerweise alle meine Pflichten als Arzt über die Erwartungen hinaus erfüllt habe, muß ich feststellen, daß sich mein Handeln auf das Gefüge der Gesamtsituation ausgewirkt und die Entwicklung spürbar belastet hat. Entsetzt über den Zustand Gwenaels, habe ich mich auf die Fortschritte gestürzt, von denen sie mir berichtete, und habe mich nur damit befaßt, diese zu fördern, indem ich sie in ihrer Haltung bestärkte, ohne mich je um den Rest ihrer affektiven Umgebung zu kümmern. Wäre es besser gewesen, wenn ich dieses Kind im voraus als zu seinem vegetativen Zustand verurteilt betrachtet und meine ganze Arbeit auf den Wiederaufbau und die Konsolidierung des Elternpaares ausgerichtet hätte? Das ist wirklich die Frage. Aber ich wäre, um sie bejahen zu können, immer noch in der Position eines Arztes gewesen, an den eine Bitte gerichtet wird und der auf angemessene Weise darauf antwortet, ohne sich weitere Fragen, insbesondere über die Richtigkeit und Bedeutung dieser Bitte zu stellen. Eine unvorsichtige und derart von einer therapeutischen Libido, das heißt, von einem heftigen Wunsch zu heilen, bestimmte Position, daß die Möglichkeit, die Befriedigung dieses Wunsches könnte nebenbei eine Vielzahl anderer Dinge zerstören, den Arzt wenig kümmert. Das ist nicht meine gegenwärtige Position, jetzt, wo alles vorüber ist, wo ich diese Art von Abhandlung schreiben kann.

Nun, was wollte sie mir anderes sagen, als daß sie dadurch, daß sie ausschließlich Mutter wurde, die horizontale Ebene ihrer Beziehung geopfert hatte, den Vater ihrer Kinder aus ihrer Psyche gestrichen hatte und sich, da ihr Vater tot war, wieder auf den endlosen Weg in Richtung Anerkennung durch ihre Mutter begeben hatte. Alles unerträgliche Dinge, deren Gefährlichkeit sie erkannte, ohne jedoch zu wissen, daß sie sie zum Schlimmsten führen würden.

Sie ist tatsächlich gestorben. Ganz jung. Am Ende dessen, was man heute beschönigend eine lange Krankheit nennt; nachdem sie den Tod Raouls, der das Wesen der sie zerfressenden Krankheit erkannt hatte, hatte akzeptieren und ihre Umgebung hatte dazu bringen müssen, ihn ebenfalls zu akzeptieren. Es gibt Menschen, und sie wie auch Raoul gehörten dazu, die die Liebe nur als eine Gabe von sich verstehen, die keinerlei Grenze kennt, und die es auf sich nehmen, sogar ihr Leben für das Überleben derer, die sie lieben, zu opfern. Raoul hätte das seine zweifellos für sie gegeben – aus welchem Grund habe ich zu erklären versucht. Und sie, hätte sie es für Gwenael getan, dessen für immer besiegeltes Schicksal sie erkannt hat, oder für ihre Mutter? Auch wenn ich sie weiterhin besuchte und im Laufe ihrer letzten Monate unsere gemeinsame Geschichte noch einmal durchlebte, kann ich es nicht mit Sicherheit sagen.

Ihr Martyrium scheint begonnen zu haben, als ein Ereignis in der Metro ihre Sicherheit zum Bröckeln brachte. Ein Mann, der es eigentlich gut meinte, hat Gwenael angesprochen und ihn «als Faulpelz bezeichnet», er, der doch «so groß» sei und sich immer noch von seiner «doch so kleinen Mutter tragen läßt». Sie ist zu mir gekommen und hat mir dies so traurig, wie ich sie nie zuvor gesehen hatte, erzählt. Sie hat hinzugefügt: «Ich habe das Gefühl, daß er nie so sein wird wie die anderen Kinder. Er wird von der Gesellschaft immer abgelehnt werden. Die Leute sind gemein. Ich wollte mich auf keine Diskussion mit diesem Mann einlassen. Ich wollte es ihm nicht erklären. Ich möchte kein Mitleid von den Leuten ... » Bei dieser Gelegenheit habe ich sie zum ersten Mal weinen sehen. Es ist mir nicht gelungen, sie zu trösten, und noch weniger, ihr ihren üblichen Humor zurückzugeben.

In den folgenden Wochen oder vielleicht Monaten hat sie mich bei einer Nachbarin angesprochen und mir in beinahe scherzhaftem Ton mitgeteilt, daß sie einen Knoten in der rechten Brust habe und daß sie sicher wäre, es handele sich um Krebs. Ich habe es ihr sofort geglaubt, weil ich gelernt hatte, ihr, was immer sie sagte, auf der Stelle und aufs Wort zu glauben. Ich habe mich sehr beunruhigt gefühlt und sie eindringlich aufgefordert, einen Arzt aufzusuchen, und ich habe mir gesagt, daß ja noch keine Zeit verloren war und man sich durchaus Hoffnungen machen konnte. In der folgenden Woche habe ich sie wiedergesehen: «Der Chirurg hat mir gesagt, daß er versuchen wird, meine Brust zu retten. Er schien sprachlos zu sein, als ich ihn fragte, ob er nicht in erster Linie den Rest retten könnte. Sie sind unmöglich, die Ärzte. Sie verstehen nicht, daß ich alles wissen muß, daß ich zu viele Vorkehrungen treffen muß, als daß ich mich in vergeblichen Hoffnungen wiegen könnte.»

Von da an verbrachte sie ihre Zeit mit ihren Behandlungen und der hartnäckigen Suche nach einer zukünftigen Lösung für Gwenael. Das hat sie mehr als alles andere verzweifeln lassen. Sie brachte dafür eine beachtliche Energie auf. Als ob sie gewußt hätte, daß ihre Tage gezählt waren. Sie stattete mir einen Besuch ab und regte sich auf: «Scheinbar kann man seinen Intelligenzquotienten nicht beziffern, scheinbar ist sein Fall verwirrend und fällt nicht unter die Kriterien, die es erlauben, ihn entsprechend zu behandeln. Was soll's! Was bedeuten schon Zahlen, in die man mein Kind einsperren möchte? Mein Sohn braucht das nicht. Er muß auch gar nicht dressiert werden. Alles, was er braucht, ist Liebe.» Und was konnte ich angesichts solcher Offenkundigkeit sagen? Sie sprach zu mir über diese Liebe, deren hervorragendste Expertin sie war. Von jener Liebe, die das Leben schenkt. Von jener für den Erhalt ebendieses Lebens ach so notwendigen Liebe. Von jener Liebe, an deren Gewißheit man festhält und der man nachläuft und dabei nie sicher ist, sie zu haben oder sich daran erfreuen zu können. Von jener Liebe, von deren Existenz man weiß, weil man ihre Kraft früher einmal gespürt hat, die man für immer verloren glaubt und deren geringste Spur man verzweifelt zu erhaschen sucht. Von jener Liebe, mit der sie ihr Kind Tag für Tag neu erschaffen hatte, und deretwegen sie sich unentwegt zu beweisen suchte, daß sie alles getan hatte, um sie zu verdienen und um sich nicht als Betrügerin zu fühlen, wenn sie sie mit soviel Anmut und Nostalgie erwähnte.

Einen Augenblick später hat sie das Thema gewechselt und mir ihre Meinung über ihre Krankheit mitgeteilt, und sie hat bedauert, daß man sie nicht beim Namen nennen wollte. Sie hat mir gesagt, sie sei überzeugt, daß es Krebs sei, und hat mich gefragt, ob ich mich dieser Meinung anschließen würde. Ich habe ihr geantwortet, daß ich wünschte, dies wäre nicht der Fall. Bis zum bitteren Ende ein Heuchler? Ich habe vor allem gemeint, mich hinter der Haltung der Kollegen, die ihre Behandlung übernommen hatten, zurückziehen zu müssen und zu können. Was konnte ich ihr Weitergehendes sagen? Und wie viel Mut hätte es mich gekostet, ihr das zu sagen, was ich wußte? Daß ihre Krebsart nämlich zu den schlimmsten mit den schlechtesten Heilungsaussichten gehörte? Man tat für sie alles, was damals möglich war, und ich fühlte mich nicht berechtigt, ihr das Urteil über ihren nahen Tod zu verkünden. Ich mußte seitdem bei anderen Gelegenheiten ähnliche Situationen durchstehen. Situationen, über die in letzter Zeit viel geschrieben wurde, ohne daß je ausreichend hervorgehoben worden wäre, wie unerträglich sie sind. Weil das, mit dem man es dabei zu tun hat, geradezu ein Anschlag auf die Liebe ist. Es ist die Unfähigkeit, dieser Liebe, gleich, wieviel Liebe man auch einsetzt oder aufbringt, den Platz jenes Menschen zu erhalten, der gestorben ist, weil die Liebe damals, als sie aktuell war, scheinbar nicht ausreichend gewesen ist.

Ich habe jedoch darauf geachtet, ihr jedes Mal, wenn sie im Krankenhaus war, täglich einen Besuch abzustatten. Das war zu einer Art Ritual geworden, von dem wir meinten, daß es für uns unbedingt notwendig geworden war, weil es uns beiden so gut tat.

Und dann ist alles immer schneller gegangen. Ihre Krankenhausaufenthalte sind immer häufiger und immer länger geworden. Ich habe miterlebt, wie sie schwächer wurde und dann eines Tages in ein nichts Gutes verheißendes Schweigen verfiel.

Während ihres letzten Krankenhausaufenthaltes wurde ich eines Nachmittags zu Gwenael gerufen, der ganz plötzlich an heftigem Fieber litt. Ich hatte große Schwierigkeiten, ihn zu untersuchen. Unentwegt wand und wehrte er sich, machte alle meine Bemühungen zunichte und versuchte, mich bewegungsunfähig zu machen, indem er mich mit seinen Armen umschlang. Ich habe eine Weile gebraucht, bis ich verstand, was er wollte. Aber als ich ihn auf den Schoß nahm und ihn sich an mich schmiegen ließ, hat er sich beruhigt und allmählich zu weinen aufgehört. Dann hat er plötzlich zu mir heraufgeblickt und mehrmals hintereinander und immer lauter zu schreien begonnen: «Mama, Mama, Mama.» Danach ist er wieder ganz schlaff geworden und hat die Untersuchung über sich ergehen lassen. Ich habe – was bei ihm selten vorkam – eine schwere Angina feststellen können, für die ich ein Rezept ausgestellt habe.

Am nächsten Tag habe ich vom Tod seiner Mutter erfahren und festgestellt, daß er genau zu der Stunde eingetreten ist, in der Gwenael angefangen hatte, nach ihr zu schreien. Da habe ich mich an eine andere Szene erinnert, die mich Monate zuvor verblüfft hatte. Wir hatten gerade von Raouls Tod erfahren, und auch dieses Mal hatte Gwenael einen starken Fieberanfall gehabt, aufgrund dessen man mich gerufen hatte. Ich war kaum eingetreten, da kam er eilig zu mir, zog mich ins Wohnzimmer, zeigte mir den leeren Platz des Gewehrs an der Wand und schrie mich an: «Aoul! Aoul! Peng! Peng! Peng! Aoul!» Und der dumme kleine Arzt, der ich war, so aufgeblasen von all dem, was ich zu wissen glaubte, hat sich dabei ertappt, wie er sich fragte, ob auch Menschen, deren Gehirn gestört ist, ein Unbewußtes haben!

Und nun, so viele Jahre später, habe ich mich bemüht, in all dem einen Sinn zu finden, im Glauben, im nachhinein die Arbeit leisten zu können, die zur rechten Zeit nicht getan worden war.

Kann die gute Absicht allein die tadelnswerten Unzulänglichkeiten verbergen? Und haben die Menschen von der Natur mehr gesunden Menschenverstand oder mehr Dummheit mitbekommen?

Stellen sich diese Fragen heute nicht sogar noch drängender als gestern? Wohin wird uns das wohl noch führen?

Nachwort

Nun, es ist getan. Es ist gesagt. Vielleicht nicht klar genug. Mit viel zu vielen Umwegen. Mit zu vielen Mängeln, schwindelerregenden Schwachstellen, unverständlichem Schweigen bei manchen Punkten, untragbaren Lücken und grundlegenden Ungenauigkeiten. Aber an manchen Stellen auch mit kühnen Behauptungen, von denen ich sagen muß, daß sie mir schwergefallen sind.

Das liegt daran, daß ich, als ich mich an diese Arbeit machte, die ich schon viele Jahre geplant hatte, nicht wußte, daß ich in eine abgrundtiefe Welt vorstoßen würde. Dessen bin ich mir erst im Laufe der Niederschrift bewußt geworden. So daß ich mich – weil es mir an Ausdauer fehlte – gezwungen sah, meinen ursprünglichen Ehrgeiz auf das zu beschränken, was mir heute nur wie ein flüchtiges und vorsichtiges Eindringen vorkommt. Ich bin dennoch nicht mit leeren Händen zurückgekehrt. Und das, was ich zusammengetragen habe, ist mir immerhin ansehnlich genug erschienen, um es so wie es ist, darzustellen. Darüber hinaus räume ich ein, daß ich nie die Absicht hatte, eine umfassende Abhandlung über dieses Thema vorzulegen.

Ich bin, wie ich es immer getan habe, von meiner Funktion als Kinderarzt ausgegangen. Als Arzt jenes Kindes, durch das ich im Laufe der Jahre gelernt habe, daß in jedem, auch wenn er alt geworden ist und selbst Kinder bekommen hat, für immer der Wunsch nach Harmonie lebendig ist und unaufhörlich fordert, sein unersättlicher Hunger möge gestillt werden.

Und ich habe als Grundlage meiner Untersuchung eine Geschichte gewählt, die mich jahrelang verfolgt hat, ohne mich um die Tatsache zu kümmern, daß es die einer Mutter von Jungen war. Ich habe mich gefragt, ob diese Geschichte geeignet ist, aber ich mußte mir darüber keine Sorgen machen, weil sie mir alles in allem eine noch bessere Stütze für meine induktiven Überlegungen bot, von denen ich das ganze Buch hindurch Gebrauch gemacht habe.

Und ist es nicht offenkundig, daß nicht jede Mutter zwangsläufig eine Tochter hat, jede Tochter dagegen zwangsläufig eine Mutter? Reicht das nicht aus, um die Asymmetrie der durch die Verschiedenheit der Geschlechter bedingten Schicksale zu erklären – die sehr häufig als angeborene Ungerechtigkeit empfunden werden? Eine Verschiedenheit, die alles bestimmt und von der alles in solchem Maße herrührt, daß es mich veranlaßt, hier die Bestandsaufnahme dessen zu machen, was mir bei dieser Arbeit an Wesentlichem begegnet ist.

Ich will mit der Tatsache beginnen, daß ein Mann, während seiner Kleinkindphase alles, was mit der Mutter zu tun hat, mit einem Heiligenschein umgibt, und dasselbe später unweigerlich in einer (oder mehreren) anderen Frauen wiedererkennen wird. Eine Frau dagegen wird grundsätzlich nie das Privileg dieser Art des Wiedererkennens erfahren. Nun, während der Mann vom Leben eine solche Chance, «seine Ausgangskopie wiederzusehen», geboten bekommt, scheint die Frau *a priori* verurteilt zu sein, für immer in der Sehnsucht nach dieser ersten Beziehung gefangen zu bleiben. Man begreift, daß dies nicht gerade zu der Eintracht beiträgt, die man sich für Paarbeziehungen erträumt. Es scheint, als ob der Mann früher oder später mehr oder weniger das Bedürfnis verspürt, seine Affekte von den alten Spuren zu reinigen, die sie lange Zeit wie Parasiten befallen hatten, während die Frau sie – wenn auch nur in geringem Maße – bewahren muß, um eines Tages von ihnen regen Gebrauch zu machen.

Es ist hier also von dem Problem die Rede, das man als Primäridentifikation bezeichnet. Ein Mann muß früher oder später darauf verzichten, sich in allem an seiner Mutter zu orientieren, damit es ihm gelingt, seine eigene Gestalt anzunehmen – und die Vaterschaft wird ihn an diese Notwendigkeit erinnern. Dagegen kann eine Frau so weit gehen, der Klon ihrer Mutter zu sein, sogar ohne es zu merken und ohne daß die Mutterschaft sie in irgendeiner Weise zur Vernunft bringen würde.

Hat diese weibliche Disposition irgendwelche negativen Auswirkungen zur Folge?

Hunderttausende von Frauen in unserem Land, Millionen auf der Welt scheinen bereits entschieden zu haben, daß diese Frage dumm ist, weil sie nicht gezögert haben, allein Kinder in die Welt zu setzen, die die pedantischen Behörden mit aller Kraft als «Kinder mit nur einem Elternteil» bezeichnen. Aber die Paare, die nicht wirklich zu Paaren werden, wie die Paare, die auseinandergehen, oder die Familien, die auseinanderbrechen, bevor sie versuchen, sich dann wieder anders «zusammenzusetzen», tun nichts anderes. Im Namen des post-postmodernen Kults der Individualität stellen sie die subtilsten Zusammensetzungen in Frage, die die verschiedenen Kulturen im Laufe ihrer Geschichte unter Mühen errichtet haben, um sich mit der unumgänglichen Verschiedenheit der Geschlechter zu arrangieren.

So irren die Männer umher und die Frauen klammern sich immer mehr an ihr Kind wie an einen zusätzlichen Wertgegenstand, der ihnen gehört und dessen Legitimität offensichtlich nicht mehr in Frage gestellt werden muß, sondern ihnen vielmehr zusteht. Weil ihre Existenz seit kurzem wieder erwähnt wird, hat man gemeint, daß die Väter auf die Bühne zurückkehren und ein wenig Ordnung in die Verwirrung des Umfelds bringen würden. Das hieße, große Naivität an den Tag zu legen und sich nicht vor der Vergeblichkeit einer heuchlerischen sozialen Auseinandersetzung zu hüten, die vorgibt, ihnen ein Bürgerrecht zurückzugeben, ohne der Absicht in irgendeiner Weise Taten folgen zu lassen. Es gehört inzwischen selbstverständlich zum guten Ton, sich über diesen Zeitgeist und die Schieflage, in die das alles gerutscht ist, Sorgen zu machen. Jeder beklagt es, aber keiner versucht, wenn schon nicht die Wurzeln des Übels zu beseitigen, so doch zumindest den Weg zurückzuverfolgen, den dieses Übel genommen hat, um sich derart zu verbreiten.

Nun, wenn man sich daran versucht, so wie ich es von meiner Stellung als Kinderarzt aus nun schon seit mehr als zwanzig Jahren getan habe, dann trifft man immer wieder auf dieselbe Fährte: Auf jene Primäridentifikationen, die ich angesprochen habe, und auf ihre Entstehung in einem gesellschaftlichen Kontext, der sie, weit davon entfernt, ihnen gegenüber neutral zu sein, offen den gefährlichsten Abhang hinunterstößt.[33] Man braucht sich also nicht über die Tatsache zu wundern, daß viele Väter von nun an die besseren Mütter sein wollen, und die Frauen nur noch davon träumen, die strikte Wiederholung ihrer Geschichte zu verfolgen.

Gewiß wird man sich beeilen, darauf hinzuweisen, daß das alles – und ich wäre der letzte, der dies nicht anerkennen würde – bei jedem einzelnen von unbewußten Prozessen bestimmt wird, von denen man weiß, daß sie sich jedweder Kontrolle entziehen. Sicherlich. Und das ist genau der Kern des Problems. Aber das Unbewußte stammt nicht von heute, noch von gestern und auch nicht von Freud. Das Unbewußte war immer da. Das hat die Errichtung der sozialen Regeln nicht verhindert, wie es den Menschen auch nicht untersagte, sich trotz ihrer Verschiedenheiten zusammenzutun. Das brachte allerdings keine besseren Ergebnisse hervor: Das wird zumindest häufig gegen das Argument vorgebracht. Nun, es handelt sich um einen besonders scheinheiligen und willkürlichen Einwand, auch wenn er die ganze Zeit überall und von allen Seiten vorgetragen wird. Er zielt nur darauf ab, das immer gleiche Alibi des Unbewußten und der Machtlosigkeit, auf die jeder reduziert wäre, vorzubringen. Was bedeuten würde, daß jedwedes Verhalten unterschiedslos entschuldigt werden müßte und in jeder Ethik nichts anderes als ein Repressionsinstrument zu sehen wäre. Es sei denn, man ginge so weit, der gesamten Bevölkerung Besuche auf der Couch der Psychoanalytiker zu empfehlen, was die Erfassung neuer Ergebnisse ermöglichen würde, die geeignet wären, endlich Material für neue Statistiken zu liefern ... Der Teufelskreis par excellence!

Die Vorstellung ist um so amüsanter, als man nicht auf die

Durchführung dieser Empfehlung zu warten braucht, um sich ihres Scheiterns sicher zu sein. Man braucht sich bloß anzusehen, wie die Sache bei Eltern ist, die von einer Analyse profitiert haben oder die selbst Psychoanalytiker sind. Die Elternschaft setzt ihnen, ob sie nun Vater oder Mutter sind, glücklicherweise ebenso zu, wie sie es bei jedem anderen tut. Es sieht so aus, als läge der springende Punkt des Problems in Bereichen der Psyche, die durch das Gespräch absolut unmöglich anzusprechen sind, wie brillant oder tiefschürfend es auch sein mag.

Eine solche Feststellung muß jedoch nicht zu dem Schluß führen, daß ein jeder unweigerlich in eine Sackgasse gerät. Weit gefehlt. Die Erfahrung der Elternschaft erweist sich in Wahrheit für jedes Individuum als einzigartige Gelegenheit, den Versuch zu unternehmen, diesen entscheidenden Knoten anzupacken, ihn zu zerschlagen oder aufzulösen, zunächst zu seinem eigenen Nutzen, dann auch zu jenem seines Kindes, wenn nicht gar für die gesamte Folge seiner Nachkommenschaft. Jedoch unter der Bedingung, er weiß wirklich, daß er aus der ihm eigenen geschlechtsspezifischen Dimension hervorgeht.

Denn auf diesem Gebiet, wie auf allen anderen, ist es die Verschiedenheit, die im Vordergrund steht.

Nun, diese Verschiedenheit bewirkt, daß in jedem Vater, ungeachtet seiner Absichten, seiner Wünsche oder seiner Taten, sich die Unzufriedenheit der Familienmitglieder bündelt. Gleich, was er tut, er ist derjenige, der der Verbindung zwischen Mutter und Kind ein Ende macht. Eine Verbindung, die der eine oder andere, die eine oder andere, sich wünscht und zugleich fürchtet. Sie beruhigt, da sie sie glauben läßt, daß man zu zweit, vereint, größere Chancen hat, den Tod zu besiegen und damit gegen das Gesetz der Gattung zu verstoßen – daß nämlich keiner unter dem Einfluß der wachsenden Faszination, die die Perversion ausübt, sich das Unabänderliche auch bloß vorstellt! –, das den Inzest verbietet.

Wenn der Inzest, der mit einer heftigen Abscheu einhergeht, einen Reiz ausübt, dann deshalb, weil er in erster Linie die uns faszinierenden Kräfte des Todes ins Spiel bringt, welchen wir uns alle unterworfen wissen. Aber damit beweist er uns im Gegenzug, daß wir am Leben sind und es in uns spüren, auch wenn wir nicht immer wissen, wie wir es ausfüllen sollen oder nicht einmal wissen, daß wir es ausfüllen sollen. Daraus müßten wir die Konsequenzen ziehen. Aber unsere Sorglosigkeit und unsere Faulheit verleiten uns leider allzu oft dazu, die Vorbilder, über die wir verfügen, zu imitieren und in die Fußstapfen unserer Eltern zu treten. Nun, es zeigt sich, daß wir, wenn wir uns dafür entscheiden, jede Chance, eine eigene, ganz individuelle Existenz zu führen, in den Wind schlagen und uns mit einer einfachen und sinnlosen Bewährung begnügen.

Wenn man häufig mit Familien zu tun hat und sich für die Art und Weise interessiert, mit der sie mit ihren Geschichten umgehen, erkennt man leicht, daß dieser Hang zur Wiederholung gefördert und den Töchtern regelmäßig von den Müttern abverlangt wird. Vor allen Dingen aufgrund der Kraft der biologischen Beziehung, die im allgemeinen zwischen Müttern und ihren Kindern vorhanden ist. In Wahrheit können sie sich nicht dazu entschließen, der berauschenden Erfahrung ein Ende zu machen, die sie durchlebt haben. Mit ihr ordnen sie sich in die Logik ihres Geschlechts ein – was ich die Logik der Schwangerschaft nannte, die darin besteht, sich einem hilflosen Wesen zu verschreiben, dessen Bedürfnisse in jedem Fall befriedigt zu werden verdienen. Sie bemühen sich also nach Kräften, daß es ihrem Kind an nichts fehlt, daß es ihm an nichts mangelt, daß es nicht *cestus* ist, wie es im Lateinischen heißt, daß es *non cestus*, das heißt inzestuös ist. Der andere Beweggrund, der ihr Handeln bestimmt, liegt in ihrer unbewußten Weigerung, ihr Kind in ein Leben zu entlassen, das eines Tages zu Ende sein wird. Da sie das unausweichliche Schicksal kennen, verdoppeln sie ihre Fürsorge und hegen die Hoffnung, den Tod für ihr Kind – und warum nicht auch für sich selbst? – besiegen zu können. Diese Wunschvorstellung nimmt ganz besondere Kraft an, wenn sie eine Tochter auf die Welt bringen und sich unter dem Beifall der Umgebung daran machen, aus ihr ihren Klon zu bilden, während der Sohn durch den Geschlechterunterschied davor bewahrt wird. Diese dringende Aufforderung zur Wiederholung macht den inzestuösen Trieb noch schwerwiegender. Er führt zu dem, was Françoise Héritier[34] «den Grundinzest» nennt, der ihrer Auffassung nach darin besteht, «das gleiche mit seinesgleichen zu machen», und über alle Voraussetzungen verfügt, dies mit dem geringsten Aufwand zu erreichen.

Festzustellen ist, daß eine Mutter, die mehrere Töchter hat, immer nur an eine von ihnen diese Aufforderung richtet, und daß diese ihre Schwestern beneidet, die davon verschont sind, während die Schwestern sie um ihr Auserwähltsein beneiden.

Beim Versuch, hinter ein solches Geheimnis zu kommen, bemerkt man, daß dieses mit der sogenannten ödipalen Phase der Entwicklung zusammenhängt. Um dem homosexuellen Schicksal zu entgehen, zu dem das Mädchen durch seine Fixierung auf das erste Liebesobjekt, das heißt die Mutter, verurteilt wäre, hat es in Wahrheit gar keine andere Wahl, als sich an seinen Vater zu wenden. Weil diese Wandlung nicht als unvermeidlich verstanden wird und Anlaß zu allen möglichen Überinterpretationen gibt, vollzieht es sie mit einem dumpfen und anhaltenden Gefühl des Verrats. Ein Gefühl, das es jederzeit überwinden kann, indem es der Aufforderung zur Wiederholung gehorcht, falls es Ziel dieses Befehls ist, während die Schwestern gezwungen sind, einer um so schwieriger zu erreichenden Absolution nachzurennen. Sie legen also eine anstrengende und immerwährende Hingabe an den Tag, ohne zu wissen, daß ihre erwählte Schwester, die die Schwere der ihr zugefallenen Aufgabe erkennt, bereit wäre, ihr Schicksal gegen das ihrer Schwestern einzutauschen.

Das ruft eine ungeahnte Gewalt in der Beziehung hervor. Um sich davon zu überzeugen, braucht man nur zuzuhören, wie die Mütter mit ihren jeweiligen Müttern sprechen. Es ist erstaunlich, dabei festzustellen, wie sehr diese Gewalt nicht nur verborgen, sondern im allgemeinen Gespräch zurückgewiesen und Platz für die Wunschvorstellung einer perfekten Harmonie geschaffen wird, die angeblich unter Müttern und Töchtern herrscht. Die mütterliche Gewalt, die sich offenkundig nicht bewußt ist, daß sie sich auf das Gefühl des Verrats stützt, bereitet einer Macht den Weg, auf der die Mutter beharrt und die sie für immer über ihre Tochter hat. Die daraus resultierende Gewalt der Tochter kann keinerlei Ventil finden. Außerdem wird sie sich über die Jahre anstauen, und wenn sie sich unter dem Druck irgendeinen Ereignisses Luft verschaffen muß, dann wird sie sich zumeist mittels Verdrängung gegen den Lebensgefährten richten, der ja immer als Abbild der Mutter ausgewählt ist.

So wie es den Frauen durch ihre Kämpfe gelungen ist, Anerkennung für ihr Recht auf Sexualität und Lust zu finden, so wichtig wäre es, daß sie sich heute das Recht einräumten, die Kitschbilder zu zerstören und sich zu gestatten, die Gewalt, die sie gegenüber ihrer Mutter entwickelt und bewahrt haben, zu empfinden und ohne Gewissensbisse dazu zu stehen. Das würde es ihnen ermöglichen, nicht mehr für immer und ewig in Abhängigkeit gehalten zu werden und ihre Probleme nicht mehr mittels Verdrängung regeln zu müssen. Nichts kann für ihre Ehen und ihre Nachkommenschaft vorteilhafter sein.

Damit dies über das Stadium eines Vorschlags hinausgeht, wäre es selbstverständlich nötig, daß die Umgebung ihre mögliche Initiative nicht behindert. Mit anderen Worten: Ihre Brüder, die ihre enge Bindung an die Mutter nur selten gelockert haben, dürften ihnen nicht implizit untersagen, ihre gemeinsamen Mütter anzurühren. Dies ist eines von vielen Mitteln der Männer, an der Macht festzuhalten. Und dahinter steckt die zweifelhafte Logik unserer Gesellschaft, die im Menschen nichts weiter sieht als eine verfügbare Masse – man spricht ja auch von «menschlichen Ressourcen»! –, von der nur erwartet wird, zu konsumieren und so kostengünstig wie möglich zu produzieren, was die Arbeitslosigkeit beweist. Eine Einstellung die sich nicht mit der Existenz eines Vaters abfinden kann, von dem man sagen muß – und das hat dieses Buch zu zeigen versucht –, daß er als regulierendes Element auch für seine Töchter – für diese vielleicht sogar noch mehr als für seine Söhne – unentbehrlich war und es noch immer ist.

Paris, 22. Dezember 1997.

Anmerkungen

1 Ich möchte hier diese Debatte nicht weiterführen, die zwar interessant ist, mich aber ein wenig zu sehr von meinem Thema abbringen würde. Mir sind die diametral entgegengesetzten Meinungen zu diesem Thema gut bekannt, und ich weiß um den verzweifelten Dialog, den ihre Verfechter führen. Ich möchte nur darauf hinweisen, daß ich ein Buch geschrieben habe, das sich ausschließlich mit dieser Frage befaßt (*L'Enfant porté*, Paris, Seuil 1982).

2 ... es ist letztlich wohl gar nicht so offensichtlich, selbst für manche Richtungen der Kinderanalyse, die in ihrer Arbeit einzig dem Kind ihre Aufmerksamkeit schenken. Als habe es einen Sinn, die Blätter einer Pflanze zu waschen und sich ganz bewußt nicht darum zu kümmern, ob es den Wurzeln vielleicht an Wasser fehlen könnte.

3 Die Behauptung mag überraschend und ein wenig übertrieben wirken. Und warum auch nicht, da sie an dieser Stelle so unvermutet kommt? Dennoch ist sie durchaus begründet, und ich habe ihren Mechanismus in einigen meiner früheren Bücher dargelegt, insbesondere in *Une place pour le père*, Paris, Seuil 1985, ferner in «Points-Seuil» 1992 und außerdem in *L'enfant bien portant*, Paris, Seuil 1993 und 1997. Man kann in diesen Publikationen meine Beweisführung nachlesen, derzufolge die Gebärdensprache einer Mutter ihren Ursprung immer nur in ihrem Unbewußten hat und dieses zutage bringt.

4 Für diese Information – wie auch für manche andere, die ähnliche Bereiche betreffen – danke ich meinem Freund Marc-Alain Ouaknin.

5 Man kann diesbezüglich der Meinung sein, daß der jüdische Monotheismus ein großangelegter Versuch ist, den Menschen hysterisch zu machen. Das würde eine andere Lesart der Shoah ermöglichen.

6 Dies ist der Name einer Krankheit, mit der man früher einen schweren Wasserverlust bezeichnete, der im allgemeinen die Folge von infektiösen Durchfällen ist.

7 Trotz der Effektivitätsansprüche und der hohen Spezialisiertheit stellt dieser Infektionstypus, Nosokomialinfektion genannt, noch immer ein großes Problem dar, das bis heute nicht gelöst ist.

8 Es ist ganz wichtig, diesen Begriff der Verdrängung richtig zu verstehen,

um deren Bedeutung, Häufigkeit und vor allem deren Konsequenzen zu erfassen. In der Regel weise ich mit einer lustigen Geschichte auf ihren Sinn hin:

Ein nach vorn gebeugter Mann scheint am Fuße einer Straßenlaterne verzweifelt nach etwas zu suchen. Ein Passant taucht aus der Dunkelheit auf, bleibt neben ihm stehen und fragt ihn, wonach er so intensiv suche. «Meine Uhr, sie hat sich von meinem Handgelenk gelöst, und ich habe sie fallen gehört», antwortet er. Die beiden Männer suchen eine Weile zusammen, bis der Passant das Schweigen bricht: «Erinnern Sie sich nicht an die Stelle, an der Sie waren, als Sie den Aufprall Ihrer Uhr auf den Boden gehört haben?» fragt er. «Ja natürlich, das war da hinten!» entgegnet unser Mann und deutet mit dem Finger auf eine vage, entfernte Stelle in der Dunkelheit der Nacht. «Aber wenn es da hinten war», wundert sich der Passant, «warum suchen Sie dann hier nach ihr?» «Weil es da hinten dunkel ist und ich hier Licht habe», antwortet ihm unser Mann.

Wir befinden uns ausnahmslos in der gleichen Lage. Wir nehmen zeitliche Verdrängungen vor, indem wir – im Licht unserer gegenwärtigen Lebensumstände – vergeblich die Gelegenheiten zu nutzen versuchen, die wir in der mehr oder weniger weit zurückliegenden, dunklen Vergangenheit versäumt haben. Wir nehmen räumliche Verdrängungen vor, indem wir mit bestimmten Menschen so umgehen, wie wir es mit anderen gerne getan hätten – wie wir es aber nicht tun konnten oder es noch immer nicht tun können. Die Kombination von Raum und Zeit, beziehungsweise ihre Vermengung, ist selbstverständlich möglich. Das führt immer und unter allen Umständen einzig auf die Frage von Dunkelheit und Licht zurück. Und es ist eine andere Illustration der extremen Nähe der Kräfte von Leben und Tod.

9 Ich habe in diesem Zusammenhang von der Mutter als etwas «Erworbenem» gesprochen, im Gegensatz zum Vater, von dem ich behauptete, er sei etwas «Geschuldetes». Vgl. *Une place pour le père, op. cit.* Was die Entwicklung des Gehirns des Föten betrifft, und die Einprägung dessen, was ich «sensorisches Alphabet» nenne, informiere man sich in *L'Enfant bien portant,* Paris, Seuil, 1993 und 1997.

10 Siehe *Parier sur l'enfant,* Paris, Seuil, 1988, S. 209 ff.

11 So häufig hört man zu diesem Thema, daß die Mutter zur Seite der Natur gehöre und der Vater den Zugang zur Kultur bilde. Dabei handelt es sich wieder um mehrdeutige Formulierungen und um eine maßlose Vereinfachung. In Wahrheit stehen beide, Mutter wie Vater, grundsätzlich auf der Seite der Natur. Jeder von ihnen reagiert aus dem Bauch heraus. Die Mutter in erster Linie durch die starke Beziehung zu ihrem Kind, der Vater mit einer gleich starken Forderung nach sexuellen Kontakten mit

seiner Partnerin. Und aus dem Zusammenprall dieser beiden Kräfte entsteht die Kultur. Der Vater ist also keineswegs ein Ergebnis der Kultur, es ist die Kultur, die ein Ergebnis der väterlichen Existenz ist.

12 Ein Thema, das in der Filmreihe von Georges Lucas, *Der Krieg der Sterne*, (1977) und den folgenden Filmen, deren Erfolg vor allem bei jungen Zuschauern bekannt ist, bewundernswert dargestellt wurde.

13 Das ist eine noch wirkungsvollere Wunschvorstellung, da er mit der Wunschvorstellung der Parthenogenese (Jungfrauengeburt) einhergeht: sie habe sich allein, ohne Zutun ihres Partners fortgepflanzt; was ihr erlaubt, wirklich keinerlei Rücksicht auf ihn nehmen zu müssen. Genau darauf bezieht sich der heftige Wunsch mancher Frauen, wie es in einem modernen Chanson heißt, «ganz allein ein Kind zu machen».

14 Zu diesem Punkt sei Claire Brétécher und ihrer Agrippina gedankt.

15 Das kann ein Mann vielleicht nur allzu gut verstehen, der bei seiner Schwiegermutter alles toleriert, um seine Ehefrau nicht in Schwierigkeiten zu bringen. Aber die Sympathie, die er gegenüber dieser Beziehung zeigt, und das Verständnis, das er dem, was damit verbunden ist, entgegenbringt, machen den zugrundeliegenden Konflikt, auch wenn sie die Schwierigkeiten im Augenblick aus dem Weg räumen, nur zu einem ständigen Problem, dessen Auswirkungen sich aufstauen werden.

16 ...zu erfreuen und leben zu lassen! Weil jede Treuebekundung, die einem Menschen eine Machtposition verleiht und diese bestärkt, ihn um so mehr leben läßt, als sie ihn auf die ihm ganz eigene Weise die für ihn nötige Energie aus jener der Menschen, die ihm unterworfen sind, schöpfen läßt. Es ist nicht schwer, sich den Ablauf der endlosen Auseinandersetzung vorzustellen, zu der eine solche Situation führt.

17 Es ist jedoch wichtig, diese Art der Einstellung zu nuancieren, indem man sie in der Dynamik, die ich ihr zuschreibe, in Beziehung zu unserer abendländlischen Kultur setzt. Denn man weiß, daß es im Nahen wie im Fernen Osten die Jungen sind, in die man bei weitem am meisten investiert. Bedeutet dies, daß sich dort die Mütter-Töchter-Beziehungen in einer anderen Form oder Art entwickeln? Gewiß nicht. Das basiert auf einer Logik, auf die ich später zurückkommen werde, um die Darlegung der Thematik, mit der ich begonnen habe, nicht zu unterbrechen. Die angesprochene Logik erweist sich stets als heimtückischer und diskreter, als ich es in meinen Ausführungen erkennen lassen kann.

18 Ausführlich behandelt habe ich diesen Aspekt in meinem Buch *Le Couple et l'enfant*, Paris, Odile Jacob, 1995.

19 Was ihnen möglicherweise gar nicht gefällt, da sie so lange vor jedem Verdacht ihrer möglichen Rolle bei der Unfruchtbarkeit eines Paares sicher waren.

20 Daher die Notwendigkeit des Vorhandenseins beider Elternteile. Denn wenn der Junge dem Wunsch seines Vaters nach Transzendenz vollkommen ausgeliefert ist und keinerlei mütterlicher Schutz diesen Wunsch zügelt, ist das Ergebnis katastrophal: Es ist der direkte Weg in die Paranoia. Um dies zu ermessen, genügt es, zunächst das Buch des Senatspräsidenten Daniel-Paul Schreber (*Denkwürdigkeiten eines Nervenkranken*, 1903) zu lesen, und dann das Werk seines Vaters (Daniel Gottlob Moritz Schreber: *Ärztliche Zimmergymnastik*, 1858); oder aber sich den Film von S. Hicks, *Shine*, 1996, anzusehen, der eine wunderbare Illustration des Problems ist. Wenn die Schwierigkeiten, zu welchen es durch das Fehlen des väterlichen Eingreifens zwischen Mutter und Tochter kommt, als weniger schlimm angesehen werden, dann nur deshalb, weil das Mädchen die Fähigkeit besitzt, seine Probleme zu horten, um sie über seinem zukünftigen Partner oder der folgenden Generation auszugießen. Die Vorstellung ist falsch, daß nur der Sohn den Vater nötig habe. Seine Tochter braucht ihn ebensosehr, wenn nicht gar noch mehr, wenn man sich nicht auf eine einzige Generation beschränkt.

21 Was zu einer bedeutsamen Debatte führt, die hier unmöglich dargelegt werden kann. Man ist tatsächlich allzu leicht geneigt zu glauben, daß alles, was mit dem Unbewußten zu tun hat, den Kräften des Lebens dient – daher zum Beispiel die unlösbare und schwierige Frage der Abtreibung, da damit zugleich die Kräfte des Todes verbunden sind. Das Problem besteht darin, daß man es nicht weiß und es auch nicht immer wissen und darüber entscheiden kann. Ebenso wie man das Bewußtsein, mit dem man die Dinge wahrnimmt, niemals ganz ausschalten kann. Es ist jedoch schwierig, wenn nicht gar sinnlos und unmöglich, es völlig unabhängig vom Einfluß des Unbewußten zu sehen. Außer wenn man es mit sozialen Parolen vermischt, die schließlich selbst, ohne daß man es merkt, in die eine oder andere Richtung gehen können.

22 Was – nebenbei gesagt – erklärt, daß die Pornographie ausschließlich nach dem Geschmack der Männer ist. Als ob die Männer glaubten, durch ihre Verwendung hinter ein Geheimnis kommen zu können, das sie wittern und dessen Wahrnehmung sie hartnäckig in Begriffe fassen wollen, die ihnen verständlich sind.

23 Diese Art von Anstellung war damals gang und gäbe, das heißt sehr geschätzt und gesucht: Die Muttermilch stellte tatsächlich so gut wie die einzige Nahrung der Säuglinge dar; und wenn eine Mutter nicht stillen konnte oder wollte, nahm sie den Dienst einer anderen Mutter, die reichlich Milch hatte, in Anspruch.

24 Es ist nicht nötig, daß sie einen tatsächlichen Wunsch formuliert oder daß ihr die Gewalt, die sie erfüllt, wirklich bewußt wird. Es reicht aus, daß sie

sich einfach vorstellt, wie ihr Leben wohl sein wird, wenn ihre Mutter erst einmal tot ist. Für das Unbewußte ist das genau das gleiche. Das besagt, daß dieser Wunsch sehr häufig, wenn nicht alltäglich ist.

25 Es ist wichtig, darauf hinzuweisen, daß dieses Gefühl mit der Zeit weder nachläßt noch verschwindet.

26 Eine Angst, gegen die er sich zur Wehr setzt, indem er seine ganzen Spielsachen gegen einen potentiellen Aggressor einsetzt (Schwert, Revolver, Maschinenpistole, Raketen usw.) und sich mit übermächtigen Gestalten identifiziert (Spiderman, Superman und andere Batmen, die unseren armen Zorro in der Versenkung verschwinden ließen) oder aber sich der Monster bedient (ach ja, die Dinosaurier!), die er nach Lust und Laune beherrschen kann. Das sind die Spielsachen der kleinen Jungen, und es ist weder Zufall noch eine Folge von Zensur, daß sich kleine Mädchen dafür nicht interessieren. Ganz selbstverständlich fürchten sie sich nicht davor, kastriert zu werden.

27 Wenn dies auch ein zusätzliches Licht auf die Erfahrung wirft, die die Mütter, die Schwiegertöchter und die Schwiegermütter gemein haben, und eine Brücke zwischen ihnen darstellt, dann ermöglicht es vor allem, die Wurzel der sexuellen Probleme zu verstehen, die die Paare beeinträchtigen können: Ein Mann könnte befürchten, in seiner Partnerin die Mutter wiederzufinden, der er in jungen Jahren sein unterscheidendes Organ zu opfern bereit war; eine an ihre Mutter gefesselte Frau, die nie den Neid auf dieses Organ empfunden oder diesen heftig unterdrückt hat, wird daran überhaupt kein Interesse zeigen. Ersterer wird seine eheliche Pflicht bestenfalls ganz schnell erledigen; die zweite wird dies passiv über sich ergehen lassen, als ob sie das Organ, das ihr geschenkt wird, herabwürdigen und ihre Unerschütterlichkeit auf dem Altar des Mutterkults opfern wollte.

28 Genau dies geschieht beim Ehebruch und insbesondere beim weiblichen Ehebruch. Zuminest wenn man diesen nach der Tatsache beurteilt, daß der Reiz des Geliebten in der Weitergabe liegt, die durch ein Verbot möglich gemacht wird, welches jenem nicht ganz unähnlich ist, das einst der ödipalen Periode ihre Würze gegeben hat. Ein solcher Übergang zur Tat würde seitens einer Frau einem Mittel gleichkommen, das sie für sich entdeckt hat, um gegen eine zu heftige Rückkehr zum Mütterlichen in ihr anzukämpfen: Der eigentliche Partner fungiert dann also als Mutter, der Geliebte als Vater; das Ganze selbstverständlich in einem anderen und wie gewöhnlich von den berühmten Mechanismen der Verdrängung bestimmtem Maße.

29 Diese Beifügung ist nicht ohne Bedeutung. Die Erfahrung zeigt, daß sich das Unterfangen ohne diese vorherige Zustimmung als besonders

schwierig erweist. Was nicht heißen soll, daß es unmöglich ist, es glücklich zu Ende zu führen. Denn man muß auf das Reaktionsvermögen des Kindes vertrauen, um die Symptome hervorzurufen, die auf die Verschlechterung der Harmonie hinweisen, und um die Eltern zu veranlassen, dagegen anzukämpfen. Eine ganze Seite der pädiatrischen Pathologie illustriert dies aufs Vorzüglichste. Außerdem ist es nötig, daß beide Elternteile dies wollen und nicht aus Trägheit den heute so bequemen und so einfachen Weg der Trennung wählen.

30 Ich habe weiter oben diese Dimensionen des Wiedererkennens und der Entdeckung angesprochen. Hier greife ich sie unter einem synkretischeren Blickwinkel wieder auf. Jene des Wiedererkennens impliziert, daß eine Frau für einen Mann, wenn er mit ihr zusammen ist, und sei sie die soundsovielte in seinem Leben, immer den zweiten Rang einnimmt. Jene der Entdeckung impliziert, daß ein Mann für eine Frau, wenn sie mit ihm zusammen ist, auch wenn er der soundsovielte in ihrem Leben ist, immer den Rang des ersten einnimmt. Das beruht weder auf einer Geisteshaltung noch auf einem ideologischen Herangehen an die Beziehung, sondern ergibt sich aus dem Umgang, den sie mit dem Körper ihrer Mutter gehabt haben, und der Spur, die dies hinterlassen hat. Für weitere Details und eingehendere Kommentare über die nicht zu vermutenden Implikationen dieser Sachlage, kann man im Kapitel «De l'enfant au couple» in *Parier sur l'enfant, op. cit.* nachschlagen.

31 Eine Logik, die ich als die Logik des Koitus bezeichnet habe, im Gegensatz zur weiblichen Logik der Schwangerschaft. Siehe *De l'inceste, op. cit.*

32 Dieser Begriff – mère-bis – ist in Frankreich mittlerweile in den allgemeinen Sprachgebrauch eingegangen. Und darüber bin ich um so glücklicher, als ich ihn 1985 in *Une place pour le père, op cit.* zum ersten Mal verwendet habe.

33 Dies habe ich – vielleicht damals ein wenig zu früh – in *Parier sur l'Enfant, op. cit.* dargelegt.

34 Siehe F. Héritier, *Les Deux Filles et leur mère*, Paris, Odile Jacob, 1994, coll. «Opus», 1998